団藤重光 著

法学の基礎

［第2版］

有斐閣

第二版のはしがき

さいわいに読者のご支持によって初版も十一刷りを重ねたが、このあたりで版を改めることにした。この版では有斐閣書籍編集第一部の藤本依子さんにたいへんお世話になった。法令や判例をフォローすることができたのも、藤本さんの助力によるもので、感謝にたえない。

社会事情は世界的に刻々に大きく動いて行く。われわれは、それを的確に把握して対処して行かなければならない。それが法学に従事する者の任務である。読者もこれを念頭に置きながら読んでいただきたい。本書を貫く主体性の考え方と動態理論の本旨は、端的にいって、そのことに尽きるのである。

二〇〇七年三月二八日

団藤重光

初版のはしがき

本書はもともと『法学入門』という標題で筑摩書房の『現代法学全集』の第一巻として一九七三（昭和四八）年に刊行されたものであるが、第一六刷（増補）が一九八八（昭和六三）年に出たあと、出版社の都合で全集の企画そのものが放棄されたため、長く絶版になっていたが、読者の強い要望もあって、大幅な改訂を加えた上、改めて有斐閣から『法学の基礎』と改題して出すことにした次第である。

標題を改めたのは、初学者の手引きという入門書としての本来の意図を変えたわけではないが、同時に、この際、法学についての著者の基礎的見解を学界に問うてみたいと考えたからである。実を言えば、旧著についても「入門」ではなくて「出門」だという批評もあった。『現代法学全集』のときの付録に清水英夫教授がわたくしとの対談をしてくださった中にもそれが出て来る。これはまさにそのとおりであって、現にわたくし自身も旧著を苦心して書き上げたことによって、はじめて法学とは何かが多少とも解って来たのであった。本当は、法学全体の的確な把握なしには、入門書としても不適当なのではなかろうか。

ただ、本書の叙述が尻上がりにむずかしくなって行くことはたしかであるから、初学者の方は第一編の第二章あたりまで読み進んだあとは、しばらく書棚に寝かしておいて、ほかの専門科目を勉強されてから、あとを読みついでいただいても結構である。ことに最後のほうは、法学をひととおり修了された諸君に読んでいただければ、多少ともわたくしの訴えようとする趣旨をわかってくださるとおもう。しかし、初学者の方も、はじめから、ともかくも最後の頁まで読み抜いていただければ、もちろん、わたくしにとってこれほど嬉しいことはない。そういう読者のために、ずっとあとのほうにも随所にエピソードめいたものを挿入しておいた。教室の授業でいえば、いわゆる漫談にあたるものだが、しかし、そうしたエピソードなども、心して読んでくだされば、その奥にある味わいに気がつかれるはずである。もともと、法学は——他のどの学問分野とも同じように、あるいはそれ以上に——与えられるものではなく、自分で考えて行くべきものである。むずかしいと思うところにぶつかれば、できるだけファイトを燃やして問題と取り組んでいただきたいのである。

もし本書にサブタイトルをつけるとすれば、「法における主体性」ないしは「法のダイナミックス」とでもなろうか。このような基本的な考え方は、旧版においても採っていたところであるが、その後一〇年近く在任した最高裁判所での実務経験によっていっそう自信を強めたのであった。これについては、『実践の法理と法理の実践』（創文社・一九八六年）に述べておいたところを参照していただきたい。ちなみに、『死刑廃止論』（初版一九九一年、第六版二〇〇〇年）も、つまりは、同じ基本的立場から志向されたものである。

本書の成立については有斐閣編集部の満田康子さんに大変お世話になった。記して謝意を表する。

一九九五（平成七）年一一月三日、文化の日に

第二刷（増補）および第六刷（再増補）について

第二刷では、裁判官の良心の問題についてアメリカのアッター判事のことを追加した（二〇五〔現二〇七〕頁注）。第六刷では、将来の改訂版用に書きためた原稿の中から、改版しないでも可能な限度のものを取り入れた（例えば、三三九〔現三四一〕頁の史学における主体性の問題に関するハイデガーの所論の追加だとか、巻末のエピローグへの追加など）。

第九刷（改訂）のはしがき

読者のご支持によって、このたび、世紀をこえて、この増刷が許されることになったのは、私にとって無上のよろこびである。

二〇世紀は、科学・技術と経済の発展の点では、人類空前の偉大な時代であったが、それは戦争と結び付く暗い時代でもあった。しかも、昨年あたりからは、まさに世紀末ともいうべき情況が世界の各所に現れ、現在にまで尾をひいているようである。それだけに、私は新世紀に大きな希望を託している。私は必然法則をもとにして未来を予測する未来学というものを否定する。未来はわれわれの主体的な努力によって築き上げていくべきものである。それが私の年来主張している主体性の理論であり、本書の骨格をなしているのも、それである。私はこの第九刷でも、とくにそれを補強するのに力を入れた。改版をしない前提なので、かなり文章を圧縮した個所もあるが、お許しをいただきたいとおもう。

二〇〇一年（平成一三）年四月三日

〔追記〕 去る四月一一日、このはしがきを書いたわずか数日後に無二の親友であり学問的同志であったドイツの法哲学者・刑法学者アルトゥア・カウフマン（Arthur Kaufmann, 1923-2001）教授を喪うことになろうとは、何ということであろう。第二次大戦の戦場で頭部に受けた傷害が一生かれを苦しめ、かれの必死の仕事ぶりは涙ぐましかった。私はこの第九刷をかれの霊に捧げる。――かれが訪日来宅した機会に、かれに中国宋代の八大山人の画を示したところ、八方にらみの小魚の画に見入って動けなくなってしまった。おそらく八大山人の硬骨に無限の感銘を受けたのにちがいない。これは明らかにかれの精神構造を示すもので、私も深い感動を覚えたことであった。

第一〇刷（再改訂）について

司法制度の全面的改革に一言だけ触れた（一九七〔現一九八〕頁）。

目　次

目　次

第一編　法

第一章　序　論

第一節　われわれのものとしての法

一　われわれをとりまく法関係

われわれは、無数に電波のとびかう中で暮らしている。いつもは気がつかないでいるが、テレビやラジオのスイッチを入れてみると、目にみえ耳にきこえて来る。それと比較するのはおかしいかも知れないが、われわれは、無数の法規範がはたらいている中で生活している。そうして、何かの折に触れて、法による規制を受けていることを意識する。

われわれは、家にじっとしていても、まず財産法的な法律関係に立っている。住んでいる家がもし自分の家ならば所有権関係があり、借家ならば賃貸借の関係がある。両親・兄弟その他の親族がいれば、それらの人たちとのあいだには身分法上の関係がある。外へ出れば、道路交通法の適用が待っていようし、雑誌でも買えば売買契約があったわけである。われわれの社会生活の大部分は、こういうふうに法的な関係として成り立っている。これらは、われわれの日常生活を頭に置いたごく卑近な例にすぎない。企業や労働組合、都道府県や国の活動のような大規模のものを考えても、やはりその大部分は法的関係としてとらえられる。それらの法的関係の基礎になっている法は、国内法のこともあろうし、外国法のこともあろうし、国際法のこともあろうし、さらに宇宙空間に関する宇宙法[1]のこともあろう。地球を根拠とする人類のいとなみが壮大であるように、法の規模も壮大であり、人類のいとなみに明暗さまざまがあるように法の働きにも明暗さまざまがある。

われわれは、そうした無数の法規範のはたらいている真只中に生活していながら、平素はそれに気がつかないでいる。たまたま何かの法律問題が新聞紙をにぎわすと、なるほど大変な問題があるなとおもって、法のことをすこしばかり意識するが、多くの人は、それを「ひとごと」のように考えて、そのまま見送ってしまう。自分が実際に法的なトラブルにまきこまれると、はじめて、いまさらのように、自分はどこまで権利を主張することができるか、どこまで義務を負わなければならないか、を考えることになる。納税の関係、交通事故の関係、金銭貸借の関係、不動産登記の関係、相続関係、さては集会やデモの関係、等々、われわれの日常生活をめぐって、われわれを待ち受けているかも知れないところの法律問題は決してすくなくはないはずである。そうしたばあいに、われわれがその法律関係の当事者、権利・義務の主体としての立場で、法、権利・義務といったことを考えるのは、ひとつの主体的立場である。

イェーリング（Rudolf von Jhering, 1818–92）は、かつて、『権利のためのたたかい』（日沖憲郎訳・岩波文庫所収[2]）という書物を書いた。日本人はいままで法的紛争を義理人情で解決することが多く近代的な法意識・権利意識が弱いといわれた。それは実証されることであるが、しかし、また、法的な正義感をおさえがたく、なんでもなさそうな事件のために裁判で上告審まで持ちこんで争う人も決してないわけではない。[3]それは、まさに、「権利のためのたたかい」である。イェーリングは、のちに述べるように、功利主義の立場に立つドイツの偉大な法学者であるが、ここでは単なる功利をこえた正義が強調されているのである。法を主体的にとらえるということは、「権利のためのたたかい」の中に、まず、ひとつの現れを見出すといってもよいであろう。

（1）「宇宙法」は今後の発展を期待される壮大な領域である。山本草二「宇宙開発」『未来社会と法』（現代法学全集五四巻・一九七六年・所収）。——宇宙については、一九六三年一二月一三日に国連総会が全会一致で採択した「宇宙空間の探査及び利用における国家活動を律する法的原則の宣言」があり、「月その他の天体を含む宇宙空間の探査及び利用における国家活動を律する原則に関する条約」（昭和四二年条約一九号）をはじめ、いくつかの条約（昭和五八年条約五号・六号・七号）が締結されている。

（2）その改訳として、イェーリング（村上淳一訳）『権利のための闘争』（岩波文庫）。なお、村上淳一『「権利のための闘争」を読む』（岩波セミナーブックス・一九八三年）。ちなみに、旧訳者・日沖憲郎は、わたくしの尊敬する先輩である。

（3）これは、わたくし自身も、最高裁判所在職中に何回となく経験したところである。——なお、後掲、大木雅夫『日本人の法観念——西洋的法観念との比較』（一九八三年）二三三頁以下および Masao Oki, Schlichtung als Institution des Rechts. Ein Vergleich von europäischem und japanischem Rechtsdenken, *Rechtstheorie* 16 (1985) S. 151-162 参照。それぱかりか、さらに進んで、「わが国における『権利』主張の大半が、エゴイズムの『認知請求』にほかならないように私にはみえる」という野田良之（1912-85）の痛烈な諷刺さえも現れているくらいである（野田良之『栄誉考〔柏随筆〕』一九八六年・一五〇頁）。もっとも、野田の例示は「日照権」や「知る権利」なので、わたくし自身はかならずしもこれに同調する者ではない。野田については、団藤「野田良之教授を憶う」（同『わが心の旅路』一九八六年・所収）。なお、後出六三頁注（7）。

二　権利意識・義務意識——法における主体性[4]

こうした各人の主体的な権利意識・義務意識は、法をささえる大切なものである。しかし、それは単に、各人の個人的な利益に役立つという次元で考えられるだけでは、はなはだ不充分である。権利・義務の概念については、のちにもっと立ち入って考察したいとおもうが、ひろい意義で考えられる権利の中でももっとも重要なものは、いうまでもなく基本的人権であり、基本的人権を育んで行くことは、個人のレベルをこえて、ひろく社会・人類の利益のために重要なことだといわなければならない。日本国憲法をひもといてみると、次のような規定がある。

「この憲法が国民に保障する自由及び権利は、国民の不断の努力によつて、これを保持しなければならない」（憲法一二条前段）。「この憲法が日本国民に保障する基本的人権は、人類の多年にわたる自由獲得の努力の成果であつて、これらの権利は、過去幾多の試錬に堪へ、現在及び将来の国民に対し、侵すことのできない永久の権利として信託されたものである」（憲法九七条）。

そこには「努力」ということばが二度も出て来る。基本的人権は、過去における「人類の多年にわたる自由獲得の努力の成果」であると同時に、現在から将来にわたって「国民の不断の努力」によって保持して行かなければならないのである。それは「与えられた」ものではなく、われわれ人類が努力によって作り出したものであり、今後、さらに努力を重ねることによって、これをさらに発展させて行かなければならないところのものである。憲法の規定の上では、将来については「保持」というやや消極的なことばを使っているが、その精神からいえば、単に保持するというだけでなく、さらにこれを拡充し発展させ、また単なるお題目ではなく現実的なものとして行くことが、当然に、われわれに「課せられている」ものといわなければならない。

それは、もはや、われわれが、直接に何かのトラブルにぶつかって自分個人の利益のために権利を主張するといった場面ではない。もしそれだけのものならば、自分の個人的利害に関しないものは「ひとごと」になってしまい、われわれの関心事ではなくなってしまうであろう。社会とか人類とかを背景に置いて考えるとき、基本的人権を保持・展開することは、直接には他人に関する事件についてであっても、「ひとごと」ではなくて、つまりは自分のことにかえって来るのである。基本的人権は個人の権利ではあるが、それは個人の力をこえるものである。さきに掲げた憲法の規定の字句は意味深長だとおもうから、それをもう一度検討してみよう。われわれは、まず、現在われわれが享有している基本的人権は、実は「人類の多年にわたる自由獲得の努力の成果」(憲法九七条)にほかならないことを銘記する必要がある。かようなものとしての基本的人権が侵すことのできない永久の権利として、「現在及び将来の国民に与へられ」(憲法一一条)、「現在及び将来の国民」に対して「信託され」ているのであり(憲法九七条)、そうして「国民」の不断の努力によって保持されなければならないものとされているのである(憲法一二条)。ここでいう「国民」は英語のピープルの意味である。したがって、国民の一人一人が重要なのはもちろんであるが、「国民」の全体がそこでは考えられているのであって、国民の全体が基本的人権を「信託」され、国民の全体の努力によってこれを「保持」しなければならないわけである。国民の一人一人が自分に直接関係しないかぎり、基本的人権をひとごとのように考えているならば、基本的人権はやがては壊滅の危機に瀕することになるであろう。基本的人権が「国民」に「信託」されているということは、われわれが共同の努力によってこれを保持して行く責務をもっていることを意味するのであり、かようにしてこそ基本的人権が「永久の権利」でありうるのである。基本的人権は、このような意味において、「永久の権利」としてわれわれに課せられているところの永久の課題にほかならない。それは、国民の各人にとって「ひとごと」であったり、「あなたまかせ」であったりしてはならないところの、各自の問題であることを知らなければならない。これは、まさに、基本的人権というものを主体的に考えるということである。そうして、おなじく主体的とはいっても、前述の、自分が直接に法的なトラブルにまきこまれたばあいに自分の権利・義務を考えるといったような意味での主体的な考え方よりも、次元の一つ高いものになっているといってよいであろう。

ここまで来ると、主体的な考え方というのは、何も権利とか義務とかいったものにかぎるはずのものではないことに気づくとおもう。およそ法というものを、つねに、よりよいもの、より正しいものとして発展させて行くことじたいがわれわれの責務であり、法そのものについて、われわれは主体的に考えて行かなければならない。基本的人権をわれわれの力によって保持・展開して行くということは、いわば、それの一環にほかならない。

（4）団藤「法における主体性」法学協会雑誌九二巻四号（一九七五年）（同『この一筋につながる』一九八六年・所収）。

三　課題としての法

わたくしは、法についての主体的な考え方ということを述べて来た。これは、われわれが法の担い手であるということを意味する。

しかし、実をいうと、法は、かつては、われわれに「あたえられた」ものでさえもなかった。わが国についていえば、徳川時代の「民をして依らしむべし、知らしむべからず」というのは、それである。徳川時代にも、いわゆる「御定書百箇条」——公事方御定書下巻《くじがたおさだめがき》——といった一種の法典があったが、それは国民に公布されたものではなく、裁判をする役人のためのものにすぎなかった。明治初年になっても、たとえば、明治三（一八七〇）年の「新律綱領」の「上諭」は「内外有司其（それ）之（これ）を遵守せよ」ということばで結ばれており、さらに下って、明治六（一八七三）年の「改定律例」の「上諭」も「爾（なんじ）臣僚其れ之を遵守せよ」ということばで結ばれている。「有司」とか「臣僚」とかいうのは官吏であって、これらの法典の名宛は国民ではなくて官吏だったのである。だから、法は国民にあたえられてさえもいなかったといってよいであろう。

明治一〇（一八七七）年前後からやがて西洋法を模倣した法律が出されるようになり、これは、国民に対して公布されたが、しかし、その立法に際して、名実ともに国民の関与がなかったのはいうまでもない。だから、国民に「あたえられた」にすぎなかったということができる。その、もっとも典型的なものが、「欽定《きんてい》憲法」としての旧憲法すなわち「大日本帝国憲法」であった。

現行憲法は、前文において「主権が国民に存することを宣言」しており、それを受けて憲法一条は「主権の存する日本国民」といっている。こうした主権在民の憲法になると、前段に述べたような法について国民に主体性をみとめる見方が、きわめて自然に成り立つ。わたくしは、法における国民の主体性の問題は、実は、政治形態・国家形態を超越して成立するものと考えているが、いまは、このことには深入りしないでおこう。すくなくとも、現行憲法のもとで、法形成を主体的なものとして考えるべきことは、比較的容易に理解されうるであろう。もちろん、これを主体的なものとしてだけ考えることが許されないのは、のちに詳論するとおりであるが、すくなくとも、法ことに法形成について主体性の面があることを忘れてはならないとおもうのである。

さきにも一言したとおり、法はわれわれにとって所与ではなくて課題である。法は、つねに形成――しかも主体的な形成――の途上にあるといってよい。ドイツのある学者は、単数の定冠詞をつけて現されるような「法制度(*das* Rechtssystem)」はもはや存在しないし、そのような「法学（*die* Rechtswissenschaft)」はまだ存在しないといったが、(5) そのような絶対完結体としての法体系や法学はどちらも過去にはなかったし、将来においても単に課題であるにすぎないのではあるまいか。法も法学も、どちらも、わたくしにいわせれば、絶えざる――しかも主体的な――形成過程においてこそとらえられるのである。ファウストは、メフィストフェレスに、「わたしが瞬間にむかって、『止まれ、お前はかくも美しい！』といったら、わたしは滅びてもいい」と約束し、快楽と苦悩の長い遍歴の最後に、ついに、そのことばを発すると同時に地上に倒れ、やがて天上に上げられる。苦悩に充ちた未完成こそが人間の姿であり、完成は人間の終焉である。人間社会の反映としての法もまた、永遠に未完成なものであり、つねに形成途上のものである。

われわれは権利・義務ないし法律関係の主体としてその立場に立って法をとらえるという意味で法における主体性をもつとともに、客観的な法を動かして行く原動力であり担い手であるという意味で法における主体性をもっている。前者がより個人的、後者がより社会的な見地を基本とするという点で、この二つの見方は次元がちがうといえばちがう。しかし、前者と無関係に後者があるわけではなく、後者を離れては前者も実はありえない。法は、われわれのものである。

（5）　Rudolf Wiethölter, *Rechtswissenschaft*, 1968, S. 10.

第二節　社会規範としての法

第一　法の社会性

前節では、われわれ自身をいわば出発点として、法を主体的な見地から眺めた。しかし、そこでも触れておいたとおり、「われわれ」というのは、われわれの一人一人を意味しながらも、すでに個人をこえる社会的な意味合いを含蓄している（「われわれ」という観念は、それ以外にも、種々の見地から批判と分析を必要とするとおもうが、それについては、折に触れて言及することにしよう）。基本的にいって法は社会的なものである。そこで、本節では、前節とは、やや角度を変えて、社会的規範としての法を考察することにしたいとおもう。前節では、法とは何かということは、完全に括弧の中に入れておいたが、本節では、法とは何かということを、すこしずつ解きほぐして行くことにしよう。

法は社会的なものである。孤島に漂着してそこで一人きりで暮らしていたロビンソン・クルーソー——ダニエル・デフォーの作品（一七一九年）の主人公——にとっては法は無縁のものであった。もちろん、これは寓話的意味でいっているのであって、かれがイギリスに残して来た財産関係・身分関係などは、ここでは度外視しているのである（だから、現実の「横井さん」(1)は南方の洞穴に住んでいても法と無関係ではなかった）。ロビンソンも、道徳や宗教と絶縁されたわけではない。道徳は自分自身との関係で考えられるし、宗教は絶対者との関係で考えられるものだからである。(2)これに反して、法は対人的関係、社会的関係をぬきにしては考えられない。ロビンソンがフライデーを従者にして以来は、二人のあいだに対人関係が出て来るし、したがって、そこには法——あるいは法類似のもの——が現れて来る。「社会のあるところ、そこに法がある（Ubi societas, ibi jus.）」という法格言を、われわれはここで考えなければならない。イギリスの歴史法学派の泰斗ヴィノグラドフ（Paul Gavrilovich Vinogradoff, 1854-1925）は、わずか二人がテニスやチェスのような競技をするために社会的に結合するばあいでも一定の規則にしたがわなければならないということから、社会規範としての法の説明をはじめている。(3)これは、国家法だけを法とみとめるか、それ以外に部分社会の社会規範をも法とみとめるかという後述の問題にかかわって来る。しかし、いずれにせよ、法が社会規範であるということは明白である。ところが、社会規範には、法以外にも道徳・習俗など種々のものがあるので、法の意義をあきらかにするためには、こうした他の社会規範との区別および関係を考察しなければならない。

（1）「横井さん」（1915-97）は第二次世界大戦に従軍後、二八年間グアム島に潜伏して一九七二年に発見救出され、当時マスコミによって「現代のロビンソン・クルーソー」と騒がれた人である。手記として、横井庄一『明日への道』（一九七四年）。

（2）　一九世紀にアメリカのフィラデルフィアの刑務所で、クェイカー教徒が中心になって改革を行なったとき、昼夜とも独居房に入れておくという独居拘禁制を採った（いわゆるペンシルヴェイニア制）。これは神への接触には独居が一番よいという考えから来たものであった。しかし、実際には受刑者の社会復帰のためには、もっと社会的な処遇が必要である。そこで、昼間雑居・夜間独居というオーバーン制へ移って行くことになった。

（3）　ヴィノグラドフ（末延三次＝伊藤正己訳）『法における常識』（岩波文庫版・一九七二年）。

第二　法と他の社会規範

一　法と道徳の区別[1]

法と道徳との区別をあきらかにした人として、とくに知られるのは、トマジウス（Christian Thomasius, 1655-1728）とカント（Immanuel Kant, 1724-1804）である。トマジウスはその著書『自然法と国際法の基礎（*Fundamenta iuris naturae et gentium*, 1705）』の中で倫理ないし道徳と法との区別を論じて、前者は人間の良心に関しそれに内面的平和をあたえることを使命とするのに対して、後者は他人に対する関係を統制し共同生活の秩序を基礎づけるものとし、前者は意志の内的過程、後者は行為の外的過程に関するものとした。カントの所説も、これを多く出るものではないが、より徹底した形でこの問題を論じた。かれは、その晩年の作、『道徳形而上学（*Metaphysik der Sitten*）』の第一部である「法学の形而上学的基本原理（Metaphysische Anfangsgründe der Rechtslehre）」の中で、「合法性（Legalität; legalitas）」と「道徳性（Moralität; moralitas）」とを峻別して、動機にかかわりなく法則に一致することが「合法性」で、法則にもとづく義務の理念が同時に行為の動機であるばあいにこれを「道徳性」というものとした。前者は行為の外面をみるものであるのに対し、後者は内心をみるものであるから、義務法則への行為の合致が合法性で、その法則への行為の格率——主体がみずからの規則とする主観的原理——の合致が道徳性だといってもよい。道徳には強制はありえないが、法には強制が伴うとされるのも、かような考えから来る。義務は法にも道徳にもあるが、権利は法だけのものであって道徳には考えられないというのも、やはりここから来るであろう。(2)

(1)　法と道徳についての文献は無数である。比較的分かりやすくて、しかもわたくしの立場に近いと思われるものとして、ホセ・ヨンパルト＝金沢文雄『法と道徳（新版）』（一九八三年）。これは各論においても——リーガル・エシックスに関する——多くの興味深い問題を扱っている。なお、小林直樹『法・道徳・抵抗権』（一九八八年）。

(2)　もっとも、近時、ここに述べたところとは別の文脈において、反功利主義的な人権論としての「道徳的権利」を現代的人権論の特徴として挙げる学説が主張されるようになって来ているのが、注目される。例えば、佐藤幸治「法における新しい人間像」（『岩波講座現代法1　現代法の展開』一九八三年）三四九頁。経済学の分野でも、自然権や人権を「道徳的権利」という観念によって取り入れようとする見解があるが、これも同様の趣旨であろう。塩野谷祐一『価値理念の構造——効用対権利』（一九八四年）四一〇頁以下。このような意味において「道徳的権利」を論じることは、わたくしの立場においても積極的に承認される。

二　法・道徳峻別思想の役割り

かつては、法と宗教・道徳・習俗などとのあいだには区別はなかった。たとえば、古代において「罪」の観念が神秘的・宗教的なけがれと結びつくものであったことは、多くの民族に共通にみられる現象であった。日本でも「つみ」が「つつみ」から来たものだという本居宣長説は、それを説明する。(3)モーゼの十戒やわが聖徳太子十七条憲法[4]などが法と道徳との結合したものであることも、あきらかであろう。ずっとくだって、ヨーロッパのアンシアン・レジーム（古制）でも、それは国王と地主と僧侶（教会）とが結びついて支配していた時代だから、法の名において宗教・道徳が強行された。チェーザレ・ベッカリーア（Cesare Bonesana, marchese di Beccaria, 1738-94）が有名な『犯罪と刑罰について（*Dei delitti e delle pene*, 1764）[5]』の中で法を宗教・道徳から切り離すことを企てたが、かれは巻頭の「読者へ」と題する序言の中で「わたくしに批判の栄をたまわろうとする人はどなたも、最初からわたくしの中に徳や宗教を破壊する原理がひそんでいるなどと想像することはしないでいただきたい」といっている。このことばじたいが逆説的に、いかに息苦しい法・宗教・道徳の中でこの書物が書かれたかということの一端を物語っているともいえよう。

かようにして、法と道徳との峻別は、法と宗教との峻別とも結びついて、アンシアン・レジームにおける国王ないし国家の権力の行きすぎを控制する重要な任務を果たした。その意味で、法と道徳との峻別は、近代法の基礎ないし出発点を形づくったものともいえるであろう。

啓蒙思想に含まれるこうした法と道徳との峻別の思想は、今日においても、任務を終了したわけではなく、法の行きすぎをチェックするためには、われわれは、つねにこの思想に立ち戻って反省をする必要があるであろう。道徳は各人の良心にまかすべきであって、法の力でこれに介入するべきではないという考え方は多くの真理を包蔵している。これは、とくに倫理とかかわるところの大きい刑法の領域において問題となる。道徳の強行の名において刑罰権が独走しないように監視することはわれわれの任務だといってよい。過剰犯罪化（over-criminalisation）――多すぎる罰則――の抑制、反面からいえば非犯罪化（de-criminalisation）――罰則からはずすこと――の主張がそれであるし、犯罪の違法性を論じるについて実体的な法益侵害をぬきにしてはならないという考え方もそれである。これらの問題については、のちに詳論する機会があるであろう。

（3）　この問題を比較法制史的見地から考察したものとして、とくに、中田薫『法制史論集』三巻（一九四三年）一〇七一頁以下、一一九七頁以下。なお、中田は、宣長説（「まづ都美（ツミ）といふは、都々美（ツヽミ）の約まりたる言にて、もと都々牟（ツヽム）といふ用言なり、都々牟（ツヽム）とは何事にもあれ、わろき事のあるをいふを体言になして、都々美（ツヽミ）とも都美（ツミ）ともいふなり、されば都美（ツミ）といふは、もと人の悪行（アシキシワザ）のみにはかぎらず、病もろ〳〵の禍、又穢（キタナ）きこと醜（ミニク）きことなど、其外も、すべて世に人のわろしとして、にくみきらふ事は、みな都美（ツミ）なり、万葉の歌に、人の身のうへに、諸のわろき事のなきを、つゝみなくとも、つゝむことなしとも、つゝまはずともいへるは、今の世の俗言に無事（ブジ）にて無難（ブナン）にてといふ意にて、即都美なくといふことなり、」――大祓詞後釈上）に対して、「つみ」の蒙古語起源説を主張している。

（4）　小野清一郎「聖徳太子十七条憲法の国法性」（同『刑法と法哲学』一九七一年・所収）。

（5）　ベッカリーアのこの書物は、とくに死刑廃止論をはじめて主張したものとして歴史的な意義を有するばかりか、現代にも通用するものである。この点については、団藤『死刑廃止論』（六版・二〇〇〇年）二五〇頁以下に詳論したところを参照されたい。邦訳として、風早八十二＝風早二葉訳『犯罪と刑罰』（岩波文庫・改版・一九五九年）。これは達意の訳だが、原文とくらべるとかなり自由な訳で、不正確なところがないではない（ここに引用したのは訳書一七頁にあたる部分で、原書から直接に訳出した）。

三　法の外面性・道徳の内面性

道徳の内面性、法の外面性から、法は個人の純然たる内心のことに介入してはならないという原理が導かれる。のちに述べるように、法においても内心のことが問題とされないわけでは決してないが、それはなんらかの外面に現れた行為と結びつくかぎりにおいてである。刑法に不敬罪の規定――昭和二二（一九四七）年の刑法の一部改正で削除された――があったころ、自分の日記に不敬の記載をしていたのが発覚して不敬罪に問われた事件があった。日記は他人に読ませるためのものではないから、これは不敬罪の規定の解釈論として疑問であり、学説の多くがこれに反対したのは当然であった。しかし、このばあいは、ともかくも日記に書くという行為があったのだから、単なる内心の事実を処罰したということにはならない。これに反して、徳川時代におけるキリシタン宗の禁止は、宗教的行事だけでなく信仰そのものに介入したのであった。信者であるかどうかをためすために、踏絵が行なわれたが、聖像を踏まないという一種の不作為犯をみとめたのではなく、キリシタンの信仰をもっているというそのことじたいを罪として罰したのであった。これは信教の自由の見地からみても不当であるが、さかのぼって、単なる内心のことに法が介入した点で、すでに、近代法の原理とまったく相容れないものであった。ローマの法学者は「なにびとも考えることの罰は受けない（Cogitationis poenam nemo meretur.）」といった（Digesta, 48, 19, 18）。ドイツには「思想には関税はかからない（Gedanken sind zollfrei.）」ということばがある。法が純然たる内心に介入してはならないということは、法と道徳という問題をこえて、ひろく思想・良心の問題に及ぶのである。日本国憲法（一九条）が、「思想及び良心の自由は、これを侵してはならない」と規定しているのは、何よりもまずこれを意味する。そうして、思想の自由は、さらに表現の自由（憲法二一条）と結びついて、積極的に民主主義の基本原理となるのである。ただ、表現の自由には、それがみとめられる趣旨に照らして内在的な制約があって、たとえば正当な理由なしに他人の名誉を侵害するような言論は許されないが、単純な内心の思想に法が介入しないという原理は、無制約的なものである。

四　カントに対する批判――社会倫理

しかし、カント流の法・道徳峻別論がそのまま正当だと考えることはできない。法と道徳とは区別されながらも、相互に密接な関係に立っている。
道徳を個人の内心のこととして考えるとしても、カントのように義務観念ないし道徳法則の尊敬が動機となっているのでなければ道徳的とはいえないと考えるのは、行きすぎであろう。フランスの法学者ルービエは詩人シラーの句を引いて、自分の「傾向」から友人に奉仕をするばあいのあることを指摘している。(6) むしろ、「心の欲するところにしたがって矩（のり）をこえず」（論語）といった無動機の行為こそが、道徳的であることの極致だとさえいえるかも知れない。

しかも、道徳ないし倫理は、個人をこえて、社会的なもの、すくなくとも社会心理的なものとして現れることを忘れてはならない。社会倫理といわれるのがそれである。「人倫」の「理」であるところの倫理は、和辻哲郎(7)（1889-1960）の説によれば、人間共同態の存在根底たる道義を意味する。それは個々の人間の主体性を離れては考えられないとともに、個々の人間をこえる人間共同態に妥当するところのものである。和辻は、絶対的否定がおのれを否定して個となり、さらに個を否定して全体に還るという運動そのものが人間の主体的な存在であり、いっさいの人間共同態を可能ならしめているものは、まさにこの運動にほかならないと論じて、この間の消息を解明しようとしているが、(8) わたくしたちは、いまここで、こうした問題に深入りする必要はあるまい。要は、社会的規範としての倫理、道徳ないし道義というものの存在を承認せざるをえないということであり、それは、もはや、カント流の倫理の理解によっては把握し切れないものだということである。そうして、法と道徳との関係を考える際に、とくに考察の対象とされなければならないのは、まさしく、かような客観的な実体をもった社会倫理である。そこにおいて、社会規範としての法と、おなじく社会規範としての倫理、道徳ないし道義との関係が議論されることになるのである。(9)

（6）　Paul Roubier, *Théorie générale du droit*, 2e éd., 1951, p. 43.

（7）（8）　和辻哲郎『人間の学としての倫理学』（一九三四年）八―九頁、四四―四五頁（全集九巻〔一九六二年〕八頁以下、三五頁）。

（9）　法と道徳の問題についての、近年におけるもっとも有名な論争は、フラーとハートとのあいだのそれである。これについては、Lon L. Fuller, *The Morality and Law*, 1964 ; H. L. A. Hart, *Essays in Jurisprudence and Philosophy*, 1983, p. 343 et seq. L・フラー（稲垣良典訳）『法と道徳』（一九六八年）、H・L・A・ハート（矢崎光圀ほか訳）『法学・哲学論集』（一九九〇年）三八九頁以下。

五　法と社会倫理・習俗――（その一）公序良俗

かように社会的に実体化された倫理は、しばしば習俗と結合した形で現れる。いわゆる「善良の風俗」――あるいは略して「良俗」――というのが、それである。もともと習俗それじたいは倫理・道徳とは無関係なものであるが、これに社会倫理的な評価を加えたばあいに、その見地から是認されるものであるときは、「善良の風俗」といわれる。

「善良の風俗」は「公の秩序」とはもともとちがう観念だが（民法九一条参照）、両者は実質的には密接に結びついているので、結合した形で機能することが多い。かような公序良俗は社会倫理をはみ出る観念であるが、しかし、社会倫理をその中核にもっていることも否定できないであろう。その意味で、法と道徳との関係を考察するについては、法における公序良俗の機能を度外視するわけには行かないのである。

公序良俗は、現行法上、種々の関係で出て来る。第一は、民法九〇条で、「公の秩序又は善良の風俗に反する事項を目的とする法律行為は、無効とする」と規定している。第二は、法の適用に関する通則法（平成一八年法律七八号。以下、法適用通則法という）の規定で、「公の秩序又は善良の風俗に反しない慣習」を一定の要件のもとに「慣習法」としてみとめ（法適用通則法三条）、また、国際私法上、日本の裁判所が外国法を適用して裁判をするべきばあいに、「その規定の適用が公の秩序又は善良の風俗に反するとき」はこれを適用しないものとしている（法適用通則法四二条）。第三は、民事訴訟法の規定で、外国裁判所の確定判決はいくつかの条件を具備するばあいには国内での効力をみとめられるが、その条件の中には、外国裁判所の判決が「日本における公の秩序又は善良の風俗に反しないこと」というのが入っている（民事訴訟法一一八条三号）。これらの中でも、とくに重要なのは、民法九〇条の規定であろう。法律行為——たとえば契約——は、公序良俗に反するときは無効とされるのである。条文の上では公序良俗違反の事項を「目的」とする法律行為という表現が使われているが、実質的に、その法律行為が全体としてみて公序良俗違反とみとめられれば、これにあたるものと解される。たとえば、売春をさせるための前貸金の契約について考えよう。公娼制度は、明治初年の娼妓解放令によって廃止が企てられたが失敗に終わり、終戦後までは正面からみとめられていた。終戦後にいわゆる「勅令九号」（昭和二二年）が出され、さらに売春防止法（昭和三一年法律一一八号）によって、「売春が人としての尊厳を害し、性道徳に反し、社会の善良の風俗をみだすものであること」が宣言されるにいたった（その一条）。売春はあきらかに公序良俗違反だといわなければならない。しかも、女を売春婦として働かせるために、本人なり本人の両親なりに前貸しをするということだから、前貸し——消費貸借——は稼働契約の部分と不可分なものと考えられ、全体が無効となる。昭和三〇（一九五五）年の最高裁判所の判決（最判〔二小〕昭和三〇年一〇月七日民集九巻一一号一六一六頁）は、このように解した。しかも、このばあい、前貸しした金品は、不法の原因のために給付したものだから、[10] 貸した方は返還の請求を求めることができない。この判決は、進んで、このように断定した。以前の判例は、このような消費貸借を有効と解していたので、この判決は、まさに画期的なものであったといってよい。それまで、売春のための人身売買は、容易にあとを断たなかったのであるが、このようにして、抜本的な対策が用意された。公序良俗の観念は、かように、しばしば、きわめて重要な社会的機能を営むことになるのである。

(10)　不法原因給付の制度は民法七〇八条の規定するところで、不法の原因のために給付をした者は、その給付したものの返還を請求することができないという内容のものである。たとえば、賭博契約は公序良俗違反で無効だから、賭博に負けて賭金を払っても、不当利得として返してもらえるはずだが、裁判所に返還請求の訴えをおこすことは許されない。そうでなければ、国が公序良俗違反の行為に力を貸すことになるからである。

六　法と社会倫理・習俗——(その二) 両者の役割りの分配

社会倫理は、公序良俗といった一般的な形で法的な意味をもつばかりでなく、個別的にも種々の形で意味をもつ。たとえば、夫婦の一方は配偶者に不貞な行為があったときは、離婚の訴えを提起することができる(民法七七〇条)[11]。かつては刑法に姦通罪の規定があって妻の姦通は処罰されたが(昭和二二年の改正前の刑法一八三条)、新憲法のもとでは、妻の姦通だけを処罰するのは男女平等、夫婦同権の原則に反するから、夫の密通をも罰することにするか、両方とも罰しないことにするか、どちらかしかない。両罰論も強かったが、結局、不罰主義に落ちついて、姦通罪の規定は削除になった[12]。つまり、民事の問題として処理しようということになったわけである。配偶者の不貞行為を理由とする裁判上離婚の制度は、それの一環であり、ここにも、社会倫理が法の世界で働くのである。ちなみに、人工授精は、夫の同意なしに夫以外の男子のものを用いたばあいにも、離婚原因としての不貞な行為とはならないとされる。不貞は道徳観念であって、人工授精のような機械的なものを含まないから、というわけである[13]。これはもちろん、これでよい。しかし、近年における医学・生物学の驚異的ともいうべき急激な進歩、それに伴う延命術などの医療技術やバイオテクノロジーの発展は、人間の生命の操作さえをも可能にするようになって来て、生命倫理という未開拓の領域における未曾有の巨大かつ深刻な問題を提示することになった。それは法の世界にも多くの根本的な問題を投げ掛けている。人工授精の問題は実はその一露頭にすぎないのである。ただし、今この問題に立ち入る余裕はない(14)。

ところで、おなじ性秩序に関するものでも、たとえば、同性愛などは、外国ではこれを処罰の対象にしているところがすくなくないが、日本では、明治初年には鶏姦条例(15)のような例外があったけれども、現在では、これを完全に社会道徳にゆだねている。外国でも、前述の「過剰犯罪化」の抑制ないし「非犯罪化」の運動の一環として、これを処罰外に置こうとする傾向が顕著になって来ている。

右に考察したところからもわかるように、ある事項については、法が刑罰権を使ってまでも介入し、他の事項については民事関係として介入し、さらに、また、他の事項については社会道徳にまかせるといった、種々の行き方がある。法が社会生活に介入するしかたとしては民事・刑事以外にも行政法的なものがあるが、それらのことは後に詳述することにして、おおまかにいって、法が介入するのを適当とする分野と道徳にまかせたほうがよい分野とがある(16)。もっとも、この両分野の限界は、多分に政策的なものであって、法と道徳との区別から当然に演繹されるといった性質のものではないというべきである。

トマジウスやカントの所説による法と道徳との峻別の考え方が、法の行きすぎを抑制する意味で絶えず反省されなければならないことは前述のとおりだが、かれらの理論がそのままにあてはまる領域がそれほどひろくないことは、上述のところから、ほぼあきらかになったとおもう。

(11)　離婚訴訟は種々の見地から社会倫理と関連することが多い。例えば、従前の判例では有責配偶者からの離婚請求は認められなかった。しかし、このごろでは、一定の要件のもとに、それも認められるようになり、不都合は財産分与や慰藉料によって解決されるべきものとされることになった（最判〔大法廷〕昭和六二年九月二日民集四一巻六号一四二三頁）。

(12)　団藤「姦通論」（同『刑法の近代的展開』増訂版・一九五二年・八九頁以下）。

(13)　我妻栄『親族法』（一九六一年）一三〇頁。

(14)　この問題については、日本生命倫理学会（機関誌＝『生命倫理』）が発足して活発な活動をしている。同学会編『生命倫理を問う』（生命倫理１〔一九九一年〕）。生命のはじまりについての根本問題につき、金沢文雄「人の胚の道徳的および法的地位」岡山商科大学法学論叢三号（一九九五年）。わたくしも共鳴するところが多い。なお、全体の基本的な考察として、団藤「科学と人権」（同『この一筋につながる』一九八六年・所収）参照。

(15)　もっとも鶏姦条例の実際の運用としては、本来の同性愛的な行為よりも、現行法でいえば幼児に対する強制猥褻罪にあたるような形態のものが、これによって処罰されているようである（団藤『刑法綱要・各論』三版・一九九〇年・三一一頁参照）。

(16)　大審院の判例に現れたものとして川島武宜の挙げる例を、ここに引用することを許されたい（川島武宜『民法総則』一九六五年・二四七―二四八頁）。ひとつは、大審院判決明治三二年三月二五日（民録五輯三巻三七頁）で、不品行のため離婚された母と同居しないこと、もしこれに違反したときは一日につき一円を支払うことを父がその息子に約束させたばあいには、その契約は「骨肉ノ至情ヨリ生ズル母子同棲ノ行為ヲ抑制セント欲スル」もので公序良俗に反するが、そのことは別として、「子ノ本分トシテハ不貞ノ婦タル母ヲ承歓センヨリハ寧ロ父ノ意ヲ奉承スルヲ以テ至当トス」るが、「此ハ是純粋ナル道徳上ノ問題ニシテ……此等他面ノ道徳問題ヲ斟酌スルヲ得ズ」とされた。もうひとつは、大審院判決大正四年一〇月一九日（民録二一輯一六六一頁）である。寺の住職および檀家総代から、将来その寺の後任住職とするからその寺の財産整理をしてくれと頼まれ、自分の財産を支出して寺の負債を弁済した者が、その寺に償還を請求した事件だが、判決は、「社会上清高タルベキ」住職の任命と財産整理の引受けとを対価的に約束するのは、公序良俗に反すると解した。これに対して、川島は、むしろ、「宗教教団内部のサンクションによって問題を解決すべきで法という政治権力の介入によって解決すべきではないという思想が、その決定的な理由たるべきであろう」と批評している。

七　「倫理的最小限度」および「倫理的最大限度」としての法

ゲオルク・イェリネック（Georg Jellinek, 1851-1911）は法を「倫理的最小限度（das ethische Minimum）」だと考え、経済学者シュモラー（Gustav von Schmoller, 1838-1917）は法を「倫理的最大限度（das ethische Maximum）」だとした。[17] 前者は法の内容に着眼したものであり、後者は効力に着眼したものである。

客観的な社会倫理・社会道徳・道義の意味における倫理には、ぴんからきりまであるが、その中には、「殺すなかれ」「盗むなかれ」といったことからはじまって、社会秩序の維持のためにその強行が不可欠のものがある。こういった最小限度の倫理は法の中にとり入れて、法的制裁のもとに強行することが必要になる。これが法が「倫理的最小限度」といわれるゆえんである。法には、倫理と無関係な分野がすくなくないのであって、そうした分野については「倫理的最小限度」ということはあてはまらないが、ここでは、それは論外である。法がその全面にわたって倫理的最小限度だというのではなく、法の中に社会倫理的規範の最小限度のものが取りこまれているということをいっているのである。

シュモラーのことばは、制裁に着眼したものである。道徳には制裁がないが、法には制裁がある。道徳が法に取りこまれるときは、法的制裁を具備することになるから、道徳は最大限度に有効性を発揮することになる。法が「倫理的最大限度」だというのは、これを意味する。したがって、イェリネックのことばとシュモラーのことばとは、矛盾するものではなく、むしろ、たがいに補い合う関係にある。

もちろん、内心の格率としての倫理に関するかぎりその違反に対する制裁といったものは存在しないが、客観的な社会規範としての社会倫理ないし道義秩序——それは前述のようにしばしば習俗と結合して現れる——の違反に対しては、世間からの指弾、世論による非難といった社会的制裁がありうるのであり、極端なばあいには「村八分」のような実力的制裁さえもありうるのである。こうした制裁が精神的なものから実力的なものになるにしたがって、その社会規範は、社会道徳的な性質のものから法的な性質のものに移り行くことになる。そうして、その制裁が公けのもの、公権力によるものになると、法的性格があきらかになる。かように、道徳にも制裁があるとしても、法における制裁ほど外面的に強力なものではない。

(17)　Jellinek, *Die sozialethische Bedeutung von Recht, Unrecht und Strafe*, 1878, S. 42（大森英太郎訳・岩波文庫）; Schmoller, *Grundriß der allgemeinen Volkswirtschaftslehre*, I, 1900, S. 57 (zitiert nach R. von Hippel, *Deutsches Strafrecht*, Bd. 1, 1925, S. 9 Anm. 4).

八　法概念の要素としての強制

前段に考察したとおり、法と道徳とを内容的に区別することはできない。内容的にみて法が道徳の最小限度だということは、法の中に道徳と無関係の部分があることとあいまって、法と道徳との重なり合いは双方からみて部分的にすぎないことを意味するが、その重なり合う部分について法と道徳とどこがちがうかといえば、まず、法には公的な強制力が伴うという点に、求められるであろう。

社会道徳あるいは習俗には、違反に対する制裁を伴うばあいもあり、それはばあいによっては村八分のように実力的なものでさえありうることは、前述のとおりである。この種の社会規範をひろく「法」と呼ぶことも可能であろう。前に引用した「社会のあるところ、そこに法がある」という法格言は、法をこのように広義に理解するときに、はじめて、そのままあてはまる。法をこのように理解するときは、村落共同体のしきたりでその違反に対して社会的制裁があるようなものは、法である。暴力団のおきてでさえ、その団体の内部の法だといえよう。しかし、このような部分社会の「法」と国家法とを比較してみると、規模、構造、効力など多くの点で著大なちがいがある。これらをすべて「法」に含ませると、それらに共通の性質は稀薄なものになってしまう。「法」の外延をひろげればその内包が乏しくなるのは当然である。したがって、「法」を国家法およびこれに準じて考えられるものにしぼって考えることも、ひとつの行き方であり、これがいわば通説ともいうべきものになっている。しかし、また、国家法と部分社会の法とのあいだにも、すくなからぬ共通点があるので、むしろ、外延をひろく考えて「法」を定義することも、また、ひとつの行き方であり、ことに、国家成立以前の「法」をも考察する法史学の立場や、未開社会の「法」や部分社会の「法」をも考察する比較法学・法社会学の立場では、むしろ、「法」をひろく考えた方がよいことになる。また、国家権力に重点を置いて法を考察しようとする立場——一方では国家主義的立場と他方では国家権力を批判するためにこれを重視する立場——では、「法」を国家法に限定しようとするであろうし、国家をこえるものとして法を構想しようとする立場、ことに世界法を構想する立場では、「法」を国家法に限定することに反対することになろう。かようにして、一方では社会の多様性に対応して「法」も多様であると同時に、(18)他方では「法」のとらえ方の視点のちがいに応じて法の定義が変わって来る。定義は定義じたいとして重要なわけではない。「法」の定義についても、おなじことである。右のように種々の「法」の概念があることを念頭に置いておきさえすれば、あとは用語の問題だといってもよい。ただ、「法」について何かを語るとき、それが、いかなる意味に理解された「法」についてなのかがあきらかでないかぎり、無用の混乱をまきおこすだけで学問的なみのりに乏しいであろうことは、注意しておく必要がある。法学においてもセマンティクス——意味論——がやかましく論じられているのは、もちろん理由のあることである。

そこで、本書では、とくにことわらないかぎり、公的な強制を伴い公権力によって強行されうる社会規範を「法」として取り上げることにしたいとおもう。これによって、単なる社会道徳や習俗と区別されたものとして「法」をとらえることができるとともに、対象の範囲を単純に国家法に限定しないである程度に視野をひろくすることができるからである。しかし、かように理解された「法」の重要な部分は国家法であって、文脈に照らしてとくにことわるまでもないときは、いちいち国家法といわないで、単に「法」というだけで国家法を指すばあいが多いことも、あらかじめ諒承しておかれたいとおもう。

かように「法」の概念を立てるときは、暴力団のおきてだとか、ヴィノグラドフの挙げたゲームの規則の類は、「法」には含まれない。村落社会のしきたりでその違反について、その村落社会の制裁が加えられるような種類のものが「法」といえるかどうかは、その制裁が公権力による強制として観念しうるものであるかどうかにかかっている。それが国家以前の古代社会や未開社会におけるものであれば、答えは「しかり」のばあいが多いであろう。現代の文明国家の内部のものであれば、それが国家によって承認され国家権力による強制のしくみの中に取り入れられているときにかぎって、その点から、答えは、「しかり」でありうる。

法の代表的なものと考えられる国家法についても、これを構成する法の各部分がすべて等質なのではなく、強行の可能性の点で種々のニュアンスをもったものがその中に含まれる。強行法規と任意法規といった区別も、そこから出て来る。違反に対する制裁の強弱の見地から、高度完全法規、完全法規、低度完全法規、不完全法規（lex plus quam perfecta, lex perfecta, lex minus quam perfecta, lex imperfecta）といった区別をすることもある。高度完全法規は、たとえばその違反に対して刑罰の制裁が加えられるもの、完全法規はたとえばその違反があれば当の行為の法的効力が否定されるもの、低度完全法規は国家が積極的には強行しないものをいう。たとえば、前掲の不法原因給付（民法七〇八条）のばあいには、給付を受けた者が自分で進んで返還すればそれは有効だが、給付をした者が裁判所に返還請求の訴えを提起することは許されない。これは低度完全法規の範疇に入る。不完全法規は、制裁を欠くものである。たとえば、憲法によれば、「国は、すべての生活部面について、社会福祉、社会保障及び公衆衛生の向上及び増進に努めなければならない」とされているが（憲法二五条二項）、国がかような努力を怠っても、これに対して直接には制裁があるわけではない。しかし、かような法規でも、日本国の国家法体系の不可分的な一部をなすものとして、やはり、法であることにかわりはない。そうして、かような法規も、また、たとえば裁判所が法的紛争を解決する際に、なんらかの意味で――たとえば社会保障に関する法令の規定の解釈上――援用されうるのである。

以上のように「法」の概念を定めるばあいに、問題となるのは国際法の法的性格である。[19] 国際法に強制的要素が乏しいところから、それは法ではなくて単なる実定的な道徳（positive morality）にすぎないとする見解がある。たしかに、かつての国際法はそういう色彩が濃厚であったし、現在でも国家法と比較して不完全法規の部分をいちじるしく多く含んでいることは事実である。ことに、国家法にみられるような中央権力による強制といったものは、国際法にはみられない。それは、国家組織に比較して、国際社会が組織化の点ではるかに未発達の段階にあるからであり、国際法が国家法に比較して発展途上の段階にあることを意味する。逆にいえば、国際法はかつては法的性格が弱かったのが、次第にその性格を強めて来ているといってよい。現在では、国際連合をはじめとする国際組織のいちじるしい整備・強化および集合的・組織的な制裁の方法の発展によって、国際法の法的性格はほとんど疑いを容れないところまで来たといえよう。もちろん、国際連合をはじめとする国際組織は中央権力といえるようなものではないが、それはあきらかに国際社会における公けの組織であり、こうした国際組織による強制はまさに公けの強制にほかならない。わたくしが、さきに、「法」の概念決定の際に、「国家権力」ないし「中央権力」による強制ということを避けて、「公け」の強制といったのは、この程度のものを「法」に含ませて理解するのが適当だと考えたからである。

(18)　ひとつの社会の内部においてさえも、同一の事態について一つの法体系が適用されるとはかぎらず、集団や階層などのちがいに応じて異なった複数の法体系が存在するばあいのあることがみとめられている。ベルギーの法史学者ジリセンらは、かようなばあいを法的多元主義と呼んでいる（*Le pluralisme juridique*, Etudes publiées sous la direction de John Gilissen, 1972)。もっとも、法的多元主義のことばは、もともと多義的である（Roubier, *op. cit.*, p. 256)。

(19)　横田喜三郎『国際法の法的性質』（一九四四年)。

九　道徳・習俗と法とを区別する心理的要素――「事実たる慣習」と「慣習法」

右に述べたように、公けの強制を伴うかどうかが、法と他の社会規範とを区別する標準になる。しかし、たとえば、ある一定の慣行が存在するばあいに、それを法――慣習法――とみとめて、公権力によってこれを強行してよいかどうか、を考えるとしよう。この問いに答えるためには、右の標準は何ものをもあたえない。右の標準は、その意味では、形式的なものである。われわれは、どのような社会規範に公権力による強制をみとめてよいかという実質的な規準をも考えなければならない。

これに対する答えは、後述の歴史法学派によって用意されていた。サヴィニー（Friedrich Carl von Savigny, 1779-1861）を創始者とする歴史法学派は、法をもって自然発生的に民衆のあいだに生成するものと考え、それが法規範としての効力をもつのは民衆のあいだにおける法意識ないし法的確信（Rechtsüberzeugung）によるものだとしたのであった。すなわち、ひとつの慣習は、そのまますぐに法だとはいえない。民衆のあいだに、自分たちの一定の生活関係における権利義務がその慣習によって定められるのだという意識が出来上がっているとき、はじめてその慣習が慣習法とみとめられることになるのである。後述のように、歴史法学派の主張が全面的に正しいわけではないが、慣習法に関するこの見解は承認せざるをえないであろう。単なる慣習――しばしば「事実たる慣習」と呼ばれる――と慣習法とのちがいは、このような社会心理的な要素に求められる。

このことは、国内法にも国際法にもあてはまる。国際法でいえば、いわゆる国際礼譲（international comity; courtoisie internationale; Völkercourtoisie）ないし国際道徳と慣習国際法との関係が問題となる。慣習国際法は国際礼譲から発展転化することが多いが、もし、まだ単なる国際礼譲にすぎない段階ならばそれに違反しても国際法上の問題とはならないのに反して、すでに慣習国際法になっているならばその違反はいうまでもなく国際法違反ということになる。国際社会は主としてもろもろの国家を主体とするものだから、サヴィニーの考えたような民衆の確信といったものがそのままにあてはまるとはいえないが、しかし、かような国際社会においても諸国家の法的確信といったものが考えられないわけではない。一定の慣行に法的拘束力をみとめる考えが多数の国家のあいだに形成されて、それが国際社会における法的確信になったとき、はじめてその慣行が慣習国際法とみとめられることになる。

国内法のばあいには、民衆の法的確信という考え方は、いっそうよくあてはまるであろう。国の全地域あるいは一地方に一定の慣習があっても、それだけでは法的な効力はみとめられない。自分たちの一定の権利・義務がその慣行によって規制されるのだという民衆の法的確信がそれをささえるかぎりにおいて、それは慣習法としての効力をもつことになる。

慣習は、それ以外に制定法によって承認されることによって法的性格を付与されることがある。民衆の法的確信によって裏づけられるまでに行っていない単なる慣習でも、かようにして慣習法になりうる。ことにわが国では、後に「法の形成」の項で詳述するとおり、法適用通則法三条をはじめとするところの、この種の一般的規定があるので、慣習がどういうばあいに慣習法となるかの問題は、現在では、主としてこれらの規定の解釈をめぐって議論されている状況である。しかし、慣習法形成の本来的な場面は民衆の法的確信によるものであることを忘れてはならないとおもう。このことは、たとえば、慣習法が強行法規たる制定法をも改変する力を有するかどうかといった問題に、大きくかかわりをもって来るのである。これまた、のちに詳論するとおり、もし法適用通則法三条だけをみるならば、慣習法は任意法規以下の効力しかないように読めるのであり、もっとも進んだ新しい学説によっても、強行法規が慣習法に優先することは承認せざるをえないのである。問題は、法適用通則法三条のかなたにある。それは、慣習法形成の本来の姿を考える以外にない。

要するに、社会道徳、習俗あるいは単なる慣習といった社会規範と、法という社会規範とのあいだの差異は、社会心理的には、法的確信の有無に求められるのである。

右は慣習法を考察の対象としたのであるが、さらに進んで考えれば、慣習法であると制定法であるとを問わず法の全体が、その効力の基礎として社会心理的なものをもっているのではないか。ヴィノグラドフが、「法の存立について決定的な意味をもつものは、物理的強制が加えられる可能性があるということよりも、むしろ、社会的権力によって課せられた規範を承認するという精神的な習慣（mental habit）であるということを意味している」といったのは[20]、正当だといわなければならない。

ナチス・ドイツや第二次大戦中の日本が、国家権力による強制力の異常な強化をはかったことは、法に対する民衆のあいだの精神的な支えを弱める結果を伴って、真の意味における法の効力をかえって脆弱化し、やがては権力じたいの崩壊をもたらした。法および法の運用——わけても司法——が民衆と密接しその精神的支持を確保することは、法につねに新しい生命を保持させるために重要なことである。

(20)　ヴィノグラドフ（末延三次＝伊藤正己訳）『法における常識』（岩波文庫版・一九七二年）四七頁。ヴィノグラドフは、慣習法そのものについては、サヴィニーらの「民衆の確信（popular conviction）」についての考え方を「神秘的所説（mystic talk）」だとしているが（前掲訳書一三三頁）、これは民族の所信の中に立法者による人為的な立法よりもすぐれた叡智が含まれているとするサヴィニーらの見解を批判したものと考えられる。

一〇　道徳・習俗と法とを区別する理念的要素——正義の問題[21]

道徳の理念は善である。習俗には理念はない。これに対して、法の理念は正義である。法が機能する主要な場面としての「司法」が西洋語で例外なく「正義」(justice, Justiz, giustizia, justicia, юстиция) で現されるのも、これを象徴しているとおもわれる。「法」ないし「権利」を示す西洋語の大部分 (right, Recht, droit, diritto, derecho, право など) が「正しさ」、「真すぐしたもの」の意味をもっているのも、偶然ではない。

ちなみに、漢字の「法」の古字「灋」については、説文に「灋。刑也。平之如水。从水。廌所㠯触。不直者去之。从廌去。」とある。「法は刑なり」という「刑」は「型」・「模型」の意である（中国の古典で、法はしばしば規矩——コンパスとさしがね——に比せられる）。「灋」という字のサンズイは法が水のように物を平準化することを示し、ツクリのほうは、廌という伝説上の一角獣が正邪を識別して、邪悪なものはその角で除去するということを意味するようである。[22]

道徳―善が窮極的には各人の人格の理想化に結びつくのに対して、法―正義は社会秩序の理想化に結びつく。ラートブルッフ[23]（Gustav Radbruch, 1878-1949）は「人倫的に善なるものの理想は理想人の中に、正義の理想は理想的社会秩序の中に現れる」といっているのは、これを意味するであろう。「各人にかれのものを帰属させること、それこそが最高の正義である（Suum cuique tribuere, ea demum summa justitia est.）」とキケロはいい、「立派に生活し、隣人を害せず、各人にかれのものを帰属させること（honeste vivere, alterum non laedere, suum cuique tribuere）」が正義だとローマの法律家ウルピアーヌス（Ulpianus, ca.170-228）はいった。「各人にかれのものを」というのは、意味深長であるとともに多義的である。たとえば、売買の目的物とその代金をそれぞれ買主と売主に帰属させるのは、まさに「各人にかれのものを」である。しかし、売買の当事者が平等な立場にあるばあいは、そのまま、それが正義だといえるが、もし不平等な立場にあるときは代金の取りきめが正しく行なわれることが当事者双方に正義をあたえるための先決問題になって来る。だから、たとえば、独占的・公共的な性格の強い企業については法的規制が必要になろうし（電気料金の認可制・電気事業法一九条、バス運賃の認可制・道路運送法九条など）、労働者と使用者のあいだの労働契約については労働法的な規制が必要となる（労働基準法一三条以下など）。法曹社会主義（Juristen-Sozialismus）の代表者として知られるオーストリアのアントン・メンガー（Anton Menger, 1841-1906）もいったように、不平等な者を平等に扱うくらい不平等なことはないからである。古くアリストテレース（384-322, B.C.）は、平均的正義（justitia commutativa ; ausgleichende Gerechtigkeit）と配分的正義（justitia distributiva ; austeilende Gerechtigkeit）という有名な正義の分類をした。前者は絶対的・算術的平等、後者は相対的・比例的・幾何学的平等を原理とするものであり、前者は平等者間の並列関係に妥当し、後者は不平等者間の上下関係に妥当するといえよう。ラートブルッフは、このアリストテレースの正義論を援用して、平均的正義は平等の立場にある者のあいだの正義であるから、配分的正義がその働きによってすでに当事者に平等の立場をあたえていることを前提とすると説き、そこから、配分的正義こそが正義の根源的な形態であり、法概念の基本となる正義の窮極的な理念は配分的正義に求められるべきものと論じている。

正義の女神は片手にはかりを持ち片手に剣を携えている。たいていは目かくしをした姿で現されるが、目かくしをしていないこともある。目かくしをした正義の女神は、障子をへだてて茶をひきながら訴えをきいたという名奉行の話と共通のものをもっている。それは、いわば、抽象的・形式的正義である。血のあり肉のある人間のあいだの争訟を裁くのに、目かくしをしていては、具体的に正しい裁判ができないのではないか。平均的正義・配分的正義とはいっても、どちらの正義がいかに働くべきかを具体的な事案に即してみきわめなければならないのではないか。かようにして、いわば具体的・実体的正義（materiale Gerechtigkeit）の観念に到達する（もっともこの概念も一義的ではない）。これは、裁判の段階にかぎったことではない。法そのものについても、同様のことがいえよう。たとえば、基本的人権の規定を取り上げてみても、いわゆる自由権は多分に抽象的なものである。自由・平等とはいっても、法の規定の表面で自由・平等を保障されただけでは、いわゆる画にかいた餅である。実質的に自由・平等を保障されたといえるためには、あわせて、いわゆる社会権が――しかも現実的に――保障されなければならない。かようにして、はじめて実質的正義の要請がみたされることになる。ワシントンにあるアメリカ連邦最高裁判所の壮麗な建物の正面玄関の上には、「法のもとにおける平等な正義（Equal Justice Under Law）」の字句が刻まれている。古典的な市民法的正義を現したものといえよう。これに対して、ロンドンの中央刑事裁判所――いわゆる「オールド・ベイリー」――の正面には、「貧しき者の子らを守り、悪人を罰せよ（Defend the Children of the Poor & Punish the Wrongdoer）」という文句がみられる。(24) これは、抽象的な正義といったものでないところに面白味がある。

以上、正義ということについて、すこしばかりくどくどと書きすぎたかも知れない。おそらく、法実証主義の人たち、あるいは法社会学の人たちは、法に正義といった理念的要素を含ませることを拒否するであろう。群盲が象をなでる、ということばがあるが、法というものをいかにとらえるかについて、どれほど多くの立場が現れても不思議ではない。これまでに現れた法概念に関する見解は無数であるし、これからも無限につけ加わるであろう。おそらく、それらの無数の見解がそれぞれになんらかの真理を蔵しているにちがいない。それらの諸見解は、たがいに批判を加えながら、法のとらえかたを深めて行くべきである。ところで、法の把握のしかたについて、いっさいの形而上学を排斥して、法を単純に社会制御の手段とみる見解をとるとしよう。そのばあいにも、法という手段によっていかに社会制御をするかという実践的な局面に立つとき、制御の技術としては法社会学的な知見が多くのものを提供するであろうが、制御の目標・理念といった点では窮極的にはやはり正義——心理学的に「正義感」といってもよい——を持ち出す以外にないのではあるまいか。

しかし、いずれにしても、正義というのはもともと抽象的な概念であって、これを実体化して考えるとなると、時代、民族、文化、政治形態、等々によって、あるいはさらに、個々のばあいの具体的状況によって、その内容は、非常に異なったものになって来る。(25) それればかりか、正義を標榜する者は——善意であっても——正義の名において自分の立場からの主張をするであろう。国際法において「正戦論」が実際に適用困難であったことも無理からぬことである。かようにして、正義の実体はわれわれにとって所与ではなく、その実体化はわれわれの永遠の課題である。それは、法の理念が正義であるということを妨げるものではなく、法の問題が主体的なものであることを示唆するものである。

以上、法の理念が正義であることを縷述して来たが、それは主として、法という社会規範を他の社会規範から区別する点に着眼した上のことであった。法の理念は、正義だけに尽きるものではなく、これについては、のちに、改めて詳論したいとおもう。

(21)　ホセ・ヨンパルト（José Llompart）『正義の感覚・理論・実現』（二〇〇六年）。

(22)　田中耕太郎『法家の法実証主義』（一九四七年）一五頁以下、楊鴻烈『中国法律思想史』上・二八頁以下参照。

(23)　ラートブルッフについては、山田晟＝久保正幡＝野田良之＝碧海純一編『ラートブルフ著作集』（全一〇巻および別巻）がある。本書の読者には、その中の『法学入門』（碧海純一訳・一九六一年）と自叙伝ともいうべき『心の旅路』（山田晟訳・一九六二年）がとくに有益であろう。なお、かれの門下であるアルトゥア・カウフマンの書いた評伝として、Arthur Kaufmann, *Gustav Radbruch, Rechtsdenker, Philosoph, Sozialdemokrat*, 1987.

(24)　団藤『刑法紀行』（一九六七年）一五三頁。

(25)　法の実現が裁判によるだけでなく、裁判外のものが多いことからいって、正義の問題も、両者を包括的に考慮するものでなければならないであろう。その見地からのものとして、小島武司「正義の総合システム再考」法曹時報四一巻七号（一九八九年）、新堂幸司編『紛争処理と正義』（一九八八年）。なお、田中成明「民事司法改革の背景とその射程——『法化』『非＝法化』論議からみた民事訴訟の役割について」法曹時報四七巻五号以下（一九九五年）参照。後出二一〇頁注（18）参照。

一一　法と道徳との関係についての補説——（その一）法の道徳に対する裁可

法と道徳との区別については、以上に、かなり詳細に考察して来たが、両者の関係については、右にいくたびか触れては来たものの、なお、若干の補説をしておかなければならない。

まず、法が社会倫理的規範——習俗と結びついたものをも含めて——を自己の中に取りこむことについて、もうすこし考えてみよう。前に公序良俗のことを述べたが、「善良の」風俗というとき、すでにそこに法の側からの価値判断にもとづく選択が加わっている。社会倫理的に是認される風俗は多くは法の見地からも承認されるであろうが、それは、つねに一致するものではない。社会倫理そのものの中にも、法的見地から是認されないものがありうるのである。たとえば、親に対する孝行は社会道徳としても美徳であるにちがいない。親が子を愛育し、その反面において子が親の恩愛を感じることは、自然の人情である。しかし、封建時代には、かような自然の情愛の範囲をこえて、親は親たらずとも子は子たらざるべからずと考えられていた。このような封建道徳は現在にまで尾を引いていて、ごく最近までは、刑法に尊属殺人罪（二〇〇条）の規定があって法定刑は「死刑又は無期懲役」とされていた。普通の殺人罪（一九九条）ならば酌量減軽で一年半の懲役にまでくだすことができ、執行猶予さえも可能なのに、死刑・無期という法定刑では酌量減軽をしても七年の懲役より軽くはできない。自分の親を殺すというのはよくよくのことで、犯行の情状からいっても普通の殺人罪よりもむしろ気の毒なケースがすくなくないのである。それなのにこういう硬直的な刑罰が規定されていたのは、もっぱら一般的な旧道徳観念から来るものであった。最高裁判所がこれに違憲の判例を出すまでにはかなりの年月と曲折を要したし、ようやく出た違憲判例もその理由とするところが中途半端で微温的なものであったから、尊属に対する傷害致死罪（二〇五条二項）などはその後も依然として合憲とされていたのであった。[26]これら一連の規定の削除がようやく実現したのは、ずっと遅れて一九九五（平成七）年の刑法改正（口語化）によってであった。こうした経過は、法と道徳の関係が新旧思想の相剋の中でいかにダイナミックなものであるかを示す一例といえよう。

このように、社会道徳を法が取りこむ際にも、法の観点からするところの取捨選択が行なわれるのである。まして、社会道徳と結合していない習俗・慣習の類については、法がそれを法規範として採用する際に、取捨選択が行なわれるのは当然のことである。慣習が法の承認によって慣習法となるばあいについては、すでに触れたが、のちにもっと詳細に述べるであろう。

(26)　判例の経過については、団藤『刑法綱要・各論』(三版・一九九〇年) 三八九頁注一七参照。ちなみに、尊属傷害致死罪 (二〇五条二項) を違憲とするわたくしの少数意見 (最判 〔一小〕 昭和五〇年一一月二〇日判例時報七九七号一五三頁) については、団藤『実践の法理と法理の実践』(一九八六年) 三一五頁以下。

一二　法と道徳との関係についての補説——(その二) 法の基礎としての道徳

わたくしは、さきに、法の社会心理的基礎ということを述べた。社会道徳は多分に社会心理的なものであり、社会心理的なものとしての社会道徳が法を支えているとき、それが民衆の法的確信だといってよいのではないか。これを反面から、心理的なものよりも規範的なものに着眼していえば、社会規範としての社会道徳がおなじく社会規範としての法を基礎づけているということになる。もし、法が全面的に社会道徳から見離されるような状態になったときは、それは、法がもはや法として機能することができなくなったことを意味する。もし、かように形骸化された法が強行されれば、それは、生まの実力の行使に堕するものといわなければならない。

かような法の基礎としての道徳を考えるとき、種々の問題に行きあたる。

第一に、法は倫理的最小限度だとするイェリネックの命題を、もう一度、ふりかえってみよう。前述したように、法の内容には倫理と関係のないものがきわめて多いが、かりに、法をピラミッド型にたとえるならば、その底辺において道徳と接着すると同時に、社会秩序の維持のために強行を必要とする最小限度の社会道徳規範を法の内部、ピラミッドの地面に近いあたりにとりこんでいる。そうして、ピラミッドの底辺から上部に上って行くにつれて、道徳的色彩は弱まり、やがて頂上近くは道徳的無色の領域になる。その分布は、それぞれの国ないし社会の社会的・文化的条件によって，大きな差異を示し，高度に工業化された社会では道徳的に無色の領域が広汎になるが，しかしかような社会でも，ピラミッドの底辺に近い道徳的色彩の濃厚な部分が絶無になることはほとんど考えられない。ところで，いま，ここで道徳が法の基礎となっているというのは，比喩的にいえば，このピラミッドの底辺の下の地盤として社会道徳がピラミッド全体をささえているということである。地盤としての社会道徳が強固に法をささえているあいだは法は安泰であり，それがぐらついてくれば，法も危機に瀕することになる。

ところで，ラートブルッフは，法が道徳と重なり合うのは部分的かつ偶然的なものにすぎず，両者の関係は，重なり合いというよりはむしろ，道徳が法の目的であり，それゆえに法の義務づけの効力の基礎となる点にあると主張する。いまここでかれの所説の詳細に立ち入ることは差し控えるが，わたくしは，これにかならずしも賛成することができない。かれが両者の重なり合いを部分的かつ偶然的だというのは，右の比喩でいえば，道徳がピラミッドの下部を占めるにすぎず，しかもその占める割合は社会的条件によって異なるということを意味するにすぎない。道徳が法の目的だとするのは，法の使命をあまりにも高くみすぎる。道徳は法の目的でないばかりか，法の理念でさえもありえないのではないか。道徳が法の義務づけの効力の基礎だというが，わたくしは，前述のような意味において，道徳は端的に法の実効性の基礎であるとおもう。そこで，さらに問題となるのは，法の基礎としての道徳と，法の内容としての道徳との関係である。ラートブルッフは，いま述べたとおり，両者を判然と区別するが，わたくしは，法の基礎とされているかぎりにおける道徳は，すでに法の内容にとりこまれているといってよいのではないかと考えている。さきに挙げたピラミッドの比喩でいえば，その底辺の下に横たわる道徳は，ピラミッドそのものの内部でないようにみえるが，われわれは比喩にとらわれてはならない。法の基礎とされているかぎりにおける道徳は，それじたい法の世界において法的な意味をみとめられるのであり，その意味で，それは，法の一部を構成するのである。そうして、法は倫理的最小限度という命題は、当然にここにも妥当するとおもう。

そこで、第二の問題として、右に述べたことを具体的にあきらかにするために、違法性（Rechtswidrigkeit）のそれを論じてみたいとおもう。たとえば、犯罪は違法な行為なるがゆえに罰せられる。だから、ある行為が、かりに刑法の規定した犯罪の型（構成要件）にあてはまっていても、具体的に違法性を帯びているといえないときは（違法性の排除、違法性の阻却）、結局、それは犯罪を構成するとはいえないのである。たとえば、強盗犯人から身を守るために正当防衛としてその犯人を殺傷したときは、殺人罪ないし傷害罪の構成要件にあたる行為をしたには相違ないが、正当防衛（刑法三六条）として行なったのだから、違法性がないものとして、その殺傷行為は犯罪にはならない。こういった違法性の問題は、刑法以外の法領域にも、いくらもみられる（もっとも「違法」という語は多義的だから、それぞれのばあいによって意味をたしかめなければならないが）。民法でいえば、損害賠償の原因としての不法行為（民法七〇九条）や債務不履行（同四一五条）は、こういった意味での違法な行為である。違法性というのは、もちろん読んで字のごとく法秩序に違反することにちがいないが、単に形式的に法規に違反するというだけでなく、もっと実質的に全体としての法秩序の趣旨・精神に反することである。実質的に全体としての法秩序の趣旨・精神に違反するということは、私見によれば、法秩序の裏づけ、法の基礎となっている社会倫理的な規範に反することにほかならない。それは端的な社会倫理規範とか文化規範とかの違反ではなくて、法秩序の裏づけとなっているかぎりにおける社会倫理規範、換言すれば法がとり入れる倫理的最小限度に対する違反にすぎないから、違法性が阻却されるためには、その行為が社会倫理的見地から完全に是認されるものであることは必要でない。だから、道義的には責任があるが法的責任は負わないということがいくらもありうるのである。

第三に、このことは、逆にいえば、法的に責任がないからといって、社会的・道義的に大手を振っていられるわけのものではないことを意味する。「よき法律家、悪しき隣人（Good lawyer, bad neighbour.）」、あるいは、「法の極は害の極（Summum jus, summa injuria.）」などといわれるのは、この消息を現している。日本でも、「三百代言」などという法律家を軽蔑することばがある。その蔑視の背景には、沿革的には旧幕時代の「公事師《くじし》」[27]が世の中のひんしゅくを買っていた事実が、弁護士の前身である代言人――明治初年にフランスの弁護士制度を輸入した際にフランス語のアヴォカ（avocat）をかように訳したといわれる――にまで尾を引いたこともあろうけれども、法律家の議論がややもすると詭弁に陥る傾向があること、また、法網をくぐるとまでは行かなくても法の許容するぎりぎりのところで悪辣な行為をすることがあること[28]、などの点を否定することはできない。しかし、法は社会心理の支えによって実効性を保持しうるものであることは、さきに述べたとおりである。したがって、もし法の内容ないしその運用が「法の極は害の極」の感をあたえるようなものであれば、法がみずからの墓穴を掘ることになる。ラートブルッフが、前述のように、道徳をもって法の目的であり、そのゆえにまた、法の義務づけ効力の基礎であるといっているのは、かような意味においてならば、首肯されうる。法が公序良俗の観念によって法律行為の無効その他の形で法と道徳との乖離を避けようとしているのも、また、しばしば権利の濫用を禁じ（憲法一二条、民法一条・八三四条、刑事訴訟規則一条など）、脱法行為を封じるための明文を置いているのなども（利息制限法三条、農地法二二条二項など）、このような角度からも理解されるであろう。

第四に、法の基礎が道徳だというと、法が保守的・固定的なものであることを意味するように受け取られるかも知れない。たしかに、道徳および法は、種々の点において保守的機能を発揮することは事実である。しかし、このことは強調されすぎてはならない。社会倫理規範は、私見によれば、いわば生《せい》の客観化であり、人間性が社会的に客観化したものである。だから、それは一方では人間性に深く根ざしながらも、他方では社会的相対性をもっているのは当然だといわなければならない。それは前者の観点からは静的性格を有するが、後者の観点からは動的性格を有する。ことに現代のような多元的社会においては、法秩序の基礎となっている社会倫理規範が何であるかを突きとめることの困難なばあいがすくなくない。社会意識ないし価値体系が分裂しているばあいに、それが如実に現れるし、ことにそれが経済的な階級の対立と結びつくときは、問題はとりわけ深刻になる。労働争議はその顕著な場面である。あるばあいには、それは、理論的・静的には解決が不可能で、実践的・動的にしか解決されえない。法における主体性の問題はこうしたところにも、はっきりと現れて来るとおもわれる。そうして、それは、やがては、法の発展の重要な契機となるのである。

第五に、右のことは、法と道徳とのあいだにラートブルッフのいわゆる「悲劇的な葛藤」の可能性があることをも、含蓄している。かれの指摘するとおり、法の規則的性格（Satzungscharakter)、道徳の確信的性格（Überzeugungscharakter）から現れる確信犯人（Überzeugungsverbrecher）は、そうした法・道徳の悲劇的葛藤の典型のひとつである。もし、その犯人のいだいている信条が将来、法によって是認されるにいたったあかつきには、かれは先見の明をもった英雄であったことになり、かれは自己を犠牲にして法の発展に寄与したことになるが、しかし、現時点においては、かれの行為はどこまでも犯罪である。犯人は自己の道徳的義務にしたがって犯行を敢えてし、裁判官は法的義務にしたがって――ばあいによっては涙をのみながら――犯人を処罰しなければならない。[29] ラートブルッフが「悲劇的」というのは、そこに法・道徳のそれぞれの本質に根ざす根源的な葛藤を見出すからである。この問題は、自然法の問題――それに伴って抵抗権の問題――にかかわりをもつが、これについては後述する。

(27)　団藤「滝川政次郎著『公事師・公事宿の研究』を読んで」自由と正義（日本弁護士連合会）三五巻一〇号（一九八四年)。

(28)　これは法律家にかぎったことではない。たとえば、一九七二年一二月二五日朝日新聞の「天声人語」は次のように書いている。――「ヨーロッパでは、日本の経済進出を、『黄色い軍隊の進軍』と警戒する声もあるという。日本としては、自粛自戒すべき時なのに、またぞろ国際不信をつのらせるような事例が起きた。ある家具の輸入業者が、欧米の著名なメーカーの商標をこっそり登録してしまったというのだ。こうするとその業者を通さない限り、日本への輸出はできなくなる。違法とはいえぬが、商業道徳上許せない行為だと、向うの新聞は大見出しで非難しているという。法に触れなければ『もうけるためには何をやってもいい』という考え方は、『勝つためには手段を選ばず』という戦争の論理に何と似ていることか。」

(29)　だから、確信犯人の処罰には、普通の犯人の処罰とはちがったものが要求される。日本の旧刑法（明治一五年）の草案を立案したボワソナードが内乱罪に死刑を置くことに強く反対したのも、その理由のひとつはここにあった（団藤『死刑廃止論』六版・二〇〇〇年・二二五頁以下）。確信犯人の問題を掘り下げたラートブルッフは、ドイツの司法大臣在職中に刑法草案を作ったが、このラートブルッフ草案では、確信犯人に対しては、懲役刑と区別されたところの、名誉拘禁（custodia honesta）の性質を有する監禁刑（Einschließung）をもって臨むべきことを規定した。これはすぐれた考え方で、第二次世界大戦後にドイツ刑法に採用された。ところが、新しい改正では「監禁刑」はふたたび姿を消すことになった。その理由は、ひとつには適用されるケースが稀有であるということもあるが、主としては、犯人の内心の動機、思想の問題に裁判が介入するべきでないというところにある。法道徳峻別の思想が、ここにふたたびクローズ・アップされて来ているわけである。日本でいえば、禁錮刑――それはかならずしも名誉拘禁ではないがこれに近い性質を有する――を存続させるか、懲役刑と一本化するかといった近時の論争が、これに相当する。「改正刑法草案」（一九七四年）では、「禁固」を存続させることになっている（三二条）。一九九五（平成七）年の刑法改正でも――口語化を主眼とし実質的改正は最小限度にとどめる趣旨であったから――もちろん同様である。この論争は、技術的な問題をも含んではいるが、ここに述べたところからもわかるとおり、法と道徳の関係、世界観といった問題にかかわりをもつ根本的なものである。

第三　法　規　範

一　規範——当為と必然——人間の主体性の問題

自然法則、経済法則、社会法則などというとき、そこに法という文字は使われているが、必然的な法則性を意味している。これに対して、人を殺してはならないとか、車を運転するときは左側通行を守らなければならないとかいうのは、必然ではなくて当為（ought to; Sollen）である。自然法則のような必然的法則には違反ということは考えられないが、当為を内容とする規範的法則には違反がありうる。

法は社会規範の一種で、当為を内容とする。しかし、それはすくなくとも二重の意味で事実ないし存在（Sein）と結びつき、したがって、また必然（Müssen）と関連する。第一に、法規範そのものが事実である。この意味で、法規範は、まさしく法社会学の対象となる。法規範は、それじたい、多かれ少なかれ、社会学的な必然に支配されているのである。たとえば、明治憲法はなぜあの時期にプロイセン憲法的要素の強いものとして制定されたか、借地法・借家法はなぜ大正一〇年に民法の特別法として制定されたか、等々は、社会学的にも解明されるべき性質の問題である。法社会学の問題については、第二編で、改めて取り上げることにしよう。

第二に、法規範は、社会的事実をその規制の対象としてもっている。社会的事実はなんらかの意味で直接間接に人間行動と結びついているので、当為としての法規範の対象となりうるのである。その際、人間行動がもし完全に必然的なものだとすれば、法の当為としての規範的性格を考える余地はなくなるであろう。それは、人間行動に対する「条件づけ（conditioning）(1)」というだけのことになるであろうし、現に、後述のリアリズムの見解においては、そう考えられている。これは法を単に社会制御の手段とみる考えにつながる。法にそのような面のあることは否定することができないし、リアリズムにも正しい核心のあることは、わたくしも承認するのにやぶさかでないが、法をこの見地だけから理解することは、法から人間性を抹殺することになりはしないか。法が人間関係を規律するものである以上、人間を人間として扱うものでなければならない。もちろん、法は広汎な領域をもっていて、その中には人間性の入りこむ余地のすくない領域と、人間性がより強調されなければならない領域とがある。たとえば、おなじ民事法の中でも、商人の商取引を規律の対象とする商法は前者であり、親族関係を規律する親族法は後者である。しかし、法全体として、人間を人間的に扱うという基本原理をぬきにすることはできないのではないかとおもう。いずれにせよ、ここで、人間行動がはたして必然的なものなのかどうかを考えておかなければならない。それは、決定論対非決定論（意志自由論）の問題であるが、哲学的ないし形而上学的な論争それじたいよりも、実際に、人間行動に主体性がみとめられるものであるかどうかが、ここでは重要なのである。この問題は、ここでは、深入りするべきではないが、法違反の典型的なものとしての犯罪を例にとって、簡単な考察を試みることにしよう。

犯罪現象は、一面では、まさに、必然的な現象である。第一に、そのことは、まず、犯罪の大量的考察からあきらかである。統計学の父といわれるケトレー（Lambert Adolphe Jacques Quêtelet, 1796–1874）は有名な『社会物理学』[2]（一八三五年）の中で「犯罪の予算」ということをいい出した。毎年、一定数の犯罪が予定されることをいったのである。それ以来、多くの学者によって、季節や風土と犯罪の関係だとか、穀物の価格（日本でいえば米価）や実質賃金の高低と犯罪との関係だとかが研究され、犯罪現象に関する種々の社会学的法則性があきらかにされて来た。経済的条件と犯罪との関係は、おそらくもっとも基本的な問題のひとつとして研究されなければならないであろう。さいわいに、わが国には明治一五（一八八二）年以来の犯罪統計があるから、それをもとにして、わが国における資本主義の発展となるべく関連づけながら、考察してみると、あらまし次のようなことがいえるのではないかとおもう[3]（グラフには簡単にするため、経済的条件をもっとも鋭敏に反映する窃盗罪だけをぬき出してその曲線を示しておい

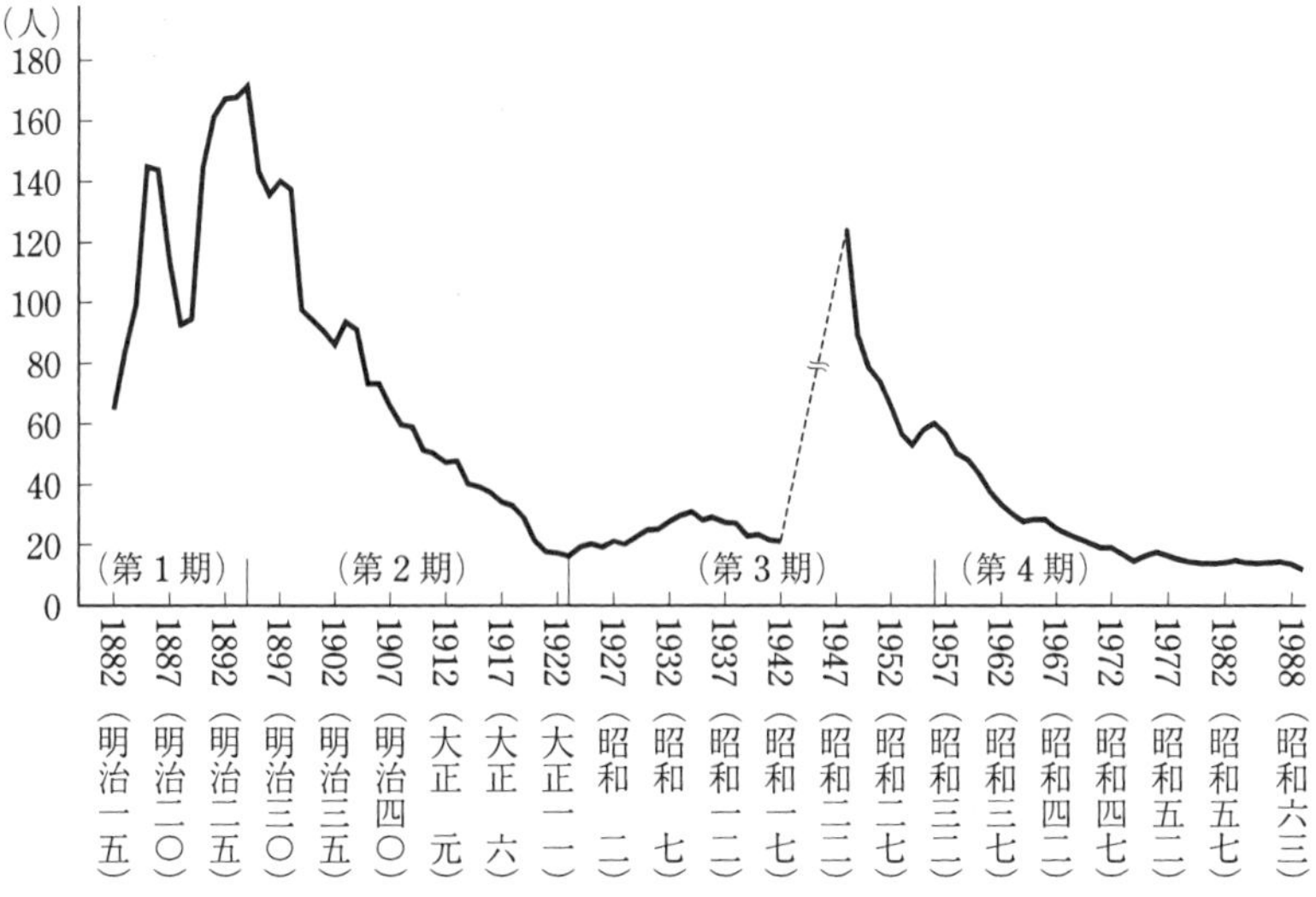

窃盗罪の有罪人員の対人口比率(1882年～1942年 1947年～1988年)
――人口10万人に対する割合――

た)。

まず、第一期として資本主義の成立の時期ともいうべき明治初年から明治三〇(一八九七)年ころまでは、犯罪の増加がみられる。その前半は資本主義成立の前夜で、封建的政治機構が破壊されて新しく近代的な政治機構が樹立されるにあたり、経済的・政治的・社会的・思想的動揺に伴って、ことに窃盗罪の異常な増加がみられ、また、士族の没落過程を反映して士族の犯罪が目立つ。明治一七―八(一八八四―五)年ころには、通貨制度の不安定を物語るものとして、通貨偽造の激増が目につく。この期の中ごろにやや小康状態がみられるが、やがて日清戦争前後へかけて、おそらく産業革命を反映して、犯罪の顕著な増加がみられるのである。第二期は、明治三一(一八九八)年ころから大正一二(一九二三)年ころまで、つまり日清戦争後から関東大震災の前後へかけての時期で、資本主義の発展に伴って国民の経済生活がともかくも充実して来た時期であり、全体として犯罪の減少によって特色づけられる。むろんそのあいだに経済的矛盾は次第に胚胎して、労働問題、社会問題がおこって来ているが、まだ致命的ではない。犯罪波はややもすれば上昇しようとする傾向をみせるが、日露戦争と第一次世界大戦によって上昇が抑えられ、ことに大正六（一九一七）年以降には窃盗・強盗のような財産犯罪の激減がみられる。殺人罪などは、この時期に多いが、これは物質生活の充実に伴う生活力の旺盛と人倫関係の複雑化を示すものであろう。第三期は、大正一三（一九二四）年ころから昭和三〇（一九五五）年ころまで、つまり、第二次世界大戦を中にはさんで、いわゆる「戦後」がほぼ終わったころまでの期間である。この時期に入ると、第二期までにはらまれていた経済的矛盾がいよいよ表面化し、昭和二（一九二七）年にはじまる世界的恐慌はこれに拍車をかけた。失業者は激増し、労働問題・小作問題・思想問題は激化し、犯罪ことに窃盗・強盗はふたたび顕著な増加の傾向をみせる。戦時中は軍需景気の反映などもあって一時的に犯罪が減少したかのような外観を呈したが、敗戦後は経済的悪条件のもとに犯罪は空前の激増を示した。第四期は、昭和三一（一九五六）年ころから以降で、経済成長に伴って、犯罪波はほぼ安定し、ことに財産犯罪は——すでに第三期の終わりから——順調に減少し続けている。

以上は複雑な諸要因を度外視した素描にすぎないが、これによっても、犯罪現象が経済的条件との関係において、巨視的にみれば、いかに必然的なものであるかを推測することができようとおもう。しかし、これは大量観察としても、決して精密なものでないばかりか、大量観察において犯罪現象が必然的だということは、個別的考察において個々の犯罪が必然的だということを意味しない。ケトレー自身も、自由意志を否定するのではなく、ただ統計の上では顧慮しないでよい偶然的原因にすぎないと説いているのである。経済的決定論においても、もし個人の自由意志をまったく否定することになれば、新しい社会を目指す努力さえをも、また、社会的主体性さえをも否定しなければならなくなるであろう。(4)

第二に、行為者の素質からみても、犯罪は必然的な現象である。この関係で、確実な資料を提供するのは、ランゲ(Johannes Lange) 以来、多くの学者によって行なわれている一卵性双生児の研究である。一卵性の双生児は同一の素質をもつものだから、素質的因子が犯罪原因として決定的だとすれば、その一人が犯罪に陥れば他の一人（対偶者）もおなじ犯罪に陥るはずである。ランゲ自身は、そうした見地から、『運命としての犯罪』(5)（一九二九年）というセンセイショナルな標題の書物を書いたが、その後の研究では、この予想は一部分は裏書きされ、一部分は裏切られた。すなわち、対偶者の一方が二五歳未満の時に累犯性の犯罪に陥っているばあいには、他方についても同様のことが見受けられる。ただ、このばあいにも、吉益脩夫が報告したように、双方の環境がいちじるしくちがっているときは、きわめて例外的だがそうでないことも見受けられる。これに反して、二五歳以後の犯罪のばあいには対偶者のあいだにこうした平行関係はみとめられず、また二五歳以前のばあいでも偶発的なものについてはやはり平行関係はみとめられない。このようにして、一卵性双生児の研究の結果からは、素質的因子が犯罪原因としてきわめて重要な決定的作用をもつと同時に、それには一定の限界があることがあきらかにされて来たわけである。なお、こうした犯罪人類学・犯罪生物学への道を最初にきりひらいた有名なチェーザレ・ロンブローゾ（Cesare Lombroso, 1836–1909）の生来的犯罪人説は、それじたいとしては過去のものになったといってよい。

以上は、犯罪に例をとって考察したのであるが、ここで得られた知見は、おそらく他の人間行動にも当てはまるであろう。そうだとすれば、人間行動は、素質・環境による必然的制約のもとに立ちながらも、また、多かれ少なかれ、主体的コントロールが可能なものであるといわなければならない。

現在では、自然科学の方面でも、人間の主体性が認められる方向に向かいつつあるといってよいのではあるまいか。まず精神医学・心理学の方面についてみると、例えば、もともと決定論的立場に立つものと考えられて来たフロイト（Sigmund Freud, 1856–1939）の精神分析の系統においても、これを発展させたソンディ（Lipot Szondi）の運命分析やフランクル（Viktor Frankl）の実存分析では、はっきりと人格の主体的なものを認めるに至っている。(6) いな、フロイト自身が決定論者だったというのはかれの学説をアメリカに紹介するときの誤訳に基づくものであって、かれは実は非決定論者だったのだという、ベッテルハイムのような有力な説があることを忘れてはならない。(7) エーヤハルト（Helmut E. Ehrhardt）のように、ドイツ流の伝統的な精神医学の見地から相対的ないし批判的非決定論をとる学者もいる。脳生理学者の時実利彦によれば、脳の新皮質系、ことにそのソフト・ウェアといわれるところの前頭連合野に自由な創造の働きを位置づけることができるらしい[8]。ノーベル医学生理学賞受賞者として有名な脳科学者エックルス（John C. Eccles）は、言語に関係する優位脳半球の一部で自由意志が生まれるとしている[9]。アメリカの心理学者にも、ロジャーズ（Carl R. Rogers）のように、明白に一人一人の主体的なものをみとめる学者がいることを注意しておこう。

決定論に対する批判ないし反省は、物理学や分子生物学のような自然科学の分野でも次第に広がりつつあるように見受けられる。例えば、量子力学におけるハイゼンベルクの不確定性原理はすでに以前から学界の定説のようであるし、ダーウィンの進化論にしても、遺伝学者、木村資生（1924-94）は進化に偶然的要因をみとめる分子進化中立説を唱えて、今ではほぼ承認されるにいたっているらしい[10]。ただ、このような不確定性をみとめることは非決定論には違いないが、それだけでは、まだ人間の主体的な自由を認めることにはならない。自然科学の哲学的基礎づけを試みている批判的合理主義者ポパー（Karl Raimund Popper, 1902-94）が、決定論を排斥するばかりでなく、このような単なる非決定論（不確定性理論）でもなお不十分だと主張して主体性を論じているのは、わたくしとしては心強い[11]。ついでながら、かれが「友好的＝敵対的な協働（friendly-hostile co-operation）」の意味での「間主体性（inter-subjectivity）」を説いているのも、わたくしの共鳴を禁じえないところである[12]。

このように、法規範の名宛人である国民、立法者、裁判官等々の行動が単なる必然ではなく、その中に自由の契機をもっているということから、法規範がまさに規範性をもちうること、すなわち、法規範の内容が当為の名に値するものだという結論が導かれる。そうして、また、前にも触れたし後にも種々の見地から取り上げるであろう法規範についての主体的な考え方も、こうした主体的な人間像を前提とするのである。

当為と必然について右に述べたことから多くのことが導かれるが、ここには、さしあたり次の点だけを挙げておこう。

第一に、法が社会関係を規律するには、どこまでが法の力で及ぶことであるかを見定めてかからなければならない。ある社会現象が根強い必然性をもっているとき、これを法の力で変えようと企てることは、全然不可能でないとしても、多くのばあい、不賢明である。アメリカの禁酒法などは、その例であった。犯罪現象なども主として社会的原因で動くものなのだから、法ことに刑法の力でこれを防止・鎮圧しようとするについては、充分に謙抑でなければならない。しかし、事柄によっては、きわめて根強い必然性をもった社会現象に対しても、ある理想に照らして、法が全力を挙げて立ち向かうべきばあいもある。たとえば、現にわれわれが直面している公害対策などはそれであろう。こうした視点は、後述の法政策学にとって重要なポイントになるべきである。

第二に、法が違反行為に対して、刑罰のような形による非難を加えるについては、本人にとってその違反行為の回避が可能であったことが前提となる。本人にとって自由の契機が強ければ強いだけ、違反に対する非難可能性は強まり、必然の契機が強ければ強いだけ非難可能性は弱まる。もし本人にとって完全に必然的であったとすれば、もはや非難を加えることは不可能になる。この問題は、三で取り上げることにしよう。

(1) 「条件づけ」は行動科学(behavioral science)の中心課題であり、ことにスキンナーの「オペラント・コンディショニング」の考え方が重要である。B. F. Skinner, *Science and Human Behavior*, 1953 (Free Press Paperback Edition, 1965) ; *Beyond Freedom and Dignity* (Pelican Book) 1971, (Bantam Book) 1971. この問題につき、団藤「科学と人権」(同『この一筋につながる』一九八六年・所収) 一八六頁以下、一九六頁以下参照。アメリカのある心理学者は「新しい行動制御の技術に較べると、水素爆弾でさえも子供のおもちゃのように見える」といっている(団藤・前掲一八八頁、二〇一頁注15参照）。世を騒がせたオウム真理教の「マインド・コントロール」が行動科学的なものかどうか知らないが、思い併せてみるべきであろう。スティーヴン・ハッサン（浅見定雄訳）『マインド・コントロールの恐怖』（一九九三年）参照。

（2）正確な標題は、Quêtelet, *Sur l'homme et le développement de ses facultés ou essai de physique sociale*, 1835. 邦訳として、平貞蔵＝山村喬（高野岩三郎校閲）『人間に就いて』上下（岩波文庫・一九三九年、一九四〇年）。

（3）このグラフは『司法統計年報』の数字（最高裁判所事務総局の調査により一部修正）をもとにして作成したものである。一九八九年以降が欠けているので、かわりに法務省の『犯罪白書（一九九四年版）』（三七〇頁）によって窃盗罪の検挙人員（警察庁調べ）の累年統計をみると、上記のグラフとは数字の継続性がないが、一九八四年以降がさらに顕著に減少していることがわかる。これはバブル経済を反映するものとみてよかろう。一九九三年度がやや跳ね上がっているのは、バブルの崩壊を示すものかも知れない。

窃盗罪の検挙人員

1984（昭和59）	292,835
1985（　　60）	281,063
1986（　　61）	260,533
1987（　　62）	261,934
1988（　　63）	253,608
1989（平成元）	195,380
1990（　　2）	175,559
1991（　　3）	169,981
1992（　　4）	153,444
1993（　　5）	162,111

（4）おおまかに言っても、財産犯罪と人身犯罪とで、また、成人犯罪と少年犯罪とで、異なった傾向がみられるが、ここではそれらをすべて度外視して、成人の財産犯罪、しかもその中でもっとも典型的な窃盗罪だけを取り出して考察したのである。なお、交通事犯などが激増を続けていることも、別論である。

（5）Johannes Lange, *Verbrechen als Schicksal*, 1929. 吉益脩夫『犯罪心理学』（全訂増補・一九五二年）五三頁以下参照。

（6）ソンディもフランクルもナチの強制収容所の体験の持ち主であることが注目される。その極限状況における強烈な体験が決定論に満足させなかったらしい。フランクルは『夜と霧』で知られるが、専門の著書としては、Viktor E. Frankl, *Pathologie des Zeitgeistes*, 1955; *Das Menschenbild der Seelenkunde. Kritik des dynamischen Psychologismus*, 1959; *Theorie und Therapie der Neurosen. Einführung in die Logotherapie und Existenzanalyse*,

1968. ソンディのものとして、ソンディ（佐竹隆三訳）『運命への挑戦』（一九七三年）。

（7） Bruno Bettelheim, *Freud and Man's Soul*, 1984. 邦訳、藤瀬恭子『フロイトと人間の魂』（一九八九年）。ベッテルハイム（1903-90）はウィーン生まれで、ちょうどナチがオーストリアへ侵入した時期にフロイトのもとで学位を得た人であるから、本来のフロイト学説の体得者として、その所説は信頼に値すると思われる（Time, March 26, 1990）。ちなみに、エーレンツヴァイクは『精神分析的法学』という興味深い書物を書いているが（Albert A. Ehrenzweig, *Psychoanalytic Jurisprudence*, 1971 ; *Psychoanalytische Rechtswissenschaft*, 1973）、これはまさしくベッテルハイムに批判されたような――いわばアメリカ流の――フロイト学説をもとにしたものである。団藤「法における主体性」（同『この一筋につながる』一九八六年・所収）一五七頁以下参照。なお、ベッテルハイム自身の著書として、Bettelheim, *The Informed Heart. On retaining the self in a dishumanizing society*, 1960 (Avon Books, 1971). かれも強制収容所を体験した人で、やはり自由な自己を論じている。

（8）（9） 時実利彦『生命の尊厳を求めて』（一九七五年）一三二頁以下、団藤「科学と人権」（同『この一筋につながる』一九八六年・所収）一九五―一九六頁。エックルスのものとして、J. C. Eccles, *Facing Reality, Philosophical Adventures by a Brain Scientist*, 1970, p. 118 et seq. 邦訳として、ジョン・C・エックルス（鈴木二郎＝宇野昌人訳）『脳と実在――脳科学者の哲学的冒険』（一九八一年）、とくに一九五頁以下。ポパーとの共著もとくに興味が深い。Karl R. Popper and John C. Eccles, *The Self and Its Brain. An Argument for Interactionism*, 1977. 二人とも、ドゥアリストないしプルラリストであり、また、インターアクショニストであることが序文中に明言されている。「アクション」の意味については後に詳述する機会がある（三二八頁）。ヴィットゲンシュタインの流れを汲むトゥールミン（Stephen Toulmin）が、脳生理学が何事もすべてを証明できるわけではないといっていることをも、ここに付け加えておこう（S・トゥールミン［宇野正宏訳］『ポストモダン科学と宇宙論』一九九一年・一二九頁）。「研究対象といえども、主体であって、単なる客体ではない」というのが、かれの立場である（三六二頁）。

（10） 平易な解説として、木村資生『進化遺伝学から見た人類の過去と未来』（一九九二年）。なお、八杉竜一『ダーウィンを読む』（一九八九年）、とくに二三五頁以下参照。――ちなみに、生態学者として出発した今西錦司がダーウィンの進化論と訣別して『主体性の進化論』（一九八〇年）を説くようになったのも、私には興味深い（同「学問とともに」文芸春秋六五巻一号［一九八七年］九四頁以下）。

(11) Karl Popper, *The Open Universe. An Argument for Indeterminism*, Paperback Edition, 1988. 団藤「刑法と主体性理論」ジュリスト九七四号―九七五号（一九九一・三・一―三・一五）、とくに九七四号四六頁以下参照。わたくしなりの理解によれば、かれは人間が文化を創造するものであることに着眼して、人間の精神は脳髄に根差してはいるが完全に同一ではないと論じ、みずからモニストではなくプルラリストであることを標榜するのである。「現実の創造（Gestaltung der Wirklichkeit）」につき、Popper, *Auf der Suche nach einer besseren Welt*, 3. Aufl., 1987, S. 16 ff. ポパーについては、団藤「ポパー博士との出会い――間主体性のひとつの場面」ポパーレター（日本ポパー哲学研究会会報）六巻二号（一九九四年）一一頁以下。わたくしとの文通の最後の自筆の書簡（一九九四年九月三日付）はたまたまかれの絶筆であった由なので、そこに再現しておいてもらった。その筆跡と文章はかれの人柄と学問を知るよすがにもなろうと思う。なお、団藤「サー・カール・ライムンド・ポパーとの出会い」学士会刊行『先学訪問――団藤重光編――きき手・井口洋夫』（二〇〇六年）所収。

(12) Popper, *The Open Society and Its Enemies*, Vol. 2 (Routledge Paperback), 5th revised ed., 1969. p. 217. 団藤・前掲注（11）「刑法と主体性理論」ジュリスト九七五号（一九九一・三・一五）七九頁参照。ちなみに、〈inter-subjectivity〉はもともと現象学のような認識論の用語であるから、その立場ではもともと「間主観性」の訳語が妥当であろうが（例えば、浜渦辰三郎『フッサール間主観性の現象学』〔一九九五年〕）、わたくしのような立場からはどうしても「間主体性」であるべきところである。和辻哲郎は人間の「主体的な間柄」をもとにして倫理学を論じているので（和辻哲郎『人間の学としての倫理学』全集九巻〔一九六二年〕一四二頁など）、そこでは「間主体性」になるであろう。金子武蔵も根源的な主体として「間主体性としての超越的主体」をそこに見ている（同上の「解説」四九〇頁）。

二　法の事実性と規範性

法が事実の面と規範の面とをもつことは、右にも述べたとおりで、われわれは、その両面をどちらも重要視しなければならない。

法は必然的に権力と結びつく。法の成立の基盤として考えられる社会は組織化された社会であるから、法はその成立において権力と結びつくばかりでなく、法の実効性は実力なしには担保されないから、実力は法の実効性の基礎のひとつでもある（実はその唯一の基礎でもなければ、もっとも重要な基礎でもないことは、既述のとおりであるが）。かようにして、法実力説（Machttheorie）(13)が現れる。「力は正義である（Might is right.）」という俗諺は、その一面を現している。法の階級的見解において、たとえば、「法とは、支配階級の利益に照応し、かつ支配階級の組織された力によって保護される社会諸関係の体系（秩序）である」（一九一九年の旧ロシア共和国刑法の指導的諸原理一条）とされるのも(14)、これをより政治的にとらえたものというべきであろう。しかし、もし、法を実力とみるにしても、イェーリングとともに、法は最良の「権力の政治」だといわなければならない。法には、実力の世界としての政治をコントロールする任務がある。法に実力的基礎がなければこの任務を果たすことができないとともに、法がそれじたい赤裸々な生まの実力そのものの一部であるとすれば、これまた、この任務を果たすことができないはずである。法には、やはり、規範としての独自性がなければならない。ラートブルッフのいわゆる法の独自法則性をどこまで純粋な形でみとめることができるかについては、後述にゆずるほかないが、すくなくとも、法が事実性の面とともに、規範性の面をもっていることを軽視してはならないのである。

(13)　法実力説の代表者はオランダの哲学者スピノザ（Baruch de Spinoza, 1632-77）である。ヘーグにはスピノザの旧宅と銅像がある。団藤『刑法紀行』（一九六七年）一九〇頁。

(14)　藤田勇『ソビエト法理論史研究一九一七—一九三八』(一九六八年) 三四頁によって引用。

三　裁判規範としての法と行為規範としての法

法は、公的権威によって実現を保障されている点で、法以外の社会規範と区別されることは、前に述べた。その公的権威による実現の保障として、もっとも重要なものは、裁判所による裁判である。法は多くのばあい、裁判所の前に持ち出されるまでもなく実現されているが (たとえば、売買契約をすれば売主は品物を引き渡し、買主は代金を支払う)、いよいよとなれば、法的な紛争は裁判所によって解決される。裁判所が裁判の際に規準にするのは法規範であるから、法規範は、例外的なばあい——たとえば国会の内部規律に関する法規範のように性質上裁判所が取り扱うことのできない法規範のばあいだとか、憲法の中の単なるプログラム規定のように、それによって裁判が行われることが予定されていない法規範のばあいなど——を除いては、裁判規範であるといってよい。その法規範の直接の名宛人が国民や他の国家機関などであっても、裁判の際には、それをもとにして何が法の要求する正しい解決であるかを判断することになるわけである。裁判規範としての法規範も、裁判所にとって、もちろん当為である。このばあいに裁判所にとって当為であるというのは、行為規範としての法が当為であるというのとは、厳密にいえばちがう構造をもっているが、そうしたことは、のちに法の実現の章で、もうすこし立ち入って詳細に考察することにしよう。

法規範は、しかし、多くのばあい、裁判規範としてはたらく前に行為規範としてはたらく。「人を殺してはならない」、「人に損害をあたえてはならない」という法規範——それは法規に直接の明文はないが刑法の殺人罪の規定や民法の不法行為の規定の背後に当然に予想されている法規範である——が、まず行為規範としてはたらく。それに違反して殺人罪を犯せば、これは刑事事件だから検察官による起訴猶予などがないかぎり裁判所に被告事件として持ち出され、裁判所は刑法一九九条を裁判規範として裁判をすることになる。また、人に損害をあたえてはならないという行為規範に違反して、不法行為によって人に損害をあたえれば、被害者に対して損害を賠償しなければならないという、いわば第二次的な行為規範としての法規範に従って賠償義務を負うことになり、もしこれを果たさないときは、被害者から裁判所に損害賠償請求の民事訴訟を提起される。裁判所は不法行為に関する民法七〇九条以下の規定を裁判規範として裁判をすることになる。

ところで、こうした行為規範としての法に関して、前段に述べた当為と必然との問題をもう一度ふりかえってみよう。行為規範としての法に対して違反があったばあいには、法はそれに対して種々の手段を用意しているが、その中でもっとも強力な——したがってもっとも慎重でなければならない——のは、刑罰である。刑罰は違反行為に対する法の側からの非難という意味をもっている。違反行為——犯罪——についてその行為者を非難することができるためには、行為者にその行為をコントロールする可能性があったことが前提である。その行為が、たとえば精神障害による衝動的なもので本人にとって必然的であったとすれば、非難はできない。また、行為の状況からみて、本人にとってまったくやむをえない行為であったとすれば、これまた、非難はできないであろう。法においては、本人にとって可能であったことを前提として、本人に非難を帰することができる。「法律は不能を強いない（Lex non cogit ad impossibillia.）」といわれるのも、この意味を含むであろう。カントは道徳について、「なんじなすべきがゆえに、なんじなすことができる（Du kannst, denn du sollst.）」とした。道徳についてはかようなきびしさが要求されるかも知れない。しかし、法の世界——ことに刑法のような領域——では、「なんじなすことができるゆえに、なんじなすべきである（Du sollst, denn du kannst.）」といわなければならない。だから、刑法では責任能力のない者の行為は罰しないものと規定しているし（刑法三九条・四一条）、行為のときの状況によってその行為をしないでいることがまったく期待されえないときは、犯罪の成立をみとめるべきではないという理論（期待可能性の理論と呼ばれる）が――最高裁判所の判例によってはまだ承認されていないが――学説上は有力である。民法の不法行為（民法七〇九条以下）についても、ある程度までは同様のことがあてはまる。不法行為が成立するには故意・過失が必要だし、責任無能力者は賠償義務を負わないものとされている（民法七一二条・七一三条）。これは、もともと個人間のことを頭に置いているので、ひろい意味での過失があるばあいにかぎって賠償をさせようという方針をとっているのである。しかし、不法行為法で問題になるのは、加害者に対する非難ではなくて、被害者の損害の塡補をどのような形で実現するのが合理的かという点にあるのだから、個人間の不法行為を考えるとしても、刑法における犯罪のばあいとは根本的に考え方がちがう。だから、現行法でも、不法行為者が責任無能力者のときは、監督義務者が監督義務を怠ったという点で賠償責任を負わされることになっている（民法七一四条）。しかも、現代社会では、個人対個人というのは不法行為の場面としてもむしろ局限されたものというべきで、企業が加害者として大きく浮かび上がって来る。そうなると、損害塡補の原理も過失責任から無過失責任へ大きく動いて行くことになる。民法の使用者の責任に関する規定（民法七一五条）や土地の工作物等の占有者・所有者の責任に関する規定（民法七一七条）などの運用によって、実質的にそれが次第に実現されて行っているほか、公害などの関係では立法――大気汚染防止法（二五条以下）・水質汚濁防止法（一九条以下）など――によって、無過失損害賠償責任が正面からみとめられるにいたっている（なお、近時の立法である製造物責任法――わが国ではPL法と略称される――のように、被害者の保護ひいては国民生活の安定向上・国民経済の健全な発展のために、一定の免責事由がないかぎり、製造業者に欠陥製品についての無過失責任を認めるものもある）。こうなると、「なんじなすことができるがゆえに、なんじなすべきである」といった原理はずっと弱くなる。しかし、無過失と不可抗力（vis major）――たとえば天災地変――とはちがう。無過失責任といっても不可抗力によるものまでをもカバーするものではないから、このばあいにも、当為としての行為規範の意味が依然として残っている。しかも、損害を加えてはならないという第一次的な行為規範との関係をしばらく措くとして、損害賠償をしなければならないという第二次的な行為規範との関係で、やはり、当為という性格がみられるのである。事柄によっては、不可抗力によっても責任を免れることができないものと規定されているばあいもあるが（たとえば、民法二七四条・三四八条・四一九条）、このばあいでさえも、かような要件のもとに生じた義務を履行しなければならないという意味での行為規範は、やはりその義務の履行の可能を前提としている。

要するに、ひとしく行為規範としての当為とはいっても、その規範的性格はさまざまである。さきに、法と道徳との関係で道徳を基底とするピラミッド型を想定したが、その底辺に近いほど、行為規範の道義的性格が強く、底辺から離れるにしたがって道義的性格が稀薄となって目的的性格が強くなる。そうして、前者において個人的性格、後者において社会的性格が強くなるといえるであろう。このことは、たとえば、当為の前提としての可能の標準についてもいえる。刑法では道義的性格が強いため、可能かどうかは行為者本人について考えなければならない。だから、責任能力についても完全責任能力と責任無能力とのあいだに限定責任能力という中間段階が規定されているし、刑法上の過失については私見によれば行為者本人の能力が規準とされるべきであり、また、期待可能性についてもわたくしは行為者標準説が正しいと考えている。ところが、民法の不法行為になると、責任能力についても限定責任能力といったものはみとめられないし、過失についても行為者本人の能力ではなく、すくなくとも基本的には一般人が標準とされるべきことになる。ちなみに、刑法においても、行為者本人をもとにして考えるべきだとはいっても、法は道徳とちがって平均人ないし中間人以上のもの――聖人や英雄――を要求するわけではないから、本人の能力が通常人をこえていても、通常人のそれをもって上限とすることになるのである。

しかし、ピラミッドの底辺から遠い部分についても、全体として、ひろい意味での社会道徳による基礎づけがないかぎりは、法規範としては実効性の弱いものになることをも、注意しておく必要があろう。たとえば、公害について企業に無過失責任を問うということは、せまい意味の個人的倫理からはかけはなれていても、それじたい、世論がそうあるべきものとして要求していればこそ、これを法規範として取り入れることができたのである。企業がいわゆる「道義的責任」を感じて被害者に見舞金を出すといったことは、それじたい法的責任とは無関係であるが、そのような実体がやがては法的責任の実質的・社会倫理的な裏づけとなっているともいえるであろう。

第三節　日本法の歩み

第一　外国法の継受と日本法の形成

一　中国法系の継受

話がすこし抽象的になりすぎたようである。このあたりで、簡単に日本法の歩みといったものを眺めておくことにしよう。(1) もちろん、本書で扱う主題は法一般に関するものであって、日本法に限られないが、法一般の考察への手引きとして、まず、われわれにもっとも身近かな――そうして、われわれがその担い手であるところの――日本法を選ぶことは充分に理由のあることだとおもうからである。

日本文化全体についてもいえるように、日本法も外国のものを摂取することによって成長して来た。上代における慣習法的な固有法は、まず、王朝時代に中国の律令法制の継受[2]によって大きな転換・発展を遂げた。大宝律令（七〇一年制定、七〇二年施行）とこれを改修した養老律令（七一八年制定、七五七年施行）がそれで、大宝律令は散逸したがある程度まで復元されている。律令法制はやがて崩壊し、中世から近世にかけて独自の封建的な法制が発展するが、江戸時代にも明・清の法制の影響がみられないわけではない[3]。律令法制は、儒教が日本文化の血肉中に吸収されたように日本法の中に同化したとはいえず、むしろ形の上では日本法からはほとんど姿を消してしまったといった方がよいであろうが、律令法制そのものが儒教精神と結びついたものである以上、日本法の中に多かれ少なかれ溶けこんだことはまちがいないであろう。

（1）日本法の歴史については、石井良助『日本法制史概要』（一九五二年）。なお、「日本人」という視点から日本法の歴史を点描したものとして、石井紫郎『日本人の国家生活』（一九八六年）。

（2）とくに律令制度については、『律令』（井上光貞ほか校訂解説）（日本思想史大系３〔一九七六年〕）、坂本太郎『律令制度』著作集七巻（一九八九年）など。興味深いのは、中国の律令を継受するにあたって刑罰を軽くしたこと、継受後も王朝時代には寛刑の傾向がさらに強く見られたことである。平安朝時代に約三五〇年間もほとんど死刑が行なわれなかったことは、その象徴ともいえよう。団藤『死刑廃止論』（六版・二〇〇〇年）二八三頁以下参照。

（3）とくに、荻生徂徠（1666-1728）の『明律国字解』が知られている。徂徠物茂《そらい・ぶつも》卿《けい》（内田智雄＝日原利国校訂）『定本明律国字解』（一九六六年）。かれは中国文化に傾到していたので、物部性であったことから、中国風に物茂卿と称したのである。

二　ヨーロッパ大陸法系の継受

王朝時代における中国法の継受に較べると、明治初年における西洋法系、ことにヨーロッパ大陸法系の継受は、日本法を根底から変えてしまうくらいの大きな意味をもった。それは、封建制から脱皮して、先進資本主義諸国の仲間入りをしなければならなくなったという国内的・国際的の双方からの要請が結びついたからである。新しく成立した明治維新政府にとっては、国内的にはまず何よりも近代国家的な強固な中央集権の確立と、対外的には――幕末開国の際に諸外国と結ばれた――不平等条約の改正とが必要であり、そのためには、西洋法系の輸入が急務であった。最初は、それが間に合わなかったから、一時的に律令法制の復活――明治三（一八七〇）年の新律綱領、明治六（一八七三）年の改定律例など――によって、ともかくも幕府時代の法制の消滅をはかったが、それはもちろん過渡的な一時しのぎ以上の意味をもつものではなかった。明治政府がいかに西洋法系の輸入に躍起になっていたかを物語るエピソードを穂積陳重（後出）が『法窓夜話』（一九一六年）に伝えているが、それによれば、江藤新平(4)（はじめ制度取調局長官のち司法卿）が箕作麟祥《みつくりりんしょう》（1846-97）にフランスの法典を翻訳させ「誤訳もまた妨げず、ただ速訳せよ」といって催促し、しかも、それをほとんどそのまま日本の法律とするつもりであったらしい。やがてフランスからボワソナード(5)（Gustave Emile Boissonade de Fontarabie, 1825-1910）が政府に招かれて来日し、民法、刑法、治罪法（いまの刑事訴訟法の前身）を起草した。その中、刑法と治罪法の草案は修正の上法律として制定され明治一五（一八八二）年から施行になった。民法についてもボワソナード草案をもとにして審議が行なわれたが、成案が得られたのはずっとあとで、憲法発布の翌年、明治二三（一八九〇）年にようやく法律として二度に分けて公布されたが、これは内容が日本の民俗習慣に合わないという議論がおこって（後述の「法典論争」）、ついに施行されなかった。いわゆる「旧民法」がこれである。民事の裁判については、明治八（一八七五）年に太政官布告一〇三号をもって「裁判事務心得」というのを出し、その三条に「民事の裁判に成文の法律なきものは習慣に依り習慣なきものは条理を推考して裁判すべし」という有名な規定を置いて、これによって法規の不備を補ったのである。ずっとおくれて実現した民法（明治二九年法律八九号、明治三一年施行）は、穂積陳重（1855-1926）・富井政章

(1858-1935)・梅謙次郎（1860-1910）によって起草されたものであるが、これにはドイツ法の影響が強い。そのほか（旧）裁判所構成法についてはルドルフ（Otto Rudolff, 1847?-?)、（旧）商法（明治二三年法律三二号）についてはレースラー（Hermann Roesler, 1834-94)、（旧）民事訴訟法についてはテッヒョウ（Hermann Techow）らがそれぞれ起草にあたっているが、これらはみなドイツ人であった。わけても重要なのは、いうまでもなく、明治憲法の制定である。憲法を起草した中心人物は伊藤博文であるが、かれは起草に先だってヨーロッパに行き、主としてドイツに滞在してグナイスト（Rudolf von Gneist, 1816-95）らの見解をきいて帰っている。明治憲法はいわゆる欽定《きんてい》憲法——君主が制定する憲法——であって主権者としての天皇の発議により天皇が制定したものであるが、実質的にはプロイセン憲法が範型となっている。それは民選議会を設けながらもその権限を制限して政府に強大な権力を確保するところのドイツ流の立憲君主制が、天皇制のもとに中央集権の強化をはかって近代国家としての政治組織を固めようとした当時の政府の意図にもっともよく適合するものであったからである。かようにして、明治期における日本法の近代化は、明治憲法を頂点として、ヨーロッパ大陸法系の継受という形で遂行されたのである。

それは、封建的政治組織・法律制度を破壊して近代的政治組織・法律制度を確立したもので、近代化には相違なかったが、いわば政治的近代化であって社会的近代化ではなかった。封建遺制は社会の種々の面に根深く温存され、大ざっぱな言い方をすれば、それが政治的には国家権力の強化、経済的には低賃金労働の供給源として役立たされた。その破局が第二次世界大戦における敗戦であった。

（4）江藤新平（1834-74）が佐賀の乱の首謀者として明治政府によって梟首（さらしくび）の刑に処せられたのは、悲劇的なことであった。

（5）大久保泰甫『日本近代法の父・ボワソナード』（岩波新書・一九七七年）。法政大学には、かれの銅像がある。

三　英米法系の継受

日本法の新しい変革は、終戦後、ことに新憲法を基点とする英米法系の大幅な継受によって遂行された。(6) それは明治期の近代化が政治的近代化にすぎなかったのに対して、社会的近代化を意図するものといってよいであろう。憲法によって人民主権が打ち立てられ、基本的人権が保障されることになって、社会的近代化への途が法制上はじめて開かれた。これは、わが国の法制として、まったく新しい段階であり、旧憲法時代の桎梏から解放されて、将来へ向かってあらゆる社会的発展の可能性がもたれることになった。われわれは、これを現代法としてとらえることができる。その性格づけは、のちに詳論することにするが、こうした戦後の法制は、英米法系の大幅な継受によって幕が開かれたのである。旧憲法当時にも英米法系の制度の輸入がないわけではなかったが（たとえば信託制度）、それは例外であった。ところが、アメリカ憲法の影響を強く受けた新憲法のもとで、法の各領域に英米法系が強く取り入れられることになったのは自然であって、多くのものについては憲法上の要請でさえもあったといってよい。たとえば、刑事訴訟法は、旧憲法のもとではヨーロッパ大陸法系の職権主義のものであったが、新法（昭和二三年法律一三一号）では憲法の諸規定（ことに憲法三三条以下）の要請によって英米法系の当事者主義が大きく取り入れられたのであった。しかし、こうしたことは単に憲法上の要請という形式的なものではなく、日本社会じたいの発展の内的な要求でもあったと考えなければならない。英米法が範型とされたのには、複雑な理由があるが、基本的には英米法の伝統的な人権保障的性格のためであったといってよいであろう。

（6）　Alfred C. Oppler, *Legal Reform in Occupied Japan*, 1976. 邦訳として、A・オプラー（納谷廣美＝高地茂世訳）『日本占領と法制改革』（一九九〇年）。私のことが「かなり保守的」であったものとして叙述されているが、明治以来の法制と実務のしきたりとの整合性を熟慮したからである。私の立場は、先方もよく理解してくれていた。

四　外国法の摂取と日本法の形成

かように日本法の歩みをみて来ると、それは外国法を継受し摂取して来た過程だともいえるくらいである。最初の中国法の継受はこれを消化し摂取するというところまで行かなかったとはいえ、これをぬきにしては中世・近世の日本法の発展を考えることはできない。しかし、中国社会と日本社会とが異なるものである以上、中国法の移植に対して日本社会が多くの拒絶反応を示したのも当然であり、日本法が中国法から滋養を吸収しながらも中世・近世に独自の発展を遂げて行ったのもうなずかれるのである。中国法の継受に比較すると、西洋法系の継受――明治期におけるヨーロッパ大陸法系、第二次大戦後における英米法系の継受――は日本法を完全に変貌させ過去の日本法との継続性を疑わせる程度にまで徹底的であった。西洋法の文献が日本法の解釈論にさえ役立つくらいである。しかし、このばあいでも、西洋法系の決定的な影響を受けているとはいえ、日本法の担い手はやはりわれわれである。おそらく、ある法律に、ドイツ、フランスあるいはアメリカ等々と同一の条文が設けられているばあいでも、その実際の運用なり社会的機能なりは、母法におけるのと決して同一とはかぎらないであろう。そういう意味では、継受した法も、われわれのものになっているといってよい。しかし、それだけならば、そこに自覚的・合目的的な法形成というものはみとめられない。ことに明治以来百年という短期間内に、われわれにとってまったく異質であったところの、しかも相互に異なる体系をもった諸法系から、あれもこれもと貪慾なまでに種々様々な制度を取り入れた結果、それらのあいだにくいちがいや混乱を生じるなど、かなりの不消化をおこしていることも事実である。日本文化全体が二重生活・三重生活になっているが、現代の日本法も同じ様相を帯びている。われわれは、これを、われわれ自身の立場から、もっと自覚的・主体的に整序し展開して、われわれのものにして行かなければならない。野田良之(7)（1912-85）は、日本人の外国文化――外国法も含めて――に対する感受性、同化力の優秀さと批判的精神の欠如を取り上げ，これをパスカルのいわゆる「繊細の精神（esprit de finesse）」すなわち心によって知る心のあり方，および「幾何学の精神（esprit de géométrie）」すなわち推理によって知る心のあり方と結びつけて前者のゆたかさと後者の欠乏を意味するものと論じている。この二つの精神は人間精神の基本的な型であって上下・優劣はないが，われわれが前者だけでなく後者の精神を培うことが必要なのは，いうまでもない。それによって，われわれは継受した外国法系を主体的・自覚的に消化して行くことが可能になる。法の形成において，われわれが主体的になるべきだということは，外国法の影響から脱して固有法を尊重せよということとは程遠い。おそらく日本法から外国法の影響を次々に取り除いて行けば，ちょうど，ラッキョウの皮をむいて行くように最後に何物も残らなくなるにちがいない。日本法の主体的な形成というのは，固有法的ななんらかの実体を頭に置くわけではなく，法形成の過程におけるわれわれの態度を指すのである。われわれが現在直面している問題の中には，もはや，外国法の模倣や輸入では解決できないものも無数に現れて来つつある（たとえば公害の問題）。われわれはわれわれの持っている問題を解明し，その解決のために，外国法から摂取するべきものは十二分に摂取し，そうして，さらに，創意を加えることによって，われわれ自身の法を発展させて行かなければならない。小野清一郎（1891-1986）が『日本法理の自覚的展開』(8)を説いたのは，過去における日本的・東洋的なもの，あるいは民族的なものに拘泥するかぎりにおいて反動的であったが，法形成における主体性を主張したものとして，われわれはその正しい意義を汲み取るべきである。

ことにわれわれが憲法において宣言している世界平和主義の立場において，日本法は閉じられたものではなく，外に向かって開かれたものでなければならない。国々のあいだに体制が異なり政治的利害が対立するものがある以上，途がけわしいのはいうまでもないが，われわれが主体的に日本法を形成して行くことは，やがては——どのような態様においてであるかは問題だが——世界法の形成にも寄与するはずである。

(7)　たとえば、野田良之「日本における比較法の発展と現状」法学協会雑誌九〇巻一号（一九七三年）四七頁以下。野田の次の著書は外国人向けに日本法を紹介したものであるが、比較文化論的見地から考察したすぐれた業績である。Yosiyuki Noda, *Introduction au droit japonais*, Paris, 1966 (*Introduction to Japanese Law*, translated and edited by A. H. Angelo, Tokyo, 1976). なお、前出三頁注(3)。パリ大学の講師に在任中も、その講義は、教授陣までを多く惹きつけていた由である。なお、団藤「野田良之教授を憶う」（同・『わが心の旅路』〔一九八六年〕三七一頁以下）。

(8)　小野清一郎『日本法理の自覚的展開』（一九三二年）。その中には、幾多の卓越した洞察と主張がみられる。ただ、「国体」を中心として多分に形而上学的に「日本法理」が構想されており、「大東亜法秩序」という帰結が導かれている。小野清一郎の業績につき、団藤「小野清一郎先生の人と学問」（同『わが心の旅路』一九八六年・所収）参照。

第二　近代法から現代法へ[1]——「市民法から社会法へ」の問題をも含めて

(1)　鵜飼信成ほか責任編集『講座日本近代法発達史——資本主義と法の発展』全一一巻（一九五八—六七年）、岩波講座『現代法』全一五巻（一九六五—六年）、岩波講座『基本法学』全八巻（一九八三年）、高柳信一＝藤田勇編『資本主義法の形成と展開』全三巻（一九七二—三年）。

一　明治期における日本法近代化の過程

ここに近代法といい現代法というのは、厳密な定義をくだすことのできる観念ではない。ここでは、明治期における西洋法系の継受から現在にいたるまでの日本法の発展を、このような見出しのもとに、社会の発展とも関連させながら、多少実質的に考察してみようとするだけのことである。

近代法を市民社会を基盤とする法として理解するときは、日本法が西洋法系継受によってすぐに実質的に近代法となったとはいえない。前段にも考察したとおり、近代化の要請が主として政治の面においてであったから、明治初年における法制の整備も近代法の外観をととのえる点に主眼が置かれたのは、やむをえないことであった。そこで、まず、国家の側で一方的に実現のできるものから手がつけられたのは当然である。まず、裁判所制度が——はじめのうちは司法と行政の区別さえも不明確なままに——全国的に作られ、明治八（一八七五）年にはどうやら大審院の創設にまでこぎつけている。刑法や治罪法（刑事訴訟法）も早い時期に西洋法系のものが実施されるにいたった。これに反して、民事の関係では、そうは行かない。ただ、民事訴訟法だけは裁判所の手続だから国家の側できめることができるので、ともかくもさきに実施されたが、民法・商法となるともっとむずかしい。有名な「法典論争」というのがあって、これは自然法学派と歴史法学派、あるいはフランス法学派と英米法学派との対立といった理論的対立のほかに、新旧思想の衝突といった面を強くもっていて（「民法出でて忠孝亡ぶ」と穂積八束（1860-1912）はいった）、それが民法における西洋法系の継受をおくらせた要因になったといえる。しかし、民事の法律関係の規制については、民間の慣習を無視して裁判所制度や刑事法のばあいのように国家の側で一方的な押しつけをすることが躊躇されたという面も、もちろん忘れることはできない。そこで、前述のとおり明治八（一八七五）年の太政官布告一〇三号「裁判事務心得」によって成文がないばあいには「習慣」または「条理」によって裁判することにしたのであった。

おなじ慣習でも、一般の民事慣習は自然発生的・非合理的な要素が強いのに対して、商人のあいだの商慣習は商取引の便宜のために案出される目的的・合理的要素が強い。かように、商慣習については一般の民事慣習と異なる機能がみとめられるので、旧商法では本法に規定がないものについて商慣習および民法を適用するものとしていたのを、明治三二（一八九九）年の現行商法では商慣習法の適用を民法の適用より優先させる旨を規定するにいたった。商人はすでに徳川時代からひとつの階級を形づくっていて、ヨーロッパ都市におけるほど明確にまとまったものではなかったにせよ、大阪（大坂）、長崎などで種々の商慣習法をもっていた。これは、西洋法系ではないが市民法的意味をもつものであったといってよいであろう。資本主義経済の形成のためには商法は不可欠の手段である。そこで、商慣習法に強い機能をみとめながら、商法典が民法典より先に実施されるにいたったのも、うなずかれるわけである。ちなみに、実質的な商法はドイツの学者のいわゆる「民法の商化（Kommerzialisierung des bürgerlichen Rechts）」という現象を伴いながら発展して行き、市民法的原理の民事法領域への浸透の一場面を現出したとみることができよう（ただし、商法には他面において経済法・産業法の要素も入って来る）。

「身分から契約へ（from status to contract）」というのは、イギリスの法学者メイン（Henry James Sumner Maine, 1822–88）がその著『古代法』の中で、社会の進歩の方向を示すために吐いた名言で、ことに身分的な拘束力と契約の自由との相対的な関係は市民法成立の目安として役立つとおもう。明治初年の法制の推移をみると、この点において、わが国の法制が市民法成立の方向に向かって急速に動いて行ったことを知ることができる。たとえば、新律綱領（明治三〔一八七〇〕年）、改定律例（明治六〔一八七三〕年）をみると、刑法までがきわめて顕著に「身分刑法（Standesstrafrecht）」であったことがわかるが、明治一五（一八八二）年施行の旧刑法になるとそういった要素は、ほとんど払拭されている。しかし、これは程度問題であって、「家」を中心とした封建遺制は、親族法・相続法といった身分法の骨格として長く維持され、それが第二次大戦後の新憲法下における民法改正まで続いたことは周知のとおりである。いな、現在でさえも、たとえば尊属殺などの規定は最近まで刑法典に残っていたくらいであって、最高裁判所の判例も長くこれを合憲としていたのであり、その後ようやく違憲の判断を示したが、この一連の規定が刑法典からはっきりと削除されたのは一九九五（平成七）年になってからのことであった。

二　市民法の成立――過去との摩擦

かように、明治以降の日本法をはっきりと市民法的といい切ることは困難で、前近代的なものとの重層構造がいたるところにみられるのであるが、ごく大まかにいって、かりにこれを市民法的と規定するとしよう。私的自治(Privatautonomie)・契約自由の原則および所有権不可侵(旧憲法二七条参照)を中核とする私有財産制度は、初期資本主義的・市民法的な法制の根幹をなすものであるが、これは明治期に確立された。

しかし、こうした契約自由の原則と近代的所有権制度の採用といったものに端的に表現される近代法の成立は、第一に、過去との関係で摩擦をおこしたばかりでなく、第二に、やがて資本主義の矛盾の顕在化とともに修正をせまられることになる。

まず、その前者をみよう。注意しなければならないのは――マックス・ヴェーバー(Max Weber, 1864-1920)のいう社会科学の没価値性という見地とは別に――法の近代化がそれじたいとして価値があるものではないということである。社会の近代化は望ましいが、近代化されていない社会関係を近代法的に規律することは、かならずしも当事者に正義をあたえるゆえんではない。土地関係についていうと、たとえば、徳川時代における永期小作には種々の内容のものがあったが、多くは荒地を開墾した者がその土地の上に上土権といったような強い権利を得たものであった。ところが、民法典(二七〇条以下)は、これを永小作権として規定した。しかも、明治初年の地租改正の際に貢租徴収権者に所有名義があたえられたために、貢租徴収権者が土地所有者ということになり、永小作権者の権利は他物権――他人所有の土地の上の物権――とされ、そのために本来、無期限でありえたはずのものが存続期間を限定されることになった(民法二七八条、民法施行法四七条参照)。これは、封建的土地関係を改めて、いきなり近代的土地所有権制度を実現しようとしたことから生じた悲劇であった。付言すれば、民法施行前からの永小作権は昭和二三（一九四八）年で存続期間が切れることになっていたが、ちょうど戦後の農地改革のときにあたっていたので、昭和二四（一九四九）年の自作農創設特別措置法の一部改正で地主保有限度内の永小作地をもすべて解放するという形で、この問題に終止符が打たれたのであった。

三　法の社会化と日本法の重層構造

重要なのは、しかし、前述の第二の点、すなわち資本主義の矛盾の顕在化に伴う近代法の修正原理の発生で、「市民法から社会法へ」という標語がこれを表象する。それは自由放任主義的・個人主義的な市民法的原理に対して、いわば、社会福祉的見地からするところの国家権力の介入をみとめるものであり、しばしばそれは「法の社会化（Sozialisierung des Rechts）」と呼ばれる。

しかし、ここでも、もともと、はじめから純粋の市民法的なものがあったわけではなく、封建的なものとの二重構造をもっていたものであるから、「法の社会化」の過程も複雑な様相を呈するのであり、その分析は容易ではない。そうして、また、「法の社会化」の現象の結果として、日本法をさらに複雑な、いわば三重構造のものにしたという面があることをも、みのがしてはならないであろう。

そこで、「法の社会化」の考察に入る前に、すくなくとも二点をあきらかにしておく必要があるとおもう。その一は、社会福祉的立法の中でも、恩恵的・前市民法的なものがあるということである。たとえば、すでに古く明治初年には恤救規則（明治七年太政官達一六二号）が出ているのがそれで、権利としての救護制度が成立するのははるかにおくれて昭和期に入ってからの救護法（昭和四年法律三九号、昭和七年施行）によってであった。いな、旧憲法時代における社会福祉立法はすべて、多かれ少なかれ、こうした恩恵的な思想にもとづくものであったといってよい。

その二は、「法の社会化」は市民生活への国家権力の介入を伴うが、そうした「社会」的発想によるものでなく「国家」的発想による国家権力の介入が、法の社会化よりも先に――あるいはこれと並行して――現れて来たことである。これも、先進資本主義諸国に伍するため、政府が経済の発展を至上命令と考えざるをえなかったことに帰せられるかも知れない。日清戦争前後からわが国の資本主義の急激な発展がみられ、明治三〇年代に入ると早くもその矛盾が労働争議・小作争議などの社会問題として表面化して来るが、こうした現象に対する法制面からの対処は、まず、弾圧的法令の制定という形をとった。明治三三（一九〇〇）年の治安警察法（同年法律三六号）一七条はその典型的なもので、これは罰則をもって労働争議を全面的に禁止するにひとしいものであった。この一七条は大正一五（一九二六）年に削除になったが、治安警察法そのものは、第二次大戦後まで続いた。こうしたいわゆる治安立法は、強弱の程度の差こそあれ明治初年から今日にいたるまでみられるのであり、これをどのようなコンテクストにおいてどのように理解するかについては、種々の見方がありうるが、ここでは「法の社会化」の線が治安立法の線とからみ合う場面だけを取り上げたのである。市民法的な契約自由の原則からいえば、労働条件を改善させるために団結による威力を使うことがそもそも許されないわけであって、一八一〇年のフランス刑法（四一四条以下）に労働争議そのものを罪とする規定があり、これをボワソナード刑法草案（三〇〇条）や旧刑法（二七〇条）がそのまま受けついだのは、市民法的原理から考えるかぎり理解ができる。ところが、明治三〇年代に入って、市民法的原理を修正しなければならない社会的要求が強く現れて来たのにもかかわらず、むしろ、旧刑法の行き方を強化したのが、治安警察法であった。明治初年の治安立法――たとえば出版条例（明治五〔一八七二〕年）、新聞紙発行条目（明治六〔一八七三〕年）、保安条例（明治二〇〔一八八七〕年）等々――は自由民権思想の弾圧に向けられたが、このころからの治安立法は主として社会主義思想の弾圧に向けられた。その意味で、治安警察法はやがて治安維持法[1]（大正一四〔一九二五〕年法律四六号、昭和一六〔一九四一〕年法律五四号）の線につながって来る。

（１）荻野富士夫『横浜事件と治安維持法』（二〇〇六年）。

四　第二次世界大戦前における法の社会化──「市民法から社会法へ」

こうした状況のもとに、「法の社会化」がはじまるのであって、さきにも一言したとおり、日本法の重層構造はいっそう複雑さを増して来る。しかし、「法の社会化」は日本社会そのものの中から出て来た要求にはちがいないのであり、やがて大正期に入ると、大正デモクラシー[2]の思潮に乗って、「社会立法」がようやく開花することになる。ことに第一次世界大戦後のドイツのヴァイマール憲法（一九一九年）に象徴される社会民主主義の考え方は、わが国の法思想や法制にも多大の影響を及ぼして来る。ヴァイマール憲法は、一七八九年のフランスの人権宣言（一七条）以来の所有権を神聖・不可侵とする考え方を改めて「所有権は義務づける（Eigentum verpflichtet.）」と規定し、また、自由権の考え方を転回してもっと実質的な「人間らしい存在（menschenwürdiges Dasein）」を保障し生存権の思想を明確にした。

「法の社会化」がもっとも顕著なのは、労働関係の領域であった。工場法（明治四四〔一九一一〕年法律四六号、大正五〔一九一六〕年施行）を先駆として、やがて大正期の後半になると労働組合法案が政府によって何回も準備されたが（大正九〔一九二〇〕年、一四〔一九二五〕年、一五〔一九二六〕年）、第二次大戦前には、ついに法律にはならなかった。大正一五（一九二六）年に前述の治安警察法一七条が削除になり、同年に労働争議調停法（同年法律五七号）が成立したのが、消極的ながらも労働争議というものを法律上みとめたものとして、大きな収穫だったといえよう。もっとも、労働争議調停法の運用は、低調であった。しかも、その後も、一般刑罰法令──たとえば刑法の業務妨害罪の規定など──による労働争議の弾圧は依然たるものであった。そうして、第二次世界大戦への突入にそなえて制定された国家総動員法（昭和一三年法律五五号、ことに昭和一六年法律一九号による改正）では、命令によって労働争議を制限・禁止することができるようになり、その命令違反に対する罰則が設けられるにいたった。法の「社会」化の芽はここでつみとられたわけであり、旧憲法下における日本法の性格がここにもはっきりと露呈されたといえる。事実上の弾圧で事足りたためか、この法律にもとづく労働争議制限・禁止の命令は実際には発動されなかったが、それは――ストライキがあることを敵国側に知られないための――戦略的考慮によるものではなかったかとも想像される。労働法が本来的な姿で発展をはじめるのは、後述のとおり、戦後のことである。

社会的弱者の保護という見地から市民法原理の修正を必要とするのは、労使関係ばかりではない。借地人・借家人の保護は、その重要なもののひとつである。その要求はすでに明治時代から存在したのであり、「建物保護ニ関スル法律」（明治四二年法律四〇号）などはこれに対処するための立法のひとつであったが、これでは不充分である。明治末期から数次にわたって借地法案が用意されたが（明治四三年、四四年、大正七年）、いずれも法律にはならず、大正一〇（一九二一）年になって、ようやく借地法（同年法律四九号）が成立した。借家人についても、同年、借家法（同年法律五〇号）が出来た。この二つの法律は――最近になって借地借家法（平成三年法律九〇号）によって取って代わられたが――いずれも、土地・家屋の所有権の絶対性を修正して借地人・借家人の地位を強化し、また、契約自由の原則を制限して借地人・借家人に不利益な契約条項を無効にすることをきめたもので、明瞭に「法の社会化」が看取される。小作人についても、とくに大正中期ごろから小作争議の頻発に伴ってその保護が問題となり、昭和期に入ってから二回にわたって小作法案が作られたが（昭和二年、六年）、法律にはならなかった。ただ大正一三（一九二四）年には小作調停法（同年法律一八号）が制定され、また、ずっと下って、昭和一三（一九三八）年に農地調整法（同年法律六七号）が出来て「互譲相助の精神に則り農地の所有者及耕作者の地位の安定及農業生産力の維持増進を図り以て農村の経済更生及農村平和の保持を期する」(昭和二一年改正前の同法一条) ことになった。ここにも、前述の労働法制の発展と相似の発展過程が看取されるようである。

経済関係の部門においても、初期資本主義的な市民法原理は種々の角度から修正を要請されて来る。その一として、公益的な企業については、社会公共の利益のために、契約の自由に対する制限が必要となって来る。鉄道・電気・ガスなどの公益事業について、早くから各種の事業法の制定をみたのは、当然である。これはやはり「社会法」的な性格のものと考えてよい。その二は、資本主義の高度化に伴って現出した統制経済の法制面であって、この傾向は、すでに第一次大戦後の世界的恐慌に対処するために作られた各種の統制組合法 (輸出組合法など) にみられるが、とくに満州事変のころから顕著になって来る。まず、昭和六 (一九三一) 年の「重要産業ノ統制ニ関スル法律」(同年法律四〇号) では産業たてなおしのためカルテル形成の促進をはかっているが、やがて、昭和八 (一九三三) 年の米穀統制法 (同年法律二四号)、昭和一二 (一九三七) 年の「輸出入品等ニ関スル臨時措置ニ関スル法律」(同年法律九二号)、さらには、翌年に制定され昭和一六年の改正でいちじるしく強化された国家総動員法というように、国家による経済統制は加速度的に進んで行く。こうして準戦時から戦時にはいって行くのであり、「総力戦」ということばで示されたとおり、ひとり経済だけでなく、すべてを挙げて戦争目的に集結したわけである。牧野英一 (1878-1970) は、当時、この過程を物の統制→人の統制→社会の統制としてとらえ、法の社会化の過程と考えたが、そこには市民法的原理の抹殺はあっても「社会法」的な原理を看取することはできないであろう (もっとも、牧野英一の名は明治末期以来、「法の社会化」の理論的推進者として、(3) 末弘厳《いず》太郎 (1888-1951) の名とともに忘れることはできない)。

「経済法 (Wirtschaftsrecht)」ということばは多義的であるが、しばしば経済統制法を指すものとして用いられ、それが市民法的原理の修正であるところから、前述の労働法とあわせて社会法を形作るものと理解される。ラートブルッフあたりも、こうした考えである。ただ、すくなくとも、わが国の経済法の中には、右に考察したように「社会」法とは異質のものが含まれているとみるべきであろう（後出一〇四頁以下）。

（2）　三谷太一郎『新版・大正デモクラシー論・吉野作造の時代』（一九九五年）。なお、信夫《しの》清三郎『大正デモクラシー史』（一九五四年）。

（3）　牧野英一『現代の文化と法律』（一九一八年）、同『法律と生存権』（一九二八年）、同『法理学』一巻（一九四九年）。

五　現代法――（その一）戦後立法の歩み

前述のとおり、現代法というのは明確な概念ではないが、わたくしは、さしあたり、第二次大戦後、ことに新憲法になってからの日本法の段階を現代法と考えている。もちろん、「戦後」といわれていた時期と、急速な経済成長がはじまって以後の、「戦後は終わった」といわれる時期とでは、日本法のかかえる問題点にも大きな推移がみられるのであり、したがって昭和三〇（一九五五）年ころから以後の段階をとくに現代法としてとらえることも有意義であろう。かように新憲法になってからの日本法の発展にもさらに段階があることを意識してさえいれば、あとは、むしろことばの問題にすぎない（実は、戦後から今日にいたるまでの法の発展過程をこまかくみれば、ずっと多くの段階に分けることができる。たとえば連合国軍による占領中の時期はひとつの段階をなすが、その中にも占領方針の変更によってさらにこまかく段階を分けることができる。また、平和条約発効直後あたりにおける、いわゆる逆コースの法改正が行なわれた時期も、それじたい、ひとつの段階をなすといってよい。しかし、ここでは、この種のこまかい発展段階をしばらく度外視して、もっと大まかに、現代法をとらえることにしたいとおもう）。

現代法の特徴は、第二次大戦終了後新憲法施行前の法制の変化の中にも、すでに、ある程度まで看取される。この状態は、日本が連合国占領軍の管理下にあったあいだは、新憲法施行後も平和条約の発効（昭和二七年四月）までは続いた。便宜上、まず、簡単に連合国の管理方式を述べておくと、連合国最高司令官が日本政府に指令を出し、日本政府が立法的・行政的措置をとるという間接管理の方式であった。もうすこし具体的にいうと、終戦の年の九月に『「ポツダム」宣言ノ受諾ニ伴ヒ発スル命令ニ関スル件』（昭和二〇年勅令五四二号）という緊急勅令が発せられ、連合国最高司令官の要求を実施するために、日本政府は、たとい法律事項であっても、命令で規定をすることができるものとされた。この緊急勅令にもとづいて出される命令を俗に「ポツダム命令」――それが勅令ならば「ポツダム勅令」、新憲法施行後の政令ならば「ポツダム政令」――と略称したものである。占領下における法制の改革には、この「ポツダム命令」が大きな役割りを演じた。ポツダム宣言を無条件に受諾した以上、連合国最高司令官の指令は、日本に対する最高の権威をもち憲法よりも優位の効力をもつものとされた（一九四五年、降伏文書参照）。連合国の方針は日本の民主化の実現にあったが、その実現の方式じたいは非民主的であり、また、連合国の利益をまもるためには、内容的にも非民主的なものを押しつけた。かようにして、この時期の法制の改革も、戦前とはちがった意味においてではあるが、一種の重層構造をもったものであった。すなわち、一方では、最高司令官の力によって急激に民主化が進められたのであって、たとえば、すでに昭和二〇（一九四五）年の一〇月には政治的、市民的、宗教的自由についての制度の撤廃に関する連合国最高司令官の覚書が出され、「ポツダム勅令」（同年勅令五六八号、五七五号）によってたちどころに国防保安法、治安維持法、思想犯保護観察法など一連の法律が廃止され、同年一一月には治安警察法も「ポツダム勅令」（同年勅令六三八号）で廃止になった。しかし、他方では、裁判所の裁判に対する干渉なども行なわれたし、また、昭和二一（一九四六）年の「連合国占領軍の占領目的に有害な行為に対する処罰等に関する勅令」――いわゆる「勅令三一一号」――や、これに代わる昭和二五（一九五〇）年の「占領目的阻害行為処罰令」――いわゆる「政令三二五号」――あるいはさらに団体等規正令（昭和二四年政令六四号）などが出され、これらは講和後も、形を変えて、破壊活動防止法（昭和二七年法律二四〇号）をはじめとするいわゆる治安立法として尾を引くことになる。もちろん、この時期にも、社会立法はみられる。そのもっとも顕著なものとして、早くも昭和二〇（一九四五）年の一二月に出された（旧）労働組合法（同年法律五一号――昭和二四年に現行労働組合法にとって代わられた）を挙げなければならない。この法律について末弘厳太郎は、「吾々政府から法律の原案を審議立案すべきことを委嘱された労務法制審議会としては、単に政府が連合軍司令部に命令された義務を果たすことにお手助けをするといふやうな消極的な考でなしに、寧ろ此機会に我国の産業を民主化するに最もふさはしい法律を作らう」としたのだと述べている。労働法制の改革・整備は連合国最高司令部の占領政策であって、戦前の労働争議調停法にかわる労働関係調整法（昭和二一年法律二五号）、さらに労働基準法（昭和二二年法律四九号）もあいついで制定され、占領中にすでにこれらの「労働三法」をはじめ各種の労働法規がかなり進んだ内容のものとして一応整備されたのであった。しかし、労働法の領域でも、たとえば、公務員の争議行為を罰則をもって禁止した昭和二三（一九四八）年の「ポツダム政令」――いわゆる「政令二〇一号」――なども出されていることを、みのがしてはならないであろう。連合国最高司令官の管理政策は、経済の民主化にも向けられた。財閥解体を意図した過度経済力集中排除法（昭和二二年法律二〇七号）など一連の法令（いわゆる「財閥解体法」）、戦前・戦時におけるカルテル助長法令とは反対に独占の禁止や自由競争経済の促進をねらった「私的独占の禁止及び公正取引の確保に関する法律」（昭和二二年法律五四号）――「独占禁止法」・「独禁法」などと略称する――などが、その現れである。ちなみに、独禁法の規制は、のちに大幅に緩和される。

右において、わたくしは、占領中における法制の改革のあらましを、主として連合国の管理政策の面から考察して、この時期に現れた現代法の特徴をさぐってみたのであった。実は、新憲法じたいをも、その成立過程からみて、この中に組み入れて考察することができないわけではない。しかし、その制定過程を離れて、新憲法は日本国の最高法規であり、まさに、新憲法こそが日本の現代法の骨格となり指導原理となるものである。その制定過程において連合国側からの強い示唆や圧力があり、日本側で準備した憲法草案はすべて拒否されたことは否定できないが、それだけで、新憲法を押しつけられた憲法とみることは、わたくしのとらないところである。それは戦前のわれわれのたどって来た道を正道にもどすために、われわれ自身がまさに実質的に要求していたところであったのであり、憲法前文の文章もそらごとではなかったはずである。そうした意味で、新憲法にもとづいて行なわれた法制改革の歩みを、占領政策にもとづく上述の法制改革とは区別して、簡単ながらあとづけてみることにしたいとおもう。なお、さきにも一言したとおり占領期間は新憲法施行後まで続くので、新憲法を出発点とする法制改革として以下に述べるところも、時期的に——ばあいによっては内容的にも——上記の部分とある程度まで重複することになる。

まず最初に行なわれたのは、新憲法の諸要請に応じるための——すくなくとも憲法違反になるようなものがないようにするための——法制改革であって、昭和二一（一九四六）年に憲法草案の発表後間もなく内閣に臨時法制調査会が設けられ、憲法改正に伴う法制の全面的な再検討が行なわれた。さらに民事・刑事といった司法関係の法制については、これを担当する臨時法制調査会の第三部会と表裏をなすものとして、当時の司法省（いまの法務省の前身）に司法法制審議会が設けられて審議にあたった。憲法二四条の要請にもとづく民法の親族編・相続編の全面改正（昭和二二年法律二二二号）や憲法三一条以下を受けた新刑事訴訟法（昭和二三年法律一三一号）の制定は、市民法的見地からとくに重要なものである。ことに前者は伝統的な「家」の制度を廃止したもので、日本社会の近代化に絶大の寄与をした。昭和二二（一九四七）年の刑法の一部改正（同年法律一二四号）による皇室に対する罪や姦通罪の規定の削除も、憲法の要請に呼応するものであった。

こういった改革は、基本的人権の範囲でいえば、自由権に関する部分は比較的容易に整備されたといってよい。これに対して、社会権に関する部分はどうであったかというと、まず労働法の分野は、それじたい金がかかるわけでもなく、また占領政策もあって、きわめて短期間内に、一応の整備をみたことは前述のとおりである。生存権（憲法二五条）の関係、ことに社会保障法の分野は、巨大な予算措置を伴わなければならないこともあって、その整備は緩慢かつ不充分なものであるが、しかし、戦前に較べると面目を一新するにいたった。その中で社会保険の領域は、もともとビスマルク政権下にドイツで案出されたものだけに、戦前の日本経済の体質にも合致したものとみえ、大正一一（一九二二）年の健康保険法（施行は大正一五—昭和二年）や昭和一三（一九三八）年の国民健康保険法以来ある程度の実績ができていた。戦後にはこれらの法律も部分的あるいは全面的改正によって内容が強化されたほか、あらたに失業保険法（昭和二二年法律一四六号）その他の関係法律が制定されたのが注目される。ところが社会保険の形をとらない国家的扶助法の領域になると、戦前にも昭和四（一九二九）年の救護法や昭和一二（一九三七）年の母子保護法などがないわけではなかったが、戦後、連合国に促された形で昭和二一（一九四六）年に（旧）生活保護法（同年法律一七号）が制定されるにいたってようやく実質的なものになり、さらに昭和二五（一九五〇）年にははっきりと憲法二五条の規定を受けて新しい生活保護法（同年法律一四四号）が制定された。それ以外にも、戦後、初期のものとしては児童福祉法（昭和二二年法律一六四号）、身体障害者福祉法（昭和二四年法律二八三号）などが重要なものである。その後、ことに昭和三〇（一九五五）年代に入ってから福祉関係の法制は、いちじるしく整備されたものになって来た。しかし、実質的にみると、わが国の社会保障制度が欧米諸国に較べてなお、かなり立ちおくれていることは、しばしば指摘されるとおりである。

産業・経済方面については、すでに占領政策として財閥が解体され、引き続いて独占禁止法が制定されて独占禁止政策がとられたことは前述のとおりである。しかし、その後の推移をみると、昭和二八（一九五三）年の独占禁止法の改正では不況カルテル・合理化カルテルをみとめるなど大幅な緩和がみられ、また、この法律の適用をはずす多数の法律が出ている。昭和二七（一九五二）年の輸出入取引法（同年法律二九九号）や昭和三二（一九五七）年の「中小企業団体の組織に関する法律」（同年法律一八五号）などがそれである。これらの法律はむしろカルテルを容認して――ばあいによっては助長さえをもはかって――国際競争力の強化や中小企業の保護をはかっているわけである。中小企業の保護のためには、そのほか、多数の法律が作られているが、その中心となるものとして中小企業基本法（昭和三八年法律一五四号）を挙げておこう。商工業偏重の結果、農業の軽視に陥ることは許されない。農地については占領政策としての農地解放以来、法制上もいろいろと手が打たれて来ているが、農業に関する基本政策を打ち出したものとして、昭和三六（一九六一）年の農業基本法（同年法律一二七号）がある。近年における異常なくらいの工業化の進行が大きな自然破壊と公害をもたらしていることは、周知のとおりである。その方面における立法的な対処は非常におくれ、昭和四〇（一九六五）年代に入ってから、ようやく本格的に取り組まれるようになった。まず、その中心に置かれたのが昭和四二（一九六七）年の公害対策基本法（同年法律一三二号）であった。しかし、環境の問題は、地球の温暖化やオゾン層の破壊、生物の種の減少の問題などにみられるように、実は地球的・全人類的な問題でもある。そこで平成五（一九九三）年には、新たな理念による環境基本法（同年法律九一号）が制定されて、公害対策基本法にとって代わることになった。これはこの分野におけるわが国の国際的活動の裏づけとなると同時に、宇宙法的見地からも重要な意味をもつものといわなければならない。

六　現代法――（その二）現代法の任務と性格

新憲法は、日本国の最高法規として、将来にわたって法制の基本となり、枠組みとなるものであるから、現代法の任務・性格も――現代社会の分析からも導かれなければならないのは当然であるが――さしあたり新憲法をもとにして割り出される。

第一に、旧憲法の神権説的な君主制――旧憲法下で国家法人説・天皇機関説[4]をとなえた美濃部達吉（1873-1948）は「学匪《がくひ》」だといわれた――にかわって、人民主権制になったことから、法の発展は、旧憲法当時の不合理な桎梏から解放されて、あらゆる方向に向かって自由に行なわれうるものになった。多元社会に呼応する法価値の多元主義が、それの実質的な裏づけになる。

第二に、基本的人権の尊重である。旧憲法にも「臣民権利義務」の規定があったが、それはまさしく「臣民」としての「権利義務」であり、しかも、「法律の範囲内」とか「安寧秩序」とかの制限がつけられていた。したがって、市民法的見地からいっても不完全なものであったし、また、社会法的見地としてはわずかに所有権について「公益のため必要なる処分」がみとめられていた程度であった（旧憲法二七条二項）。新憲法では、市民法的な自由権的基本権をいっそう強く規定したほかに、社会法的な生存権的・社会権的基本権をも大きく取り入れた。前段までに考察したとおり、戦前の日本は社会の近代化をなしとげないままに法の社会化をもはからなければならなかったので、市民法的性格をさえも充分にもつことができなかった。ことに第二次大戦の準備期からは、「個人」でも「社会」でもない「国家」の見地からの統制法が支配的となった。そこで、新憲法のもとにおける現代法は、市民法的見地からの原点を確保すると同時に、社会法的・福祉国家的見地からの法制をも実現しなければならないという、きわめて困難な――しかも矛盾に満ちた――任務を負っているのである。市民法的な自由権的基本権は、それじたい抽象的・形式的なもので、国民はそれによってかならずしも実質的な自由を保障されたことにならない。これを実質的に裏づける働きをもつのが、社会法的な生存権的・社会権的基本権である。反面からいえば、生存権的・社会権的基本権の保障には国家権力の国民生活への介入が必至であり、それはへたをすると安易な公益優先になって個人の自由を不当に侵害することになりかねない。これをたえず控制する働きをもつのが、自由権的基本権である。戦前には「市民法から社会法へ」が標語とされたが、現代法においては市民法と社会法とははるかに複雑・微妙な緊張関係に立つものというべきであろう。個人の人間的尊厳によって裏打ちされた福祉国家ということが、すくなくともさしあたり、新憲法下における法理念と考えられる。別言すれば、人間性と社会性の双方が現代法の支柱と考えられるべきことになるといってよい。

第三に、憲法の世界平和主義を挙げなければならない。これは、やはり、日本の現代法の重要な骨格のひとつになるべきものである。そうして、決して一筋道ではありえないが、日本法の形成がやがて世界法の形成にもつながるであろうことは、すでに前述したとおりである。世界平和主義は、国際法・国内法の双方にまたがり、また、国のレベルにおいてばかりでなく個人のレベルにおいても、地球的・全人類的見地を要請することになるであろう。

かように、わたくしは、現代法を特徴づけるために、さしあたり三点を憲法の中から抜き出してみたが、どれをとってみても、決して単純に割り切れるものではなく、むしろ、多くの矛盾を中に包蔵している。あえていえば、そうした矛盾こそが法を正しく発展させる契機ともなるのであり、単純な調和ではなくていわば不調和の調和、静的な秩序ではなくて動的な――そうしてわれわれが自覚的・主体的にその担い手となっているところの――秩序といったものが、現代法を特徴づけているのである。

右の三点のうち、第一に、主権在民の点を考えてみると、主権者としての「国民」そのものが決して等質的・単一的なものではない。日本国民は民族的・文化的にみて世界でも類例のすくないくらい等質性・単一性にめぐまれているが、経済的・社会的、あるいは世代的に多層・多元化して行っていることも事実である。したがって議会制度ひとつをとってみても、選挙制度のありかたと結びついてどこまで主権在民の実を挙げることができるかが問われることになる。民主主義は多元社会に対応する法価値の多元主義を前提とし、それぞれの法価値を担う利益主体がたがいに競い合いながら、法的手段によってその主張を実現して行くことを可能にするものでなければならない。法価値多元主義は、相互に相容れない多くの価値体系をかかえこんでいる点でいわば矛盾の体系であるのみならず、これらの価値を合理的に実現する機構——たとえば右に挙げた選挙制度——をいかに作るかということじたいを価値多元主義的に解決しなければならないという点でも矛盾の体系である。それらはすべてあたえられたものではなく、われわれに課せられたものである。「法の支配」(rule of law)——「人ではなく法が支配する」——は近代法の基本的な原理であるが、現代においては、その「法」を所与としてでなく課題としてとらえて行かなければならない。「法の支配」はもともと市民法的・静的なものとして理解されて来たが、これを単なる市民法をこえるもの、動的なものとしてとらえなおす必要があろう。そうすることこそが、法に長い目でみた安定性——わたくしにいわせれば動的な法的安定性——を付与することにもなり、また、法の発展として無限の将来を可能にすることにもなるはずである。

第二に、基本的人権の問題に含まれる矛盾については、すでに前述した点はくりかえさない。技術革新と高度経済成長のもとに、われわれが環境問題をはじめとする多くの新しい社会問題に直面していることは、誰しも知っているとおりである。技術革新と高度経済成長そのものが法の上に反映するとともに、それと結びつく諸問題との対決も大部分は法的な形式をとることになる。技術革新と経済成長は人間疎外を伴いがちであり、人間の主体性が失われやすい。現代法は、人間性をとりもどし、これを保持して行かなければならない。わたくしがさきに人間性と社会性の双方を現代法の支柱だといったのは、このような意味をも含蓄させるつもりである。

第三に、世界平和主義の点も、世界各国の体制の相違・変動や政治的利害の対立から来る国際的緊張関係のあいだに在って、決して単純なものではなく、それが国内法制にも直接にはねかえって来ることは、日米安保条約の一例をみてもあきらかである。しかも、その問題は多分にイデオロギーと結びつくところから、前述の法価値多元主義の問題でもある。しかし、経済、文化その他あらゆる領域にわたって、外国との交流なしにはわれわれの生活はありえない。日本の現代法は決して日本だけに限局されるものではなく、諸外国の現代法、国際社会あるいは世界の現代法とからみ合い、また血脈がつながって来るはずのものであろう。現代法は、空間的にも――宇宙空間までをも含めて――無限にひろがる可能性を秘めているのである。

わたくしは、ここに日本の現代法の性格を定義的にあきらかにしようとする意図をもつものではない。いわば現代法の主要な問題点とおもわれるものをわたくしなりに取り上げて、現代法の性格を多少とも示唆してみたにすぎない。現代法をいかなる性格のものに形成して行くべきかということじたいが、われわれにとって所与ではなく課題だからである。

(4)　昭和一〇（一九三五）年には天皇機関説事件がおこった。美濃部は帝国議会両院で糾弾されて貴族院議員を辞職し、その著書『憲法撮要』、『逐条憲法精義』、『日本憲法の基本主義』は発売禁止の行政処分を受けたばかりか、出版法二六条の罪（「皇室の尊厳を冒瀆……する文書図画を出版したるとき」）に問われた（起訴猶予）。宮沢俊義『天皇機関説事件――史料は語る』（上・下）（一九七〇年）、三谷太一郎「天皇機関説事件の政治史的意味」（石井紫郎＝樋口範雄編『外から見た日本法』一九九五年・四三三頁以下）。なお、美濃部の筆蹟――わたくしの助手論文の抜刷に対する礼状——は、団藤『わが心の旅路』（一九八六年）八一頁に再現しておいた。

第二章　法の静態

第一節　序　説

一　法秩序とその構造(1)

日本法、フランス法といったような各国の法はそれぞれにひとつのまとまった体系を形づくっている。国際法もそれじたい、また、多かれ少なかれまとまった法体系である。国際法とそれぞれの国家法とを統合するひとつの法体系――どこまで完全かは別論として――も考えられるであろうし、世界法の構想もありうるであろう。かように、法規範がまとまったひとつの体系をなすとき、これを法秩序（ordre juridique ; Rechtsordnung）という(2)。

フランスの法学者ルービエによれば、個々の法規――成文法にかぎらない――は、単独に何かの事項を規制することは稀有であって、多くのばあい、たとえば不法行為、契約、保険といった一定の事項ごとにまとまった法規群をつくってこれを規制する。その上の段階として、法的な制度（institutions juridiques）――たとえば、所有権制度、婚姻制度、議会制度――があり、さらに、その上に、もろもろの法規群ともろもろの法制度の全体によって構成される法秩序があるとする。かれは、最後に挙げた法秩序の分類として、(a)物的（事項的）見地から、たとえば商法、刑法等々、(b)場所的見地から、たとえばフランス法、ドイツ法等々、あるいは地域法、国家法、国際法、(c)人的見地から、たとえばカノン法とか一定の団体の法など、(d)時間的見地から、ローマ法、フランス古制の法といったような過去のある時期に現れた法、あるいは現行法の中では法改正の際の経過規定を内容とする経過法、(e)法源の見地から、成文法、慣習法、判例法、学説法と区別している。こうしたルービエの叙述は、複数の法秩序の全貌をわかりよく示している。

ここでルービエが制度といっているのは、フランスの制度理論（théorie de l'institution）におけるそれを指す。この理論はフランスの著名な公法学者オーリュー（Maurice Hauriou, 1856–1929）によって創唱され、ルナール（Georges Renard, 1847-1930）らによって展開された。オーリューは、仕事と企ての理念が現実化した法的・継続的な社会的実体として、個人をこえた「制度」——その中には人的制度ないし団体的制度（institutions-personnes, institutions corporatives）と物的制度（institutions-choses）の二種がある——を考えた。オーリューに社会学的傾向がかなり強くみられるのに対して、ルナールは、制度理論をカトリック的なトーマス主義に接近させた。いずれにせよ、制度の概念は、まだ充分に明確なものにはなっていない。なお、ルービエはイェーリングが制度を法の骨格に比較しながら法の生態を論じているのを挙げて、制度の深い洞察を示すものとしている。ルービエ自身も、法的制度に有機体的な性格をみとめている。——こうした問題は法の本質論にかかわりをもつ事柄であるが、「制度」のことに触れたついでに略述しておいた。

かようにひとつの法秩序は全体としてまとまった体系になっていると同時に、その内部の構造として、あだかも高山が頂上から裾野に向かって次第に数多くなる尾根に分かれているように、次第に細分するところの多くの分肢をもっている。山の比喩はむろん比喩にすぎないのであって、かような分肢は、種々の角度から把握されうる。この章では法の静態を考察するために、法秩序のこうした構造を種々の角度から概観してみたいとおもう。

（1）　ここ——とくに本章第二節——では、法秩序の「構造」を法の静態の問題として、法秩序の分肢的体系の意味に用いて考察することにした。法秩序の構造はもっと動的なものを含めて考察することも可能である。本書では、それは次章以下にまたがる問題である。尾高朝雄『実定法秩序論』(一九四二年)、井上茂『法秩序の構造』(一九七三年)。

(2)　もっとも、法秩序、法体系、法体制にそれぞれ異なる意味をあたえようとする提言もある(恒藤恭『法の精神』一九六九年・四三頁以下)。

二　法秩序の統一性

異なる法秩序のあいだのことは別論として、ひとつの法秩序は、これを静態において考察するかぎり、本来、統一的なひとつの体系をなしているべきはずのものである。したがって、たとえば、日本法という法秩序の内部においては、その内部に民法、刑法等々の分肢があって、それぞれに異なる原理をもって社会生活を規律しているが、しかも、それらの分肢は相互に矛盾することなく、窮極的には法秩序全体として統一性をもったものでなければならない。

一例を挙げよう。民法(七〇八条)に不法原因給付の規定があることは、前にも述べた。不法原因給付のばあいには、その給付を受けた者はその物を返さなくてよい。返せばそれは有効だが、相手は裁判所に訴訟を提起してまで返還を請求することはできないことになっている。つまり、裁判所は民事事件としてその返還に手を貸さないたてまえなのである。ところで、たとえば、AがBに対して、公務員Cに贈賄してくれといって金品を委託したところが、Bがその金品をCに贈賄しないで自分で費消してしまったとしよう。これが横領罪(刑法二五二条)を構成するかどうかが問題となるわけである。民法と刑法とは目的がちがうのだから、民法上は返す義務がなくても、刑法上は、委託された物を領得すれば横領罪になるというのもひとつの見方である。現に判例は、古くからそういう見解をとっており、これに賛成する学説が多いが、ここに述べたような見地から考えると、これは問題である。民法上返還義務のない者に、刑罰の制裁をもって返還――すくなくとも処分をしないこと――を強制するのは、裁判所が民事以上の強力な手段をもって、返還に手を貸してやることになる。これは法秩序全体の統一を破るものといわなければならない。

わたくしは、かようなばあいには横領罪の成立は否定されるべきだと考えている。

かように、法秩序は全体として矛盾なく統一したものでなければならないが、実際問題としては、法秩序中のある部分と他の部分とが矛盾した形になることがおこって来る。第一に、それは、たとえば、立法の時期がちがうとか、立案をする所管官庁がちがうとか、政府提案と議員提案だとかで、考え方にくいちがいがある結果としておこって来るばあいもあろうし、立案者の過誤によって、既存の規定の存在をみのがしたり、その趣旨を誤解したりして、前の規定と矛盾する規定を作ってしまうこともあろう。この種のばあいには、その矛盾を解消する必要がある。それは、「後法が前法を廃止する（Lex posterior derogat priori.）」あるいは「特別法は一般法に優先する（Lex specialis derogat legi generali.）」という原則、あるいは、また、第三節で後述するように、上位の法規が下位の法規よりも強いという原則などによって、ある程度までは形式的に処理されるが、こうした処理ができないかぎりは、解釈によって解決するほかないし、それが解釈の範囲をこえるときは、立法による解決をまつ以外にない。

ばあいによっては、かような矛盾は見かけのものにすぎないことがある。たとえば、刑事訴訟法は旧刑事訴訟法のみとめていた公訴時効中断の制度を廃止したが、関税法（一三八条）や国税犯則取締法（一五条）のような特別法に置かれている公訴時効中断の規定は削除されなかった。これは一見矛盾なので問題とされたが、最高裁判所の判例は、これらの特別法がこの制度を存続させていることの合理性を説明して、その効力をみとめた。

第二に、社会にあたらしい現象がおこって来て、これを規制するために、従来の法秩序の考え方とは合致しない原理に支配される法分野が現れて来ることがある。たとえば、市民法に対して社会法が現れて来ると、両者は同じ平面で調和される性質のものではなく、そのあいだに矛盾緊張関係を生じることによって法全体の発展を促がすことになる。さきに述べた第一種のばあいは偶然ないし過誤によって法秩序の中に矛盾を生じる病理現象であるが、これに対して、ここに挙げた第二種のばあいは、法が社会の発展に対処し順応しなければならないことから来るので、むしろ生理現象というべきである。第一種のばあいは法の静態の問題だが、第二種のばあいは実は法の動態の問題である。第一種のばあいについて例示した立案の時期のちがい、立案官庁のちがいなどによる法秩序の各部分の不整合などの中にも、実は、この第二種のばあいとして理解されるべきものがひそんでいる可能性があるから、その処理にあたっては充分の慎重さが要求されるであろう。後に詳論するとおり、法はつねに発展するものであり、その発展の契機としてつねにその内部に矛盾をもっているというべきである。したがって、本章において法を静態においてとらえるのは、むしろ、次章以下において法を動態においてとらえることを予想するところの、予備的な作業にほかならない。反面からいえば、法を静態においてとらえることは、厳密な意味では、実は不可能だといってよいのである。

三　自然法と実定法

実定法（positive law ; droit positif ; positives Recht）とは一定の時代・一定の社会に効力を有するものとして実証的に把握されうる形で現れている現象的な法であって、制定法ばかりでなく慣習法・判例法をも含む。

これに対して、人間の本性（Natur der Menschen）とか事物の本性（Natur der Sache）とかのようなもっと根源的なものにもとづく法があって、(3) それが実定法を基礎づけ、ばあいによっては実定法を補充し修正——ばあいによっては否定さえも——するのではないかと考えられる。かような法は、たとえば法の歴史的発現などを手がかりにして間接的に推認することはできるかも知れないが、直接的に実証することはできないところの、実定法をこえる法である。それは現象的なものをこえる根源的なものにもとづくから、時代、民族、社会等をこえて普遍妥当性をもつものと考えられるのが一般である。(4) こうした法が自然法（natural law, law of nature ; droit naturel ; Naturrecht）

と呼ばれる。自然法思想はギリシャ以来のもので，そのひとつの大きな流れはアリストテレースの思想を受けつぎながらカトリック神学によってこれを体系化したトーマス・アクィナスのスコラ的自然法であり，もうひとつの大きな流れはグローティウス(5)（Hugo Grotius, 1583–1645）以来の，人間の理性に根拠を求める近代的・合理主義的自然法である。こうした自然法学説の詳細については，第二編で考察することにしよう。

かように，自然法が何かについて定説はないし，また，法実証主義の立場からは自然法は否定される。しかし，たとえばナチ時代の状態は，自然法に悪法を拒否するという新しい現代的任務のあることを再認識させるのに役立った。自然法は否定されては再生する根強さをもっている（ロメン Heinrich Rommen のいわゆる「自然法の永遠の復帰」）。そうして，自然法を承認する以上，それはなんらかの意味で法秩序の構成部分となるわけだから，簡単ながらここに触れておくことにしたのである。

（3）「自然」を人間の「本性」・事物の「本性」のように「本性」ということばで現すとすれば，幕末から明治初年にかけて行なわれた「性法」という訳語も面白い。これは西周助（のち周）（1829–97）が文久年間にオランダで学んだ《Natuurregt》を「性法学」と訳したものらしく，司法省法学校の科目にも「性法」があった（穂積陳重『法窓夜話』一九一六年・一六七頁）。もっとも，当時このことばで現したものがつねに自然法を指すとはかぎらなかったようである。

（4）もっともラートブルッフのように，「人間の本性」は不変だが「事物の本性」は可変だから時間・空間を超越した自然法は不可能だと考え，「可変的内容の自然法（Naturrecht mit wechselndem Inhalt）」（シュタムラー Rudolf Stammler, 1856–1938）だけが可能だとする見方もある。わたくしは，自然法の要点は普遍妥当性の点よりも超実定法的な，より根源的な根拠にもとづく法である点にあるものと考えている。

（5）オランダのデルフトの街にその銅像がある。団藤『刑法紀行』（一九六七年）一八八頁。

第二節　実定法の領域的構造

第一　公法と私法

一　公法と私法の区別の原理

公法（jus publicum; droit public; öffentliches Recht）と私法（jus privatum; droit privé; Privatrecht）の区別は古くローマ法までさかのぼることができるが、その区別についてはかならずしも定説がないし[1]、現在ではこれを区別する実益も次第に乏しくなって来ている。大まかにいえば、国家[2]——あるいはこれに準じるもの——とその構成員たる個人との関係を規律するのが公法であり、私人相互の関係を規律するのが私法だと考えてよいであろう。前者は全体と個体との関係、後者は個体相互の関係を規律するものであり、したがって、前述の正義の分類との関連でいえば、ラートブルッフの指摘したとおり、前者には配分的正義、後者には平均的正義が支配するということができる。具体的にいえば、憲法、行政法、刑法などは前者に属し、民法、商法などは後者に属する。

たとえば、Aが故意にB宅から現金十万円を盗み出して使ってしまったとしよう。民法上はそれは不法行為を構成し、したがって、BはAに対して十万円の損害賠償を求めることができる。これは個人対個人の関係だから、Bの損害が塡補されればそれで法の目的は達せられるのである。ところが、もうひとつ刑法上の関係が残っている。刑法（二三五条）によれば、「他人の財物を窃取した者は、窃盗の罪とし、十年以下の懲役……に処する」ことになっている。刑法は、この同じ行為を国家と行為者との関係という見地から眺めてその処罰をきめているのであって、被害者の損害の塡補ということとは直接の関係はない。だから、被害額は十万円だが、一方では十年以下の範囲内で行為者を懲役に処することもできるし、他方では、情状によって裁判所が刑の執行を猶予したり（刑法二五条以下）、ばあいによってはさかのぼって検察官が事件を裁判所に持ち出さないで起訴猶予にすることもありうる（刑訴二四八条）。そこでは、社会全体の見地から処分の軽重や内容がきめられることになるのである。

このような公法と私法との区別は、国家と市民の立場が明確に区別されることが前提となっている。西洋では、市民社会の出現が、まず、この区別の基礎となった。ローマ法ですでにこうした区別がある程度まで見出されるのは、ローマが多分に市民社会的な性格をもっていたからだとおもう。だから、市民社会でなかったゲルマンでは公法と私法という区別はなかった。右に例示した不法行為と犯罪といった区別もゲルマン法にはみられず、しいていえば両者が融合したような形態のものであった。英米法では昔から現在にいたるまで公法・私法という区別がみとめられていないが（もちろん、ポロック Frederick Pollock, 1845–1937 のようにこれを論じる学説はある）、これはウィリアム征服王がノルマンの慣習をイギリスに持ちこんだことの影響があるであろう。英米にはヨーロッパ大陸法系にみられるような行政裁判所制度が存在しないことも、公法・私法の区別がみとめられていないことと表裏をなすものである。東洋では、中国法において刑罰が早くから公的性格のもの——公刑罰——として現れているが、これは国家権力を背景として公法の一部にあたるものとしての刑法がみとめられたことを意味するであろう。律令の「律」はこれを意味する。しかし、市民の地位がみとめられる状態ではなかったから、公法と私法との区別は、むろん存在しなかった。律令の「令」は、いわば行政法的な規定と民法的な規定との寄せ集めのようなものであり、(3)全体として公法的性格の強いものであったといってよいであろう。公法・私法の区別は、一方では国家、他方では市民社会の存在を予想する。その意味で、この区別は近代法に特有のものということができるであろう。

だから、私法の原理がもっとも典型的に現れるのは、時代的には自由放任主義の時代であり、法領域でいえば、市民的な取引に関する領域である。市民生活に国家の介入する度合いが強くなるにしたがって、私法的なものから公法的なものに移行する。公法と私法は、もともと、理念型的なものであって、現実には中間的・移行型的なもの——それもある点では私法的・他の点では公法的といった複雑な混合型的なもの——がすくなくない。[4]

市民生活への国家の介入には二種類のものがある。その一は、市民生活の自由——取引の安全などを含めて——を保障するためのもので、これは、いわば形式的な介入である。たとえば、株式会社については一定事項の登記が要求され、登記をしなければ過料の制裁がある（会社法九一一条・九七六条）。これは国家が介入するようにみえるが、取引の安全を確保するためであって、実質的な介入ではない。[5] ところが、その二として、もしその株式会社が宅地建物取引業を営むとすれば、免許を受けた上、業務についても種々の制約を受けなければならないし（宅地建物取引業法）、さらに、また、もし電気事業やガス事業を営むとすれば、所管大臣の許可を受けた上、そのきびしい監督に服することになる（電気事業法、ガス事業法）。これらは、もはや、取引の安全の保護といったことで説明されるものではなく、ことに後者になると、はっきり国民一般の公共の利益のためにするところの実質的な国家の介入である。——かように国の介入に二種類のものを考えるとき、第一種のものは依然として私法の範囲に入れてよいが、第二種のものは実質的に公法の色彩を強くもつのである。社会法、労働法、経済法の問題については、のちに詳論する。

（1）　公法・私法の区別をしたものとして有名なのは、ローマの法学者ウルピアーヌスで、かれは、「公法はローマ国家の地位に関するものであり、私法は個人の利益に関するものである」(Publicum jus est quod ad statum rei romanae spectat, privatum quod ad singulorum utilitatem.)（D. I, 1, de just. et jure, 1, 2）とした。かように公益に関するものを公法、私益に関するものを私法とする見解を利益説（théorie des intérêts）という。これに対して、主体説（théorie des sujets）は、権利義務の主体が国家であるか私人であるかを区別の標準とし、法律関係説は、権力関係の法か対等関係の法かを区別の標準とする。わが国における学説状況につき、塩野宏『公法と私法』（一九八九年）。

（2）　国家も私人とおなじ立場で取引（たとえば売買）をすることがある（財産権の主体としての国家を「国庫」と呼ぶこともある）。そのようなばあいには、国家も私法上の関係に立つことになる。もし、相手の私人とのあいだに民事訴訟がおこれば、国が当事者となり、法務大臣が国を代表する（国の利害に関係のある訴訟についての法務大臣の権限等に関する法律一条）。

（3）　もっと正確にいえば、律は懲粛法であり、令は勧誡法である（石井良助『日本法制史概要』一九五二年・二六頁）。

（4）　たとえば、旧ソ連のような社会主義体制のもとでは、国家的統制が必然的であったから、純然たる私法はありえなかった。旧ソ連の崩壊後におけるロシア連邦の新民法典の制定の過程は、私法の再生の見地からみて興味がある。小田博「ロシア連邦の新民法典――ロシア私法の再生」ジュリスト一〇六五号（一九九五・四・一五）参照。

（5）　田中耕太郎（1890-1974）は商法の中に行為法と組織法とを区別した。商行為法は行為法に属し、会社法は組織法に属する。後者が確固たるものであることによって、商取引が安全迅速に行なわれることになる。行為法・組織法の区別は他の法領域においても実益があるであろう。――田中は商法の技術性とカトリック的信仰にもとづく自然法思想に基づいて、『世界法の理論』（一九三二―三四）（のち続編あり）を展開し、その名声をもとにして、ドイツ（当時ヒトラー総統）、イタリア（当時ムッソリーニ首相）への政府代表としての使節になった。第二次世界大戦後は、吉田内閣の閣僚を経て、国際司法裁判所判事となった。――ちなみに「世界法」はチーテルマン（Zitelmann）が創唱したものである。

二　公法と私法の区別の実益

行政事件訴訟法（昭和三七年法律一三九号）をみると、行政事件訴訟の一種としての当事者訴訟について「……公法上の法律関係に関する訴訟」という定義がなされている（同法四条）。すなわち、私法上の法律関係に関する当事者訴訟は民事訴訟として民事訴訟法の適用を受けるのに対して、公法上の法律関係に関する当事者訴訟は行政事件訴訟として行政事件訴訟法の適用を受けるのである。当の法律関係が私法上のものであるか公法上のものであるかによって、異なる種類の訴訟となり、たとえば行政事件訴訟についてならば裁判所の職権による証拠調が行われるといったように、適用される訴訟手続なども異なって来る。これは現行法についてのことであるが、旧憲法当時には行政裁判所というものがあって（旧憲法六一条）、司法裁判所は民事・刑事の事件だけを取り扱い、公法（刑事を除いて）の関係の事件は一定の限度にかぎって行政裁判所に出訴を許すたてまえであったから、公法・私法の区別はいっそう重要であった。こうした行政裁判所の制度はヨーロッパ大陸法系のものであって、公法・私法の区別に関する諸学説がとくにヨーロッパ大陸法系の国でみられるのも、このことと深い関係があるのである。

右に述べたのは公法・私法を区別することの実益の一例である。そうして、かような関係では、問題となっている法律関係が公法上のものか私法上のものかを議論するのは、民事訴訟法の適用を受けさせるのがよいか行政事件訴訟法の適用を受けさせるのがよいか(6)、あるいは旧憲法時代でいえば行政裁判所の裁判権に属するとみるのがよいか司法裁判所の裁判権に属するとみるのがよいかという法解釈論的な合理性の問題に帰着する。したがって、そのばあいに得られた基準が、公法・私法の区別に関する一般的・絶対的基準になるわけではなく、たとえばある種の法人が公法人なのか私法人なのかという問題を議論する際にはそのままはあてはまらない。公法人・私法人の区別にしても、種々の法律関係で問題となるのであって、やはりそれぞれの法律関係について目的論的な見地から多かれ少なかれ相対的に論定されなければならず、これを一律にきめてしまうわけには行かない。かようにして、実定法上の解釈論における公法・私法の区別は、多分に技術的・相対的なものである。

このような公法・私法についての技術的・制度的な問題と理論的・本質的な問題とを明確に区別し、従来の論争の方法論的な混淆を指摘したのは、宮沢俊義(7)（1899-1976）であった。これは正当な指摘であって、現在では、ひろくみとめられるようになっている。

ところで、こうした解釈論的・技術的な公法・私法の区別の問題が原理的・本質的な区別の問題とまったく無関係かというと、もちろんそうではない。技術的な区別は、やはり、その根底に、より原理的・本質的な両者の区別をふまえている必要がある。原理的な区別があればこそ、実定法上も種々の関係において両者の技術的区別をする必要もおこって来るのである。およそ「本質」の問題を否定して、すべてを技術的見地だけから割り切ろうとする見解もあるが、それはわたくしの採らないところである。したがって、前述のように、公法は全体と個体との関係だから配分的正義が支配し、私法は個体と個体との関係だから平均的正義が支配するという考え方は、それじたい、原理の問題として基本的に正しいといわなければならない。そのかわり、こうした見地からするところの公法・私法の区別は、その限界が明確なものでないばかりか、技術的見地からするところの公法・私法の種々の区別のどれとも一致するわけのものではない。だから、たとえば、穂積八束が、旧憲法当時の、戸主を中心とした家の制度を念頭に置いて親族法を公法に属すると論じたことも、かならずしもそれほど見当ちがいのことではなかったといってよいであろう。ただ、かような形で、公法・私法の区別を論じてみても、それじたいに実益があるわけではない。まして、公法・私法の中間領域ないし混合領域が非常にひろくなって来ている以上、むしろ、問題となっている当の法領域じたいの性格を突きつめることによって端的にそこに支配する原理を見出すことの方がはるかに重要で、このことは前段にも述べたとおりである。

(6) この関係で大阪国際空港事件の最高裁〔大法廷〕判決(昭和五六年一二月一六日民集三五巻一〇号一三六九頁)参照。騒音に悩んだ空港周辺の住民が国に対して夜間における航空機離着陸の差止めの民事訴訟を提起したのであるが、最高裁判所は——行政訴訟としては適法かどうかについて触れることなく——民事訴訟としては不適法だとしてこの請求にかかる訴えを却下した。しかし、国は周辺住民に対してこの関係で公権力を行使する立場にはないのだから、法廷意見は不当だとおもう(団藤『実践の法理と法理の実践』一九八六年・二八七頁以下参照)。わたくしは反対意見を書いた。

(7) 宮沢俊義「公法・私法の区別に関する論議について」国家学会雑誌四九巻九号(一九三五年)(同『公法の原理』一九六七年・所収)。

第二 市民法と社会法——労働法・経済法・社会保障法(1)

(1) 橋本文雄『社会法と市民法』(一九三四年)、同『社会法の研究』(一九三五年)、加古祐二郎『近代法の基礎構造』(一九六四年)、小林直樹編『岩波講座現代法1 現代法の展開』(一九六五年)、磯村哲『社会法学の展開と構造』(一九七五年)。

一 市民法と社会法

市民法、社会法(Sozialrecht, soziales Recht; droit social)というのは、かならずしも明確な内容をもった概念ではない。大ざっぱにいえば、市民社会に対応する法原理として市民法的原理があり、その修正原理として社会法的原理がある。社会法とはいっても資本主義法の範囲内のことであるから、市民法が初期資本主義的な法原理であるのに対して、社会法は高度資本主義的な法原理であり市民法的原理を修正する法原理であるといってよい。しかし、資本主義の高度化に伴う経済的階級の分裂を念頭に置いて、ブルジョワ的法原理を市民法的なものと考え、これに対してプロレタリア的見地からの法原理を社会法的なものとしてとらえることも可能である。こうした見地からは、社会法は市民法の単なる修正ではなく、より鋭く本質的に市民法に対立するものと考えられることになるであろう。かように社会法の概念をいかに把握するかは、実は、社会の発展をいかにとらえるかという社会科学の根本問題にもかかわりをもつのである。ここでは、さしあたり、ごく単純に前述の「法の社会化」に対応するものとして、社会化された法を社会法と呼んでおくことにするが、かような規定の仕方では問題が解決されたことにならないのは承知の上であって、問題があまりにも根本的であるだけに、むしろ問題を問題として残して置くのである。

市民法と社会法とが法領域を分かつものであるかどうかは問題である。わたくしの考えでは、両者はもともと領域的なものではなく原理的なものである。だから、民法、刑法、行政法、訴訟法等々のそれぞれの領域において、法の社会化の現象がみられ、その社会化の要素の濃淡強弱によって、市民法的な色彩の強いものから社会法的色彩の強いものまで無限のニュアンスを示す。ただ、労働法や社会福祉法の領域だとか経済法の領域の大部分だとかのように、ほとんどもっぱら社会法的原理によって支配される領域であるので、こうしたものを社会法の領域としてとらえることは、可能でもあり適当でもあるといってよい。次項以下に「労働法」、「経済法」、「社会保障法」の見出しで書くのは、こうした領域についてである。

資本主義の高度化に伴う市民法的原理の修正は、さきにも述べたように、主として私法の領域への国家の介入という形をとって行なわれて来た。それは初期資本主義的な市民法的原理——自由放任主義・個人主義の原理——に対して、あらたな社会的観点からの大きな修正であり、私法における平均的正義の原理に配分的正義の原理を大幅に加味することを意味する。たとえば、フランスの公法学者デュギー（Léon Duguit, 1859-1928）は有名な『私法変遷論』（一九一二年）の中で、一八〇四年のフランス民法典と人権宣言に着眼し個人主義的な法制度の要素として、個人の自由、所有権の不可侵、契約の自由、個人の過失責任という四項目を挙げたが、これらが市民法的原理の骨格をなすものであって、社会法的原理はこれらの諸原理の修正を求めるものである。たとえば、フランス人権宣言一七条における所有権の神聖不可侵の規定が市民法的原理の象徴であるとすれば、第一次世界大戦後に社会民主主義を標榜して制定されたドイツのヴァイマール憲法一五三条の「所有権は義務を伴う（Eigentum verpflichtet.）」は社会法的原理をうたったものである。フランス人権宣言一条以下が抽象的な自由・平等をうたい上げているのは市民法的であるが、ヴァイマール憲法一五一条が具体的な「人間らしい生活（menschenwürdiges Dasein）」を保障したのは社会法的である。契約自由にしても、労使関係や借地・借家関係などからはじまって、社会的・経済的な弱者を保障して実質的な平等を確保するためには、市民法的な契約自由ではやって行けなくなった。市民法における「私的自治（Privatautonomie）」に対して社会法においては「社会的自治（Sozialautonomie）」が基本原理だといわれることがしばしばあるが、それはもはや自治の観念では現し切れないものをもっているのである。(2) 不法行為についても、たとえば企業の社会的機能ひとつを取り上げてみても、それが個人の過失責任でまかなえるものではなく、企業等の無過失責任制度の導入や、さらには保険制度による肩代わりなどが必至となって来ることが、うなずかれよう。

日本についていえば、すでに「日本法の歩み」のところで考察したとおり、明治時代以来、市民法そのものが未熟のまま法の社会化が進められて来た。だから、われわれが社会法について語るとき、われわれのもっている問題はきわめて複雑である。戦前における「法の社会化」は「個人」ではなくて「社会」、「私益」ではなくて「公益」という公益優先の思想――それはしばしばいつのまにか「国益」優先の思想にすりかえられさえした――が指導理念であった。しかし、新憲法下においては、単なる公益優先ではなくて、公益を強調するのは私益を具体的に生かすことをその裏づけとするのでなければならない。憲法が自由権と社会権とを双方とも重要視しているのは、意味深長である。要するに、法の社会化の名のもとに個人の利益を不当に侵害することがあってはならないと同時に、国民大衆の実質的な利益を保護し助長するために、正しい意味での法の社会化はますます促進する必要があるのである。いいかえれば、戦前の法の社会化における単純な公益優先の考え方を控制しながらも、われわれは法の社会化をさらに強力に進めなければならない。ただ、この問題は、その根底に、公益とか公共の福祉とかいわれるものがいったい何であるか、個人と社会との関係いかんという困難な問題をもっているばかりでなく、前述のように窮極的には、社会の発展をいかに把握するかという根本問題を含んでいることをも忘れてはならないであろう。

社会法的原理がもっとも顕著に現れるのは、後述の労働法、経済法、社会保障法といった領域においてであるが、前述のとおり、法のすべての領域に多かれ少なかれ社会法的な原理がみられないわけではない。そうして、それらについても、戦前における公益優先の行きすぎと新憲法のもとにおけるその修正とがみられる。ここにはこの一、二の例を挙げるだけにしよう。

たとえば、旧憲法のもとでは所有権の不可侵がみとめられていたが、公益のため必要な処分は法律でどのように定めることもできた（旧憲法二七条）。これは所有権法の社会化の重要な拠点をなすものであったが、その行きすぎをも可能ならしめた。現行憲法（二九条三項）は、私有財産を公共のために用いることを認めるが、「正当な補償」を要件としている。近年、土地収用（土地収用法、その他の特別法参照）をめぐる紛争がマスコミをにぎわすことが多いが、個々の事件における被収用者側の主張の当否はしばらくおいて、公益に対する私益の主張がかように強くみられるようになったことじたいは、あきらかに現代法の特徴を示す現象だといってよい。国民は自由と権利を公共の福祉のために利用する責任を負うし（憲法一二条）、財産権の内容は公共の福祉に適合するように法律で定められることになっているが（憲法二九条二項）、さきにも述べたように、何が公共の福祉なのかは決して自明でないから、そのことじたいが争われると同時に、正しい意味での公共のためであっても「正当な補償」を求めることは当然なのである。

刑法の領域でも、牧野英一は明治・大正・昭和の三代にわたって法の社会化の一環として社会防衛論を強調し、罪刑法定主義の解消をさえ主張した。社会防衛論が教育刑主義の面において積極的な意義をもったことは否定できず、牧野の刑法学における功績は没することができないが、現代の問題として考えるとき、社会防衛論も個人の尊厳の見地から再考されなければならない。現に戦時中は思想犯保護観察（思想犯保護観察法）だとか思想犯の予防拘禁の制度（治安維持法）があり、これは「社会」防衛というよりも「国家」防衛の色彩の強いもので社会防衛論からいっても問題のある制度であったが、終戦後に廃止された。少年に対する保護処分も法の社会化の見地から重要なものだが、戦前は行政機関としての少年審判所の所管であったのを戦後は司法機関としての家庭裁判所の所管に改めた。しかも、最近では、少年保護事件の手続についても、少年の権利を保障するために「法の適正な手続」（憲法三一条参照）の考え方をいっそう強く盛りこもうとする機運がおこって来ている。これはアメリカでも顕著にみられる傾向である。ただし、日本では、それに便乗して、保護手続の刑事手続化とでもいうべきものをはかろうとする動きがあるのは、警戒を要するとおもわれる（平成一二年第一五〇回国会で議員提出法案としてついに成立、一三年四月一日から施行されるにいたった）。

訴訟法の領域では、大正末期以来、法の社会化の関係で注目されるものとして調停制度の進出があった。大正一一（一九二二）年の借地借家調停法、大正一三（一九二四）年の小作調停法、大正一五（一九二六）年の商事調停法、昭和七（一九三二）年の金銭債務臨時調停法、昭和一四（一九三九）年の人事調停法というように、矢つぎ早やに制定された各種の調停法によって調停の範囲は次第に拡大されて、調停制度黄金時代を現出した。ことに戦時中は昭和一七（一九四二）年の戦時民事特別法によって、すべての民事紛争が調停の対象とされることになったくらいである。現在では民事調停法によってこれらの大部分が統合されており、別に家事調停が家事審判法に規定されている（なお、労働争議の調停は、ここでいう調停とは性質を異にする）。こうした調停制度は、訴訟においてみられるような形式的な法規の拘束から離れて、事案についての具体的妥当性を追求するものであり、形式的な市民法的規制を手続の面で修正するものとして、法の社会化の一局面を現す。しかし、現実においては、借地・借家問題、小作問題等をはじめとして、これらの調停制度は――商事調停だけはやや例外であるが――当事者の権利意識の尖鋭化を抑えて社会情勢の険悪化を防止しようとする働きをもったのであり、また、それがこれらの法律の制定の意図であったともいえるのである。戦時民事特別法にいたっては、戦時下の非常事態における紛争処理の簡易・迅速化という国家的要請が働いたのであって、これはもはや法の「社会」化の範疇に入れることがはじめから無理なくらいであった。かようにして、戦前において行なわれた法の社会化に対する反省は、この領域においても、現代法のひとつの特徴をなすのである。しかし、このことは、訴訟の領域における法の社会化――大衆の利益の保護促進――の必要を弱めるどころか、むしろ強めるのである。たとえば少額訴訟の問題とか、訴訟遅延対策の問題とか、法律扶助の問題とか、国民の要求に見合うだけの法曹人口の確保の問題とか、公害訴訟の問題とか、訴訟法の社会化の面で考えなければならない問題は山積しているのである。

こうした問題を法の各領域について考察するとなればきりがない。要するに、ここでは、市民法と社会法とを原理的な面から眺めて、その現代法における意義を多少ともあきらかにしてみようとしたのである。ところで、前述のとおり、社会法をもっと領域的にとらえて、社会法的原理が主として支配する領域を考察してみることも必要である。これを次項以下に順次、論じることにしよう。

（2）たとえば、ヴィートヘルターは、労働法や経済法の領域において「社会的自治」の考え方が完全に誤りではなくても政治的・法的にきわめて危険であることを指摘している（Rudolf Wiethölter, *Rechtswissenschaft*, 1968, S. 287）。

二　労　働　法

かつては社会法と労働法とはほとんど同視されたことがあるくらいで、社会法の中で労働法の占める位置はきわめて重要である。労働法（labour law；Arbeitsrecht；droit du travail）はもともと経済的弱者としての労働者としての生存権を保障するために生まれて来たもので、市民法的原理に修正をせまる尖兵の役割りをもった。それは資本主義体制下における資本と労働との階級的対立を背景とした法である（旧ソ連にも労働法 трудовое право があったが、まったく性格を異にするものであったことはいうまでもない）。そこから、種々のことが導かれる。第一に、それは資本主義体制下の法であるという大きな枠をもっている。だから、「日本法の歩み」においても略述したように、労働法の発展の当初は労働者保護のための――しかも多かれ少なかれ恩恵的な――社会政策立法にすぎなかったし、のちになってもややもすれば生産のための労働力確保の見地が出て来る。労働争議の調停や労働者の経営参加にみられるように、労資ないし労使の対立をなるべく緩和し両者を協調させようとする要請があるのも当然である。また法技術的にも、権利の実現その他の関係で、民事訴訟制度などの市民法的な制度の世話にならなければならない面がすくなくない。第二に、しかし、労資ないし労使の対立関係が根底にあるかぎり、それが労働法に闘争的・実力的性格をあたえることは否定しがたい。ジンツハイマー（Hugo Sinzheimer, 1875-1945）が労働法を「実力法（Gewaltrecht）」として性格づけたことは、使用者の権力関係を肯定する意味をもつ点で不当であるが、核心をついた点をもっているといえよう。このばあいにも、闘争における実力の行使があくまでも法の土俵の上にかぎられることは、法的見地からいって当然であるが、どこまでが法的に許されるかという問題じたいが所与としてでなく課題として考えられなければならない以上、力関係のもつ比重は決して小さくない。

かようにして、労働法には、大まかにいって、一方において労働者の保護の面と、他方において労働者たちの力による労働者の経済的地位の向上の面とがあるといってよいであろう。後者において労働法の特色はいっそう強く発揮される。前者が主として現れるのは個別的労働関係についてであり（ドイツの学者のいわゆる個別的労働法 Individualarbeitsrecht）、後者が主として現れるのは集団的労働関係についてである(3)（いわゆる集団的労働法 Kollektivarbeitsrecht）。個別的労働関係においては、各個の労働者と使用者との個別的な労働契約をもとにして、そこでの実質的不平等を是正するために国家が介入して労働者の経済的地位を保障する。労働基準法はこの見地においてもっとも重要なものであるが、直接・間接に労働者の保護を目的とする法規はきわめて多い。これに対して、集団的労働関係は、労働者が労働組合などを通し、団体交渉によって形成して行くものであり、ここでは国家の介入によってでなく労働者みずからの力によってその地位の向上がはかられる。労働組合法と労働関係調整法とが、集団的労働関係についての基本的な法規である。

憲法は労働法の領域についていくつかの重要な規定を置いている。第一は、労働権（勤労権）の規定（憲法二七条一項）、第二は、賃金その他の労働条件の基準に関する規定（同条二項）、第三は、労働者の団結権に関する規定（憲法二八条）で、これらを労働基本権という。中でも第三の団結権はとくに重要なもので、狭義の団結権および団体交渉その他の団体行動――ことに争議行為――をする権利を含む。団結権・団体交渉権・団体行動権（争議権）を労働三権と呼ぶ。なお、右のような労働基本権のほかに、一般的な生存権の規定（憲法二五条）が、労働者についても適用されることはいうまでもない。そうして、これらの諸規定に応じて、労働法の内部にも種々の分野がみられ、そのあるものは後述の社会保障法と競合する。また、労働法全体をいかに性格づけるかによって、経済法とも競合する。たとえば、旧労働組合法一条は「本法は団結権の保障及団体交渉権の保護助成に依り労働者の地位の向上を図り経済の興隆に寄与することを以て目的とす」と規定していたし、労働関係調整法一条は、現在でも、「……産業の平和を維持し、もつて経済の興隆に寄与することを目的とする」としている。したがって、また、「社会」法の概念の立て方にもよるが、労働法には「社会」法をはみ出る部分もあるものと考えるべきであるかも知れない。すくなくとも、労働法の中に、社会法的原理を国家的見地から制約する面のあることは否定しがたいのであり、これまた、前述のように、労働法も資本主義体制の法であることに由来するのは、もちろんである。

　ところで、労働法も資本主義体制の法である以上、産業構造の変化に伴って、様相が変わってくるのは当然である。ことに近年では、バブル経済とその崩壊が、社会関係そのものの推移とあいまって、従来の終身雇用的な日本型雇用にも根本的な変化をもたらしつつある。これが労働法のありかたに大きな変貌をもたらすであろうことは、想像にかたくない。近時の学説が、以上に述べた「個別的労働関係法」および「団体的労使関係法」と並ぶ領域として、企業外労働市場の法規整に関する「労働市場の法」の領域を大きく取り上げるようになったのについては、(4)こうした背景があるであろう。この領域では、さしあたり昭和四一（一九六六）年の雇用対策法（同年法律一三二号）が中核をなしているが、その基本原理はかなり流動的であるように思われる。今後の労働法学の課題は、この三大領域を通じて、労働法制全体の基本的な枠組みをどう見直して行くかである。

（3）石井照久『労働法総論』（一九五七年）二〇八頁以下。

（4）菅野和夫『労働法』（七版補正版・二〇〇六年）二九頁以下。

三　経済法

経済法（Wirtschaftsrecht）の観念は第一次世界大戦後のドイツで出現したものである。その意義についてはまだ定説がないが、それが資本主義の高度化に伴う種々の経済現象の法的反映であり、初期資本主義的・市民的な法原理に対する修正原理として現れたものであることは疑いを容れない。ハンス・ゴルトシュミット（Hans Goldschmidt）やカスケル（Walter Kaskel）の見解にみられるように、経済法が公法・私法の中間的ないし混合的領域であることも、まちがいない。そうした点で、経済法は労働法と共通の性格をもっており、両者はしばしば社会法の中の主要な領域を構成するものとされるのである。しかし、経済法が資本主義発展の要請として資本の側に役立つ面においては、それは「社会」法の一翼をになうものということはできない。経済法が社会法的性格を有するのは、資本主義の矛盾から生じる大衆の利益の侵害に対して、その利益を守るために行なわれる経済の法的規制――たとえば消費者保護――の限度においてであるといってよいであろう。要するに経済法は形の上では経済に国家が介入するという意味での経済統制法であるが、その性格は、統制の趣旨・目的のいかんによって等質的ではなく、したがって、また、時期――たとえば昭和初期の恐慌、第二次大戦中、戦後の経済民主化等々の時期――によって、異なる様相を示すのである。現代においては独占禁止法が経済法の中で占める比重はかなり大きい。念のためにいえば、これは「公正且つ自由な競争を促進」することを目的としてうたっているが（同法一条）、それが自由放任的な初期資本主義的法制でなくて、現代の高度化した資本主義経済の中で国家――公正取引委員会という独立性をみとめられた機関によってではあるが――の介入をもあえてして自由競争経済秩序を維持しようとするものである点で、経済法に属することはあきらかである。なお、独占禁止政策が大幅に後退しつつあることは、昭和二八（一九五三）年の独占禁止法改正による同法の適用除外の拡大や昭和三八（一九六三）年の中小企業基本法を中核とする中小企業保護のための諸立法にみられるとおりである。もちろん、それと同時に、昭和四三（一九六八）年の消費者保護基本法をはじめとする消費者保護のための法制も次第に整備されつつある。

経済法と市民法との関係は、とくに企業法において問題となる。企業をその営利性の面に着眼して規制するのが商法であり、公共性の面に着眼して規制するのが経済法であって、両者は規制の原理を異にするが、おなじ企業を規制の対象にするものである以上、両者を総合する見地がなければならないであろう。それが企業法の概念を成立させているのであり、これを経済法に吸収させるか商法に吸収させるかはしばらくおき、市民法の典型ともいうべき商法の領域も、経済法の浸透の前に、ようやく多事になりつつある。商法じたいの中にも、株主保護や社債権者保護のような、公共性に関する法的規制が含まれていることも、注意しておこう。株式会社について企業の解体による社会的損失を防止するために制定された会社更生法（旧法・昭和二七年法律一七二号、平成一四年に現行の法が成立した。平成一四年法律一五四号）などにも、市民法的原理だけでなく企業法的、経済法的原理が含まれているとみるべきである。

四　社会保障法

社会法の領域から労働法と経済法とを独立させると、残るのはひろい意味での社会福祉法であり、その中心をなすのが社会保障法（droit de la sécurité sociale）である。社会保障の用語がはじめて用いられたのは一九三五年のアメリカの社会保障法（Social Security Act）だが、とくに第二次大戦後になってひろくみとめられるようになった。日本国憲法二五条二項も、「国は、すべての生活部面について、社会福祉、社会保障及び公衆衛生の向上及び増進に努めなければならない」と規定して、社会保障ということばを使っているが、社会福祉、公衆衛生と並べているのは、このことばを狭い意味に用いたのであろう。社会保障法は、これらすべてをカバーしながら、同条一項が規定する「健康で文化的な最低限度の生活を営む権利」を保障する法体系でなければならない。社会保障法の中には社会保険法と国家的扶助法——生活保護法など——を含むことは、「日本法の歩み」でみたとおりである。労働保険法（労働者災害補償保険法、雇用保険法など）や雇用対策などの関係では労働法と競合することになる。

第三　実体法と訴訟法(1)

（1）　兼子一『実体法と訴訟法』（一九五七年）。

民法・刑法のように本来の法律関係そのものを規定する法を実体法（substantive law ; materielles Recht）といい、民事訴訟法・刑事訴訟法のように、それを裁判によって具体的に実現する手続を定める法を形式法（formelles Recht）ないし手続法（Verfahrensrecht）あるいは——その手続が訴訟の形式をとるから——訴訟法（Prozeßrecht）という。実体法のことを「本来の」法律関係を規定する法だといったが、それは訴訟もまた——いわば第二次的な——法律関係を形づくるからである。実体法律関係は社会生活じたいの規制であるが、訴訟法律関係は、たとえば期日に出頭する義務だとか上訴をする権利だとかのように、実体法律関係とは別の次元においてみられる。

ラートブルッフのいうように、法を社会生活の形式だとすれば、訴訟法は形式の形式である。そういう意味では、訴訟法は実体法に対して従属的な地位を占めるようにみえる。ベンタム（ベンサムとも）（Jeremy Bentham, 1748-1832）が実体法を主法（principal code）、訴訟法を助法（accessary code）ないし形容法（adjective law）と呼んだのは、そういう見地からであったのであろう。実際に、実体法の性格は訴訟法に強く反映するのであって、民事訴訟法と刑事訴訟法との原理的な差異はそれぞれの実体法であるところの民法と刑法との差異に由来するところが大きい。訴訟法は国家機関たる裁判所と当事者との関係を規制するものであるから，前述の公法・私法の区別の規準に照らせば，もともと公法に属するにもかかわらず，民事訴訟法はその実体法であるところの民法の性格を反映して，たとえば処分主義にみられるような私法的原理に支配される面が大きいのである。

しかし，内容が形式を規定すると同時に，形式が内容を規定することをみのがしてはならない。訴訟法をどのように規定するかによって，実体法の実現のされ方が異なって来るのであり，生きた法としての実体法は訴訟法を離れては考えられないのである。実際的な法感覚をもっていたローマ人たちが，実体法上の個々の権利をつねにそれぞれに固有の手続と結びつけて訴権（actio）という形で構成していたのは，現代のわれわれにとっても興味のあることである。実体法と訴訟法とを明確に区別し，独自の訴訟法学を展開したのはドイツ法学であって，わたくし自身を含めて日本の学界はこれに負うところがきわめて大きいが，その区別を強調するあまり，両者の関連を見失ってならないことはいうまでもない。そういう点では，英米法学は，両者の区別を理論的に徹底しない短所をもつ反面において，つねに両者を総合的にみている点で，すぐれた長所をもっている。

ドイツの学説の中には，デーゲンコルプ（Degenkolb）のように訴訟法優位説をとなえる者や，ビンダー（Julius Binder, 1870-1939）のように実体法・訴訟法を同一の法秩序の異なる見地にすぎないと考える者などがあるが，訴訟法をとくに優位に置くのは行きすぎであるし，また，両法の論理的な同一性を主張するだけでは，実り多いものとはいえない。

個々の規定なり法制度なりが実体法に属するか訴訟法に属するかが問題となることがしばしばあるが，その帰結のいかんによって論理的に当然に法律上の取扱いがちがって来るわけのものではない。また，民法典・刑法典の中にも訴訟法的性質の規定が含まれているし，民事訴訟法典・刑事訴訟法典の中にも実体法的性質の規定が含まれている。これは単なる立法技術的な便宜の問題である。

なお、法の実現の過程における実体法・訴訟法の機能については、司法過程について後述するところを参照されたい。

第四　司法法と行政法

立法・司法・行政の三権に対応して、国法（狭義）ないし立法法・司法法（Justizrecht）・行政法（Verwaltungsrecht）の区別をすることがある。

司法法は、裁判所の裁判の内容と手続とを規制する法であって、民法・刑法のような実体法と民刑訴訟法のような訴訟法との双方を含む。前者を実体的司法法（materielles Justizrecht）という。もっとも、実体的司法法という観念を提唱したジェイムズ・ゴルトシュミット（James Goldschmidt, 1874-1940）自身は、この点について特殊の考え方をとっている。かれによれば、刑法は裁判所に向けられた法規範で裁判の内容を規制するものだから、はっきりと実体的司法法に属するが、民法は国民に向けられた法規範だから、それじたいは司法法には属せず、民法に対応する司法法の領域があるはずだとしてこれを追求し、民事における権利保護請求権に関する法規が実体的司法法だと主張する。これは訴訟理論にかかわりをもつ特殊問題だから、ここでは深入りしないが、わたくしは、民法についてもその裁判規範としての面に着眼して、これを実体的司法法と考えれば足りるものとおもっている。

司法法は、司法の性質上、全体として法的安定性を指導理念とする。たとえば、刑法における罪刑法定主義や民刑訴訟法における判決の確定力などに、それが典型的に表現される。しかし、司法法に属する法規の解釈についても目的論的解釈が要請されるのはもちろんであるし、訴訟法においてもことに訴訟手続には強い合目的性の要求があることをも、忘れてはならない。

これに対して、行政法は、行政を規制する法であるから、行政の性質上、全体として合目的性の要請が強く現れるところに、司法法に対する特色をもっている。しかし、行政においても人権保障の見地から行政的合目的性の過度な強調が許されないのはもちろんであり、また、それ以外の見地からも法的安定性が強調されるべき場面もすくなくない（行政処分の公定力など）。「法律による行政（Gesetzmäßigkeit der Verwaltung）」の原則が強調されるのも、そこから来る。

旧憲法時代には行政法は国家権力の行使の面が強かったから、合目的性の要素がより端的に見られたが、新憲法の国民主権のもとでは、「法律による行政」の原則が名実ともに強化されなければならなくなったのは当然である。しかし、わが国における民主主義の古い体質は容易に改められることなしに現在にいたっている。たとえば、わが国でひろく慣行されている「行政指導」などは欧米にはないことであって、「ギョウセイシドウ」ということばは外国語でもそのまま使われているくらいである。最近になってようやく行政手続法（平成五年法律八八号——翌年から施行）が制定された。「行政指導」などが正面からとりこまれているのは（同法一条・二条六号・三二条以下参照）、まさに日本的特徴といえようが、ともかく、この法律の制定によって「法律による行政」がようやく実体化されるにいたったわけである。

司法法と行政法とは交錯する場面がある。第一に、司法法の中に裁判所法をはじめとする司法組織に関する法を含ませることがあるが、そうなると司法行政（Justizverwaltung）に関する法が司法法にはいって来る。第二に、もっと重要な点として、新憲法のもとでは、行政によって違法に権利の侵害が行なわれたばあいには、訴えの提起によって最終的にはつねに裁判所による司法審査が行なわれるのであって（憲法七六条、裁判所法三条、行政事件訴訟法)、かようなばあいには、行政法規じたいが裁判規範として実体的司法法としての意味をもつことになる。最後の点からいえば、司法法と行政法との区別は理論的に成り立たないようだが、行政法規は本来的には行政そのものの規制に向けられるものであるから、本来的な司法法に対する特色を失うことにはならないのである。

第五　民事法と刑事法

民事法と刑事法は、ほぼ司法法の内部における区別であるが、のちに述べるように、司法法の領域をはみ出る部分があるし、また、国内法をこえて国際法ないし世界法の分野にまでまたがる。どちらも実体法と訴訟法とを含むことはいうまでもない。

民事の実体法は、大まかにいえば民法と商法とから成る。商法は文字どおり商に関する法体系で、市民法的性格をもっとも強くもつ点から、民法ことに財産法の分野に商法的原理が浸透して行くとともに、かように商法的原理に色づけられた領域は次第に商法の中に取りこまれて行く傾向がみられる。「民法の商化（Kommerzialisierung des bürgerlichen Rechts)」と呼ばれる現象がこれである。それと同時に、商を営利性の面からだけでなく企業の公共性の見地からも総合的に規制するべきだという考え方も必要となるので、そこから企業法の構想が生まれて来ることは、前述のとおりである。商に関する法的規制は高度に技術的であるし、また、商取引をはじめとする商的活動は国際的・世界的規模で行なわれることがますます多くなっていることから、商法は世界的に統一される傾向がある。商法学者である田中耕太郎によって後述の世界法の理論が促進されたのは、それだけの理由があるわけである。

民法は財産法と身分法とに分かれる。財産法は民法の範囲を大きくはみ出るもので、商法を含むのはもちろん、無体財産権法（intellectual property ; Immaterialgüterrecht ; propriété incorporelle）——工業所有権（特許権・実用新案権・商標権・意匠権など）や著作権に関する法——という新しい広大な領域をかかえていて、新しい学問的開発を待っている。(1) 民法の範囲内でいえば、財産法は物権法と債権法とから成っている。債権法は「民法の商化」のみられる分野なので、スイスの債務法のように商法をその中に取りこんだものもある。橋本文雄（1902-34）が指摘したように、(2) 市民法における物権法と債権法との対立は、もともと市民法原則としての所有権不可侵と契約自由に対応するものと考えられ、前者は物権法定主義（民法一七五条）、後者は契約自由の原則によって特徴づけられる。それが資本主義の高度化に伴って、物権法から債権法へ重点が移り、債権の優越がみられることになる。(3)

身分法についてみると、親族法が身分法であることはもちろんだが、相続法は自由相続主義のもとでは財産取引法の性格をもつし、法定相続主義のもとでは身分法の性格をもつ。法定相続主義から自由相続主義へという発展過程は「身分から契約へ」という市民法化の一場面である。法定相続主義のもとでも、遺言自由の原則が強くみとめられればみとめられるほど、実質的には自由相続主義に近づく。英法などはそうである。わが国では終戦後の民法改正によって、「家」の廃止に伴う家督相続制度の廃止によって身分法近代化へ大きな一歩を進めたが、法定相続主義は依然として強固であり、遺言自由の原則の点でもほとんどみるべき発展はなかった（民法一〇二八条以下参照）。だから、わが国の相続法は、疑いもなく身分法に属するといってよい。近年における社会生活の実態の変貌は、たとえば婚姻の際の姓氏のきめかた、嫡出かどうかによる子の地位の差別をどうするかなどをはじめ、家族制度について多くの問題を提起している。

刑事法は、国家権力がもっとも強く現れる分野であるだけに、人権保障の要請ももっとも強い。罪刑法定主義——「法律がなければ刑罰はない（Nulla poena sine lege.）」——が刑法の基本原則とされるのはその端的な現れであり、また、刑事訴訟に「法の適正な手続（due process of law）」（憲法三一条）の要請がとくに強く、憲法が基本的人権の章下に刑事手続のために多くの条数を割いているのも不思議ではない。刑事法は、かようにして強い法的安定性の要請をもつが、その領域は、司法法をこえて行政法の分野に及ぶ。第一に、捜査の関係では警察法と隣接し、実質的にはこれと競合するし、第二に、刑の執行の関係では矯正保護法や恩赦法につながる。ことに後者においては受刑者の社会復帰――アンセル（Marc Ancel）と共に社会復帰の権利（droit à resocialisation）をみとめるべきである――という目的が設定されるので、合目的性の要請がきわめて強いが、同時に、人権保障ないし人格尊重の要請もそれにおとらない。刑事法の領域においては、本人――被疑者・被告人・受刑者というように段階によって呼び名も地位も変わる――の人権を保障し人格を尊重することが、結局においては、特別予防・一般予防の双方に役立つにちがいないのである。第三に、行政法規の実効性を担保するために罰則が設けられることが多く、それらは厖大な行政刑法（Verwaltungsstrafrecht）の領域を形成する。そこでは取締目的が重要な意味をもち、しばしば固有の刑法とは異なる原理がみとめられる（たとえば両罰規定）。刑罰は国家権力のもっとも強い表現であるから、刑法全体に謙抑主義が行なわれなければならないが、まして、取締目的のためにこれを利用することは決して望ましいことではない。刑事法は倫理的法の典型であるとともに人権保障の要請のもっとも強い領域であるから、他のどの法域にもまして人間性ないし人間の尊厳ということが強調されなければならない。わたくしが死刑廃止論を主張しているのも(4)、そこからくる。それは人間の主体性の問題、法の究極にあるものの問題と直結するのである。

(1)　たとえば、コンピューター・ソフトウェアひとつをとってみても、従来の特許法や著作権法ではまかなえないのであって、正面からの立法的な対応が待たれている。なお、新しい化学物質については昭和五〇（一九七五）年の特許法の改正によって特許の対象とされることになったが、植物の新品種については特許法だけでは不充分なので、昭和五三（一九七八）年の農産種苗法の改正（種苗法と改題）によって保護されることになった。中山信弘「無体財産権」(『岩波講座基本法学3　財産』一九八三年・所収)。無体財産権の保護については国際的な協力が必要であり、多くの条約が作られている。インターネットが世界的規模の問題を投げ掛けていることは、周知のとおりである。
(2) 橋本文雄『社会法と市民法』(一九三四年) 一一九頁。なお、川島武宜『所有権法の理論』(一九四九年)。
(3) 我妻栄『近代法における債権の優越的地位』(一九五三年)。
(4) 団藤『死刑廃止論』(初版・一九九一年、六版・二〇〇〇年)。

第六　国内法、国際法、世界法

一　国際私法、国際刑法(1)

国際私法 (droit international privé; internationales Privatrecht) は、渉外的私法関係について、どの国のどういう法律を適用するか (準拠法) をきめる法である。当の法律関係についての関係諸国の法が抵触 (衝突) するばあいの問題であるから、英米では「法の抵触 (conflict of laws)」と呼ばれることが多い。現在では、結局、どこかの国の裁判所で裁判が行なわれるので、形式的には主として国内法 (日本でいえば、とくに法適用通則法四条以下) によって準拠法がきまることになるが、実質的には一国家の立場をこえる見地——世界法的見地——からそれが定められなければならない。実際に、商事関係を中心として、統一法の形成が促進され、現在までもかなりの数の統一法条約が成立するにいたっている。かようにして、国際私法は世界法形成の重要な場面となっているのである。

国際私法の内部に国際民法・国際商法・国際民事訴訟法等が区別されるが、国際私法と並んで、他の分野にも、同様のものがみられる。各国の憲法の中に国際関係に関するものが次第に多くなりつつあるので、国際憲法 (droit constitutionnel international) といった観念さえ生じて来ている。中でも国際私法と並ぶものとして重要なのは、国際刑法（droit pênal international; internationales Strafrecht）である。[1] 国際私法のばあいとちがって、外国刑法の適用は日本ではみとめられていないし、世界でもこれをみとめるのはきわめて稀であるが、国家主権をこえた普遍人類的な考え方は種々の形でこの領域にも浸透しつつある。それは一面では国際的な社会連帯的考え方で刑事政策における国際協力に結びつくとともに、他方では基本的人権の尊重につながる。これは実体法の面——たとえば刑法の効力範囲に関する世界主義——においてだけでなく、国際刑事訴訟法——たとえば外国で言い渡された有罪判決の効力の問題、国際的訴訟共助の問題、犯罪人引渡の問題——の領域にもいちじるしい。

（1） Consiglio Superiore della magistratura, *Diritto Penale Internazionale*, 1978. 森下忠『新しい国際刑法』（二〇〇二年）。

二　国　際　法

国際法は、国際社会の法である。近代的な主権国家が成立して以来、それは国家（国民）と国家（国民）との関係を規制する法というように考えられて来たのであり、万民法（law of nations; droit des gens; Völkerrecht）という名称にはもちろん、国際法（international law; droit international）という名称にも、そうした意味合いがこめられている。しかし、国際社会が次第に形成され、かつ、それが単に諸国家の集まりという以上に、もっと普遍人類的な意味をもつものであることがみとめられて来るにしたがって、国際法は国際社会の法だという考え方が確立して来る。そうして、かつては国際法主体は国家だけだと考えられていたのが、国際組織や個人も国際法主体とみとめられるようになって来たので、この考え方は実定法的にも裏打ちをあたえられることになったわけである。ちなみに、国際法のことを——前述の国際私法との対比において——「国際公法」と呼ぶのがならわしであったが、これは国際法主体が国家であるという点に根拠をもつにすぎないのであって、国際法主体が現在のようにひろがって来た以上、理由を失った。したがって、いまでは「国際公法」という名称は姿を消しつつある。

国際社会は現在でも全体社会としての組織化はきわめて不充分であるから、国際法は国際社会全体とその成員たる個々の法主体という縦の関係は弱く、対等な個々の法主体間の横の関係が強く現れる。したがって、いままでの国際法には──国内法を類推していえば──むしろ私法的性格が強いといってよい。「国際私法」という名称は、そういう観点からも妥当でない。

しかし、国際社会は急速に組織化[2]されつつあり、国際法全体を変貌させようとしているといっても過言ではないであろう。国際社会の組織化は、第一次世界大戦後における国際連盟（The League of Nations; La Société des Nations; Der Völkerbund）（1920-46）の形成によって画期的な進展をみせたが、ことに第二次大戦後における国際連合（The United Nations; Les Nations Unies; Die Vereinten Nationen）（1945-）の成立によってさらに面目を一新した。これとても国際社会における中央権力といったものとは程遠いが、国際連合そのものがかつての国際連盟とは比較にならないくらい大規模かつ強力な組織であるばかりでなく、これを中核とする各分野の専門的国際組織──その中には国際労働機関（ILO）のようにその成立が第一次大戦直後までさかのぼるものもある──は多数にのぼり、またヨーロッパ経済共同体（EEC; European Economic Community）からヨーロッパ共同体（EC; European Community）を経てヨーロッパ連合（EU; European Union）（一九九三年）にいたる欧州統合体[3]のような地域的国際組織も強力に発達しつつある。なお、司法機関として、国際司法裁判所[4]（International Court of Justice）があるが、その前身である常設国際司法裁判所（The Permanent Court of International Justice）はすでに第一次大戦後に設置されたものであった。常設仲裁裁判所は、組織的な実体がなくあまり動いてはいないが、その設置はもっと古く今世紀のはじめにさかのぼる。

国際社会の組織化が進みつつあるのと並行して、国際法違反に対する制裁の面でも、国際連合の手による集合的制裁がきわめて不完全ながらも存在するようになっているし、また、個人の国際犯罪――ジェノサイド（genocide 集団殺害）など――を含むところの、国際法そのものにおける刑法的分野が次第に形成されつつあり、これと結びついて国際刑事裁判所の構想も現れている。[5] もちろん、国内法と較べるといまなおきわめて低い発展段階にあることは、たとえば東京裁判やニュルンベルク裁判が中立国ではなく戦勝国による裁判で、かつ、罪刑法定主義以前のものであった一事からもわかるが、ともかく、国際社会組織化への努力が――世界連邦的な理想からは程遠いとはいいながら――わずかずつでも実を結びつつあるといわなければならない。

わたくしは、さきに、国際法においては主として対等な国際法主体間の――いわば個体対個体という形の――法律関係が問題となり、その意味で私法的原理が支配するといったが、かように、国際社会の組織化が進展するにしたがって、国際社会全体と個々の国際法主体とのあいだの――いわば全体対個体という形の――法律関係が問題となりうることになり、その意味で公法的原理が次第に成立しつつあるといえるのではないか。右に述べた国際法の一分野としての刑法的部分の成立はその一例である。これもしばしば国際刑法の名で呼ばれるが、前述の国際私法に対応する意味での国際刑法（droit pênal international）との混同を避けるために、これを「刑事国際法（droit international pênal）」あるいは「国家間刑法（droit pênal interêtatique）」と呼んで名称を区別する学者もいる。[6]

国際社会の組織化は、第一に、国際組織という国家をこえる組織の形成によって、国家主権を単位とする考え方に変革をせまり、もっと普遍人類的な考え方に近づくことになるし、ひいては、第二に、国際社会における個人の地位の強化を意味することになる。それは国際民主主義とも結びつき、すべての国家の意見が自由・平等に代表されるとともに、国際社会そのものを国家だけを成員とするものでなく世界人類的な社会と観念することにつながって来るであろう。多数の非政府組織（non-governmental organizations：NGO）が国際的に重要な活動の場をもつことになったのも、その故であり、また、個人の基本的人権の問題が国際法上も次第に重要性をみとめられつつあるのも、これを物語る。ことに、一九四八年一二月一〇日、第三回国連総会における「世界人権宣言」の採択は特筆大書に値する。これは法的拘束力をもつものではないが、それ以来、国連人権委員会が推進力となって、一九六六年には条約として法的拘束力をもつ「社会権規約」（A規約）と「自由権規約」（B規約）が国連総会で採択された。これらの国際人権規約はわが国によっても批准されて重要な国内法の一部を構成することになっている。(7)

さきに国際私法が世界法に発展する契機を考察したが、ここでも国際法が世界法に発展する契機を看取しなければならない。国際法と国際私法とは性質を異にするものであることを前に論じたが、かように考察して来ると、両者の区別はさしあたりのものであって、やがては融合するべき性質のものであろう。(8)現に、国際私法的見地からする統一法の促進が国際条約の形式によってなされる例はすくなくないし、また、前述のヨーロッパ連合にみられるように地域的国際組織の結成によって、もっと強力にそれが実現されているものもある。

もっともかようにいっても、世界連邦の実現が夢でなくなるのは、いつのことか予想もできない。民族・歴史を基底とする国家の壁と、自由主義国家・社会主義国家の体制的差異の壁は、前者は民族、後者は階級闘争を根底にもつだけに、根深いものである。後者の見地について、こころみに（旧）ソ連の国際法学者トゥンキン（Г. И. Тункин）の所説をきけば、(9)かれは両陣営に共通の「一般的国際法」の存在を承認するが、「社会があるところ、そこに法がある」という命題をブルジョワ理論だとして排斥し、「一般的国際法」と並んで「社会主義的国際法」の存在をみとめる。かようにして、資本主義諸国とのあいだでは「平和的共存」の原則、社会主義諸国相互のあいだでは「社会主義的国際主義」の原則の適用をみとめるのである。もっとも、社会主義国のすべてがかような見解をもっているのではなく、中国や（旧）ユーゴースラヴィアは社会主義諸国相互のあいだにも「平和的共存」の原則が適用されるとするもののようである。社会主義的国際法の考え方によれば、植民地を解放し諸国民の圧迫・不平等とたたかうために、諸国家・諸民族の平等・自由の原則がみとめられる。国家主権の尊重・内政不干渉・権利平等などの諸原則は、一般国際法にも存在するが、社会主義的国際法では名称はおなじでも異なる内容が盛られるのである。

ところで、いうまでもなく、右の最後に述べた見地は、ベルリンの壁の崩壊、(10) さらには旧ソ連邦の崩壊とともに、根本的に様相を一変したわけである。しかし、だからといって、今後がどうなって行くのか、その見通しは依然として不透明だというほかない。そこで、ここには、以前の状況に基づいて述べた旧著の文章をしばらくそのまま残して読者の参考に供する次第である。

（2）　国際社会の組織化は、伝統的な国際法に対して独自の地位を占める「国際組織法」（law of international organizations）の学問領域を形成させつつある。高野雄一『国際組織法』（法律学全集五八巻）（新版・一九七五年）。もちろん「国際組織法」を国際法の一般理論の中に組みこんで考察する学者もある（たとえば、山本草二『国際法』〔新版・一九九四年〕一七頁以下、一四四頁以下等参照）。

（3）　ヨーロッパ経済共同体（EEC）は、ヨーロッパ石炭鉄鋼共同体（一九五二年）、ヨーロッパ原子力共同体（一九五八年）とともに、三者が一体化して、一九六八年にヨーロッパ共同体（European Community：EC）となり、さらに、マーストリヒト条約（一九九三年）によってヨーロッパ連合（European Union：EU）に改組された。ヨーロッパ連合（EU）は、機関として、閣僚理事会、EU委員会、ヨーロッパ議会、ヨーロッパ司法裁判所、ヨーロッパ通貨機構、ヨーロッパ刑事警察機構、その他をもっている。ひろく経済、外交、防衛、社会などにわたる統合を目指すもので、ただ通貨統合には問題が残っていたが、これも「ユーロ」を通貨とすることで落着した。死刑はもちろんみとめていない。国際政治的な背景につき、鴨武彦『ヨーロッパ統合』(一九九二年) 参照。

(4) 小田滋『国際司法裁判所』(一九八七年)。著者は国際司法裁判所判事であった。

(5) 現在でも、国連によって、ボスニア・ヘルツェゴヴィナおよびルワンダにおける紛争に関して、部分的・暫定的ながら国際刑事裁判所が設けられている (そこでは死刑が認められていないことが注目される)。また、これを契機として、国連では、従来から検討されてきた常設の国際刑事裁判所への動きが改めて活発化して来て、一九九八年には国連の国際刑事裁判所設立条約も採択され、いよいよ大詰めに近づきつつある (締約国が六〇箇国になった時に発効)。ジュリスト一一四六号 (一九九八・一二・一) はその特集号にあてられた。――なお、Christian Tomuschat (Humboldt University), *Berlin, From Nuremberg to The Hague, Law and State* Vol. 53/54, 1996, pp. 113 et seq.

(6) Stefan Glaser, *Introduction à l'étude du droit international pênal*, 1954. 主として戦争犯罪を扱う。

(7) 「社会権規約」(A規約)、「自由権規約」(B規約) というのは、それぞれ「経済的、社会的及び文化的権利に関する国際規約」(昭和五四年条約六号)、「市民的及び政治的権利に関する国際規約」(昭和五四年条約七号) の略称である。後者の「第二選択議定書」は死刑の廃止を目的とするもので、いわゆる〈死刑廃止条約〉であるが、わが国は批准をしていない (団藤『死刑廃止論』六版・二〇〇〇年・三四五頁以下)。なお、わが国には「国際人権法学会」が出来ている。

(8) 現に国際刑法にはその融合がみられる。Bassiouni and Nanda (eds.), *A Treatise on International Criminal Law*, 3 Vols., 1973.

(9) G. I. Tunkin, *Völkerrechtstheorie*, 1972.

(10) 山田晟『東西両ドイツの分裂と再統一』(一九九五年)。

三　国際法と国内法

国際法と国内法 (droit interne; Landesrecht) との関係は、種々の見地から問題とされうる。[11] 古くからの説は、国際法と国内法とをそれぞれの妥当根拠がちがうという見地から別個の法秩序だとする二元論が一般的であった。しかし、法秩序をもっと論理的に把握しようとする立場――ことにヴィーン学派による純粋法学の立場――から国際法と国内法とを一元的に理解しようとする一元論が主張されるようになった。一元論には国内法優位説もあるが、第一次大戦後の国際主義的風潮を背景としてヴィーン学派の有力な人たちによって国際法優位説が有力に主張されるようになった（とくにフェアドロス Alfred Verdroß, 1890-1980、横田喜三郎、1896-1993）。

一元論ことに国際法優位説は思想的見地からみて進んだものであるが、実定法の問題としてはおそらく無理であり、現在の段階では二元説が正しいであろう。たとえば、国際法違反の国内法も国際法の立場から無効とすることはできないし、また、国の国際法上の責任はその国の国内法がどうあろうともこれを免責の理由とすることはできない。こうした意味で、国際法秩序と国内法秩序を当然に統一的な秩序を形づくるものと理解することは困難だとおもわれる。しかし、注意しなければならないのは、第一に、国際法と国内法とは、しばしば競合することである。たとえばイギリスでは国際慣習法はコモン・ローの一部をなすものと考えられている。それ以外にも、国際法が国内的な事項につき、また、国内法が国際的な事柄について規定することも、稀ではない。このことは、国内法について国家主権中心思想が弱まりつつあり、国際法について普遍人類的思想が強まりつつあることと呼応する。第二に、国内法の問題として国際法に優位をみとめるかどうかは、当の国の憲法にかかるのであって、アメリカの連邦憲法（六条二項）のように条約の最高法規性を宣言するものもある。日本についていえば、憲法九八条二項の解釈問題になるのであって、その解釈については見解が分かれるが、憲法全体の趣旨からいえば、条約や国際法規が憲法よりも優位に立つという解釈論も充分に成り立つものと考えられる。

(11)　樋口陽一『憲法』（一九九二年）九七頁以下参照。

四　世界法

世界法（Weltrecht ; droit mondial）は国家主権をこえた普遍人類的基礎に立つ世界社会の法である。国際私法についても国際法についても普遍人類的見地が次第に強くなっていることは前述のとおりであり、それは世界法実現の一場面にほかならない。完全な意味での世界法は全体社会的に組織された世界社会、たとえば中央集権化された世界連邦の成立を前提とするであろうが、そこまで行く途中の段階においても、種々の形において世界法はすでに存在している。たとえば、各種の統一法は断片的ながらも世界法を形成している。国際法・国際私法もそれが普遍人類的原理にすでに支配されている限度においては世界法になっているというべきである。「超国家的法（transnational law）」（ジーサップ Jessup）といわれ、[12]「人類の普通法（common law of mankind）」・「普遍法（universal law）」（ジェンクス W. Jenks）と呼ばれるものも、実質的にみて世界法である。世界法の可能性は一九世紀の末期にチーテルマン（Ernst Zitelmann, 1852-1923）によって説かれたが、世界法理論はとくに田中耕太郎によって大きく発展せしめられた。[13] 田中においては、カトリック的自然法が世界法の法哲学的根拠とされるとともに、世界経済を含む世界社会の存在がその社会学的基礎とされ、また、商法のような領域における統一法の要求が技術的理由とされる。

（12） Philip C. Jessup, *Transnational Law*, 1956.

（13） 田中耕太郎『世界法の理論』全三巻（一九三二―四年）、同『続世界法の理論』全二巻（一九七二年）。

第三節　実定法の階層的構造

一　法階層説

一個の法秩序を構成する法規範には上級・下級の階層がある。かような法構造をあきらかにしたのが法階層説(Rechtsstufentheorie)で、アドルフ・メルクル(Adolf Merkl, 1890-1970)とケルゼン(Hans Kelsen, 1881-1973)の功績に帰せられる。(1) とくにケルゼンはこれを純粋法学の中にとり入れることによって、いっそう整序された体系にしている。ケルゼンによれば、上級規範と下級規範との関係を委任関係としてとらえ、上級規範の委任にもとづいて下級規範が創設されるところの一種の動態的な関係と考える(その意味では法の階層的関係を法静態論として本章で考察するのはおかしいということになる)。上級規範は下級規範の妥当性の根拠であり、これを順次に上位にさかのぼって行くと、ひとつの法秩序の最終的な妥当性の根拠として、何ものかを論理的な仮説としてみとめる以外になくなる。かように仮説的に法秩序の妥当性の最終的な根拠となるところの規範をケルゼンは「根本規範(Grund-norm; basic norm)」と名づける。国際法優位説を前提としてこの根本規範を求めると、「合意は拘束する(pacta sunt servanda)」という規範に到達する。ケルゼンは新カント派の立場に立つ者であって、こうした根本規範の想定はわれわれにカントの「物じたい」を想起させる。根本規範はもはや実定法秩序の内部の問題ではないが、さりとて自然法でもない。それは、かれ自身のいうように法実証主義の限界である。いまここでケルゼンの学説をこれ以上詳細に紹介論評するいとまはない。こうした法階層説を念頭に置きながら、法の階層的構造についてわれわれ自身の立場から多少の考察を加えてみよう。

（1）ケルゼン（横田喜三郎訳）『純粋法学』（一九三五年）、大沢章ほか『ケルゼンの純粋法学』（一九三二年）、井上茂『法規範の分析』（一九六七年）。なお、後出三〇四頁注（16）参照。

二　法の階層的構造

国際法と国内法の関係についてはすでに前述した。ここでは、国内法、とくに日本の国内法を考察の対象としよう。

頂点に位するのは、いうまでもなく憲法である。憲法はまさに「国の最高法規」であって、「その条規に反する法律、命令、詔勅及び国務に関するその他の行為の全部又は一部は、その効力を有しない」（憲法九八条一項）。いっさいの法律、命令、規則、処分が憲法に適合するかしないかを決定する権限を有する終審裁判所は最高裁判所であり（憲法八一条）、これを受けて、下級裁判所もまた――終審としてではないが――違憲審査権を有するものと解される。こうした裁判所の権限を違憲審査権、あるいはとくに法令の合憲性の審査に着眼して法令審査権と呼ぶ。合憲・違憲の判断はきわめて重要なので、裁判所法その他に慎重な規定が置かれている（裁判所法一〇条、最高裁判所裁判事務処理規則）。

憲法の次に位置を占めるのが「法律」である（憲法五九条）。これは「国権の最高機関」たる国会によって作られるものだからである（憲法四一条・五九条）。法律ということばは多義的で、法と同じ意味にも使われ、また、法規の意味にも使われるが、ここでは「法律」という形式によって制定・公布されたものをいう（憲法七条・五九条、国会法六六条、法適用通則法二条）。まぎらわしいときは、形式的意味の法律、狭義の法律などと呼ぶ。

ここで「法」と「法規」との区別に触れておこう。たとえば民法典――あるいはその中の第何条という条文――は「法規」である。「法規」は実定法の中の形式的な一断片にすぎず、実質的な法規範の体系は、その背後に大きくひろがっている。後者が「法」である。「法」の中には、のちに詳述するように、制定法のほかに慣習法、判例法などを含み、さらに、自然法をみとめる立場からいえば自然法をも包摂する。

「法律」ということばは、本文中にも述べたように、「法」の意味にも使われる。「法律学」、「法律哲学」などというのがそれである。近時は、この意味には、「法」の語をあてることが多く、「法学」、「法哲学」などというのが次第に慣用されるようになって来ている。しかし、現在でも、「法律行為（Rechtsgeschäft）」（民法九〇条以下）、「法律関係（Rechtsverhältnis）」（行政事件訴訟法四条）のように、法典用語として「法律」が「法」の意味に用いられているばあいがすくなくない。

外国語でも――英語は別として――たとえばラテン語では《jus》と《lex》、ドイツ語では《Recht》と《Gesetz》、フランス語では《droit》と《loi》、ロシア語では《право》と《закон》というように、ことばが区別されている。これらの中、前者が「法」にあたり、後者が「法律」または「法規」にあたる。

法律の下に、行政機関によって作られる命令――政令（憲法七三条・七四条）、総理府令、省令（国家行政組織法一二条）など――や地方公共団体の条例（憲法九四条、地方自治法一四条・九六条）がある。法律に反する命令、法律・政令に反する条例は、その限度で無効である。これらの中で、条例は、地方公共団体の議会の議決によるものであり、また、住民の制定改廃請求権によるコントロールに服するものであるから、行政機関によって制定される命令とはちがって、法律に近い性質を有する一面がある。だから、たとえば、法律が罰則を委任するについては、命令に対しては特定委任しか許されないが（憲法七三条六号）、条例に対してはある程度まで包括的な委任が許されるものと考えられる（地方自治法一四条）。

それ以外にも、たとえば、裁判所の規則のような、憲法に直接に効力の根拠をもつ法規がある（憲法七七条）。

以上のような各種の法規は、その効力の根拠がどこにあるかによって、上下ないし並列の関係がきまり、上下関係に立つときは、上級規範に矛盾する下級規範の効力はその限度で否定される。

こうした上級規範と下級規範の関係を、上級規範にもとづく下級規範の創設・定立と考えるときは、法令にもとづく裁判、行政処分、法律行為などをも、法令を上級規範とする具体的な下級規範と考えることができるかも知れない。前述のケルゼンの法階層説はまさにこのように考え、これらのものをも、法階層の中に組みこんで説明している。しかし、これが正当かどうかは問題である。ことに裁判についていうと、これは抽象的・観念的法規範の具体化・現実化であって、これによって実現されるのは、憲法、法律、命令、条例等のいずれでもありうる。それは、憲法→法律→命令といった上下関係とは、まったく異なる関係である。比喩的にいえば、それは展開の方向を異にするのである。したがって、たとえば、法律の解釈・適用を誤った判決も、いったん確定してしまうと、当然にこれを無効とすることはできない。この結論はケルゼンももちろん承認している。だから、裁判による法の実現の問題は、本書では、のちに法の動態の一局面として取り扱うことにしたいとおもう。

第四節　権利と権利主体

一　権利(1)——権利の濫用

権利（right ; droit ; Recht）についての説明を「法の静態」の章に入れるのは、便宜的にすぎるかも知れない。権利の問題の重点のなかばはその実現の態様にあるともいえるので、その見地を正面に出せば、「法の動態」の問題になるからである。しかし、「権利」は「法」と表裏一体をなすものであるから、やはり、本章の中でこれについての一応の考察をしておきたいとおもう。

西洋語では、「法」と「権利」はしばしば同一のことばで現される。ラテン語の《jus》がそれであるし、また、たとえば、ドイツ語の《Recht》やフランス語の《droit》は、「客観的」という形容詞がつくと「法」を意味し（objektives Recht; droit objectif）、「主観的」という形容詞を冠せられると「権利」の意味になる（subjektives Recht; droit subjectif）。「法」は直接・間接に権利・義務に関する規範であるから、これを権利主体の面からみたばあいに「権利」を意味することになるのは、充分に理解のできることである。

権利の観念は、まず、私法においてみとめられ、それが他の法領域にもひろがって行った。だから、権利概念が比較的明確にとらえられるのは私法の領域においてであって、他の法領域においては多かれ少なかれ不明確である。

私法上の権利は、主体の面から、法的に保障された意思力だとみられ（ヴィントシャイト Bernhard Windscheid, 1817–92）、また、実体の面から、法的に保護された利益だと考えられる（イェーリング）。私法上の権利の中には身分法上の権利もあるが、重要なのは財産法上の権利であって、物権と債権とを含む。ラートブルッフは法の世界における物権と債権を自然界における物質と力にたとえ、前者は静的・後者は動的だとして、資本主義法生活における債権の優越を説いている。この問題については、我妻栄（1897–1973）の研究が知られている（前出一一三頁注（3））。

私法上の権利は、一定の要件のもとに、裁判所によって実現されうる。たとえば、売主が買主に対して代金支払の請求権をもっているときは、必要があれば裁判所にこれを請求し、勝訴の判決が確定すれば強制執行もできる。このような「請求権」という範疇のほかに「形成権」という範疇もある。たとえば、相手の詐欺・強迫によって意思表示をした者は、これを取り消すことができ（民法九六条）、取消しの意思表示をすればそれによってもとの意思表示がさかのぼって無効になる。このばあいは裁判所外で取消しの意思表示をするだけで効果を生じ目的を達するが、争いになれば、裁判所に確認の判決を求めることができる。債権者取消権（民法四二四条―四二六条）のように裁判上の行使だけがみとめられる形成権もある。法（権利）の実現の詳細については、次の第三章で正面から考察する。

私法以外の領域における「権利」は、かならずしも内容が明確でない。公法上の権利[2]についていえば、国家（公共団体を含めて）が私人に対してもつ国家的公権と私人がこれらに対してもつ個人的公権とに分かれる。前者は、法的な権力（power；pouvoir；Gewalt）そのもの、または国家機関がこれを行使する権限（compétence；Kompetenz）である。刑罰権、警察権、財政権などがこれである。その性質はいちがいに論定することはできない。たとえば、一般的刑罰権にもとづく個々の具体的事件についての個別的刑罰権は、刑事裁判によって確認（犯罪の成否）・形成（量刑など）され、刑の執行という形で現実に行なわれる。これは、国家的公権であるが、司法法の領域に属するので、私権の実現と似た――そうしてもっと厳格な――構成をあたえられているのである。

個人的公権は、内容の性質からみて、参政権（選挙権など）、受益権（裁判を受ける権利、教育を受ける権利など）、自由権（表現の自由など）に分かれる。個人的公権の中でもっとも重要なのは憲法じたいが保障する基本的人権であるが、それ以外にも法令によってみとめられる多くの公権（たとえば、公務員の給料請求権など）がある。それらをどこまで権利ということができるかは、権利概念をどのように立てるかにかかるし、それらについての法的保護の態様や強弱も個々的に論定する以外にない。上級規範による保障を下級規範がやぶることができないのはもちろんだが、下級規範がより具体的で内容豊富な法的保護をあたえることができるのはいうまでもない[3]。だから、ある意味では前者が強く、他の意味では後者が強い。かようにして、また、憲法によって保障された権利が、具体的に司法的に実現されうる請求権となるためには、法律のレベルにおいてこまかく規定される必要のあるばあいがすくなくない。この点で世間の注目を浴びたのは、健康で文化的な最低限度の生活を営む権利（憲法二五条）に関する

「朝日訴訟」であった。(4) 具体的な請求権をみとめられない公権も、しかし、決して無意味なものではなく、立法・行政の上で国家機関がそれを尊重しなければならない法的義務を負うのはもちろん、裁判の上でも、法の解釈にあたってそうした公権を保障する規定が援用されるべきである。具体的請求権とみとめられる公権については、最終的にはつねに裁判所による救済がみとめられるが、私権のばあいとちがって、前にも述べたように、行政事件訴訟法その他の特別法によることになる。

権利には実体法上の権利のほかに、訴訟法上の権利もある。ローマ法のアークティオー（actio）は、両者が未分化のまま結合していたものであったといえよう。現在の民訴・刑訴の訴権理論においても、実体法と訴訟法との接点において、両者の関連をいかに考えるかが窮極の問題である。訴訟法上の権利の中には、純然たる訴訟法の世界における権利もある（基本的人権の中から一例を挙げれば、証人に対する被告人の反対尋問権）。

権利は法的に保障された意思力あるいは法的に保護された利益だと前にいったが、そのように法的に保障・保護されていることの反面において、それが同時に義務でもあることがあり、ことに公法の領域においていちじるしい。これは権利の放棄や譲渡がみとめられるかどうかなどの問題にも関連して来る。また、法による保護・保障には、法の理念から来るところの制約があるから、権利の濫用(5)は許されない（憲法一二条、民法一条三項、刑事訴訟規則一条二項）。権利の正当な行使による行為は、不法行為法や刑法などの領域において、違法性がないものとされるが（刑法三五条参照）、それが濫用であれば違法性を失わせない。

（1）「権利」についてのすぐれた法哲学的考察として、ロナルド・ドゥウォーキン（木下毅＝小林公＝野坂泰司訳『権利論』（一九八六年）。
「権利」ということばにつき、野田良之「権利という言葉について」学習院大学法学部研究年報一四（一九七九

年)。なお、中田薫「権利」(同『法制史論集』三巻下・一一六〇頁以下)。
(２) 公法上の権利については、最近の業績として、山本隆司「行政上の主観法と法関係」法学協会雑誌一一〇巻一〇号・一一号(一九九四年)、一一二巻一〇号(とくに同号一三七九頁以下)(一九九五年)が、主としてドイツ文献を紹介したものであるが、非常に参考になる。
(３) ただし、相手に対する義務づけの関係をあわせて考えなければならないのは、当然である。
(４) 「朝日訴訟」は一九五七年に国立岡山療養所で療養中であった朝日某なる人が、厚生大臣を被告としておこした訴訟で、厚生大臣が生活保護法にもとづいて定めた保護の基準(最高月額六〇〇円)が低すぎて、憲法二五条と生活保護法に違反すると主張した。第一審の東京地方裁判所は原告の全面勝訴の判決をしたが、控訴審を経て、上告審に係属中に原告本人が死亡し、養子夫婦が訴訟を続けたが、最高裁判所大法廷は、保護受給権は相続の対象とならないので養子夫婦が訴訟を承継しうる余地はないとして、訴訟の終了をみとめた(田中二郎裁判官ら四裁判官の反対意見がある)。この判決の中で最高裁は、傍論的に、憲法二五条一項は、国の責務を宣言したにとどまり、直接個々の国民に対して具体的権利を賦与したものではなく、具体的権利としては、憲法の規定の趣旨を実現するために制定された生活保護法によってはじめて与えられているというべきだと判示した。ただ、現実の生活条件を無視して著しく低い基準を設定するなど、憲法および生活保護法の趣旨に反したときは、違法な行為として司法審査の対象となるものとつけ加えている(最判〔大法廷〕昭和四二年五月二四日民集二一巻五号一〇四三頁――一審・二審の判決もそこに掲載されている)。
(５) 末川博『権利濫用の研究』(一九四九年)。

二　権利(続き)――基本的人権

ここで前項にも取り上げた基本的人権について、改めて、もう少しばかりを付け加えておかなければならない。(６)

憲法九七条にあるとおり、それは「人類の多年にわたる自由獲得の努力の成果であつて、これらの権利は、過去幾多の試錬に堪へ、現在及び将来の国民に対し、侵すことのできない永久の権利として信託されたものである」。それはもともと、ロック、モンテスキュー、ルソーらの自然権思想や社会契約説などの影響のもとに、一八世紀末のアメリカとフランスにおける市民革命の結果として生まれた。ことにアメリカのヴァージニア権利章典（一七七六年）、独立宣言（同年）、フランスの人権宣言（一七八九年）がその最初の成果として注目される。一九世紀になると、ヨーロッパ大陸諸国の憲法に採用され、実定法によって保護される実定化された権利として認められるようになったが、反面において自然権的性格が失われてきた。二〇世紀に入ると、まずドイツのヴァイマール憲法（一九一九年）によってあらたに社会権が認められ、さらに第二次世界大戦後には再び自然権思想――「人類普遍の原理」（日本国憲法前文）――の復活が見られる。日本国憲法の規定する基本権は、こうした背景をもっているわけである。

人権は普遍人類的意味をもつものであって、第二次世界大戦後にこれを象徴するのが、一九四八年に国連総会で採択された世界人権宣言（Universal Declaration of Human Rights）である。これはいわば精神的な宣言であって、それじたい法的効力をもつものではないが、やがて法的効力をもつものとして、いくつかのより具体的内容をもった国際条約が現れた。中でも重要なのが「市民的及び政治的権利に関する国際規約」（昭和五四年条約七号――B規約または「自由権規約」と略称される）[7]と「経済的、社会的及び文化的権利に関する国際規約」（昭和五四年条約六号――A規約または「社会権規約」と略称される）である。

さて、日本国憲法には広義の自由権的なものから広義の社会権的・生存権的なもの（二五条など）にいたるまで多くの規定が含まれているが、人権はこれに尽くされるわけではないはずである。ここで持ち出されるのが包括的基本権ともいうべき「生命、自由及び幸福追求に対する権利」を保障する憲法一三条の規定であって、これを根拠として学説・判例によって、プライバシーの権利をはじめ多くの新しい権利が認められるようになりつつあるのが、とくに注目に値する。[8] それと同時に、この規定は「人間の尊厳」[9] というもっとも根源的なものを規定しているものであることを忘れてはならない。だからこそ、それは人権の新しい領域を拡大する根拠としても役立つのである。

（6）　以下の叙述につき、とくに芦部信喜『憲法学Ⅱ人権総論』（一九九四年）。なお、前出三頁以下。「人権」に関する視点の変遷につき、興味深い叙述として、小著ながら、樋口陽一『人権』（一九九六年）。

（7）　この自由権規約の第二選択議定書がいわゆる「死刑廃止条約」であるが、わが国ではまだ批准されていない。団藤『死刑廃止論』（六版・二〇〇〇年）三四五頁以下参照。

（8）　芦部信喜『憲法学Ⅱ人権総論』三二八頁以下。

（9）　ホセ・ヨンパルト『人間の尊厳と国家の権力』（一九九〇年）。

三　権利主体——法人格

権利義務の主体となりうる能力を権利能力（Rechtsfähigkeit）という。[10] これはもともと私法についてみとめられた概念で、権利能力のある者を法人格（Rechtspersönlichkeit）があるという。どのような者に法人格をみとめるかは私法的規制の目的に照らして合理的な解決が得られるようにするという目的論的・技術的な考慮によることである。[11] だから、それは生物学的な人間とは一致しない。歴史的には、ローマ法に典型的にみられるように、人間でも奴隷は物として扱われた時代があった。日本の現行法でいえば、「私権の享有は出生に始まる」のが原則だが（民法三条一項）、損害賠償（民法七二一条）や相続（民法八八六条・九六五条）などの関係では、胎児も、「既に生まれたもの」とみなされる。また、自然人にかぎらず、人の集団（社団）や財団（財団）にも権利・義務の主体となる資格がみとめられる。かように法人格をみとめられた社団や財団を法人（juristische Person ; personne morale ou juridique）という（民法三三条以下、一般社団法人及び一般財団法人に関する法律〔平成一八年法律四八号〕）。法人の中で重要な地位を占める会社については、立ち入った規制が必要なので、会社法その他の特別法に詳細な規定が置かれている。社団・財団の実体をもちながら法人格をみとめられないものも多い。民事訴訟で当事者になる能力は、このような法人でない社団・財団にも正面からみとめられているが（民事訴訟法二九条）、このような明文のないばあいに、人格のない社団・財団を法的にどのように取り扱うかは、つまりは、関係法規の解釈の問題に帰着する。

権利概念が私法にはじまって他の領域にひろがったように、法人格ないし法人の概念も私法にはじまって他の領域にひろく及んでいる。都道府県・市町村のような地方公共団体も法人だし（地方自治法二条）、国自身も法人である。国家法人説は、旧憲法時代には、美濃部達吉（1873-1948）の名——そうして天皇機関説——と結びついて、知られた。公企業の領域において各種の特殊法人——公社、公団、金庫、公庫、事業団など——の営む重要な機能は、あらためて指摘するまでもない。公の社団法人を公共組合といい、公の財団法人を営造物法人という。

ケルゼンは純粋法学の立場から法人格概念の解消を主張した[12]。人格は一束の義務と権利の統一、すなわち規範集合体の統一を擬人的に表現するにすぎない、とするのである。最近の法社会学的立場からの技術的な法見解において、たとえば、川島武宜[13]（1909-92）が、法的人格をもって権利義務の帰属点を指す法律上の構成概念にすぎないものとし、かような法律関係の帰属点としての「人」ないし「法的人格」を生きている人間とは存在の平面を異にする二つの概念であると主張しているのも、これと共通のものをもった考え方である。わたくしも、前述のように、法人格の問題が法技術的なものであることをみとめるが、法における主体性を強調するわたくしの立場からすれば、法律関係における主体も——技術的理由からの例外はあってよいが——原則的には経済的ないし道徳的主体と一致するべきものと考える。民法ことに財産法の領域では、財産的利益の帰属のさせ方に重点があるから、法人格の技術性がとくに強くみとめられるが、身分法ことに親族法になると、権利義務の主体は、法人格の背後にある人間——ばあいによっては胎児であってもよい（民法七八三条参照）——と一致しなければならないであろう。まして民法の範囲をこえて、刑法の領域になると、刑罰法律関係の主体——刑罰受忍義務の主体——としての行為者は、まさしく、血のあり肉のある、しかも精神的な主体性をもった人間として考えられるものでなければならない。(14) 労働法などの領域でも、意味合いにニュアンスはあっても、ほぼ同様のことがあてはまるであろう。

(10)　エールリッヒ（川島武宜＝三藤正訳）『権利能力論』（一九五二年）。

(11)　法人格の技術性という見地から、さらに一歩を進めれば、法人格の相対性がみとめられるべきことになるであろう。たとえば、社団法人において、法人格がまったくの形骸にすぎないばあいや、それが法律の適用を回避するために濫用されるばあい（藁人形的な一人会社など）には、その法人格を否認することができる（「法人格否認の法理」）、というのが判例になっている（最判〔一小〕昭和四四年二月二七日民集二三巻二号五一一頁）。——法人格の問題についての別の面からのアプローチとして、村上淳一「会社の法人格——比較法史の一断章」桐蔭法学二巻二号（一九九六年）一—二三頁（とくに一八頁）。

(12)　ケルゼン（横田喜三郎訳）『純粋法学』（一九三五年）八六頁以下。——ケルゼンの考え方の一歩手前には、ビンダーのように、法的人格者の概念が実体概念（Dingbegriff）でなく関係概念（Relationsbegriff）だとする考え方がある。なお、恒藤恭『法的人格者の理論』（一九三六年）。

(13)　川島武宜『民法総則』（一九六五年）六〇頁以下。

(14)　行政的な取締目的を主眼とする「行政刑法」の領域では、技術的見地から法人その他の組織体の処罰がみとめられなければならないが、これは本来ならば、固有の刑法とは区別された領域として、刑罰体系じたいも別個のものが構想されるべきであろう（団藤『刑法綱要総論』三版・一九九〇年・六七頁以下）。

第三章　法の動態(1)

(1)　井上茂『法哲学』(岩波全書・一九八一年)一八九頁以下。

第一節　総　説

第一　法の動態――法の機能と機能している法

一　法の動態の諸相――「生きた法」

前章の法の静態の考察においても、いたるところで法の形成・実現といった法の動態に触れざるをえなかった。法はもともと動いているものだから、その動きを捨象して完全に静態においてとらえるということが、そもそも無理な話なのである。本章では、法の動態を正面から取り扱おうとおもう。

法の動態としてとくに重要なのは、法の形成――たとえば法律を制定するなど――と、法の実現――たとえば具体的な事件について法を適用して裁判をするなど――とであって、これを第二節と第三節とに分けてすこし詳細に考察しようとおもうが、法の動態はこの二つに尽きるものではない。法が機能していることじたいが、まさしく法の動態である。

法がどのように機能しているかという問題について、まず挙げなければならないのは、「生きた法 (lebendes .od.

lebendiges Recht)」である。これは実際に社会生活の上で生きている法であって、エールリッヒ（Eugen Ehrlich, 1862-1922）の法社会学はとくにこうした「生きた法」を対象とした。(1) それは、もともと国家法と無関係に民衆の中に生きている法——非国家法——を考えたもので、前述した広義の法として法社会学の対象となるわけである。制定法の規定のない事項についても「生きた法」はありうるし、制定法の規定のある事項についても、それと異なる内容の「生きた法」がありうる。

「生きた法」は、国家法の見地からも、重要である。たとえば、第一に、国家法としての制定法の実際上の社会的機能は、「生きた法」のレベルまで下りて把握されなければならない。制定法の中のある規定が実際にはその文理ないし立法趣旨から離れて機能しているとすれば、その実際に動いている姿こそが、「生きた法」としての国家法であり、それがその規定の動態である。(2) もし、国家がそれを是認することができないときは、関係当事者が訴訟に持ちこんだばあいに裁判所によって本来の立法趣旨にしたがった解釈によって公権的解決がなされることになろうし、ばあいによっては、立法措置がとられることにもなろう。第二に、「生きた法」は、それが民衆のあいだに根を下ろし民衆の生活要求にもとづいているものであるときは、国家の見地からも、それをできるだけ尊重する必要があるのはいうまでもない。したがって、裁判上問題となったときには、規定のある事項についてはそれを法解釈の上に生かすべく、規定のない事項については慣習法として取り扱うべきばあいが多いであろう。

しかし、「生きた法」は、民衆のあいだにおいて存在するだけとはかぎらないので、法を運用する機関——国家や地方自治体の機関だけでなく弁護士などをも含めて——の手によって形成されるばあいもすくなくない。たとえば、人権保障を主眼とする刑事訴訟法の規定で、捜査の段階において、捜査機関によって立法趣旨にそわない運用がされているものはすくなくない。これもまた、「生きた法」にほかならない。「生きた法」の実態を把握することは法社会学の主要な任務のひとつであり、それは司法や立法の上にも——積極的にも消極的にも——重要な影響をもつことになる。要するに、「生きた法」の問題は、国家法の見地にしぼって考えるばあい、一方において、慣習法の形成、立法への影響という点で法形成の一局面であり、他方において、裁判への影響という観点から、また、制定法の具体的な社会生活の場における機能という観点からみて、法実現の一場面である。しかし、それは単なる法形成・法実現の見地をこえる問題なので、総論的に、ここで述べたのである。

（1）　エールリッヒ（川島武宜訳）『法社会学の基礎理論』第一分冊（一九五二年）。

（2）　かようなばあいには、「法規」は抽象的なもので、生きた「法」が具体的・存在的なものである。前述（前出一二三頁）の《Gesetz》と《Recht》の対比は、こうした形においても現れる（Arthur Kaufmann, *Rechtsphilosophie im Wandel*, 1972, S. 268)。

二　法の機能

法にどのような機能を営ませるべきかは、法の理念ないし目的と結びつく問題で、法の形成ないし実現に主体性の要素をみとめるばあいに問題となることである。それは法の動態の問題のもうひとつ先にある問題だから、これについては次章で改めて考察する。いまここでは、法の形成・実現という法の動態の解明に関連して必要とおもわれる限度で、法の諸機能をいわば例示的に一瞥しておくにすぎない。法の機能は複雑・多岐にわたり、これを網羅的に組織化して考察することは容易の業ではないし（学説としても定説はない）(3)、また、ここでそれを企てる必要はないのである。

ある法令なり、法的制度なりが存在するばあいに、それが存在するというだけで、すでになんらかの作用が営まれる(4)。よく、「この法律は『伝家の宝刀』だ」といったことがいわれるが、それはなるべく実際の発動は避けて、単なる発動の可能性によって所期の効果を挙げようというばあいである。たとえば、破壊活動防止法（昭和二七年法律二四〇号）――これはその後実際に適用される事例がかなり現れて来たが――だとか、いわゆる「大学紛争」の鎮静化をねらった「大学の運営に関する臨時措置法」（昭和四四年法律七〇号）だとかが、それである。これは法令・法制度がその存在に伴って発揮する一般的――とくに一般予防的――作用であって、かならずしもいわゆる「伝家の宝刀」といったものにかぎってみられる現象ではないが、当の法令・法制度が強力なものであればあるほど、こうした一般的作用が目立つのである。

刑法のこうした一般的作用にとくに着眼したのはアンゼルム・フォイエルバッハ（Paul Johann Anselm von Feuerbach, 1775-1833）――唯物論で知られるルートヴィッヒの父――であった。かれは、犯罪とその重さに対応するだけの刑罰とをはっきりと刑法典に規定することによって、犯罪によって得るであろう利益と、刑罰によって加えられるであろう不利益とを国民にあらかじめ比較考量させ、こうした利益較量という心理的方法によって一般的に世の中の犯罪を未然に防ごうとした（心理強制説）。これは理性的に利益較量のできる合理的人間像を前提とした功利主義的思想に立つものであって、そのまま妥当性をもつものではないが、立法そのもの――裁判や刑の執行でなく――の一般的作用に着眼した点ですぐれた見識であった。ついでにいえば、かれのこうした見解は近代刑法の骨格をなすところの罪刑法定主義に理論的基礎を提供したものとして、歴史的意味をもったのである。

犯罪予防には二種類のものがある。ひとつは一般予防（prévention générale; Generalprävention）で、これは世の中の一般の人が犯罪を犯すことのないようにすることであり、もうひとつは特別予防（prévention spéciale; Spezialprävention）で、これは一人一人の犯人がふたたび犯罪に陥ることのないように予防することである。一般予防は立法、裁判、刑の執行のそれぞれの段階において考えられるが、古い時代には、洋の東西を問わず、刑の執行

――ことに残虐な刑罰の公開執行――によって、「見せしめ」という形で行なわれた。フォイエルバッハが刑の執行による一般予防に代えて罪刑の法定による一般予防を主張したのは、この点でも重要な変革を提示したものであった。特別予防の考え方は、リスト（Franz von Liszt, 1851-1919）によって組織された近代派――日本ではリスト門下であった牧野英一（1878-1970）が代表者――の教育刑思想と結びついて強調された。矯正保護の領域における指導理念は社会復帰（rehabilitation; resocialisation）であり、それは特別予防の考え方の展開である。

刑法の領域における一般予防・特別予防に類する機能――かりに一般的および特別的機能と呼ぼう――は、刑法以外の領域にも――そうして立法・司法・行政の各場面に通じて――一般化して考えることができる。とくに裁判の段階において、このことは重要な観点を提供する。裁判は個々の具体的なケースについての法的解決をあたえるものであるから、当のケースに主眼点を置いてなされるべきことは当然だが、裁判は具体的事件についての特別的機能だけでなく、将来おこるであろう他の同種の事件との関係で先例としての一般的機能をもつ。後者の見地を度外視して裁判はできないのである。また、事件そのものについての裁判にかぎらず、訴訟の過程においておこって来る個々の問題――たとえば、ある証拠に証拠能力をみとめるかどうか、ある訴訟行為を有効とするかどうかなど――を裁判所がいかに解決するかについても、同様のことがいえる。その具体的なばあいに関するかぎりではこれを肯定してよいようにみえても、将来におこりうる同種のばあいに対する影響――いわば一種の一般予防的効果――を考えて否定的に解しなければならないようなばあいは、いくらもありうる。たとえば、刑事手続において、違法に押収された証拠の証拠能力の有無が問題とされたばあいは、当の手続における具体的妥当性だけでなく、将来における証拠の違法収集を防止するという見地をも総合的に考慮する必要があるのである。

法の機能には、本来的なものとそうでないもの――いわば副作用ともいうべきもの――がある。(5) 本来的作用は、それぞれの法令が、その立法趣旨において本来ねらいとしている作用である。何がその法令の立法趣旨であるかは、規定の字句や制定の経緯などを資料として解釈論的に割り出す以外にないが、法令の冒頭に目的をうたっているものについては、それによって明白となる。たとえば売春防止法については、その一条に詳細な目的規定が置かれていて、趣旨・手段とともに売春防止の目的があきらかにされている。(6) この目的に合致する機能が売春防止法の本来的機能である。それと同時に、この法律の施行によって従来の公娼制度に依存していた多くの業者の転業問題がおこり、また、女たちが社会に投げ出されるので身のふり方の問題がおこった――そうしてそれに失敗したかぎりで街娼がふえた――のは、当然である。これはこの法律の本来的機能そのものではないが、それと結びつくことがはじめから当然に予想されていた機能である。ところが、さらに、もっと別の現象がこの法律の実施に伴って現れた、というより、現れるであろうという主張が、立法の経過において、主として反対論者によってさかんに宣伝された。それは、この法律が実施されれば、第一に性病が蔓延するだろうということ、第二に強姦罪のような性犯罪が増加するだろうということである。わたくしは、ことに第二の点はまったく実証されなかったとおもうが、こうした現象がもし実際におこったとすれば、それは売春防止法の悪い意味の副作用である。法の機能の中で、非本来的なものには、この種の副作用がありうるのであって、とくに立法にあたっては、その予測をあやまらないようにし、それに対する対策をもあわせて周到に用意しておかなければならない。こうした法の副作用の調査――できればさらに事前における予測――は、法社会学の大事な任務のひとつに数えられるべきである。念のためにつけ加えれば、こうした法の副作用はつねに有害なものとはかぎらず、社会的に望ましいものであるばあいもすくなくないであろう。しかし、そのようなばあいにも、ことに人権に影響のありうるときは、充分に慎重な運用が要求されるのは、もちろんである。たとえば、未成年者喫煙禁止法（明治三三年法律三三号）というのがあって、親権者および販売者に対する罰則が設けられているが、罰則としては現在ではまったく動いていない。しかし、警察の青少年補導については、この法律の存在も補導を行なうためのひとつの手がかりとして利用されている。警察の行なう青少年補導は、法的根拠じたいについて疑問の余地があろうが、それが社会的にプラスの働きをもっていることは否定できない。しかし、法の本来的機能についてもそうであるように、まして非本来的機能についてはいささかの行きすぎも許されないのである。

法の非本来的機能は、実際には、法の運用者によって意図的に濫用されることがある。旧憲法時代にはその傾向は顕著であったが、現在でもそのおそれが絶無になったわけではない。そういうおそれの強い法令には、とくに運用に関する注意規定をおいているものがある。たとえば軽犯罪法（四条）や破壊活動防止法（三条）がそれである。そうした濫用は一定の要件のもとに職権濫用罪（刑法一九三条—一九六条、破防法四五条）を構成し、被害者の救済のためには裁判上の準起訴手続[7]（刑訴二六二条以下）その他の手段が設けられている。

（3）　たとえば恒藤恭は、普遍的な法の機能として、評価的機能・命令的機能・形制的機能・強制的機能の四種を挙げる（恒藤『法の本質』一九六八年・一六六頁以下、同『法の精神』一九六九年・一一一頁以下）。刑法だけについていえば、たとえば、わたくし自身は、規制的ないし社会倫理的機能・法益保護機能・保障機能の三種を挙げている（団藤『刑法綱要・総論』三版・一九九〇年・一四—一五頁）。

（4）　このような法規ないし法的制度がその存在じたいによって発揮する一般的作用は、本文に述べた以外にも、種々のばあいにみられる。たとえば、いわゆる法廷闘争の手段としての出廷拒否に対する対策として、昭和二八（一九五三）年に刑事訴訟法の一部改正が行なわれ、被告人が正当な理由なしに出頭を拒否したときは、不出頭のままでその期日の公判手続を行なうことができるものとされることになった（刑訴二八六条の二）。この改正以後、出廷拒否はなくなった。

（5）　法の副作用の中には、本来の機能と並んで発揮される副作用と、本来の機能が発揮されないで単に弊害の面としてのみ発揮される副作用とがある。法が失敗に終わったばあいに、単に無益だというだけならばまだしもよいが、多くは有害となる。「強行されない法は法なきに若《し》かない（Better no law than law not enforced.）」という法格言は、このような意味をも含蓄するであろう。

（6）　団藤『わが心の旅路』（一九八六年）一七九頁以下参照。

（7）　これは職権濫用罪について検察官が起訴しないとき、被害者が直接に裁判所に請求して事件を審判に付してもらう手続である。「付審判手続」とも呼ばれるが、検察官による公訴の提起じたいが事件を審判に付する本来の手続なのだから、こちらの方はそれと区別して、本当は「裁判上の準起訴手続」と呼ぶのが正確である。

三　法の動態と主体性理論――〈law-in-action〉の視点から〈law-as-action〉の視点へ

法は人間の営みである。だから、「生きている法」にしても、純粋に客観的にだけみることはできない。動いて行く方面だけでなく、われわれが動かして行く方面にも着眼しなければならない。「生きている法」はしばしば「働いている法」〈law-in-action〉ともいわれるが、この表現にはすでにこういった意味合いがいくらかは含蓄されているともいえよう。しかし、ジェロウム・ホール（Jerome Hall, 1901–92）は、もっとはっきりとこの趣旨を「働きとしての法」〈law-as-action〉ということばによって表現した。(8) アルトゥーア・カウフマンも、法を「状態」（Zustand）でなく「行為」（Akt）として把えるべきことを論じている。(9) わたくしはこうした考え方に共鳴を感じるのである。

法の動態はすなわち「法のダイナミックス」(10)であり、法の力学である。物理学的な力学におけるのとちがって、このばあいの力は主として人間の力である。人間一人一人の力、あるいはそれらが集合して団体、地域、階級、民族、一国あるいは数か国のグループの力になり、最後は全人類的なものの力にもなるが、そういう人間のさまざまな力が、相互に協同的あるいは拮抗的に緊張関係に立つ場において、法が動いて行くのである。

これはいうまでもなく前述の主体性の理論と結びつく。われわれは精神的―身体的な全体が各自の人間・人格を形づくっているが、身体的なものだけを考えても、ある臓器と他の臓器とはしばしば拮抗関係に陥る。身体と精神とが拮抗関係に陥ることが多いのはなおさらである。さらに精神の内部において葛藤が生じることは、われわれの日常、経験するところである。われわれはそれぞれに生まれつきの素質をもっているだけに、このような葛藤はしばしば宿命的な深刻さをもつ。しかし、それにもかかわらず、われわれは自分の精神的＝身体的な活動を主体的に制御することのできる能力を多かれ少なかれもっているのではないか。人間は一人一人が宿命的に素質・環境によって生物学的―行動科学的に決定されながらも、さらに自ら決定して行くところの、主体性をもった実存的な存在である。われわれは、各自が、主体性をもちながら、自分の中に矛盾・緊張をもった、主体的なダイナミックスをもっているのである。われわれの主体的な面の究極には良心があるが、それは意識を超えて無意識なものに入って行くその限界のものである。無意識まで行くとユングのいわゆる「集合的無意識（das kollektive Unbewußte; collective unconsciousness）」[(11)]といったような段階にまで達する。これは社会的ないし全人類的なものにまでつながり、個人と社会・人類と協同ないし相剋にもつながって来る可能性・潜在性をも秘めている。それは間主体性を認める契機ともなると思われるのである。

カール・ポッパーは文化の創造について、友好的―敵対的な協力関係（friendly-hostile co-operation）としての間主体性を論じたが、[(12)]この考え方はここにも援用されうるであろう。かれがまた、全然別の文脈においてではあるが、「心身的な相互作用性（psychophysical interactionism）」ということをいっているのも、[(13)]わたくしにとっては意味深長な表現である。

要するに、このような主体性をもったわれわれの一人一人が、あるいは個人としてあるいはいろいろのグループを構成して、法の担い手として法の発展・形成の原動力となるのである。法の動態を「動いて行く」ところの〈law-in-action〉の面だけでなく、われわれが「動かして行く」ところの〈law-as-action〉の面からもみなければならないというのは、このような意味においてである。

(8)　団藤「『アクションとしての法』の理論――ジェロウム・ホール教授の『法学の基礎』」(同『実践の法理と法理の実践』一九八六年・五五頁以下)。

(9)　Arthur Kaufmann, *Rechtsphilosophie im Wandel*, 1972. S. 353 ff.　その後、カウフマンの来日とわたくしの訪独の機会に、二人の考えは完全に一致した。なお、本書第九刷の「はしがき」の追記参照。

(10)　団藤「法のダイナミックス」法学五二巻一号(一九八八年)一三六―一七〇頁。

(11)　C. G. Jung, *Über die Psychologie des Unbewußten*, 7. Aufl., 1960, S. 73 ff., S. 102 ff.　C・G・ユング(高橋義孝訳)『無意識の心理』(一九七七年)一〇四頁以下、一四八頁以下。なお、C・G・ユング(野田倬訳)『自我と無意識の関係』(一九八二年)、湯浅泰雄『ユングとキリスト教』(一九八八年)。

(12)　K. R. Popper, *The Open Society and Its Enemies*, Vol. 2, Routledge paperback, 5th revised edition, 1969, p. 217. これは、直接には科学的客観性の獲得という見地から述べられたことばであるが、かれのその後の理論の展開からみて、本文に述べた意味を含蓄することは疑いないと思う。――その後、わたくしの訪英とかれの来日の機会に直接対話して、双方の意見が完全に一致した。団藤「サー・カール・ポパーとの出会い」(『先学訪問・団藤重光編(きき手・井口洋夫)」(二〇〇六年)。そこに写真と筆蹟がある。

(13)　K. R. Popper, *The Open Universe. An Argument for Indeterminism*, Paperback Edition, 1988, p. 155.

第二　法の形成と法の実現――法を動かす力

一　法の形成と法の実現

法の形成（Rechtsgestaltung）とは、法令の制定や慣習法・判例法の形成などであり、法の実現（Rechtsverwirklichung）とは、抽象的・観念的な法規範――民法第何条というような――を具体的な事件に適用して具体的・現実的な法規範――たとえば「被告は原告に金何万円を支払うべし」という判決――にすることである。立法機関が民法第何条を作る――あるいは改正する――のは前者であり、司法機関が民法第何条の規定によって裁判をするのは後者である。立法が抽象的・観念的な法規範の面におけるものであるのに対して、裁判は抽象的・観念的な法規範の具体化・現実化である。どちらも動的であるが、比喩的にいえば、両者は発展の方向を異にし、一方が水平線上にあるとすれば他方はこれと直角に交わる垂直線上にある。次節以下に「法の形成」と「法の実現」とを分けて考察するのは、かような両者の性質の差異に着眼してのことである。

ただ、この点については、念のために、若干の考察をつけ加えておいた方がよいであろう。右には、わかりよくするために、立法を法形成、裁判を法実現の例として説明したが、法形成は立法によるとはかぎらず、法実現も裁判によるとはかぎらない。第一に、法形成の中でも慣習法の形成は立法機関によるものではなくて民衆によるものであるし、さらに、判例法の形成となると裁判所の裁判の集積によるものであるから、「司法的立法（judicial legislation）」（オースティン John Austin, 1790–1859）ということばもあるくらいである。(1) 判例法の形成については、法形成と法実現とはかなり複雑な関係に立つことになる。第二に、法実現は、司法法の分野でも裁判外で行なわれることはきわめて多いばかりでなく、司法法以外、ことに行政法の分野では司法機関でなくて第一次的には行政機関の手で行なわれるのが普通である。たとえば何法第何条にもとづいて行政行為が行なわれるときは、それは当の規定の具体化にほかならない。実は、司法法の領域でも、私人が民法第何条にもとづいて法律行為をすれば、それも同条の具体化である。ところで、かように法令にもとづく行政行為や私人の法律行為も、法実現の一場面だとすると、これと前述の裁判による法実現との関係はどうなるであろうか。行政行為や法律行為の効力が訴訟で争われるばあいのことを考えると、前者は実体法の面のことであり、後者は訴訟法の面のことであることがわかる。前者は前述したケルゼンの法階層説における法階層の中に系列的に組みこまれうる性質のものであるのに対して（法律→命令→行政行為、法律→命令→法律行為、など）、後者はこの階層的な上下関係の線上ではなく——ふたたび比喩的にいえば——この線とは直角に交わる線の上に位する。こうした点については、「法の実現」の項において、もうすこし立ち入って考察するであろう。

なお、シェンフェルト（Walther Schönfeld）やフェヒナー（Erich Fechner）のように法の実定化（Positivierung）ということをいって、これに法規の一般的・抽象的定立、裁判、その執行の三段階を分ける見解もある。[2] これもひとつの見地であるが、わたくしは、法の実定化の中に法形成と法実現とを区別して考察したいとおもう。

右のような留保のもとに、法形成の典型としての立法過程と法実現の典型としての司法過程とを比較すると、一方では両者の差異として政治的圧力の強弱（司法権の独立）や能動的・受動的のちがいなどがあるが、他方では両者の類似点として、たとえば、立法過程を司法過程のアナロジーで説明する見解もあるくらいである。[3]

ラートブルッフは法形成について、衝動的（triebmäßig）・非合理的（irrational）なものと目的的（zweckhaft）・目的合理的（zweckrational）なものとを区別して前者から後者への必然的発展を論じ、これを民族精神から国家意思へ、慣習法から制定法へ、法の有機的生成から「法における目的」ないし「法のための闘争」（イェーリング）へ、「共同社会（Gemeinschaft）から利益社会（Gesellschaft）へ」（テニエス Ferdinand Tönnies, 1855–1936）、「身分から契約へ」（メイン）といった発展傾向と結びつけて考察している。私見によれば、非合理的法形成と目的合理的法形成とは、前者から後者へという発展においてのみみられるべきではなく、法形成にはつねにこの両種の要素が多かれ少なかれ存在するであろうし、また、どちらが優位に立つかは法領域——たとえば商取引の法と身分法とを比較せよ——によっても異なるであろう。法形成における非合理性と合目的性とは、次に述べる法を動かす力の問題とも密接な関連をもつ。法を動かす力が必然的に法形成を制約するものであればあるほどそこには合目的性の働く余地はすくなくなり、逆に、これを制約する力が弱いほど合目的性の考慮が強く働きうるであろう。なお、ここに法形成について述べたことは、程度および様相のちがいこそあれ、法実現にもあてはまるものと考えられる。

（1）　かような判例法のことを英米の学者は「司法法（judiciary law）」と呼ぶことがある。これは、前述の「司法法（Justizrecht）」とは別個の観念であることはいうまでもない（前出一〇八頁以下参照）。
（2）　Fechner, *Rechtsphilosophie*, 1956, S. 97.
（3）　芦部信喜『憲政と議会政』（一九七一年）二四五頁以下参照。

二　法を動かす力

法形成・法実現についてその原動力となる因子はきわめて複雑であり、これをいかに把握するかは、論者の基本的立場によってさまざまでありうる。(4) それは社会科学の根本に触れる問題である。

私見によれば、それには表層と深層とがある。海を比喩として言えば、表面は潮流が激しく流れ、風の影響もあって波立っているが（表層）、海面下へ深く入るにしたがって、波の上下動は少なくなり、流れの速度も減ってくる。海底まで行き着くと、澱んでいてほとんど動きがなくなるが、そういう海底も、太平洋プレートのように、巨大な力をもって長い間には動いている（深層）。おおまかに言って、法を動かす力として、いちばん表層にあるのが政治的因子で、その奥に経済的因子があり、もっとも深層にあるのが、おそらく生物学的因子であろう。生物学的因子には個人差や人類差がいちじるしいであろうが、ヒトとしての全人類的な共通性も存在することはいうまでもない。

ここで一考を要するのは、いわゆる「事物の本性（Natur der Sache)」ないしは「人間の本性（Natur des Menschen)」である。これらは法を動かす——消極面からいえば静止・固定させる——大きな力である。[5] これらの観念はもともと自然法の側からのアプローチであるが、身体と精神とはもともと不可分なものであり、両者に共通に普遍人類的なものがあることを考えるときは、「事物の本性」や「人間の本性」も、ここでは生物学的因子の見地に組み込んで考察してもよいとおもわれる。

そこで、以下には、右のようなわたくしの立場にやや近いとおもわれるフェヒナーの所論に依りながら、わたくしなりの考察を加えてみようとおもう。

フェヒナーは、法を形成するもろもろの力（rechtsgestaltende Kräfte）を論じるについて、現象学派の巨峰シェーラー（Max Scheler, 1874-1928）の考え方を大きく取り入れている。フェヒナーは、シェーラーの作用因子理論（Wirkfaktorenlehre）にならって法形成の諸力として物的因子（Realfaktoren）と理念的因子（Idealfaktoren）の両者を考えるのであるが、とくに前者について、シェーラーの生殖本能・食べる本能・権力本能という三つの基本本能に対応して生物学的・経済的・政治的（権力政治的）の諸因子をみとめる。生物学的関係はもっとも不可変的なものであり、経済関係、権力関係の順に可変性が強くなる。不可変性が強いほど客観性も強い。法が物的関係に依存するかぎり、物的関係の変化は必然的に法の変化を伴う。人間は法形成にあたって物的領域の法則性を無視することはできるが、それは結局は失敗に終わる。その意味で人間の恣意をこえるものである。物的領域にみられる法則性は、あたかも、みずからは動きながらも航海者に位置を示す恒星のように、法形成の指標となる。理念的因子の領域では、正・不正を判断する人間の思考能力が、物的領域においてあたえられた条件を見定め整序するが、その働く領域は批判的審査および形式的体系化といった機能の範囲を出るものではない。要するに、フェヒナーによれば、生物学的・経済的・政治的な所与としての外的関係は動かすことのできない独自法則性をもっていて、その要求に合致するような立法、司法、具体的生活関係の法的形成を「現実に近い（wirklichkeitsnah）」と呼ぶ。それと同時に、人間の思考能力は立場のちがう人も同意せざるをえないような合理的かつ追査可能な諸原則を展開するのであって、かような原則に合致する立法・司法を「合理的（vernünftig）」と呼ぶ。また、一定の社会内で長いあいだ実際に承認されて来たことから正当らしさをもっている通途の評価も多分に客観的な足場をもつものとされ、こうした伝統にしたがう立法・司法を「民衆に近い（volksnah）」という。価値の断定という段になると人間行態の客観性はあぶなくなり、諸価値の客観性、宗教的体験の客観性が問われなければならなくなる。かようにして、かれは深層心理学を通して人間の魂の問題に入って行く(6)。

わたくしは、さきに人間がいかに大きく生物学的な素質と社会的な環境によって支配されながら、しかもみずから決定して行くことのできる主体的実在であるかを論じた。また、法の力学において働く力はまさに人間の力であること、それは人間一人ひとりの力、あるいはそれらが集合して形成するところの集団的な力であること、を述べた。人間が集合体として働くばあいにも、もちろん、こうした主体的人間像が前提となるのであって、ここでもやはり、まず制約的要因として生物学的・社会的な素質・環境に相当する因子が取り上げられた上で、あわせて主体的な働きが論じられるべきことになる。いま、法を動かす力を論じるにあたって、右のようなフェヒナーの考えがわたくしの立場にやや近いというのは、そういうところに由来するわけである。

かようなフェヒナーの所説は法形成の諸力についてのひとつの図式を示したものであるが、わたくしの立場によりよく照応させるためには、多少の修正を加えておく必要がある。第一に、全体として主体性の因子が十分に強調されなければならない。第二に、物的因子と精神的因子は、かれの所説にみられるように別々のものとして分離されるものではなく、相互に不可分に結びつくものである。これは個人における身体と精神とが不可分の一体をなして身体的・生物学的なものから精神的・主体的なもの（人格の自発性）にまでつながっていることと対応する。第三に、物的因子としてかれの挙げる三種のものも相互に密接に結びつくものである。たとえば経済・政治も生物学的基礎を有するし、また、経済を離れて政治はない。こうした留保のもとに、主として、かれのいわゆる物的因子としての生物学的・経済的・政治的因子を中心として、以下に多少の考察を試みよう。

（4）法の形成をシステム理論によって解明しようとする者として、後述のルーマンがある（N・ルーマン〔村上淳一＝六本佳平訳〕『法社会学』一九七七年）。

（5）たとえば、裁判において本質的に重要なのは事実の認定である。ところが、終戦後の刑事訴訟法の立案にあたって、上告審の特質から上告理由を制限し、事実誤認は単に裁判所による職権破棄の理由にとどめた（刑事訴訟法四〇五条・四一一条）。そこには「事物の性質」上、無理があったわけである。そこで、実際には事実誤認を理由とする上告が非常に多かった。わたくし自身の最高裁における体験でも、上告趣意書に事実誤認を主張しているときは、かならず記録を精査することにしていた。それは法律上正面から事実誤認を上告理由として規定しているのと変わりなかったといってよい。これはまさに「事物の性質」のしからしめるところであった。

（6）Fechner, *op. cit.*, S. 87-177. なお、参照、Georges Gurvitch, *Sociology of Law*, 1947, p. 231 et seq.

三　生物学的因子

まず、法形成の生物学的因子として、とくに重要なのは、人種・風土などである。風土は自然環境だが生物学的なものを通して文化形態に——したがって法形成にも——影響をあたえる。ヨーロッパ法系、中国法系、イスラーム法系[7]、インド法系、あるいはさらにオセアニア諸民族にみられる法系[8]などの法系はこうした人種・風土の差異に由来するところが、おそらく、すくなくないとおもわれる。もちろん、これらも、生物学的な因子が生のままで直接に作用するというよりも、それが文化的・歴史的なものを形成しながら文化的・歴史的因子と結合した形で、さらにその上に文化的・歴史的なものを形成して行くのである。だから、法系は、人種・風土との関連においても考察されうると同時に、文化的・歴史的なもの——そうしてまた経済的・政治的なもの——をぬきにしては理解されえない。たとえば、ヨーロッパ法系の中で、ローマ法系とゲルマン法系、ヨーロッパ大陸法系と英法系（英米法系）、等々を考察するについては、むしろ文化的・歴史的なものに着眼しなければならない。しかし、また、たとえば、旧ソ連法——ことに旧ソヴィエト・ロシア共和国法——を考察するについては、歴史的・経済的・政治的なものに重点が置かれるのは当然だとしても、ロシア帝政時代からの連続性、したがってまたスラブ民族法の特徴という面を全然度外視することはできないのではないかとおもわれる。中国法についても同様のことがあてはまるであろう。要するに、法形成の諸力の中には、いくつもの層があって、唯物史観の見地からは経済が下部構造をなすものと考えられるが、おそらくその下にさらに生物学的な深部の層があるにちがいない。ただ、フェヒナーも指摘するとおり、生物学的因子はもっとも不可変性の強いものであって、法の構造変化といった動的な面にはあまり現れて来ない。むしろ、それは、横の関係において、異なる人種・風土において異なる法の特徴を示すといった形で顕現するのではないかとおもわれる。これは、比較法学の重要な研究テーマのひとつであり、たとえば野田良之[9]や大木雅夫[10]（1931-）が比較文化論的見地から比較法を扱っているのはこの見地から興味をひく。かようにして、日本法には日本民族および日本の風土が——外国法の継受にもかかわらず——影響を及ぼしているものとおもわれる[11][12]。

民族精神は民族の主体性の表現であって、正常にはたらくかぎりは、自国の文化の健全な形成に寄与するばかりでなく、ひいては、いわば間主体的に、それぞれの民族文化の特殊性を通して、より内容豊富な世界文化の形成に積極的に貢献することになる。それは世界文化の見地からも歓迎されるべきことでこそあれ、排斥されるべきものではない。

民族はしばしば民族的自覚をもって民族主義の政治的勢力となり、強力な法形成力を発揮する。ことに被征服民族のばあいには、独立運動にまで発展する。旧ソ連邦の崩壊に伴って全体主義の重圧がとれた機会に、少数民族の独立運動が各共和国の内部に噴き出していることは、印象的である。一般的には少数民族の保護が国際的に重要な課題であり、「独立国における先住民及び種族民に関する条約」(いわゆる〈先住民条約〉)(一九八九年国際労働機関総会採択)や「国民的又は種族的、宗教的及び言語的少数者に属する者の権利に関する宣言」(一九九二年国連総会決議)が注目される。

民族精神が偏狭な民族主義や反動的な復古主義に結びつくことは、十分な警戒を要する。このことは、例えば、ナチにおける「人種法則的法学(rassengesetzliche Rechtslehre)」(ニコライ Helmut Nicolai)がやがてはアウシュヴィッツの残虐に導いたことを挙げるだけで、思い半ばにすぎるものがあるであろう。

生物学的因子は、法形成の上に、多くのばあいには無意識にはたらく。慣習法の形成について、サヴィニーが民衆的要素――民衆の法的確信――を強調したのも、かような点からうなずかれる。慣習法の形成は――後述の商習のような例外はあるが――概して非合理的である。ただし、慣習法形成のばあいにも、生物学的因子が生のままで作用するものではない。――ついでにいえば、ダーウィンの生物進化論は法学を含む社会科学にも取り入れられ(とくにスペンサー Herbert Spencer, 1820-1903 およびメイン Henry Maine, 1822-88)、わが国でも穂積陳重の『法律進化論』(全三冊、一九二四―七年)はこの立場に立つ規模の雄大な業績であったが、生物学上の原則を社会科学にあてはめたところに根本的な誤謬があった。[13] また、ロンブローゾの犯罪人類学もダーウィニズムの立場に立つが、これによって社会現象としての犯罪、さらには刑法までをも律しようとしたところに、すでに方法論的な誤りがあったといわなければならない。[14] しかし、かようにいうことは、法現象における生物学的因子を否定する意味をもつものではないし、また、第二編で述べるように、法人類学の成立を否定する趣旨でないことはもちろんである。

生物学的因子は、不可変性を強くもつところから、法形成の上には、促進的でなく制約的に働くことが多い。アメリカで禁酒法が失敗に終わったこと、わが国でも売春防止法が「ザル法」と呼ばれることは、その例である。かように、生物学的因子は必然的な性格が強く、法的にこれを抑えようとしても、不成功に終わるか、代償的現象――たとえば公営競技を廃止すれば賭博・富籤が増加するなど――を生じることが多い。しかし、ばあいによっては、売春防止法のように、ある理想を実現するために、困難を覚悟で、この壁に立ち向かわざるをえないこともあるのである。

生物学的因子は、法形成の関係では、人種・風土といった全体的なものとして働くことが多いのに対して、裁判のような司法過程においては、主として裁判官や訴訟関係人といった個人の生物学的・人格的要素として働く。[15] しかし、立法のような法形成についても個人の役割りがありうると同時に、裁判などについても社会全体の状況が無関係ではないから、これは、つまりは程度の問題だといわなければならない。

(7)　イスラーム法を形作るのは「コーラン」と第二次的聖典であるムハンマドの言行録「ハディース」とである。しかも、これらの解釈については正統派（スンニー派）の四学派と、これに対立するシーア派の学派とがあり、各派によって解釈の手順と内容が異なっている。イスラーム法の基本観念につき、とくに井筒俊彦『イスラーム文化』（岩波文庫・一九九四年・一五六頁以下『井筒俊彦著作集』2・一九九三年・二九七頁以下）。井筒俊彦訳『コーラン』

(岩波文庫・全三冊)(『著作集』7・一九九二年)。井筒俊彦(1914-93)は、イスラームについての世界的権威であった。イスラーム法につき、なお、ツヴァイゲルト/ケッツ(大木雅夫訳)『比較法概論・原論』下(一九七四年)六六七頁以下、千葉正士『要説・世界の法思想』(一九八六年)一六八頁以下。

(8) 千葉正士がオセアニアの法についてその担い手としての各民族のアイデンティティを論じているのが、とくに注目される。たとえば、南太平洋諸島の島民にとっては、自然は人間の現存を可能にさせる根拠であって、自然の恣意的な費消は許されない。近代的所有権はこうしたかれらの宇宙哲学に矛盾するし、核廃棄物を海洋に投棄するなどは、非人間的・自殺的行為であるという。われわれは、そこに人類的な英知を見出すことができよう。千葉正士「アイデンティティ法原理」(ホセ・ヨンパルト＝三島淑臣編『法の理論』5・一九八五年・四頁以下)、千葉正士編著『スリランカの多元的法体系』(一九八八年)四一四頁以下。Masaji Chiba, Ed., *Asian Indegenous Law In Interaction with Received Law*, 1986.——団藤「法のダイナミックス」法学五二巻一号(一九八八年)一六二頁以下参照。一九四七年、ノールウェーの考古学者ヘイエルダール(Thor Heyerdahl)は、古代筏でペルー海岸からフンボルト海流に乗ってタヒチに漂着する冒険をして世界を驚かせた。これは白人文化が中南米を経由して太平洋のポリネシア地域まで自然に伝播したというかれの仮説を立証するための実験であった(ヘイエルダール〔水口志計夫訳〕『コン・ティキ号探検記』一九六九年)。これに対抗したのがハワイ大学のポリネシア人考古学者であった。かれはポリネシア民族は古代から天文学を利用した航海術を知っていたので、白人文化の伝播をまつまでもなく自分たちの文化をもっていたというのである。そこで、一九七六年、かれは同じく古代筏で古代航法によりハワイから一直線に南下してタヒチに到着して見せ、タヒチでは民族的な誇りもあって非常な歓迎を受けた。わたくしはその直後にタヒチを訪れ、かれらの民族精神の高揚に接して感銘を受けたのであった。

(9) 野田良之・前掲論文(前出六二頁注(7))。Yoshiyuki Noda, Comparative Jurisprudence in Japan——Its Past and Present, in: *Law in Japan*, Vol. 8, 1975, pp. 1-38; ditto, The Far Eastern Conception of Law, in: *International Encyclopedia of Comparative Law*, R. David et al., eds., Vol. 1, pp. 120-137.

(10)　大木雅夫『日本人の法観念――西洋的法観念との比較』（一九八三年）は、西洋法と極東法とくに日本法とを比較検討しながら、日本人の法観念を追求するものとして重要な業績である。なお、同『比較法講義』（一九九二年）、同『資本主義法と社会主義法』（一九九二年）。大木は、規模の大きい比較法学者だといわなければならない。なお、ツヴァイゲルト／ケッツ（同訳）『比較法概論（私法の領域における）原論』上下（一九七四年）。

(11)　この見地から、小野清一郎の業績（前出六三頁注（8））が重要なのはもちろんとして、その後、青柳文雄が国民性を根気よく追求していたのが注目される。青柳文雄『犯罪とわが国民性』（一九六九年）、同『続犯罪とわが国民性』（一九七三年）、同『日本刑事訴訟法論――国民性の視角から』（一九七〇年）。

(12)　例えば、松尾浩也が刑事訴訟の実務について日本的特色ともいうべき「精密司法」の観念を提唱し、旧時代からの連続性をみとめたのは（松尾浩也「刑事訴訟の日本的特色」法曹時報四六巻七号〔一九九四年〕、とくに一二七四頁、なお、同「刑事訴訟法の基礎理論」国家学会雑誌百年記念『国家と市民』三巻・一九八七年・四四七頁）、わたくしも共感を覚えるところである。小野清一郎は西田幾多郎哲学から学んだ「非連続の連続」の観念を法の発展にも援用したが、松尾もこれを踏襲しているといってよい。わたくしは「精密司法」は俳句などに代表されるような江戸時代の内向的な文化形態一般と無縁でないと考えている（例えば、西洋文化志向の桑原武夫の有名な「俳句第二芸術論」に対抗する星野慎一『俳句の国際性』〔一九九五年〕を、この文脈で読み合わせてみるのも面白いであろう）。

(13)　ガルブレイスが、ダーウィニズムの社会科学への適用（社会ダーウィニズム）がいかに不当であるかを、経済学の領域でとくにスペンサーについて例の痛烈な表現で指摘しているのを参照されたい（J・K・ガルブレイス〔鈴木哲太郎訳〕『経済学の歴史』・一九八八年・一七三頁以下、二三五頁以下）。ちなみに、刑法の領域では、ダーウィニズムを犯罪学に適用したロンブローゾが死刑存置論者であったのは、生存競争における劣者である生来的犯罪人を想定した結果であった。――穂積陳重『法窓夜話』（岩波文庫版）四一一頁の福島正夫による「解説」に、わたくしのこの指摘に対する反論があるが、わたくしとしては承服しがたい（なお、後出二九五頁参照）。しかし、本書および『続法窓夜話』（岩波文庫版）の福島の解説は穂積陳重の業績を知る上で推奨に値する（なお、穂積陳重『復讐と法律』岩波文庫版の杉山晴康の解説参照)。なお、『故穂積男爵追悼録』(学士会月報四五八号〔一九二六年〕、穂積重行『明治一法学者の出発・穂積陳重をめぐって』一九八八年)。

(14)　進化論は今では社会の発展とは無関係な分子遺伝学のレベルで展開されているのであり(木村資生『生物進化を考える』岩波新書・一九八八年)、しかも、生物学でも木村資生の進化中立説が次第に承認されつつあるらしい(前出四九頁注(10))。

(15)　これをとくに強調したのは、ジェロウム・フランクであった(Jerome Frank, *Courts on Trial*, 1949. 団藤「裁判における主体性と客観性」同『実践の法理と法理の実践』一九八六年・一四六頁以下参照)。なお、団藤「刑事訴訟法における主体性の理論」ジュリスト九〇五号(一九八八・四・一)四四―五五頁。

四　経済的因子

「法と経済」は唯物論と観念論――ことにマールブルク派新カント主義のシュタムラー――とのあいだにおける好個の論争のテーマであった。シュタムラーは方法論的にみて法が経済に論理的に先行するものと主張したのであった。しかし、ここでは法形成因子としての経済を考察の対象とするのである。

法が、唯物史観のいうように、経済の単なる現象形式にすぎないかどうかは疑問であるが、資本主義体制の法と社会主義体制の法とが根本的に性格を異にすることはあきらかである。旧ソ連でも個人的所有権(право личной собственности)がみとめられていたが、それは社会主義的所有(социалистическая собственность)の制度の枠内のことであって(旧ソ連憲法五条・一〇条、旧ソヴィエト・ロシア共和国民法二五条)、資本主義国の私有財産制度のもとにおける所有権とは本質的にちがうものであった。

資本主義法制の内部においても、法形成の上に働く経済的因子は、きわめて強力である。このことを理解するためには、たとえば、「日本法の歩み」の項で考察した「市民法から社会法へ」の発展や、戦後における私的独占禁止法および関係諸法令の改正の推移を、もう一度想起するだけで充分であろう。

経済的因子は、政治的因子の形をとって法形成的に作用することが、きわめて多い。財界の保守政党への献金もその一例であろうし、革新諸政党による労働者の利益の主張やとくに（かつての）民主社会党による中小企業保護政策の主張も、同様の見地からも理解されうる（これは従来のいわゆる「五五年体制」のもとでのことであって、目下の政界再編成の結果がどうなるか、その構図はまだ見えて来ない）。経済的因子は、経済問題やこれと密接に関係する労働問題などだけについて法形成的に作用するとはかぎらない。むしろ、経済的階級がそれぞれ保守・革新の政治的傾向と結びつくために、経済的因子が政治的なものを通じて作用するばあいには、それは——多少とも世界観に関係するようなものであるかぎり——およそ法制の全般に及ぶのである。

五　政治的因子

政治は、法形成因子の諸層の中で、もっとも表層にあるものであり、より深層にある生物学的あるいは経済的因子が現象的に政治的因子として現れて来ることが多い。法形成過程ことに立法過程は、現象的には、政治過程そのものだといっても、いいすぎではないくらいである。

法形成的な政治的因子は、法的に粉飾されない生まの政治的実力行使であることもある。生まの実力行使も、事実上、しばしば法の形成に影響を及ぼす。法のみとめない実力行使としては、たとえば、政治犯人の行動があるし、その極限的なものとして暴力革命がある。後者は、法の形成の問題としてよりは法の限界の問題として考察されるべき性質のものであろう。次元はちがうが、戦勝者の手による敗戦国民に対する法制定や法的に無制約な権力をもつ絶対君主による法制定なども、ひろい意味では、生まの実力による法形成の範疇に属する。

法治国では、法形成的な政治的因子は、法によって承認されるものでなければならない。そこでは、法形成は法

→政治→法→政治→法という循環過程をとって現れる。

議会制民主主義のもとでは、法形成の主役を演じるのは議会であり、実質的には政党である。政治的な力は政党を通じて法形成に働きかける。政党論――法哲学的にはとくにラートブルッフのそれが有名である[16]――が、その意味で、法を形成する諸力の解明に役立つところが大である。

ただ、わが国についてみると、従来の「五五年体制」のもとでは、よかれあしかれ保革の対立の構図が明確で国民の選択も可能であったが、政治がかねや利害で動くようになってからは、民衆の既成政党離れがおこってきたのも当然であった。しかも政界再編成そのものが思想・哲学・理念・政策ではなく、政治家たちの利害打算によるようになっては、政党不信・政治不信が強まり、選挙も政治家たちの政治的見識よりは単なる民衆的人気によるようになって来た気味がある。こうしたことが政党を軸にした議会制民主主義そのものの危機を意味するか、民主主義の新段階への胎動を意味するかは、なお慎重に見守る必要があるであろう。

いずれにせよ、民主主義法制のもとにおける法形成力としての政治的因子は、政党につきるものではない。むしろ、政党の背後にあってそれを支えるものとしての、また、ばあいによっては政党の枠をはみ出るものとしての、国民の政治的な力そのものが、もっと根本的なものとして存在するのは、いうまでもない。ことに選挙制度のいかんとえば選挙区についてのゲリマンダリング[17] (gerrymandering) ――によって国会に国民が真に代表されえないばあい、また、既存政党によって代表されえない国民層があるばあいなどにおいて、それは現実の問題となって現れる。選挙区の区割りの問題も、一面では選挙地盤の関係で政治家たちの直接の利害に関するが、本質的には適正な民意反映の問題として、国民の政治的な基本的人権に関するのである。周知のとおり、「一票の価値」の問題が何回となく訴訟となって最高裁判所まで行って争われたのは[18]、事柄の重要性を物語る。

国民大衆の政治的な力は、表現の自由[19]を手段として、法形成力となる。日本国憲法のもとでは、「集会、結社及び言論、出版その他一切の表現の自由」が保障され（憲法二一条）、法形成的な政治的活動は、きわめて広汎に法によって承認される。イギリスの憲法学者ダイシー（Albert Venn Dicey, 1835-1922）はとくに世論の法形成力を重視したが、世論は所与として存在するものではなくて、国民によって主体的に形成されるものであり、その形成にあたって表現の自由の果たす役割りはきわめて重要である。ウォルター・リップマン（Walter Lippmann, 1889-1974）の指摘するとおり[20]、世論は提供される情報のいかんによって左右され、その意味で政府による統制・操縦が可能だから、政府は世論をかくれみのに利用することさえもありうることを見逃してはならない。国民の側からいえば、それは「知る権利[21]」、情報の公開[22]の問題として重要性を帯びて来るのである。表現の自由をどこまでひろくみとめるかは、法形成に国民大衆の意思をどこまで反映させるかを意味し、その程度いかんは法の生命力に関係して来る。法は国民大衆の中に根をおろしていればいるほど、尽きぬ生命力をそこから汲み上げることができるし、国民大衆から絶縁された法は根を切られた樹木のように生命力が枯渇する。歴史法学派が法における民衆的要素を強調するのは、このような趣旨に理解されるかぎりにおいて、現代的意義をもつものといわなければならない。表現の自由を軽視する全体主義の法の脆弱性は、すでに折に触れて述べたところである。

もちろん表現の自由も無制約的なものではなく、表現の自由のみとめられる趣旨そのものの中に内在するところの制約に服しなければならない[23]。その意味で、法形成的な政治活動は「合法」でなければならないのは当然である。この問題は、デモ行進や政治的ストライキなどについて、とくにクローズ・アップされる。しかし、何をもって「合法」とするかは、裏をかえせば、まさしく、表現の自由の趣旨から割り出されなければならないのであり、その趣旨を逸脱して法形成的な政治活動に「不合法」のレッテルをはることになると、それは右に述べた法の民衆からの絶縁を意味することになるであろう。形骸化された「合法性」の論理によって「正統性（Legitimität）」が失われることの危険は、民主主義の正しい発展を期待する識者によって、しばしば指摘されるところである。[24] 民主主義のもとではたとえば労働争議については「暴力の行使」はいかなるばあいにも許されないが（労働組合法一条二項但書参照）、そのことを形式的に一般化しすぎてはならない。形の上で暴力的な態様をとるばあいでも、正当防衛、自救行為などの法理によって、合法視されることがありうる。憲法上本来保障されているはずの表現の自由が実質的に不当に制限されたばあいに、表現の自由の行使がその方法・態様において行きすぎの観を呈することがあっても性急にこれを不合法的なものときめつけるのは、[25] 憲法の精神にそうゆえんではなく、また、真に法秩序を安泰ならしめるゆえんでもないとおもわれる。しかし、さらにまた、その反面において、短絡的・衝動的に簡単に暴力的行動に出ることは、国民大衆の力を法形成的に有効に働かせる正しい道ではない。前にも引用した法が最良の「権力の政治（Politik der Gewalt）」だというイェーリングのことばは、かような文脈においても、味わうべきだとおもう。赤裸々な実力と実力との闘争では、つねに強い者勝ちである。それが法的な装おいをもつとき、はじめて弱者も強者に充分に立ち向かうことができるのである。

以上は主として法形成を念頭に置いて考察したが、ほぼ同様のことは法実現についてもあてはまるであろう。もちろん、法実現ことに司法過程は、一般的にいって、抽象的な法規範の存在を前提とするものであり、また、司法権独立ないし司法の政治的中立性の原則によって守られるものであるから、そこでは政治的因子の働きは正面には出ない。しかし、法実現も法形成の一局面だともいえるのであって、そこにも、すくなくとも事実上、政治的因子が——やはり法→政治→法→政治→法という循環を示しながら——働くのである。たとえば、近時における各種のいわゆる公害訴訟の成果は、あのような精力的な民衆運動なしにありえたかどうかは疑問であろう。もちろん裁判が民衆運動の政治的な力に屈したという意味ではない。民衆運動によって公害の実態が国民一般にも裁判所にも認識され、公害被害者に対する救済を要望する声が一部の民衆運動やジャーナリズムだけのものでなく国民一般のものであることが裁判所に認識された結果だという意味である。こうした民衆運動は立法の場面でみられる圧力団体と本質を同じくするものであるが、司法の性質上、裁判へ影響をあたえるプロセスは同一でないのである。逆に、また、裁判が政治的に営む機能も、ばあいによっては著大である。たとえば昭和四八（一九七三）年春闘の際のゼネ・ストにあたって、その直前に最高裁判所が公務員の争議行為の可罰性を——従来の判例を変更して——肯定する大法廷判決（いわゆる四・二五判決）(26)を宣告したことが、使用者側および捜査機関を含めて政府側を鼓舞する効果をもったのは想像にかたくない。

そうして、さらに、その反面において、内閣の最高裁判所裁判官任命についての考慮は、多分に政治的な色彩を帯びざるをえないことにもなる。これは日本にかぎったことではなく、アメリカ合衆国においても古くから顕著にみられる現象である。(27)かような司法組織への、三権相互抑制的見地からの政府からの牽制は、間接的にではあるがしかし効果的に、法実現の上に働きをもつことになる。ただ、司法は本来、非政治的なものであるべきことは、性質上も当然であり憲法によっても承認されているところであって、国家権力の側からにせよ、国民大衆の側からにせよ、政治的圧力は極力、拒否・回避されるべきである。裁判においても、卑近な政治的勢力の要求ではなく、勝義——すぐれた意味——における政治的要請が考慮されるべきことは、法および司法の任務からみて当然のことといわなければならない。

現代の社会は価値体系の分裂をもった多元的社会である。それは生物学的な層・経済的な層に根をおろしながら、政治的な層において表面化する。法形成ことに立法は、こうした多元的な政治的主張の対立・緊張・衝突の動的過程の中に実現される。それは対立する意見の妥協（しばしば政治的取引としての）によって実現されることもあろうが、むしろ、本質的には闘争によって実現される。法形成ごとに立法の過程は、妥協よりも闘争によって特徴づけられる。しかし、かようにして形成された法は、ともかくも多元的要求を統合したものとして、拠りどころとなる。したがって、かような法を前提とするところの法実現ごとに司法の過程は、立法過程に較べて対立的要素がすくなく、その意味で動的性格が弱いといえよう。しかし、抽象的法が闘争過程の所産であるということは、その中に矛盾・対立する諸契機を内在させているということであり、したがって、その解釈をめぐって、ふたたび多元的社会の諸要請が当然に立ち現れるべき性質をもっていることを意味する。もともと非政治的であるべき司法過程においても、政治的要素を完全に排除することができないのは、かように奥深いところに根ざしているものと考えられる。

(16)　ラートブルッフは個人価値（Individualwerte）・団体価値（Kollektivwerte）・作品価値（Werkwerte）という三種の価値に対応して個人主義（Individualismus）・超個人主義（Überindividualismus）・超人格主義（Transpersonalismus）の三種の主義をみとめ、それぞれの目的を標語的に、自由・国民・文化であるとする。かれの法哲学的政党理論（rechtsphilosophische Parteienlehre）は、かような基本的見解のもとに政党イデオロギーを分析・整序したものである。ここでは、その詳細に立ち入らないが、かれの所説の中で、注目される一、二の点を挙げれば、社会主義も法哲学的個人主義の一形式とされ、共産党宣言（一八四八年）の「各人の自由な発展がすべての者の自由な発展の条件であるような協同社会」という――自由主義的表現をもった――窮極目標が援用される。また、かれによれば、個人主義的政党イデオロギーは攻撃的イデオロギーであり、超個人主義的保守的政党イデオロギーは防禦的イデオロギーである。前者は合理的であり、後者は非合理的――歴史的・宗教的――である。ラートブルフ（碧海純一訳）『法学入門』一八頁以下、同（田中耕太郎訳）『法哲学』一七九頁以下、一九一頁以下。

(17)　アメリカのマサチューセッツ州知事であったゲリー（E. Gerry）なる人物が一八一二年に当時の民主共和党に有

利な選挙区制度を作り、その選挙区の形が不自然でサラマンダー（サンショウウオに似た伝説上の火の精）の形に似ていたところから、この種の選挙区をつくることをゲリマンダリング（ジェリマンダリング）と呼ぶようになった。

(18)　最判（大法廷）昭和五一年四月一四日民集三〇巻三号二二三頁、最判（大法廷）昭和五八年四月二七日民集三七巻三号三四五頁（団藤反対意見あり）、最判（大法廷）昭和五八年一一月七日民集三七巻九号一二四三頁（団藤反対意見あり）、最判（大法廷）昭和六〇年七月一七日民集三九巻五号一一〇〇頁。芦部信喜『憲法』（一九九三年）一一六頁以下参照。

(19)　表現の自由につき、芦部信喜『憲法』（一九九三年）一四〇頁以下。表現の自由の史的素描として、清水英夫『出版学と出版の自由』（一九九五年）一一一頁以下。

(20)　Walter Lippmann, *Public Opinion*, 1922, Paperback edition, 1990, p. 401. W・リップマン（掛川トミ子訳）『世論』下（岩波文庫）二六一頁。なお、団藤『死刑廃止論』（六版・二〇〇〇年）四三頁、五七頁参照。

(21)　「知る権利」につき、芦部信喜『憲法』（一九九三年）一四一頁以下。

(22)　情報公開法実現の機運は本書の旧版当時急速にたかまりつつあった。清水英夫「情報公開制度をめぐる昨今の動向」自由と正義四六巻五号（特集）（一九九五年）参照。その成果として、行政機関の保有する情報の公開に関する法律（平成一一年法律四二号、施行は平成一三年）、独立行政法人の保有する情報の公開に関する法律（平成一三年法律一四〇号、施行は平成一四年）。

(23)　ただ、内在的制約というだけでは基準がかならずしも明確でないところから、近時はアメリカの判例に由来する「二重基準（double standard）」の理論がひろく行なわれるようになっている。芦部信喜『憲法』（一九九三年）八七頁以下、一五三頁以下。

(24)　たとえば、福田歓一『現代政治と民主主義の原理』（一九七二年）三六一―三八七頁。

(25)　この点につき、たとえば、渡辺洋三『政治と法の間』（一九六三年）九一頁以下参照。

(26)　全農林警職法反対闘争事件、全農林長崎統計調査事務所事件および国労久留米駅事件についての最高裁大法廷判決昭和四八年四月二五日刑集二七巻四号五四七頁等。これは従来の判例――全逓東京中郵事件（最判〔大法廷〕昭和四一年一〇月二六日刑集二〇巻八号九〇一頁）、都教組勤評反対闘争事件（最判〔大法廷〕昭和四四年四月二日刑集二三巻五号三〇五頁）、全司法仙台事件（最判〔大法廷〕昭和四四年四月二日刑集二三巻五号六八五頁）が一定の要件のもとに公務員や公共企業体の職員の争議行為について可罰的違法性を否定していた――をくつがえしたものであった（全司法仙台事件の判例は形式的にも変更）。はたして、その後、全逓名古屋中郵事件判決（最判〔大法廷〕昭和五二年五月四日刑集三一巻三号一八二頁）にいたって、東京中郵事件の判例は正面から変更されるにいたった。これにはわたくしが反対意見を書いている（団藤『実践の法理と法理の実践』一九八六年・三八四頁以下、なお一三七頁以下、一七四頁以下、二六二頁以下参照）。

(27)　最近でいえば、リベラルであったウォレン・コート（Warren Court）から保守的色彩の濃いバーガー・コート（Burger Court）、さらにレーンクィスト・コート（Rehnquist Court）への移行がそれで、前者の時代の進歩的な憲法判例が後二者になってからいちじるしく後退しつつある。前者につき、アーチバルド・コックス（吉川精一＝山川洋一郎訳）『ウォレン・コート』（一九七〇年）。ちなみに、首席裁判官（日本流にいえば長官）への任命は、前者はアイゼンハウアー、後二者はそれぞれニクソン、レーガン各大統領によるものであった。この問題につき、なお、L. H. Tribe, *God Save This Honorable Court. How the Choice of Supreme Court Justices Shapes Our History*, 1985. これに関連して、ジャーナリストの書いたものだが、興味のある読み物として、Bob Woodward & Scott Armstrong, *The Brethren*, 1979. 邦訳、中村保男訳『ブレザレン』（一九八一年）。わが国の例については、団藤『実践の法理と法理の実践』（一九八六年）二六六頁参照。

第三　法　源[1]

(1)　牧野英一『民法の基本問題』第一編（一九二四年）、高柳賢三『英米法源理論』（全訂版・一九五六年）。

一　法源の意義

法源（fontes juris ; sources of law ; sources du droit ; Rechtsquellen）に三種類の意味があることをもっとも明確に説いたのは小野清一郎であった。哲学的法源・歴史的法源・形式的法源がこれである[2]。わたくしなりにいえば、第一に、哲学的意味における法源は法の効力ないし拘束性の根源であり、それが何であるかはまさに法哲学の問題である。あるいは自然法、あるいは正義、あるいは「法自体（droit en soi）」（ジェニー）、あるいは主権者（オースティン）、あるいは人民の総意等々、立場によってそれは種々のものでありうる。第二に、歴史的意味における法源は、法の発生・形成の淵源であり、法の発展をさかのぼってその淵源を求めるものである。それは法全体についても考えられるし、個々の法規や法制度についても考えられる。しかも、ひとつの法制度についてもその歴史的法源は決して単一的なものとはかぎらず、複数のもの、ばあいによっては法系をまったく異にする複数のものが、から み合った複合的なものでありうる。これをつきとめることは法史学の任務のひとつである。第三に、形式的意味における法源は法発見——後述のとおり実は、単なる「発見」ではない——の源泉で、普通に法源というときはこれを指す。たとえば、殺人罪に関する法が何かということは刑法一九九条の「人を殺した者は死刑又は無期若しくは五年以上の懲役に処する」という規定において発見される。すなわち殺人罪に関する形式的法源は刑法一九九条である。犯罪と刑罰とを規定するものとしては刑法典を主要なものとしてそれ以外におびただしい数にのぼる罰則がある。すなわち、刑法典その他の罰則が刑法の形式的法源である。

この三種の意味における法源は相互に無関係ではない。自然法が歴史的に発現するという見地をとるときは、哲学的法源と歴史的法源とは密接に結びつく。法が歴史の所産で法の解釈に歴史的由来をたずねる必要があるかぎり、歴史的法源と形式的法源とは無縁ではない。法の解釈に法の本質的なものにさかのぼって考察する必要があるとすれば、哲学的法源と形式的法源とは切り離すことができないし、もし、自然法や条理が裁判規範として働くものと解するときは、哲学的法源はそのまま形式的法源の一部をなすとさえいうことができる。小野が三種の法源を区別した上、それが「同時に内面的に密接な関連のある問題」であることを指摘しているのは、正当だというべきである。(3)

かように、形式的法源が哲学的および歴史的法源と結びつくものであることじたいが、実は法の動態の一面を示すものである。しかし、いまここで法源論を取り上げるのは、もっと単純な見地からであって、何が形式的法源であるかをあきらかにした上それとの関連において法の形成と法の実現とを考察しようとするだけのことである。

(2)　小野清一郎「刑法における法源」(同『刑法と法哲学』一九七一年・所収)。これは、ジェニー祝賀法源論集(一九三四年)に寄せられたフランス語論文の邦訳で、この祝賀論文集の全体が小野の見解を参考にして編別されている。――別に、川島武宜は、形式的法源のほかに、法資料認識の立場にとっての法源(たとえばCorpus juris civilisはローマ法学者が古代ローマ法を知るための認識資料として法源である)および法社会学の立場にとっての法源(国家法とくに裁判規範の内容を形成した社会的事実、たとえば慣習・学説など)を挙げる(川島『民法総則』一九六五年・一六頁)。法源の種類につき、高柳賢三『英米法源理論』(全訂版・一九五六年)四頁注七。

(3)　それと同時に、川島・前掲が、法源概念の混同が無用の論争を生じていることを指摘しているのをも忘れてはならない。

二　形式的法源の種類——制定法、慣習法、判例法、条理

第一に制定法が形式的法源になることはとくに説明を要しない。英米のようなコモン・ロー（common law）の国においてさえ、制定法の比重はますます大きくなって来ている。

英米の法制はコモン・ローと呼ばれる不文法を基本としていて、制定法はそれを修正・補充するために作られるだけである。ゲルダート（W. M. Geldart, 1870–1922）の説明を借りれば、「コモン・ローは、つくられたというよりもむしろ、うまれたものである。コモン・ローがいつ始まったか、はっきりした時期を指示することはできない。どこまでイギリスの判決録をさかのぼって行っても、裁判官はすべて、どのような立法者によってもつくられたものでないコモン・ローというものがそこに存在する、と仮定していることがわかる」（ゲルダート（末延三次訳）『イギリス法原理』一九五八年・二頁）。イギリスには、コモン・ローおよび制定法のほかになお、衡平法（equity）がある。これはもともとはコモン・ローの硬直化を緩和する任務をもったもので、大法官（Chancellor）が「国王の良心の保持者」として裁判をしたが、近代衡平法では倫理的色彩を残しながらも先例を尊重し法的な尺度によって裁判を行なうようになっている。コモン・ローは普通法裁判所によって、衡平法は衡平法裁判所によって運用される。かように、コモン・ローと衡平法とは別の体系になっているが、ひろい意味では、制定法に対して、この両者を含む非制定法ないし判例法をコモン・ローと呼ぶこともある。コモン・ローの国に対して、ローマ法系の成文法国をシヴィル・ロー（civil law）の国と呼ぶ。こうした特徴をもつ英法をヨーロッパ大陸法の学者の立場から考察した興味深い文献として、ラートブルフ（久保正幡ほか訳）『イギリス法の精神』（一九六七年）を挙げておこう。

第二に慣習法を挙げなければならない。歴史的には、慣習法は制定法に先立つものであった。現代では、技術的要求のため制定法のウェイトが格段に大きくなったが、慣習法が無意味になったわけでないのはもちろんである。国内法として、民事ことに商事における慣習法の重要性については、慣習法の形成の項で立ち入って論じることに

しよう。制定法と慣習法との効力の優劣の問題についても、そこで述べる。刑事については、罪刑法定主義によって、慣習法は直接の法源にはなりえないが、間接には種々の意味をもつ。国際法の領域では慣習法は国際条約と並んでもっとも重要な法源である。

第三に、判例法（case law）を考えよう。コモン・ローの国では、判例法が法の根幹をなすものであることは、さきに述べたとおりである。英米でも判例は変更を許されないわけではない。一九世紀の中ごろから先例に絶対的拘束力のみとめられていたイギリスでも、近年になって（一九六六年）、判例の変更がみとめられることになったそうである。(4) わが国ではもちろん判例の変更がみとめられるが（刑訴四一〇条二項参照）、このことは判例の法源性を否定する理由にはならない。わが国のような成文法国においても、判例はまさしく「生きた法」であり「働いている法（law in action）」（パウンド Roscoe Pound, 1870-1964）である。法律の条文そのものは「生きた法」ではなく、判例――下級審の判例を含めて――をみることによって、はじめて「生きた法」・「働いている法」がわかる。なるほど、わが国では、判例に厳密な意味での法的拘束力はみとめられない。上級裁判所の裁判における判断は当の事件について下級裁判所を法的に拘束するが（裁判所法四条）、これも先例としての意味においてではない。しかし、実務的には先例ことに最高裁判所の判例には事実上の強い拘束力がみとめられている(5)（なお、刑訴四〇五条二号・三号、民訴規則一九二条参照）。判例には法形成的な機能があるものとみなければならない。しかも、それは単なる法社会学的な事実だというだけではなく、法的安定性および法における平等という法そのものの根本的な要請にもとづくものである。かような意味で、わが国の法制のもとでも、判例に――制定法や慣習法に対する関係では第二次的な――法源性をみとめるべきだとおもう。(6)(7) これは、刑法以外の領域については、現在では、すでにかなり有力な学説になっているといっても過言ではあるまい。ところが、刑法の領域では、いうまでもなく罪刑法定主義が支配するので、他の成文法国におけると同様に、判例の法源性は否定されている。これは当然のことである。しかし、ひるがえって考えれば、刑法の領域においても、判例の営む機能はきわめて重要である。それは、あくまで成文法の規定の範囲内でなければならないが、その範囲内において、たとえば、犯罪構成要件の規定の解釈を固めて行く——犯罪定型を固めて行く——のは、まさしく判例の任務である。民事の領域では判例の機能は成文法の規定の範囲内に限定されないのに対して、刑事の領域では厳密にその範囲内に限定されるというちがいがあるだけで、判例が法的安定性に寄与する点では、かわりがないのではないか。罪刑法定主義は犯罪の定型化を要請する。ところが法律の規定だけでは、いくら精密な表現を用いて犯罪の成立要件を記述しても、犯罪の定型は抽象的にしかきめられない。個々の具体的事案に即して裁判所が下す判断の集積によって、はじめて犯罪定型の具体的内容が形成されて行くのである。判例にかような意味における形成的機能をみとめることは、罪刑法定主義に反するものでないばかりか、実はむしろ、罪刑法定主義の要請するところだとさえいうべきである。そのほか犯罪の成立や可罰性を否定する方向に向かっての判例の機能も、罪刑法定主義と矛盾するものではない。わたくしは、かような意味と限度において、刑法の領域においても、判例の法源性を主張したいとおもう。(8)フランス民法典（いわゆるナポレオン法典）の起草者の一人として有名なポルタリス（Jean-Etienne-Marie Portalis, 1746–1807）は、民法について判例の必要性を強調した。この法典について注釈書が出たことがナポレオンを嘆かせたと伝えられるくらいであるから、判例についてのポルタリスの見識は卓越していたといわなければならない。しかも、このポルタリスでさえも、刑法については判例の必要性をまったく否定した。(9)これは、判例法が法的安定性に役立つ方面の機能を充分に認識しなかったことによるのではないかとおもわれる。ただ、くりかえしていえば、刑法の領域では、法律の規定をこえて犯罪や刑罰をみとめることは絶対に許されないのである。ところが、実際には、その限界を逸脱しているかにみえる判例が、しかも将来にわたって変更の見込みがほとんどないほどの根強さをもって、確定しているばあいがある（たとえば共謀共同正犯の判例[10]）。

慣習法が民衆のあいだに発生する民衆法（Volksrecht）だとすれば、判例法は法曹の手によって形成される法曹法（Juristenrecht）だといえよう。しかし、判例は、具体的な事案に即してなされる裁判の集積であるから、制定法じたいに較べて事実の面に近接しており、慣習法にやや近い性質をもっている。

第四に条理がある。明治八年太政官布告一〇三号裁判事務心得——これは現在にいたるまで廃止されていない——の三条には、「民事の裁判に成文の法律なきものは習慣に依り習慣なきものは条理を推考して裁判すべし」という規定があり、民事裁判について「法の欠如（Lücken im Recht ; lacune du droit）」があるばあいに条理によるべきことがうたわれている。罪刑法定主義の支配する刑法では罰則の欠如は当の行為につき犯罪の成立を否定する趣旨であるから、それは「法の欠如」ではない。ところが、民事裁判では、法の欠如があっても当事者に対して裁判の拒否[11]（フランス民法四条）をすることはできず（憲法三二条参照）、また、当然に原告を敗訴にすることももちろん法の趣旨ではない。スイス民法一条二項は、かようなばあいについて、「裁判官がみずから立法者であったならば定めたであろうような法則にしたがって」裁判をするべきものと規定している[12]。わが国の裁判事務心得の規定も、結局は、同趣旨と解される。それは、単に当の具体的事案の妥当な解決をはかるというだけではなく、法秩序全体の趣旨から——ことに関係法規との調和を考慮して——法の穴を埋める操作であり、ここでは、つまりは、形式的法源と哲学的法源とは一致することになるといってよいであろう。他面からいえば、法の穴を埋める操作は、結局は、法全体——ことに当の問題に関連する諸法規——の解釈の問題で、その解釈にあたって法の最高原理が援用されるのだといってもよい[13]。したがって、条理を独立の法源とみとめるかどうかは、実質的な問題ではなく、多分に用語ないし考え方の問題である。

第五に学説の法源性の問題がある。歴史的にみると、ローマ帝政期には法学者に皇帝の権威にもとづいて法律を解答する権（ius respondendi）があたえられ、ハドリアーヌス帝の時代になると解答権を有する法学者の意見が合致するときは、これに法律の効力がみとめられたという。[14] 刑法の領域においてさえ、一七世紀のザクセンでは、ライプチッヒ大学の正教授であったカルプツォウ（Benedict Carpzov, 1595-1638）の著書『プラクティカ・ノーヴァ』は一世紀以上にわたってほとんど法典と同じ効力をみとめられていたそうである。[15] 現代には、そういうことはない。もちろん、現代においても、学説は裁判所が裁判をするにあたって法を解釈するについての――あるいは法の欠如のばあいに何が条理の命じるところであるかを見出すについての――重要な参考資料となり、[16][17] 判例法形成の有力な因子となる。しかしそれは学説を形式的な法源と考える理由にはならない。

（4） 田中英夫「判例とは何か」法学教室（第二期）（ジュリスト別冊）（一九七三年）二〇三頁。

（5） 中野次雄「判例の拘束力についての一考察」判例タイムズ一五〇号（一九六三年）。ただし、判例の法源性を否定する。なお、中野次雄編『判例とその読み方』（改訂版）（二〇〇二年）。

（6） 明治八年太政官布告一〇三号裁判事務心得（一六九頁参照）の四条が「裁判官の裁判したる言渡を以て将来に例行する一般の定規とすることを得ず」と規定しているのも、ここでいう意味の判例の法源性を否定するものとは考えられない。

（7） もっとも、法技術的なレベルで考えるばあいに、たとえば、上告審で原判決を破棄するときに、「判例」違反を「判例法」違反の意味において「法令」違反として取り扱うかどうかは、別問題と考えてよいであろう。わが国の実務では、かような意味では判例は法源とはみとめられていない。やや専門的になりすぎるが、たとえば、上告裁判所が、判例にしたがってなされた原判決を、判例を変更して、破棄するときは、「法令の解釈適用を誤った」ものという理由で破棄するのである（たとえば、最判〔大法廷〕昭和四四年六月二五日刑集二三巻七号九七五頁）。

(8)　簡単には、団藤「刑法の判例」別冊ジュリスト二七号（一九七〇年）に、その趣旨を述べておいた。詳細については、Dando, Das Legalitätsprinzip und die Rolle der Rechtsprechung und der Theorien. Zugleich zur Methodik der Strafgesetzgebung, in: *Festschrift für Ernst Heinitz*, 1972.

(9)　ポルタリス（野田良之訳）『民法典序論』（一九四七年）一八頁。

(10)　ここは、参考のために、旧著の字句をしばらくそのまま残しておく。実は、共謀共同正犯については、わたくし自身、その後、態度を多少修正するにいたった（最高裁〔第一小法廷〕決定昭和五七年七月一六日刑集三六巻六号六九五頁におけるわたくしの意見）。団藤『実践の法理と法理の実践』（一九八六年）四三頁、二二〇―二二三頁、四四三―四五六頁参照。

(11)　裁判の拒否については、ポルタリスの次の叙述を参照。「裁判官は法律に服従すべきであって、法律を解釈することは彼等に禁ぜられていると言う格率に則って、法律が欠けていたり、或は既存の法律が不明瞭に思われるときはいつも、この数年来裁判所は立法諮問（référé）の方法によって、訴訟当事者を立法権へと移送して来たのであった。破毀裁判所は常にこれを裁判拒否罪としてその濫用を抑制して来た」（野田訳・前掲『民法典序論』一九頁）。なお、旧刑法二八三条（ボワソナード草案三一八条）。

(12)　それ以外に、外国の立法例としては、オーストリア普通民法典七条（「自然的な法原則」）、イタリア法例三条二項（「法の一般的原理」）などが、しばしば引き合いに出される。なお、わが旧民法証拠編九条（「条理と公道との普通原則」）。

(13)　たとえば、「一票の価値」の問題のリーディング・ケースとなった最高裁判所（大法廷）判決昭和五一年四月一四日民集三〇巻三号二二三頁は、当の事案について、投票価値の平等に反するとして違憲と認めながら、「事情判決」（行政事件訴訟法三一条）の法理を「一般的な法の基本原則」に基づくものとして適用し、選挙を無効とせず違法の宣言をするにとどめた（芦部信喜『憲法』〔一九九三年〕一一九頁、三〇三頁参照）。ちなみに、事情判決の運用はその後やや安易に流れた気味がある（わたくしがその後の同旨判決に反対意見をつけたのはその趣旨であった。最判（大法廷）昭和五八年四月二七日民集三七巻三号三四五頁、最判（大法廷）昭和五八年一一月七日民集三七巻九号一二四三頁）。

（14）　原田慶吉『ローマ法』上巻（一九四九年）一七頁。

（15）　Robert v. Hippel, *Deutsches Strafrecht*, Bd. 1, 1925, S. 228.

（16）　最高裁判所では事件の審理にあたって裁判所調査官による報告書が提出されて審議の資料に供されるが、それには学説（ばあいによると外国の学説も）が詳細に記載されるのが通例である。下級審でも裁判官が学説を参考にするのは、いうまでもない。

（17）　たとえば、わたくしなどの学説でさえ、最高裁判所の判例に採用されることは、かならずしも珍しいことではなく、ばあいによっては、わたくしの著書の文章がそのまま判旨に採用されたことさえある（非常上告に関する刑訴四五八条一号・旧刑訴五二〇条一号の解釈について、団藤『刑事訴訟法綱要』〔一九三三年〕七一五頁は、「事件につき更に為さるべき判決が原判決より利益となることが法律上明白な場合をいふものと解する」としたが、これは、まったく、このままの形で、最判〔二小〕昭和二六年一二月二一日刑集五巻一三号二六〇七頁の判旨になっている）。

第二節　法の形成(1)

（1）　田中英夫『法形成過程』（一九八七年）。

右に述べた形式的法源の中で、その形成が問題になるのは、制定法、慣習法、判例法の三者である。

第一　制定法の形成――立法過程[1]

（1）新《あたらし》正幸『憲法と立法過程――立法過程法学序説――』（一九八八年）、小林直樹『立法学研究――理論と動態――』（一九八四年）、山田晟『立法学序説』（一九九四年）、小野清一郎「立法過程の理論」（同『刑法と法哲学』一九七一年・所収）、芦部信喜編『岩波講座現代法3　現代の立法』（一九六五年）。なお、後出二五二頁注（5）に掲出の文献参照。

一　総　説

制定法には憲法、法律、条約[2]、命令、条例、規則など種々のものがあることは前述のとおりであるが、ここでは、それらの中で「法律」に焦点をあわせてその制定過程を考察することにしよう。しかし、法律について以下に述べるところは、おなじく国会の承認を必要とするところの条約（憲法七三条三号）にもある程度まであてはまるし、また、地方議会の議決によって制定される条例（憲法九四条、地方自治法一四条・九六条）にも類推されうるであろう。政令以下の命令の制定は、それじたい行政過程であるが、ことに委任命令（憲法七三条六号、内閣法一一条等）の関係で、立法過程の延長線上にある。のちに述べるように、法律案の立案も所管省庁によって行なわれるかぎりは行政過程であるから、立法過程は、多くの面で行政過程と競合するわけである。また、裁判所の違憲審査権による法令審査も、それじたいは司法過程だが、立法過程の延長線上にあるし、また、立法の際にも違憲判決が予想されるような内容のものを作ることはできないから立法過程そのものを制約する機能を営んでいる。かようにして、立法過程、行政過程、司法過程は相互にからみあった関係にある[3]。

（2）ここでは、国内法としての条約である。条約は公布（憲法七条一号）によって国内法としての効力を発生する。

(3)　判例法の形成が立法の原動力となることもある。たとえば、仮登記担保契約に関する最高裁判所の大法廷判決(昭和四九年一〇月二三日民集二八巻七号一四七三頁)は、従来の判例を集成したものであったが、やがて「仮登記担保契約に関する法律」(昭和五三年法律七八号)となって結実した。――なお、違憲判決が立法に直接に影響することは、いうまでもない。たとえば、第三者没収の違憲判決(最判〔大法廷〕昭和三七年一一月二八日刑集一六巻一一号一五七七頁等)を受けて「刑事事件における第三者所有物の没収手続に関する応急措置法」(昭和三八年法律一三八号)が制定され、また、衆議院議員の定数に関する違憲判決(最判〔大法廷〕昭和六〇年七月一七日民集三九巻五号一一〇〇頁――形式的には当該選挙の違法を宣言するにとどめた原審判断の是認)を受けて公職選挙法の議員定数が改正された(昭和六一年法律六七号)。

二　立法の法的機構

まず、説明の順序として立法の法的な仕組みを略述しておこう。いうまでもなく、国会が「国権の最高機関であつて、国の唯一の立法機関である」(憲法四一条)。法律案は、憲法に特別の規定があるばあいを除いては、衆議院・参議院の両院で可決したとき法律となる(憲法五九条)。法律案は議員の発議または委員会の提出によるばあい(国会法五六条・五〇条の二)(いわゆる議員立法)と、内閣が提出するばあい(憲法七二条)とがあるが、実際には後者が圧倒的に多い。法律案は本会議に付される前に法務委員会その他適当の委員会の審査を経るのが原則である(国会法五六条)。詳細については、憲法のほか国会法、衆議院規則、参議院規則等に規定が置かれている。

法律案が国会にかかるのには、右に述べたように二つの途がある。第一は、議員の発議または委員会の提出によるのであって、かような法律案の立案に資するために、両議院に法制局が置かれている(ちなみに、常任委員会にかかったばあいのためには、専門員・調査員の制度がある)。第二は、内閣の提出によるのであって、そのために内閣法制局が設けられている(内閣法制局設置法)(4)。内閣提出法律案の立案は普通は所管省庁による。たとえば、司法制度および法務に関する法律案の作成は法務省で行なわれる。法律案の大部分は、前述のとおり、内閣提出にかかるものであるから、立法過程における行政官僚の役割りは著大である。所管省庁（ばあいによっては内閣）には諮問機関としての審議会（ばあいによっては調査会）が置かれていることが多い。たとえば、法務省には法制審議会があり、下部組織として民法、商法、刑事法等の部会が設けられている。審議会は諮問機関にすぎないから、その答申は政府を拘束しない。所管省庁で立案された法律案は閣議にかけられて内閣提出法律案となるのであるが、政党内閣制度である以上、おそくともこの段階で、政府与党の諒承が得られなければならないし、ばあいによっては最初から政党側の発意によって各省庁の事務当局に立案が命じられることもある。

（4）　新憲法発足当時の法制としては、アメリカの影響のもとに、法律問題に関する政府の最高顧問として法務総裁――アメリカの《Attorney General》に相当する――を長とする法務庁――のち法務府――が設置された（昭和二二年法律一九三号、法務庁設置法）。昭和二七（一九五二）年に各省と同列の法務省に切りかえられ、それとともに、内閣に法制局が設けられたのであった。

三　国民主権と立法

右に述べたとおり、国の唯一の立法機関は、国権の最高機関としての国会であり、国会両議院は、「全国民を代表する選挙された議員」で組織されるのであって（憲法四三条）、国会は、主権者たる国民（憲法前文・一条）を代表するものとして立法にあたるのが、憲法のたてまえである。かような憲法のたてまえが実現されるためには、第一に国会が「全国民を代表」するような実質をそなえなければならないし、第二に国会の運営が正常に行なわれていなければならない。むろん、かような理想と現実とのあいだに距離ができるのは必然的であるが、その距離が大きければ大きいほど、国民の側からの政治的な力は国会外で――ばあいによっては生まの実力として――発揮されざるをえなくなり、それが極度に達すれば議会制民主主義の終焉を意味することになる。

そこで第一に問題になるのが選挙制度であって、選挙制度のいかんが議会制の死命を制するといっても過言ではない。はたして現在の選挙制度が「全国民を代表する選挙された議員」の要請を充たすものといえるか。新憲法によって男女平等の普通選挙が保障[5]されているから（憲法一五条・四四条、公職選挙法九条）、形の上では、これに対する答えは一応は「しかり」である。しかし、選挙の実態がかような理想とあまりにもかけはなれていることは、いうまでもない。何よりも、選挙で物をいうのは、かねと情実である。公職選挙法一条は、「選挙が選挙人の自由に表明せる意思によつて公明且つ適正に行われることを確保し、もつて民主政治の健全な発達を期することを目的とする」とうたっているが、そこには空虚なひびきがある。この法律は選挙運動について罰則つきのきびしい取締規定を設けているが、違反の検挙件数が多い割りには期待された効果を充分に挙げていないばかりか、反面において行きすぎた取締規定は選挙の自由を阻害し選挙民の政治意識の向上をさまたげている面さえある。このことはたとえばイギリスの選挙の実際を見た者には、思い半ばにすぎるであろう。[6]政党や政治団体をめぐるかねの動きについては、さらに、政治資金規正法（昭和二三年法律一九四号）に詳細な規定が設けられているが、おそらく実際にこの法律によって規正されるのは氷山の一角にちがいない。選挙制度はきわめて技術的なものでありながら、そのわずかな変動も大きな政治的効果と結びつく。選挙制度審議会（昭和三六年法律一一九号、選挙制度審議会設置法）の累次の努力にもかかわらず、期待されるような改正が実現しないのは、結局、政府・与党が自己の利益に反する改正をするはずがないからである。[7]「誰が番人の番をするか（Quis custodiet custodes?）」という格言はここにもあてはまる。このばあい、実は、番人の番をするのは、国民であり、その武器は表現の自由であり、その場は国会だけに限定されない。立法の問題は、かようにして、まず、立法機関の問題だけにしぼって考えても、ひろい裾野をもっており、最後は国民の主体性の問題に帰着する。

第二に、国会は正常に機能しているか。これに対する答えは、見る人によってさまざまであろうが、おそらく、現在の国会のあり方にもっとも好意的な見方をする人でも、国会の運営がしばしば異常な様相――強行採決、審議の拒否、議場での乱闘――を呈することのあるのを否定しないであろう。こうした異常事態の発生の原因は具体的なケースによって異なるのはもちろんだが、見る人の立場の相違によって、あるいは政府・与党の罪に帰し、あるいは野党の責任に持って行くであろう。しかし、いずれにせよ、われわれは事態の背後にあるものをつきとめなければ、表面的な法的見地だけで、軽率にその判断をすることはできない。しかも、このことは、国会がはたして「全国民を代表」するものになっているかどうかの点とも、深いかかわりをもっているのである。

ところで、以上では、憲法の用語をそのまま使って「全国民」といったが、実は、「全国民」という観念そのものに問題がある。日本国民は、前にも述べたように、人種的、歴史的、文化的、言語的等々、あらゆる見地からみて、世界でも有数のすぐれた統合性をもった国民であることはいうまでもない。しかし、そのことは、日本社会も、また、経済的・社会的条件を背景として、多かれ少なかれ価値体系の分裂をもった多元的社会であることを否定する理由にはならないし、また、かようなものであるがゆえにこそ、社会の進歩発展もありうるのではないか。ここでは詳論する余裕がないが、「全国民」を国会が代表するとはいっても、それは、いわば動的なものとしてのみいえることであり、その中に、すでに多分に力関係が含蓄されているのである。主権在民の見地からするところの立法の過程は、かようにして、本来的に政治過程としての性格をになっている。立法過程が政治過程であるのは、前述のような国会のあり方に由来する病理的側面をもっているが、むしろ、もともと生理的・正常的なものだといわなければならない。

（5）　わが国ではじめて普通選挙がみとめられたのは大正一四（一九二五）年、女子にも選挙権がみとめられたのは昭和二〇（一九四五）年であった。

（6）　わたくしがかつて故市川房枝女史（1893-1981）とともにイギリスの総選挙を視察したときの模様につき、団藤『刑法紀行』（一九六七年）一四九頁以下。

（7）　ようやく一九九四年になって、政治改革法の一環として公職選挙法の改正が行なわれ、衆議院への小選挙区・比例代表並立制の導入を含む——実に六九年振りという——大改正が実現した。

四　立法過程(8)——（その一）政治過程としての立法過程

立法過程（legislative process）というのは、後述の司法過程（judicial process）に対応する観念で、いかにして法が作られるかをそこに働く諸因子の解明を通してあきらかにしようとするものである。司法過程が法の存在を前提とする法実現の過程であるのに対して、立法過程は、憲法を前提とするとはいえ、法そのものを作り出す過程であるから、両者のあいだに大きな差異があるのは当然であって、立法過程は司法過程に較べてはるかに政治的要素が強く、すくなくとも現象的には、ほとんど政治過程そのものだといってもよいくらいである。

まず、立法の本来の場であるところの国会での審議が政党政治によるものであることは、もちろんである。本来ならば、ラートブルッフの政党理論にひとつの典型がみられるような各政党の世界観が基準となって、当の法律案の内容が検討され、その上で、多数決によって採否がきめられるべきであろう。実際に、ことに両議院の委員会における審査の段階では、こうした真剣な審議が行なわれるし、また、民意や専門家の意見を反映させるため、公述人・参考人の意見がきかれることもすくなくない。しかし、政治の場である以上、すべてがかような合理的な形で行なわれることはとうてい期待されないのであって、前述のような国会運営の異常事態のばあいを論外としても、法律案が政治的取引きの道具にされることは決して稀れではない。だから、国会での審議は——委員会での審議を含めて——むしろ多分にセレモニー的なものであり、法律案の運命は、国会にかかってからでさえも、国民の眼のとどかない政治的折衝の舞台裏できまることが多いのである。

法律案が国会にかかる前の立案の段階をみると、ことに所管省庁において行政官僚の手で立案が行なわれるばあいには、行政官僚は「全体の奉仕者であつて、一部の奉仕者ではない」（憲法一五条）という中立性の意識をすくなくとも主観的にはもっているのが普通であるし、しかも、行政官僚は行政実務の技術的専門家として簡単には政治的容喙を許さない実力をもっているから、その立案は一応は政治の場から一歩退いたところで行なわれるといってよいであろう。しかし、かれらは所詮は「事務当局」であるから内閣の意向は「至上命令」であるし、また、直接に外部から圧力団体その他の働きかけを受けることによって、政治的影響を受けることがあるのは免れない。

こうした立法過程への政治的な働きかけは、種々の角度から考察されうる。第一に、働きかけの利益主体の見地からみて、資本家・労働者といった経済的階級からはじまって個々の利益集団——職業的、地域的、身分的、等々の——にいたるまで、種々さまざまなものがある。資本家からの働きかけは、保守政党との財政面を含めた癒着によってきわめて平穏裡に行なわれるのが普通である。高級官僚をも含めた「三角同盟」が指摘されることもある。労働者からの働きかけは、革新政党を通して行なわれるが、それ以外に陳情、示威行進、政治ストなどの方法で、もっと直接的に——しばしば闘争的に——行なわれる。

第二に働きかけの方法からみると、右に述べたようなものを含めて、あらゆる態様のものがある。マス・メディアの利用や示威行進・署名運動などは、憲法の保障する表現の自由の趣旨からいって、立法過程への働きかけとして、もっとも正常なものに属する（暴力的な行動がその範囲を逸脱するものであることはもちろんである）。圧力団体の活動や陳情運動も、法律案立案の最初の段階（たとえば、ある法律を作れという運動）からはじまって、国会審議の最後の段階にいたるまで、また、立案の中枢的な役割りをもつ機関に対するものから末端的な機関に対するものにいたるまで（たとえば立案省庁の事務官や審議会の委員に対してまで）、行なわれる。ロビーイング（lobbying）ということばがあるが、議会の控室へ陳情に行くことである。ばあいによると、贈収賄が結びついて刑事事件になることさえある。かように、立法過程への政治的な働きかけは――合法的なものから非合法のものにいたるまで――多種多様であり、それは、その法律案の種類――たとえば政治立法、治安立法、社会保障立法、業者立法等々――によっても態様が異なって来る。

五　立法過程――（その二）手続面と実体面（法律の実体形成[9]）

最初の立案の段階から国会審議の最終の段階まで、立法の手続――法的手続だけでなく立法をめぐる事実的な諸活動を含めて――が進められるにしたがって、ひとつの法律（となるべきもの）の内容が次第に形成されて行く。逆に、法律（となるべきもの）の内容が形成されて行くにしたがって、それをめぐる法的手続および政治活動（たとえば修正に対する政治的反応）にも影響をあたえる。両者は、内容と形式、目的と手段の関係に立ちながら、相互にからみ合って発展して行く。それは、後述のようにわたくしがザウアーの影響のもとに訴訟を実体面（実体形成過程）と手続面（手続形成過程）に分析したのと、ある程度まで相似の関係にある。かような個々の立法過程における内容的な面を、ここでは法律の実体形成と呼ぶことにする。立法過程についてこの用語を用いたのは小野清一郎であって、その意味では、ここでは小野の用例を襲用することになる（もっとも、小野のばあいは、この観念にはるかに精神的な内容が盛りこまれている点に、強い特色がある）。

手続の二段階に対応して、法律の実体形成も大きく二段階に分かれる。第一は法律案の作成の段階であり、第二は法律案を対象とする国会審議の段階である。

法律案の作成の段階で、まず、行なわれなければならないのは、法律案を作成するかどうか、作成するとすればどのような内容のものにするかという政策決定である。それは最高法規としての憲法の制約のもとに立つのはもちろんであるし、また、それ以外にも、後述のとおり、実質的な多くの制約を受けるが、しかし、すこし誇張した比喩でいえば、白紙に絵をかくようなものである。これは、法の存在を前提としてその実現のために行なわれる司法過程のばあいと、大きく異なる点である。政策決定に伴って要綱が作られ条文作成の作業[10]が進められる。法律案作成の途中でも、政策の変更その他の事情で——あるばあいには主動的に、あるばあいには他からの働きかけに応じて受動的に——内容が三転四転することは珍しいことではない。その内容は、立案の途中の段階で公表されることもあるが、普通は部外者には知らされない[11]。

国会に法律案がかかったのちは、その法律案が審議の対象である。内閣から提出された法律案は、もはや内閣が勝手に修正・撤回することはできなくなる（国会法五九条）。法律案については、委員会段階で委員から修正案が出されることもあるし（衆議院規則四七条、参議院規則四六条）、本会議で修正の動議が出されることもある（国会法五七条、衆議院規則一四三条、参議院規則一二五条・一二八条）。法律案を甲議院で可決、修正または否決したばあいの、乙議院との関係については、種々の規定が置かれている（憲法五九条、国会法八三条以下等）。法律案は、委員会段階で廃案とされることもあるし（国会法五六条四項）、また、ある会期で審査を終わらなくても、各議院の議決によって、継続審査がみとめられることがある（国会法四七条・六八条・八三条の四）。以上は、ひとつの法律案についての経過であるが、ばあいによっては、甲法律案に対抗して、同じ問題について乙法律案が発議・提出されることもある。たとえば政府提出案に対して野党議員から別の法律案を発議し、甲政党の議員の発議した法律案に対して乙政党議員から別の法律案を発議するなどがこれで、実質的には、おなじ法律の一連の実体形成とみることができる。

以上のような法律の実体形成は、立案にあたる人たちおよび審議にあたる人たち（国会議員）の心理過程によって裏づけられる。それら各人の心理過程は、さらにその背後にある性格学的・生物学的要素や環境的要素によって制約されるとともに、また、各人の人格の主体的な面がそこに働くことも見逃すことはできない。政治過程としての立法過程について前段に論じたことは、こうした消息をも含蓄している。ことに国会審議の段階における国会議員については、他からの働きかけによる受動的な反応と同時に、みずからの主体的な立場からの決断や行動が要請されるし、また、実際に多かれ少なかれそういうことがあるにちがいない。ドイツ連邦共和国の基本法（ボン基本法）（三八条）は、連邦議会の議員について、「ただかれらの良心にのみ服する」ことを明文で規定している。かれらの「良心」は、所属政党の方針にしたがうことを命じることが多いであろうが、窮極的にかれら自身の「良心」にしたがうべきものとされていることは、立法過程における主体的要素の重要なひとつを示すものである。国会議員についてこうした良心条項を欠くわが憲法のもとにおいても、事柄の性質上、おなじことが妥当するものと考える。国会審議が多数決原理に支配されることと、このこととは、なんら矛盾するものでないのはもちろんである。なお、立法過程における主体性の原理は、こうした立案者や審議にあたる国会議員の主体性につきるものでなく、国民の側からの種々の形における主体的な働きかけに、もっと重要な点があることは、ここに繰り返えすまでもあるまい。

わたくしは、さきに、立法は白紙に絵をかくようなものだと書いたが、これには重要な留保が必要なのはいうまでもない。なるほど、どんなばあいでも、立法にあたっての政策決定には、かならず自由裁量の余地がある。たとえば、憲法の要請を受けて立法するばあいや国際法上の義務を果たすために立法するばあいでさえも、どのような内容のものにするかについて、多かれ少なかれ政策的考慮が必要である。(12) まして、一般のばあいには、自由裁量の範囲はきわめてひろい。伝統的な法理論や法概念で説明がつかないような規定を設けることも、事柄次第ではすこしもさしつかえない。ことに新しい法領域における立法については、つねにそうである。法政策一般については、なお後述する（三三五頁）。

しかし、法の発展・形成は、社会の深い層に根ざしているとみるべきことは、前述のとおりである。立法過程は現象的にはほとんど政治過程といってもよいくらいであるが、政治的因子の背後には経済的因子があり、さらにその深層に生物学的因子がある。かような「事物の本性」ともいうべきものは、積極面においては法の発展・形成の原動力であると同時に、消極面においてはこれを制約するものである。「事物の本性」に反するような立法は、やがては失敗に帰するであろう。生物学的因子は人間そのものであり、したがって、人間の精神的なものとも不可分に結びついている。経済的因子・政治的因子にも、やはり、こうした精神的な面が結びついているとおもう。かようにして「事物の本性」は、また、「人間の本性」と結びつく。前にも触れたとおり、両者は別のものではなく、むしろひとつのものではあるまいか。立法には、こうした本質的な制約がある。しかも、こうした本質的なものは、社会の発展段階に応じて、現象的には異なるものを要請する。その意味で、立法の最高原理といったものも、社会的・歴史的相対性をもつ。立法にあたっては、その立法の際における社会的・歴史的情況にかんがみて何が本質的要請であるかを見きわめなければならない。古代においてはソロン（Solon）(13) のような賢者に立法者としての英智が期待された。現代においては、それは国会や、まして法律案の立案者には――要請はされるが――期待されえない。主権在民とか議会制民主主義とかが形骸化されないようにする努力のもとに、国民全体が主体的に働くところにこそ、かような立法者としての英智が期待されうるというべきであろう。(14) 立法過程が動的・主体的なものであるということの含意は、かようにして、きわめて深遠だといわなければならない。

(8) 立法過程についての小野清一郎『刑法と法哲学』（一九七一年）八三頁―一三七頁の所説は、面白い。

(9) 新《あたらし》正幸「法律の実体形成――立法行為の体系試論」法律時報五〇巻八号（一九七八年）（同『憲法と立法過程――立法過程法学序説』一九八八年・所収）。これは訴訟法理論――特にわたくしのそれ――を立法過程論の上に展開してその体系化を試みたもので、注目に値する。

(10) 条文の作成は、高度の正確性を期する必要があるため、きわめて技術的なものであり、法令用語には、一般の国語と異なる種々の約束がある。一例を挙げれば、「若しくは」「及び」は小括弧、「又は」「並びに」は大括弧でくくるときに用いる（「『A若しくはB』又は『C若しくはD』」、「『A及びB』並びに『C及びD』」）。もう一つの例を挙げれば、一年「以上」、一年「以下」というのは一年を含んでそれより上、または下の意味であり、一年「を超える」、一年「未満」というのは一年を含まないでそれより上、または下を意味する。だから、たとえば、拘留の刑が「三十日未満」とされるのは（刑法一六条）、最高二十九日の意味であり、窃盗罪について「十年以下の懲役」が規定されているのは（刑法二三五条）、最高十年の懲役に処することができるという意味である。もう一つ例を挙げれば、普通「意志」と書くところを法律では「意思」という字を使う。これについては、渡辺五作「『意志』と『意思』の起源」ジュリスト六八六号（一九七九・三・一五）。――小野清一郎はシュテルンベルク（Theodor Sternberg, 1876-1950）やラートブルッフにならって「法の美学（Ästhetik des Rechts）」を論じており（小野『刑法と法哲学』一九七一年・所収）、これは法における人間的なものの深奥に触れている点で味わうべき論述である。ただ、小野は進んで、立法の際の条文作成についても、体裁の美を要求しているが、もしそれが内容の正確性をすこしでも犠牲にしてよいとする趣旨だとすれば、あきらかに本末顛倒である。小野も法における美を建築美になぞらえているが、法においても建築におけると同様に、実用性が美術性に優先しなければならないのは、あまりにも当然である。

(11)　平成一七年の行政手続法の改正（平成一七年法律七三号）により、国の行政機関は命令等（政令・府省令・告示など）を定める場合には、その案や資料を公表し、広く一般の意見を求めなければならないとされることになった（意見公募手続。三九条以下参照）。これは、法律案を対象としたものではないが、行政機関が策定する法律案についても、意見公募手続が多く利用されている。

(12)　たとえば、現行憲法実施の際に刑事訴訟法の全面改正の立案作業がある事情のために間に合わなかったため、「日本国憲法の施行に伴う刑事訴訟法の応急的措置に関する法律」（昭和二二年法律七六号）を作って一時をしのいだが、その際、憲法三八条とまったく同文の規定をこの応急措置法（一〇条）に入れたことがあった。憲法レベルの要請をともかく法律レベルのもので受けておく必要がありはしないかという配慮からであった。しかし、かようなばあいにも、法律で憲法の要請を受けとめるについて、どのような規定を設けるべきかは、決して一義的にきまっていたわけではない。憲法と同文のものにするということじたい、ひとつの政策決定であったわけである。

(13)　審議会・調査会も、政府の立場から委員の人選が行なわれる関係もあって、これ対しても過大の期待をもってはならない。

(14)　その際に学説が演じる役割りの大きいことは、もちろんである。しかし、本文でいう本質的なものは、「理論」の中にあるのではなくて、「事物」の中にある。比喩的にいえば「事物」そのものをして何が本質的であるかを語らしめることが必要であり、それは国民じたいの働きの中からこそ出て来るというべきである。それが本文に書いたことの本旨である。

第二　慣習法の形成

一　慣習法の形成――慣習法と制定法との関係

制定法が合目的的・政策的活動によって作られるものであるのに対して、慣習法は民衆のあいだに――地方的または全国的規模で――自然発生的に生成するものである。慣習は、民衆のあいだに法的確信――「ある一定の事項について紛争がおこったときはこの慣習によって解決されることになるのだ」という意識――が生じたとき、慣習法となる。

これが慣習法形成の本来の態様であるが、それ以外に、かような法的確信を獲得するにいたっていない慣習でも、制定法によって法的性格を承認されるときは、その慣習は慣習法となる。慣習の内容が明文化されて制定法の中に取り入れられるときは、それは制定法そのものになるから、慣習法とは呼ばれないが、そうでなく、制定法によって一定の規準ないし要件のもとに慣習が法的性格を付与されるときは、その内容は慣習そのものの中に存在するから、これは慣習法と呼ばれるのにふさわしい。たとえば、入会権については、民法二六三条・二九四条によって、「各地方の慣習に従うほか」、共有または地役権に関する規定を適用するものとされる。地上権や永小作権についても、一定の規定に関するかぎり、優先的に慣習によるべきものとしている（民法二六九条二項・二七七条）。こうした例は、ほかにもすくなくない。これらの規定における「慣習」は、普通には慣習法を指すものと解されているようであるが、こうしたばあいにいちいち法的確信の裏づけをたしかめなければならないとする趣旨ならば実際的でない。もともと慣習法とまでいえない程度の単純な慣習であっても、これらの規定によって法的性格を承認されたものと考えるべきではあるまいか。

ところで、わが国の現行法制では、もっと一般的に、慣習に法的性格を付与する規定がある。それは法適用通則法三条の規定であって、同条は、「公の秩序又は善良の風俗に反しない慣習は、法令の規定により認められたもの又は法令に規定されていない事項に関するものに限り、法律と同一の効力を有する」と規定している。なお、それ以外に民法九二条と後述の商法一条がある。民法九二条は、「法令中の公の秩序に関しない規定と異なる慣習がある場合において、法律行為の当事者がその慣習による意思を有しているものと認められるときは、その慣習に従う」と規定している。これは、いわば法的行為——たとえば諸種の契約——の解釈に関する規定[1]で、強行法規に反しない慣習を意思表示解釈の資料ないし規準にするべきことを定めたものである。法律行為の解釈には行為の際の状況が資料とされるべきことは当然で、もし慣習があれば当事者によって援用されていなくても——また当事者が慣習の存在を知らなくても——やはり資料となるべきである。このばあい、その慣習が慣習法であるかどうかは問題でない。

右に挙げた法適用通則法三条は、「慣習」が「法律と同一の効力を有する」のは、その慣習が「公の秩序又は善良の風俗に反しない」ものであることを前提として、「法令の規定により認められたもの」以外は「法令に規定されていない事項に関するもの」にかぎるものとしている。したがって、法令に規定のある事項に関するかぎりは、その法令が強行法規であるばあいはもちろんのこと、それが単なる任意法規にすぎないばあいであっても、慣習は法律としての効力をみとめられないことになるわけである。法適用通則法三条そのものの解釈としては、どうしてもかような結論にならざるをえないであろう。しかし、はたして、これが絶対的な結論なのであろうか。

問題は、実は、その先にあるのだとおもう。慣習法の効力の基礎は主として社会心理的なものであるが、実は制定法にしても社会心理的基礎を有しなければならないことは、すでに序論において考察したとおりである。慣習法と制定法とは、本質的に効力に優劣があるわけではない。制定法によって制定法優位を規定しても、かような本質そのものを動かすことはできないはずである。制定法によって慣習法をおさえることができると考えるのは、それじたい制定法の優位をはじめから前提とする考え方である。その意味で、法適用通則法三条は、いわば一人角力のようなものである。もちろん、慣習に国家法として効力をみとめるためには、国家的見地から是認される性質のものでなければならない。だから、公序良俗違反の慣習に慣習法としての効力がみとめられないのは当然であろう。しかし、任意法規の内容と異なる慣習があってそれが法的確信の裏づけをもっているばあいに、その法的性格を否定する根拠は、どこにもない。いな、ばあいによっては、強行法規でさえも、単に政策的理由から強行法規とされているものについては、おなじく政策的理由から、慣習に法的性格を承認してよいばあいがありうるはずである。現に、次項に述べるとおり、商法の領域では、商慣習法に民法よりも優先する効力が承認されている。これには商法にそういう規定があるからという形式的理由だけでなく、もっと本質的な理由があるはずである。そうだとすれば、商法以外の領域についても、慣習に制定法よりも優先する効力をみとめるだけの根拠があるときは、法適用通則法三条の規定にかかわらず、これを認めるのが正しいのではあるまいか。(2) 以上は、さしあたり、わたくし一個の試論であって、学説による検討を待っている。

前述のとおり、制定法の形成過程は合目的的であるかわりに社会的実体の深層から浮き上がる可能性をもっている。慣習法の形成は非合理的であるかわりに社会的実体にもっと深く根を下ろしている。こうした両者の特性を念頭に置くことは、右の問題を考察するについて参考になるものと考える。

(1)　川島武宜『民法総則』(一九六五年) 二〇三頁の所説も、結局において、反対の趣旨ではないとおもう。

(2)　川島・前掲二四頁は、慣習法は制定法を改廃しうるかの問題につき、法解釈学的には、法例二条(現・法適用通則法三条)はこれを否定する趣旨だとし、法社会学的には、慣習規範が強行法規をさえ空文に帰せしめるばあいがあるとする。なお、民法九二条、法例二条(現・法適用通則法三条)の立案経過にさかのぼって考察したものとして、星野英一『民法論集』一巻(一九七〇年) 一五四頁以下。

二　商慣習法について

商慣習が法的確信によって裏づけられるとき商慣習法となる点は、前段に慣習法一般について述べたのと異なるところはない。しかし、一般の慣習法が自然発生的・非合理的に生成するものであるのに対して、商慣習法は経済的ないし商的な目的合理性に導かれて形成されて行くものであり、その点にいちじるしい特色をもっている。しかも商事の領域は不断の進歩発展によって特徴づけられ、固定した制定法の規定によって規制しきれるものではなく、商慣習法によってたえず補充されなければならない。

かようにして商法一条二項は、「商事に関し、この法律に定めがない事項については商慣習に従い、商慣習がないときは、民法の定めるところによる」という規定を設けて（前出六四頁参照）、商事慣習法の民法に対する優先適用を宣言した。これは前述の法適用通則法三条の規定に対する特例であり、また、明治二三（一八九〇）年の旧商法が商慣習と民法とを同列においたのに対してさらに一歩を進めたものであるが、商慣習法の右のような性格に着眼するときは、商法に規定があるばあいについても商慣習法をみとめるところまで行くべきであろう。商法学者が、かような意味において商法一条の廃止を主張し、また、解釈論としても、法適用通則法三条および商法一条の規定にもかかわらず、商慣習法に成文の商法と同等の地位をみとめようとしているのは(3)、充分に理由のあることとおもわれる。

（3）　大隅健一郎『商法総則』（一九五七年）八五頁（新版・一九七八年・八一頁）。

第三　判例法の形成

一　判例法形成の意味——拘束力の強弱

判例に法源性をみとめるべきことは、前述のとおりであるが、制定法・慣習法などの法源とちがって、判例法の拘束力は相対的なものである。一回の裁判でも、それは先例としての意味をもつ。したがって、判例法の形成とはいっても、慣習が法的確信の裏づけを獲得したとき慣習法になるというのと同じような意味で、裁判の集積が一定の要件を具備するにいたったとき判例法になるというようなことはないのである。だから、判例法の形成というのは制定法や慣習法の形成とは様相を異にし、したがってまた、論点を異にする。

判例法の形成ということで、まず、第一に問題としなければならないのは、判例は、どういうばあいに、より強い拘束力をみとめられるようになるか、である。これには種々の要素がある。第一に、上級裁判所の裁判であればあるほど、強い拘束力がある。したがって、最高裁判所の判例が、もっとも強い拘束力をもつのは、いうまでもない（刑訴四〇五条、民訴規則一九二条参照）。これは上訴制度と密接な関係がある。下級裁判所が上級裁判所の判例に反する裁判をすれば、上訴審で破棄される可能性が強く、それをあえてすることは、当事者にもしばしば無用の迷惑を及ぼすことになるからである。第二に、判例の安定度が高ければ高いほど、拘束力が強くなるのはいうまでもない。たとえば、同じ事項について同趣旨の裁判が反復された頻度、それが変更されないでいた期間の長短、関連事項に関する判例との調和性の強弱、学説による支持の強弱、等々、判例の安定度を判断する要素は、きわめて多い。最高裁判所の裁判についていえば、それ以外に、大法廷の裁判か小法廷の裁判か、少数意見の有無・多少、その意見の裁判官の——定年などによる——更迭の可能性の遠近、当の判旨の明確性や理由の強弱、等々、さらに多くの要素をつけ加えることができる。

二　判例の変更——判例の進歩と判例法における法的安定性(1)

判例法形成の第二の論点は、判例の変更の問題である。これはまず、制定法と判例法とどちらが法的安定性の要請を余計に充たすかという問題に関連して来る。制定法では明確な文章の形で法規範の内容があきらかにされるので、それが法的安定性に役立つことはいうまでもない。しかし、社会的変化に順応するため法規範の修正が必要となったとき、制定法の改正の形をとるばあいには――経過規定を設けるのはもちろんとしても――改正の前後の落差・断絶は避けがたく、その意味では法的安定性が害される。それに反して、ことに英米でみられるような判例法の発展によるばあいは、一般には、先例の事案との差異――レイシオ・デシデンダイ(2)をどうみるか――をおもな契機としながら、具体的事案に即して行なわれるので(3)、法規範の変更は漸進的・自然移行的であって、落差・断絶はほとんど目立たないくらいであり、その意味でははるかに法的安定性に役立つ。これは制定法主義と判例法主義との長短のひとつを示すものである。わたくしが、わが法制のもとでも判例に法源性をみとめようとするのは、こうした英米法流の判例法の長所を多少ともとり入れるようすがにしようとする趣旨を含むのである。

裁判所法（一〇条三号）が最高裁判所の判例変更について大法廷の裁判によることを要求しているのは、かような見地からも妥当だというべきである。しかし、判例法における法的安定性を強調するあまり、判例変更に不自然な人為的拘束を設けることは、妥当ではない。判例変更について――たとえば裁判官の三分の二というような――特別多数を要求する考え方は、学説にも現れているし(4)、かつて立法論として現実の問題とされたこともあるが(5)、わたくしはこれに賛成しない。なるほど最高裁判所の利息制限法や限時法などに関する判例が――わずかな意見数の差によって――目まぐるしく動揺して実務を混乱させ国民を帰趨に迷わせたことはあるが、これは例外的な現象である。一般的にいって判例が動揺するのには、それだけの理由があるからであり、一時の弊害を忍んでも、判例の自然の発展にまかすべきだと考える。

判例の変化には――みる人の立場によって評価を異にするのはもちろんだが――進歩的な方向のものと反動的な方向のものとがある。どちらであるとを問わず、判例の変化には、種々の因子が働いている。判例法の形成は、もともと司法過程であるから、司法過程について後述するところがほぼそのままにあてはまるのであって、制定法形成過程にみられたような政治過程とは距離がある。しかし、三権の相互抑制の原則によって内閣が裁判官の任命権をもっているため（憲法七九条・八〇条、なお、六条二項）、まず、人事の面で、間接的にではあるが、政治からの事実上の影響は免れず、このことは、判例法の形成に決定的な力をもつ最高裁判所のばあいに、いちじるしい。内閣としては、司法の本質を理解して、裁判官人事について自粛の精神を忘れないことが、民主主義の健全な運営のために、とくに必要なことである。判例の形成について重要な役割りを演じるのは、下級審の裁判である。実際に、下級審の裁判に現れた見解が、最高裁判所——旧制度の当時では大審院——の判例に浸透して行った事例は枚挙にいとまがないくらいである。(6)(7) ことに第一審は生まの事実に直面し当事者の生まの要求を体しながら裁判をするのであるから、その裁判は現実に根を下ろしている。その裁判が従来の判例の線から外れていようとも、それだけの理由のあることが多く、上級審もこれを軽視することはできない。その意味で、まず、下級審の裁判は判例を動かして行く原動力となる。また、一般的に、裁判官の年齢構成の見地から、下級審の裁判官に新しい社会的感覚、したがって法的感覚を期待できることが多い。もちろん、新しいものが正しいとはかぎらないが、法、したがって判例が社会の発展に順応して行くためには、柔軟な法的感覚が要求される。そうして、それは、しばしば下級審の裁判に期待されるのであり、かような意味でも、下級審の裁判が判例の発展の因子になることは、首肯されうるであろう。下級審の裁判にはしばしば強い多様性がみられる。しかし、個々の裁判の振れが相互に補正し合い、それによって新しい法の構築が行なわれて行く過程は、つとにカードウゾ（Benjamin Nathan Cardozo, 1870–1938）によってあざやかに描写されている。(8) それが行なわれることによって、法はつねに若い生命を持ち続けることができ、それがやがては正しい意味における法的安定性を確保するゆえんになる。法的安定性は、固定的・静的なものではなくて、発展的・動的なものでなければならない。

学説もまた判例法形成の上に重要な役割りを演じる。ことに実践法学としての解釈法学は、判例形成への寄与を任務としているといってもよいくらいである。ことにわが国で判例研究のさかんなことは、諸外国のどこよりもはるかにまさっているといってよく、その方法論についても多数のすぐれた研究が発表されている。かような判例研究はもちろんのこと、解釈法学――その背後には法社会学・法哲学がある――一般が、判例に重要な貢献をしていることはいうまでもない。

判例に法形成的作用をみとめる以上、当然に考えられなければならないのは、判例変更の遡及効の問題である。[9][10]ウィグモア（John Henry Wigmore, 1863-1943）は、一九二〇年に、判例の変更による法の進化をはかるべきこと、判例法の変更に遡及効をみとめるか否かについては裁判所は立法部が立法するときと同様の自由をもつべきことを主張し、その後さらにカードウゾも判例法の不遡及的変更を唱えた。アメリカでは、すでに一九世紀後半から判例の不遡及的変更の事例がみられるようであるが、こうした学説による支持とあいまって、近年では判例変更を不遡及的なものにすることが正面からみとめられるようになっている。わが国でも、判例が法形成の一環をになっている以上、田中英夫[11]（1927-1992）の主張するとおり、裁判所としてはその機能を自覚的に営むのが正しいというべきであり、その見地から考えるとき、判例の不遡及的変更の問題は、ひとり判例法国だけのものではないというべきである。

（1）　団藤「法的安定性と判例の役割」（同『実践の法理と法理の実践』一九八六年・所収）。

（2）　英米法において、裁判が先例として拘束力を有するのは、その裁判の結論の基礎となった部分だけであり、この部分を「レイシオ・デシデンダイ（ratio decidendi）（判決理由）」という。これに対して、単なる付随的な意見を

「オビタ・ディクタム（あるいは複数でオビタ・ディクタ）（obiter dictum, obiter dicta）（傍論）」――ばあいによっては略して「ディクタム（ディクタ）」――と呼ぶ。わが国の法制では裁判にこうした厳格な区別はないが、実質的には、ほぼこれにあたる区別をみとめるべきで、単に付随的に――ことに事案との直接の関連なしに――述べられた理由は重要性がすくない。

（3）田中英夫「判例とは何か」法学教室（第二期）（ジュリスト別冊）（一九七三年）。

（4）植松正「大法廷判例の変更と法的安定」判例時報六九九号（一九七三年）。

（5）昭和四一年の最高裁判所一般規則制定諮問委員会（団藤「法的安定性と判例の役割」前掲『実践の法理と法理の実践』二六七頁以下参照）。

（6）団藤『実践の法理と法理の実践』（一九八六年）二二四頁、二四一頁注四。

（7）わたくしは一九七一年の春、カルルスルーエにドイツ連邦共和国の最高裁判所（Bundesgerichtshof）を訪ねたとき、フィッシャー長官から、ドイツの最高裁判所では下級裁判所の見解に刺激されて判例が進歩したという事例は存在しないし、また、考えられないことだという確言をきき、もしそれが事実とすれば、彼我の司法過程のあり方――あるいは法および判例に対する考え方――のちがいが大きいのに驚いたことがある。

（8）Cardozo, *The Nature of the Judicial Process*, 1921, p. 177 et seq.

（9）団藤『実践の法理と法理の実践』（一九八六年）二七三頁以下。

（10）田中英夫「判例の不遡及的変更」法学協会雑誌八三巻七・八合併号（一九六六年）（同『法形成過程』一九八七年・六九頁以下所収）。

（11）田中英夫「判例による法形成」（同『法形成過程』一九八七年・所収）、とくに一九頁以下。

第三節　法の実現

第一　裁判による法の実現(1)と裁判外の法の実現

法の実現の意味については、すでに前述した。そこでも述べておいたとおり、ことに民事の関係では、裁判外で法的紛争が解決されることがきわめて多い。

民事の法律関係の大部分は法的紛争にならないで、権利が行使され義務が履行される。紛争になったばあいにも、それが訴訟として法廷に持ち出されることは決して望ましいことではなく(2)、裁判所の負担能力の点からいっても、当事者の経済的・時間的負担の点からいっても、訴訟になる前に正しい解決が得られれば、それにこしたことはない。それが近代法的な予防法学的見地である。しかし、それは、弁護士や法律相談所のような、本来、法的紛争処理のための任務をもった者の手によって、法的にみて正しい解決がされるばあいのことである。ところが、実際には、しばしば、顔役や「示談屋」――ときとしては暴力団とも結びつく――のような私人がこれにあたったり、また、警察が――おそらくその本来の責務（警察法二条二項参照）を逸脱して――人事相談などの名で民事紛争の解決に関与することもある。こうした現象は、日本人の法意識や日本社会の特質と結びつくところから、法社会学者の注目をひき、その好個の研究対象になっている(3)。それと同時に、こうした正規でない裁判外の法実現の現象については、裁判制度じたいの欠陥――ことに訴訟がかねと時間と手数との面で庶民には取りつきにくいものになっていること――が重要な一因となっていることを忘れてはならない。かね、ことに弁護士報酬の関係では、訴訟費用に弁護士報酬を組み入れるべきではないかといった技術的な問題や無資力者に対する法律扶助の問題がある（この関係で日本司法支援センターの民事法律扶助事業[4]〔総合法律支援法（平成一六年法律七四号）四条、三〇条一項二号〕を挙げておこう）。時間と手数の関係では、ことに少額事件についての簡易・迅速な裁判が要請される。そうしてこれらすべての背後には、法曹人口や法曹一元などの根本問題がひそんでいるのである。[5]

民事紛争は、ばあいによると、刑事事件に変装して現れることがある。紛争当事者が、告訴などの方法で刑事手続的な手段に訴えることによって、民事紛争の解決を自己に有利に導こうとするのである（いわゆる「民事くずれ」の刑事事件）。たとえば、隣地の者が境界を侵して自己の土地に入り、自己所有の樹木を伐採したのは窃盗だとして告訴した刑事事件が、実際の事件の核心は隣地との境界の争いで自己の土地所有権の確認のための争いであった、という種類の事例がこれである。[6]これは、民事紛争の裁判外（民事裁判外）解決の特異の形態である。この種の事例では、公訴提起によって刑事訴訟となる前に、警察・検察庁の段階で決着のつくことが多いが、反面からいえば、警察・検察庁が民事紛争の解決に一役買っていることを意味する。さきに触れた警察の人事相談的活動も、このことと関連がある。念のために付言すれば、刑事事件について、たとえば犯人が被害者に損害賠償をしたことが、情状として、検察官の起訴猶予や裁判所による量刑――執行猶予を含めて――の上に考慮されるべきことは当然であって、叙上のことはこれを否定する趣旨でないのはもちろんである。[7][8]

なお、裁判によらない紛争解決の方法として法的にみとめられた制度としては、和解――和解契約（民法六九五条）、裁判上の和解（民訴八九条・二六七条・二七五条）、離婚事件についての「和諧」（人事訴訟手続法一三条）――や調停（民事調停法、家事審判法）や仲裁（仲裁法）がある。平成一六年には裁判外紛争解決手続の利用の促進に関する法律が成立した（平成一六年法律一五一号）。調停制度については、前述した（九九頁）。

以下には、裁判による法の実現、すなわち司法過程の問題を考察するのであるが、その前に、説明の便宜上、司法の機構を概観しておくことにしたいとおもう。

（1）西野喜一『裁判の過程』（一九九五年）。
（2）このことは、国際法曹協会の「国際倫理規範」（一九五六年、オスローで採択）一一条によってあきらかにされている（Thomas Lund, *International Bar Association*, Book II, Professional Ethics, 1970, p. 41）。
（3）とくに、川島武宜「現代日本における紛争解決」（著作集三巻・一九八二年・所収）、同「日本人の法意識」「日本人の言語意識と法」（著作集四巻・一九八二年・所収）。六本佳平『民事紛争の法的解決』（一九七一年）、三ヶ月章「紛争解決規範の多重構造」（同『民事訴訟法研究』9・一九八四年・所収）。
（4）岸星一「日本における法律扶助事業の現状とその将来」兼子還暦記念『裁判法の諸問題』中（一九六九年）。
（5）これらの根本問題については、臨時司法制度調査会意見書（一九六四年八月）参照。なお、後出一九七頁。
（6）松田二郎『私の少数意見』（一九七一年）四六四頁以下（本文に挙げた事例は、四六四頁からの引用）。
（7）刑事においてもディヴァージョン（diversion――「正規外処理」とでも訳すべきか。フランス語では「非司法化」déjudiciarisation と呼んでいる）の問題がある。正規の刑事手続以外において刑事事件の処理解決が行なわれることであって、長短両面があるというべきである。これは一九六〇年代の終わりころからアメリカで取り上げられた問題で、国際刑法学会の第一三回国際会議（一九八四年・カイロ）の議題のひとつにもなった。井上正仁「犯罪の非刑罰的処理――『ディヴァージョン』の観念を手懸りとして」『岩波講座基本法学8　紛争』（一九八三年）三九五頁以下。
（8）さらにつけ加えれば、犯人の被害者に対する損害賠償は刑事政策の重要問題のひとつであって、イタリア学派（実証学派）のフェリ（Enrico Ferri, 1856–1929）はこれをもっとも強く主張した一人である。――なお、これとは別の見地から設けられた制度として、犯罪被害者等給付金支給法（昭和五五年法律三六号）。

第二　司法の機構

「すべて司法権は、最高裁判所及び法律の定めるところにより設置する下級裁判所に属する」（憲法七六条一項）。旧憲法では一般の司法裁判所とは別系統の特別裁判所もみとめられていたが、現行憲法のもとでは、すべての裁判所は最高裁判所の系統に属し、それ以外の特別裁判所は禁止されている（同二項）。

一　司法機関——付・検察官、弁護士、法曹人口

裁判所の組織についての基本法は裁判所法（昭和二二年法律五九号）である。最高裁判所の下に、下級裁判所として、高等裁判所（全国八箇所）、地方裁判所・家庭裁判所（全国五〇箇所）、簡易裁判所（二〇〇六〔平成一八〕年一一月一日現在、全国四三八箇所）がある（裁判所法二条、下級裁判所の設立及び管轄区域に関する法律）。地方裁判所と家庭裁判所は同列だから、最高裁判所以下、四級・五種類の裁判所があることになる。

右の四級の裁判所に対応して、検察庁として、最高検察庁・高等検察庁・地方検察庁・区検察庁が置かれる（検察庁法）。検察庁は、法務大臣の下にある行政機関であって、司法機関ではない。しかし、検察官による公訴の提起があってはじめて裁判所に刑事事件がかかるのだから（不告不理の原則）、検察権の行使については、後述の司法権の独立に準じる独立性が要請される。「準じる」といったのは同一ではないということでもある。すなわち、裁判官は一人一人が独立性をみとめられるのに対して、検察官は検事総長以下、全国の検察官が上命下服の関係に立ち、いわば一体となって活動するのである（検察官一体の原則）。しかし、政府からの政治的影響を受けることがあってはならないから、法務大臣は検察官を一般に指揮監督することはできるが、個々の具体的事件についての取調や処分については検事総長のみを指揮することができるものと規定されている（検察庁法一四条）。つまり、検事総長を防波堤にして、法務大臣からの不当な圧力が第一線検察官に及ぶことを実際上くいとめようという趣旨である。ただ、一九五四（昭和二九）年四月、第五次吉田内閣当時、造船疑獄事件について、犬養健法務大臣の指揮権発動があり検察官

がこれに屈した形になって、悪い先例を残した。

弁護士については、弁護士法（昭和二四年法律二〇五号）に規定がある。その冒頭に「弁護士は、基本的人権を擁護し、社会正義を実現することを使命とする」ことがうたわれている。弁護士は、民事訴訟では当事者の訴訟代理人となり（民訴五四条）、刑事訴訟では被疑者・被告人の弁護人となるなど（憲法三四条・三七条、刑訴三一条）、司法において演じる役割りはきわめて重要である。弁護士は弁護士会を組織する。旧憲法当時は、弁護士会は司法大臣――その前は検事正――の監督下にあったが、現在では、日本弁護士連合会を頂点とする自治統制にまかされている。

裁判官、検察官、弁護士になるには、司法試験（司法試験法）に合格し、さらに司法修習生（裁判所法六六条以下）として修習を終えなければならない（裁判所法四三条、検察庁法一八条、弁護士法四条）。司法修習生は――例外はあるが――法曹三者に共通のコースとされているのであって、このような形で、一種の法曹一元がみとめられているわけである。アメリカに典型がみられる本来の法曹一元は、弁護士の中から裁判官が選ばれる制度であって、わが国でもこうした意味での法曹一元を実現しようという声が在野法曹のあいだには強いが、臨時司法制度調査会（前出一九七頁注（５））は、これを「一つの望ましい制度」だとしながらも、「この制度が実現されるための基盤となる諸条件は、いまだ整備していない」という結論に達している。[1]

ちなみに、一九七二（昭和四七）年現在におけるわが国の法曹人口をみると、裁判官二、六八一人（一九七二・四・一現在）、検察官一、九〇四人（一九七二・一二・三一現在――別に検察官事務取扱事務官一、二九一人がいる）、弁護士九、五八九人（一九七二・一〇・三一現在、日弁連登録数）、合計一四、一七四人で、大まかにいうと人口七、五〇〇人あたり一人という割合となり、たとえばアメリカの人口六三〇人あたり一人というのに比較して、驚くべき差異がある。[2]これには種々の社会的・経済的原因が考えられ、根本的対策を講じる必要にせまられている。

その後、司法制度改革審議会によって抜本的な改革が進められている（『司法制度改革審議会意見書――二一世紀の日本を支える司法制度』（平成一三年六月一二日）。なお、ジュリスト一一七〇号〔二〇〇〇年〕、佐藤幸治＝竹下守夫＝井

上正仁『司法制度改革』〔二〇〇二年〕)。もちろん、問題は、きわめて多く、かつ、大きい。(3)

(1)　最近のものとして、二〇〇六(平成一八)年現在におけるわが国の法曹人口をみると、裁判官三、三四一人(二〇〇六年七月現在)、検察官二、四九〇人(二〇〇六年七月現在――別に検察官事務取扱検察事務官一、三九三人〔二〇〇七年三月現在〕がいる)、弁護士二二、〇五六人(二〇〇六年四月現在――日弁連調べ)、合計二七、八八七人で、総人口一二七、七六〇、〇〇〇人(二〇〇五・一〇・一現在の数)をこの数字で割ると、人口四、五八〇人あたり一人という割合になる(右の裁判官には簡易裁判所判事、検察官には副検事が含まれているから、これを除いて法曹資格のある者だけにかぎってみると、四、八八〇人に一人の割合になる)。本文に挙げた一九七二(昭和四七)年の数字に較べると、やや改善されている。――アメリカでは連邦および州の全体で、弁護士だけでも一、〇二六、三五六人にのぼり(二〇〇四年一二月現在における有資格者の概数)、それに裁判官・検察官を加えると、総計一、〇九二、五六七人になる(基準年度は二〇〇四年ないし二〇〇五年)。総人口二九六、四一〇、四〇四人(二〇〇五年の推定数)をこの数字で割ると、およそ二七一人に一人ということになる(最高裁判所編著『裁判所データブック二〇〇六』より)。――なお、法務大臣官房司法法制調査部編「法曹養成制度改革」ジュリスト増刊基本資料集(一九九一年九月二〇日)一〇〇頁以下参照。とくに一〇三頁の資料9「日本における法曹人口及び総人口の推移(明治二三―平成三年)」が詳細である。外国との比較につき、同一〇四頁。

(2)　しかし、アメリカ連邦最高裁判所のバーガー首席判事(当時)が一九八一年に来日の際にかれと懇談の機会をもったが、かれは日本が少数の法曹人口をもって法的紛争を処理していることに、率直に讃歎を惜しまなかったことを、つけ加えておこう。かれは日本人の法意識と紛争処理の仕方に格別の興味をいだいたようであった(後出二一〇頁注(18)参照)。わたくしは、かれの所望によって、わたくしの『新刑事訴訟法綱要』の英版(Dando, *Japanese Criminal Procedure, translated* by B. G. George, Jr, 1965)を進呈した。かれからは、帰任後、返礼として Burger Court の裁判官全員の似顔絵を送呈された。――なお、大木雅夫『日本人の法観念――西洋的法観念との比較』(一九八三年)は、この関連でも参照されるべきであろう。

（3）一九九一年、一九九八年の司法試験法改正に続き、二〇〇二（平成一四）年には司法試験法が改正されると共に、「法科大学院の教育と司法試験等との連携等に関する法律」が成立した。それにより、二〇〇四年に法科大学院が設置され、その二年後、新司法試験が開始した。新しい法曹養成制度下で、二〇一〇（平成二二）年には司法試験の合格者数は約三〇〇〇人となる予定である。ジュリスト一二三九号・特集「新しい法曹養成制度と法科大学院」（二〇〇三年）参照。

二　司法権の独立――（その一）その発展(4)

権力分立（separation of powers; séparation des pouvoirs; Gewaltenteilung）の思想はロック（John Locke, 1632-1704）やモンテスキュー（Charles Louis de Secondat, Baron de La Brède et de Montesquieu, 1689-1755）に由来する。モンテスキューはイギリスの政治組織やその運営から深い感銘を受け、やがて『法の精神（*De l'esprit des lois*, 1748）(5)』を書いて三権分立論を説いた。これはかれのイギリス滞在中の考察を理論的に再構成したもの(6)といってよいであろう。

日本では、慶応四（一八六八）年の政体書に「太政官の権力を分つて立法・行法・司法の三権とす。則（すなわち）偏重の患無からしむるなり」ということがうたわれたが、司法権独立の本旨が理解されていたかどうかは疑わしい。明治八（一八七五）年に大審院が創設(7)されたのは司法権独立に向かって大きな一歩を進めたもので、これには同年の大阪会議における木戸孝允の主張があずかって力があったといわれる。しかし、まだ、裁判官の身分の保障はみとめられていない。それがはじめてみとめられたのはずっとおくれて明治一九（一八八六）年の裁判所官制によってであった。やがて明治憲法によって「司法権は天皇の名に於て法律に依り裁判所之を行ふ」（五七条一項）、「裁判官は刑法の宣告又は懲戒の処分に由るの外其の職を免ぜらるゝことなし」（五八条二項）と規定され、司法権独立は憲法上の大原則とされることになった。憲法実施の翌年、かの大津事件[8]がおこったが、時の大審院長児島惟謙（1837-1908）の硬骨は政府の圧力をはねかえし、司法権独立を実質的にも確保するのに大きく貢献した。

かように、旧憲法下でも司法権の独立ははっきりとみとめられていたが、司法行政的には大審院長も司法大臣の下に立ち、「司法大臣は各裁判所及各検事局を監督す」るものとされていた（裁判所構成法一三五条一項一号）。ただ、それは「裁判上執務する判事の裁判権に影響を及ぼし又は之を制限することなし」とされていた（同法一四三条）。

新憲法になってはじめて、司法権は他の二権と対等のものになった。もちろん、国会が国権の最高機関だが（憲法四一条）、司法部には違憲立法審査権（憲法八一条）があるので、その限度ではいわゆる「司法の優越（judicical supremacy）」がみとめられるのである。かようにして、立法・行政の二権による行為も、原則として司法権に服するのであって、その意味では単なる「法治国（Rechtsstaat）」ではなく「司法国家（Rechtsprechungsstaat）」だといわれる。ただ、統治行為のように、性質上、司法権に服しないものがあることをも承認しなければならない[9]。

かように、新憲法においては、司法権の独立が強化されているが、同時に、三権相互の抑制・均衡の見地から、種々の制約を受けるのは当然である。ことに、人事における行政部からの控制は大きい。ことに、最高裁判所長官は内閣の指名にもとづいて天皇が任命し（憲法六条二項）、最高裁判所判事は内閣で任命する（憲法七九条一項）。下級裁判所の裁判官も内閣によって任命されるが、不当に影響されることを防止するために、最高裁判所の指名した者の名簿によって行なわれるべきものとされるのである[10]（憲法八〇条一項）。下級裁判所の裁判官の任期が一〇年とされていることも（憲法八〇条）、抑制均衡の見地を含むものであろう。国会との関係では裁判所の予算（なお、裁判所法八三条一項、財政法一九条参照）、国政調査権（憲法六二条）、裁判官に対する弾劾（憲法六四条、国会法一二五条以下、裁判官弾劾法）などの問題がある。なお、司法部も直接に国民の監視を受けるのであって、国会の関係で右にも言及した公の弾劾（憲法七八条、裁判官弾劾法一五条）のほか、最高裁判所の裁判官については国民審査の制度がある（憲法七九条、最高裁判所裁判官国民審査法）。

（4）　家永三郎『司法権独立の歴史的考察』（一九六二年）。

（5）　モンテスキュー（野田良之＝稲本洋之助＝上原行雄＝田中治男＝三辺博之＝横田地弘訳）『法の精神』全三巻（一九八七—八年）。

（6）　かれはイギリスの制度を正解したのではなかった。それは「世界史をつくった偉大な誤解のひとつ」であったといえよう（Arthur Kaufmann, *Rechtsphilosophie im Wandel*, 1972, S. 40）。

（7）　尾佐竹猛「司法権の独立と大審院の創設」法曹会雑誌一五巻一〇号、同『明治警察裁判史』（一九二六年）。

（8）　明治二四（一八九一）年ロシア帝国のニコラス皇太子が来日の際、大津町（現在の大津市）において巡査津田三蔵がこれを殺そうとして未遂に終わった。旧刑法では謀殺未遂は死刑にはならなかった。政府はロシアをおそれて、犯人を死刑にするため皇室に対する罪の適用を相当とし、大審院判事たちに露骨な圧力を加え、判事たちの大部分はこれに屈したかにみえたが、児島院長の必死の説得が効を奏し、被告人は謀殺未遂として無期徒刑に処せられた。資料として、児島惟謙（家永三郎編注）『大津事件日誌』（一九七一年）（第一手記・第二手記ともに収録されている）、尾佐竹猛（三谷太一郎校訂）『大津事件』（岩波文庫・一九九一年）。なお、ノンフィクションの小説だが、参考になると思われるものとして、吉村昭『ニコライ遭難』（一九九三年）。理論的な考察として、宮沢俊義「大津事件の法哲学的意味」（同『憲法と裁判』一九六七年・所収）。なお、田岡良一『大津事件の再評価』（一九七六年、新版・一九八三年）は、国際法学者の見地から資料を考察した結果、軟弱な政府の外交姿勢に対する憂慮が児島をこの行動に駆り立てたのであって、その動機は政治的なものであったと観ている。なお、後出二四四頁以下。

（9）　雄川一郎「統治行為論」国家学会雑誌六八巻三・四号、九・一〇号、七〇巻一・二号（一九五四—六年）、金子宏「統治行為の研究——司法権の限界に関する一考察」国家学会雑誌七一巻八号、一一号、七二巻二号（一九五七—

八年）。——これは、とくに砂川事件（最判〔大法廷〕昭和三四年一二月一六日刑集一三巻一三号三二二五頁）をめぐって、問題になった。なお、衆議院解散の効力が争われた事案として、最判（大法廷）昭和三五年六月八日民集一四巻七号一二〇六頁。

（10）　再任拒否——名簿からはずすことを含めて——の問題があるが、基本的には三権相互の抑制均衡の見地から考えるべきで、憲法八〇条一項に「再任されることができる」とある部分の英訳が《with privilege of reappointment》となっていることもこれに照応するとおもう（田中英夫「アメリカの裁判官と日本の裁判官——選任方法と政治との関係」ジュリスト四八〇号〔一九七一・六・一〕七九頁参照）。

三　司法権の独立——（その二）その法理

「目的は法全体の創造者である」とはイェーリングの名著『法における目的（*Der Zweck im Recht*, 2 Bde., 1877–83）』の標語であるが、それは法の発生的原理であって、規範的原理としては、法は独自法則性（Eigengesetzlichkeit）をもつ。これが裁判官独立の原則の意味である。かようにラートブルッフは論じている。司法権の独立は、まさしく、法の本質そのものから導かれる原則である。それは三権分立論的な自由主義からの基礎づけをこえて、法の本質そのものによって基礎づけられるというべきである。[11][12]このようにいうことは、法に内在する目的があること、したがって法の運用においても目的論的解釈の必要なことを否定する趣旨ではない。しかし、法内在的な目的の範囲をこえて他の目的、ことに具体的な政治的目的からの打算によって法を運用することは、法の本質したがって司法の本質に反する。司法はまさに政治的に無色・中立であることによって、その機能を正当に発揮する。政治的司法、官房司法（Kabinettsjustiz）ないし階級司法の弊害は、これによってはじめて防ぐことができる。要するに、司法権の独立は、裁判所が他からの拘束を受けないだけでは足りない。かような対外的な保障のもとにおいて、あくまでも客観的に正しい法の実現を任務としなければならないのである。

しかし、司法の政治的中立性はきわめて困難な問題である。ひとは、法の解釈において、いかに客観的であろうと努めても、意識的・無意識的を問わず、なんらかの立場に立っていることを免れない。いな、むしろ、法の解釈は、本来、主体的であるべきことが、これまた、法の本質から導かれるのである。ただ、学者による学説的な解釈や訴訟当事者による一面的解釈とはちがって、裁判官による解釈は、不偏不党——と裁判官みずからが信じるところ——のものでなければならない。憲法が要請する「公平な」裁判所の理念（憲法三七条一項）も、これを当然の前提とする。

新憲法のもとにおける司法権独立の特徴のひとつは、旧憲法では他の二権に対する「司法権」の独立という見地が強かったのに対して、個々の「裁判官」の独立がいっそう強調されることになった点にあるとおもう。「すべて裁判官は、その良心に従ひ独立してその職権を行ひ、この憲法及び法律にのみ拘束される」（憲法七六条三項）という規定がこれを示している。ここで「良心」というのが個人として保障される良心の自由（憲法一九条）のそれなのか、あるいはまた、裁判官としての良心なのか、について学説上の争いがある。わたくしは最初から後説の主張者であるが、客観的良心論者ではない。客観的良心論者は、この良心を、単に「裁判官としての良心」という以上に、「裁判官として客観的にもつべき良心」と解するのであるが、いやしくも「良心」の名に値するものである以上は、一人一人の裁判官がみずからの内奥の声にきくのでなければならない。アメリカの連邦最高裁判所判事であったジャクソン（Robert H. Jackson）がいったように、まさしく、「各裁判官が自分自身の良心の持主である」。このことは、憲法の上記の規定が「すべて裁判官」は「その」良心にしたがうといっていることからも、あきらかである。主観的良心論は正しい核心をもっているのであり、このことは法における主体性の考え方に合致する。しかし、このことは当然に主観的良心論が採用されるべきことを意味しない。私見によれば、主観的良心を基底としながら、いわばそのひろがりとして、裁判官的良心、学者的良心、芸術家的良心、商人的良心、等々があるのであり、「裁判官としての良心」はかような職業的良心の一種として、本来の純粋に個人的な良心が職業的な義務ないし任務との関係で屈折して現れるものにほかならない。(13) 裁判官は、「これが客観的に正しい法実現である」とみずからの良心によって信じるところにしたがって裁判をするべきである。かように、「裁判官としての良心」は、本来の主観的良心を中核としながらも、客観的法の実現という客観的要請との関係で、変容を受けたものである。それは主体性と客観性との矛盾緊張関係、一種の両極性をそなえた構造のものとしてとらえられるであろう。こうした矛盾緊張関係ないし両極性は、多くのばあいには、前面に現れないですむ。裁判官は、普通のばあいには、自己の本来の良心の声と自分の職務上の義務とのあいだになんらの矛盾を感じないどころか、むしろ両者の積極的な一致を自覚することが多いであろう。しかし、問題がひとたび世界観、政治的立場などの根本的なものに触れるときは、この両極性が意識され、そのままではすまされないところ——ばあいによっては裁判官の辞職——まで行くことがありうる。これは、もとをただせば、法そのものの動的性格に胚胎しているのである。(14)

(11)　わたくしはかような司法権独立の自由主義をこえる基礎づけを、戦時中に書いた自著の中で強調したが（団藤『刑事訴訟法綱要』一九四三年・一一四頁）、それは、自由主義が否定されたその当時において、司法権独立の原則の動揺を防ぐことの必要をとくに感じたからであった。なお、後出二四六頁注（16）参照。——ナチはこの原則を正面から否定して、みずからを破滅に追いこんだ。しかし、ナチ治下のドイツにも、「国会放火事件」——ナチ党員が放火しておきながらドイツ共産党員の仕業だと宣伝し、戦後にはブルガリア閣僚会議長にもなったディミトロフを含む数名を犯人に仕立てた事件——について、被告人を有罪にするのを拒否した勇敢な裁判官がいたことは、われわれを勇気づける（資料として、G. Dimitroff, *Reichstagsbrandprozeß*, 1953)。

(12) 逆にいえば、法に規範的な独自法則性をみとめない体制のもとでは、司法権の独立も否定されるか、すくなくとも軽視されることになる。たとえば、旧ソ連憲法でも裁判官の独立（независимость судей）はみとめられていたが（一一二条）、多くの点で、自由主義諸国のそれとは異なり、実質的には弱いものになっていた。たとえば、旧ソ連邦最高裁判所の裁判官は五年の任期で旧ソ連邦最高会議によって選挙されることになっていたし（一〇五条）、法律の遵守についての最高の監視権をみとめられる旧ソ連邦検事総長の権限は強大であった（一一三条）。

(13) だから、裁判官が個人として死刑廃止論者であっても、死刑違憲論をとるのでないかぎり、死刑の適用を拒否することはできないし（わたくし自身が最高裁在職中に体験した苦悩につき、団藤『死刑廃止論』（六版・二〇〇〇年）［二八］頁、九頁以下、二六頁注（9）、一八一頁以下、一八八―一八九頁参照）、離婚を否定するカトリック信者であっても、離婚訴訟において離婚を拒否することはできない。

(14) アメリカのワシントン州最高裁判所で二四年の長い期間にわたって判事として令名が高かったロバート・アター判事（Robert Utter, J.）は、強い死刑廃止論者で、一九九五年についに良心の命じるままに、まだ六四歳という働き盛りの年齢で、最高裁判事を辞任して世間を驚かせた。わたくしは一九九六年四月に死刑廃止論の講演のため訪米の際にこのことを知り、かれの出処進退の見事さに深い感銘を受けたのであった。かれもわたくしの講演を来聴され、われわれは一度に盟友となった。

この問題の詳細については、団藤「裁判官の良心」中野還暦『刑事裁判の課題』（一九七二年）（同『実践の法理と法理の実践』一九八六年・所収）。S. Dando, The Conscience of the Judge, in: *Studies in Comparative Criminal Law*, Edited by E. M. Wise and G. O. W. Mueller, 1975.——ちなみに、「良心」という漢語は『孟子』の告子編（漢文大系・巻一一・一九〇九年『孟子定本』告子章句上）にみられるが、新約聖書（ペテロ前書一六節、二一節など）の邦訳に際して英語の〈conscience〉、あるいは遡ってラテン語の〈conscientia〉に当てられたもののようである。なお、山田秀「孟子の倫理思想とメスナーの良心論——自然法と実践知についての一比較試論——」（阿南成一＝水波朗＝稲垣良典編『自然法と実践知』一九九四年・所収)。裁判官の良心についてのメスナー（Johannes Messner, 1891-1984）の所説は、ヨハネス・メスナー（水波朗ほか訳）『自然法』（一九九五年）四五一頁以下。

四　司法権の性格

裁判所は、法的紛争について当事者からの訴えがあったばあいに、公平な第三者として法の適用によってこれに解決をあたえるというのが、本来の任務である。裁判所は、かようにもっとも信頼されうる公平な国家機関として憲法によって性格づけられているので、そうした理由によって裁判以外にも種々の権限を法律によってあたえられるが（裁判所法三条一項参照)、裁判権に関するとその他の権限に関するとを問わず、その行使の仕方は裁判所の基本性格によって制約されるものと考えなければならない。

かような基本性格の第一は、裁判所は具体的な争訟を離れて活動するものではないということである。これは先験的な要請ではないから、立法例によっては、たとえば、ドイツ連邦共和国やイタリアの憲法裁判所やフランスの憲法院（Conseil Constitutionnel）のように、憲法問題について、具体的争訟とは関係なく判断を下だすことをみとめられている制度もある。しかし、日本国憲法のもとでは、最高裁判所はかような意味での憲法裁判所ではなく、したがって違憲審査権（憲法八一条）も、具体的争訟事件において、その事案に即してのみ行使されうるものと解される。かつて日本社会党から警察予備隊の違憲性（憲法九条違反）を主張して最高裁判所に訴えが提起されたことがあったが、昭和二七年の最高裁判所大法廷判決は、ほぼ右に論じたような理由によって訴えを却下したのであった[15]。

第二に、裁判所は、受動的・消極的な性格をもっている。当事者からの訴えその他の形における法的な申立てがないのに、自分の方から進んで動き出すということはないのである。「訴える者がなければ裁判官はない（Nemo judex sine actore.)」。適法な申立てを受けて裁判所が活動を開始したのち――たとえば訴訟が係属したのち――においても、裁判所の活動は原則的に職権主義ではなく当事者主義に支配されるといってよいが、これは程度問題であって、民事訴訟にも職権主義的要素が絶無ではないし、刑事訴訟、行政事件訴訟、人事訴訟になると多かれ少なかれ職権主義が加わって来る。また、違憲審査権の行使ことに違憲判断については、別の考慮も加わって、その取扱いはとくに慎重にされるが（裁判所法一〇条、最高裁判所裁判事務処理規則一二条）、これについても、司法権の消極的性格を強く考えすぎてはならないのであり、違憲審査権が憲法によってみとめられた趣旨から考えて、適正に行使されることを要する。この関係において、いわゆる「司法的積極主義（judicial activism）」は、かならずしも上述の裁判所の消極的・受動的性格に反するものではないというべきである。しかし、また、「司法的積極主義」が、治安の維持、公共の福祉の増進といった行政的目的に向かっての気負いを意味することになると、それは裁判所の基本性格に反することを忘れてはならない。(16)

第三に、とくに右の第二点に関連して付け加えておくべきことがある。一つには増加しつつある現代型訴訟に対応するための新しい視野が必要になっていることであり、(17)二つには、近時、とくに民事の関係で、民事訴訟が本来の紛争解決機能を十分に発揮しないため民衆の訴訟離れがおこっていることへの反省から、訴訟外の解決――いわゆる「代替的紛争解決手続（alternative dispute resolution, ADR）」――をも視野におさめた司法の在り方への根本的反省が必要になっていることである。(18)後者は司法の周辺のことともいえるが、司法そのものの在り方と総合的に考えなければならないことであり、これらの問題は、裁判官や法曹の任務の反省などを含めて、やがては司法全体のパラダイムにもかかわって来る可能性を秘めている。しかし、そのばあいでも、以上に述べたような司法の中核的部分にある基本的性格を見失ってはならないのである。

なお、規則制定権や司法行政は、司法部が司法権を行使するためにみとめられた立法機能・行政機能であって、右に述べたところはそのままの形ではこれらにあてはまらない。しかし、これらも司法権の性格から基本的に制約を受けるのは当然である。たとえば、司法行政の監督権を有するのは、裁判所の長たる裁判官ではなく裁判所じたい——実質的には裁判官会議——とされるのなども（裁判所法八〇条）、その特徴を示すものといえよう。

(15)　最判（大法廷）昭和二七年一〇月八日民集六巻九号七八三頁。判旨が付言しているように、「最高裁判所が原告の主張するがごとき法律命令等の抽象的な無効宣言をなす権限を有するものとするならば、何人も違憲訴訟を最高裁判所に提起することにより法律命令等の効力を争うことが頻発し、かくして最高裁判所はすべての国権の上に位する機関たる観を呈し三権独立し、その間に均衡を保ち、相互に侵さざる民主政治の根本原理に背馳するにいたる恐れなしとしないのである」。

(16)　家庭裁判所の扱う少年の保護事件（裁判所法三一条の三、少年法三条—三六条）などは、かような観点からみるとき、本質的に困難な問題を内蔵している。少年法は「少年の健全な育成を期」するものであり（一条）、家庭裁判所の裁判官はその目的に向かっての情熱をもっていなければ、所期の成果を挙げえない。その意味で、保護事件は行政的性格をもっている。しかし、旧少年法（大正一一年法律四二号）が少年審判所という行政機関の権限にしていたのを、新少年法は人権保障の見地から裁判所の権限に改めた。家庭裁判所は、司法機関としての性格を逸脱することなしにその目的を達成しなければならない。少年法には多くのなやみがあるが、これもそのひとつの現れである。

(17)　新堂幸司「現代型訴訟とその役割」（『岩波講座基本法学8　紛争』一九八三年）三〇五頁以下など参照。

(18)　田中成明「民事司法改革の背景とその射程——『法化』『非＝法化』論議からみた民事訴訟の役割について——」法曹時報四七巻五号以下（一九九五年）など参照。実は、前述のアメリカ連邦最高裁判所バーガー首席判事（Warren E. Berger, C. J.）の話（前出二〇〇頁注（2））は、かれとしてはすでに具体的な抱負をもった上であったので、それがやがてアメリカにおけるこの運動の重要な発端をなしたのであった（田中成明・上掲五号一〇六〇頁注6参照)。なお、前出三三頁注(24)参照。

第三　司法過程

一　総説

司法過程 (judicial process) とは、訴訟において法が実現・形成されて行く過程である。個々の訴訟についていえば、その事件について法が具体的に実現される過程であり、全体としてみれば、判例法形成の過程である。後者については法形成過程の見地から前節に考察したから、ここでは前者を論じることになるわけであるが、実は、前者を離れて後者はないし、後者は逆に前者を制約する関係に立つことをも忘れてはならない。

司法過程論は、とくにアメリカで発達した考え方であって、それはリアリズムの発展と密接に結びついている。したがって、司法過程論においては、法的・規範的な考察ではなく事実的・経験科学的な考察に重点が置かれるのが通例である。しかし、考察のこの二つの面は、純方法論的には相容れないが、両者があいまって司法過程の正しい把握ができるというべきである。のみならず、司法過程における主体性の契機は、[1] リアリズムことに行動科学的アプローチだけでは把握し切れないものであることをも忘れてはならないであろう。

司法過程は大まかにいって訴訟という枠組みの中で行なわれることであるから、立法過程と比較して、舞台がいちじるしく限定されており、ことに司法権独立の原則によって政治的因子からは一応は絶縁された形になっている。しかし、本章第一節で前述した法を動かす諸因子――生物学的・経済的・政治的――は、種々の形で、司法過程にも働くのである。

それぞれの国の法の特徴は、その司法過程にきわめて顕著に表現される。その意味で、司法過程は比較法学の好

個のテーマになっている。(2)

司法過程には裁判官不信型と裁判官信頼型とがある。ヴォン・メーレンの指摘するように、フランスでは裁判官はアンシアン・レジームの支配階級から出たので立法も裁判官の不信を前提とし、判例の拘束力も否定され、違憲審査権もみとめられていないのに対し、アメリカでは裁判官は弁護士の中のすぐれた人材からとられるし、アメリカ独立にも貢献したので、裁判官に対する信頼が基本になっており、コモン・ローの創造者とされ違憲審査権をみとめられる。フランス型の司法過程に非人称的（impersonal）な要素が強いのに対して、後者に人的（personal）な色彩が濃いのも、このような点と関連があるであろう。わが国における司法過程は、前者の型から後者の型に移りつつあるといってよいが、社会的条件や伝統の差異——ことに裁判官のキャリア・システムは根深い——によって、その移行は一筋道ではない。

司法過程には、書面型と口頭型とを区別することができるかも知れない。裁判公開主義（憲法八二条・三七条一項）は当然に口頭主義を要請するが、わが国では、書面に重きを置く傾向が現在でも強く残っている。これは、わが国の文化が聴覚型よりもむしろ視覚型(3)のものとして形成されて来たことと無関係ではないようにおもわれる。

(1)　団藤『実践の法理と法理の実践』（一九八六年）の第一部は、その全部が「司法過程における主体性の理論」を主題とするものである。

(2)　米独仏の比較を中心とした興味のある研究として、Arthur von Mehren, The Judicial Process : A Comparative Analysis, *The American Journal of Comparative Law*, Vol. 5, 1956, p. 198 et seq. なお、英米型と大陸型の対比については、芦部信喜「司法における権力性」（『岩波講座基本法学6　権力』一九八三年）二一九頁以下、ことに二二四頁以下参照。

（3）　古来の日本文化は中国文化の決定的な影響のもとにやはり文字の国の文化であり、すくなくとも過去においては、音楽のような聴覚的芸術よりも、絵画・書道のような視覚的芸術にすぐれていた。文字をみなければ意味がわからないような同音異義のことば――法律用語の中だけから例を挙げても「私法」と「司法」、「強制」と「矯正」、「拘留」と「勾留」、「科料」と「過料」、「控訴」と「公訴」、「三審制」と「参審制」など――が多いことも口頭による伝達を阻害している。

二　手続面と実体面

訴訟は訴えの提起にはじまって判決の確定に終わる。(4) それは動的・発展的な過程である。こうした訴訟の動的・発展的性格に着眼して訴訟の一般理論の構築を企てた二人のドイツの学者がいる。ザウアー（Wilhelm Sauer, 1879-1962）とジェイムズ・ゴルトシュミットがそれである。(5) ザウアーは訴訟の発展をいわば縦断的にその流れの方向にそった発展の線としてとらえた。実体形成の線（Sachgestaltungslinie）・訴追の線（Verfolgungslinie）・手続の線（Verfahrenslinie）がそれであり、この三つの線は時間的には並行して進む。実体形成のために訴追が行なわれ、訴追のために手続が進められるのだから、この三者の関係は、相互に、前者は後者の目的（内容）、後者は前者の手段（形式）という形で目的――手段ないし内容――形式の関係に立つということになる。これは興味のある見解だが、わたくしは、こうした三分説のかわりに、もっと簡単な二分説――実体面（実体形成過程）と手続面（手続形成過程）――を提唱している。訴追というのは当事者双方の攻撃防禦の原理で、実体面・手続面の双方にあてはまることであり、それを中間的な第三のものとするのは妥当でないからである。次に、ゴルトシュミットは、訴訟の発展過程をいわば横断面において考察した。かれは、訴訟法学の父といわれるビューロウ（Oskar Bülow, 1837-1907）の訴訟法律関係説を批判して、確定判決によって権利―義務が確定すれば法律関係といえるが、訴訟の過程においてははっきりした権利―義務とはいえない浮動的・流動的な一種の見込みのようなもの――かれ自身は「見込み（Aussicht）」および「負担（Last）」という観念でこれを現した――にすぎず、したがって、訴訟は法律関係ではなくて「法律状態（Rechtslage）」だと主張した。これがかれの訴訟法律状態説（訴訟状態説）である。私見によれば、これは、まさしく実体形成過程をその横断面においてとらえたものである。わたくしの訴訟理論は、かようにして、これら両説の結合の上に成り立っている。(6)

手続の進行に乗って実体が形成されて行き、また、実体形成の進み具合に応じて手続が行なわれる。手続面と実体面とは――前者が手段・形式、後者が目的・内容という関係に立ちながらも――相互に影響を及ぼし合う。実体面ないし実体形成というのは事実認定と法令の適用（刑事でいえばさらに刑の量定）との双方にまたがる。

ここで法の「遵守（Befolgung）」と法の「適用（Anwendung）」について述べておこう。この両者は、純理論的にみるとちがった観念である。前者は、法の下にあって、法の命令にしたがって行動することであり、後者は、いわば法の上にあって、法の命令を実現することである。国民が法にしたがって行動するのは、もちろん、前者にあたる。これに対して、裁判所は、訴訟法の命じるところにしたがって手続を進めながら、当の事案に実体法――手続法のこともないわけではないが――を適用して裁判をするのであるから、訴訟の手続面においては法（訴訟法）の下に立って法を遵守するものであり、実体面においては法の上に立って法を適用するものである。(7)訴訟状態説がとくに訴訟の実体面にあてはまるのは、このような理論的分析によって説明されうる。――なお、法の遵守と適用とについてここに述べたことを、もっと一般的にいえば――タメロも指摘するように――人間が法の下にあるばかりでなく、法が人間の下に立つこともあるということにおいて、法と人間との循環過程のひとつの場面を見出すことができる。(8)

（4）　司法過程を訴えの提起前および判決確定後の段階にも――それが訴訟と密接な関係をもつ限度において――拡張して考えることは、論者の自由である。ことに刑事手続については、公訴提起前における捜査の段階や判決確定後における刑執行の段階までをも含めて刑事訴訟法典に規定されているし、それにはそれだけの理由があるのである。行政関係については、行政事件訴訟の前段階として（憲法七六条二項参照）行政機関が行なう略式の争訟——行政不服審査法による直近上級行政庁などによる審査、行政委員会などによって行なわれる準司法的手続（quasi-judicial procedure）による行政審判、など種々のものがある——も、広義において司法過程と考えてよく、ここでは行政過程と司法過程が競合することになる。いずれにせよ、本書では、こうした技術的な詳細については立ち入らないことにする。

（5）　Sauer, *Grundlagen des Prozeßrechts*, 1. Aufl., 1919; J. Goldschmidt, *Der Prozeß als Rechtslage*, 1925.

（6）　団藤『刑事訴訟法綱要』（一九四三年）二一一頁以下、同『新刑事訴訟法綱要』（七訂版・一九六七年）一三六頁以下、同『訴訟状態と訴訟行為』（一九四九年）。——ちなみに、三島由紀夫（＝平岡公威）の告白によれば、このようなわたくしの訴訟法理論はかれの小説の手法に影響をあたえた（新潮社版・三島由紀夫全集三〇巻収録の「法律と文学」）。これにつき、団藤「三島由紀夫と刑事訴訟法」（同『この一筋につながる』一九八六年・所収、のち、同『わが心の旅路』四刷・一九九三年に転載）。

（7）　法の適用において裁判官は法の上に立つが、それは「裁判官は法を正しく適用するべし」という法規範が、さらにその上にあることを前提とする。ハルのいうように、裁判官が「法の主人」であるということは裁判官が「法の第一の奉仕者」であることを意味する。Karl Alfred Hall, Der Prozeß als Richterlage, in: *Persönlichkeit in der Demokratie, Festschrift für Erich Schwinge*, 1973, S. 230.

（8）　Ilmar Tammelo, Non solum sub lege——enimvero sub homine, in: *Rechtstheorie*, hrsg. von Arthur Kaufmann, 1971, S. 49 ff. (ders., *Rechtslogik und materiale Gerechtigkeit*, 1971, S. 64 ff.).

三　事実の認定と法令の適用——判決三段論法ということについて

実体形成の過程は、一面では事実認定の過程であり他面では法令適用の過程である。

まず、事実の認定についていうと、原告の主張する事実——刑事でいえば公訴犯罪事実——の存否をめぐり、当事者の攻撃・防禦によって、双方が持ち出す証拠——証人や証拠物、書証など——が取り調べられるにしたがって、事実の真否が次第にあきらかになって行く。陪審制度のもとでは、それは陪審員の心証形成によるが、日本には陪審制度はないから、(9) 裁判官の心証形成によるわけである。

法廷に持ち出され判決の基礎となりうる証拠には、一定の制限がある。とくに人権保障の要請の強い刑事訴訟については、その要件は厳重であって、たとえば任意性のない自白（任意性のない疑いのある自白も含めて）は絶対的に証拠能力を否定されるし（憲法三八条、刑訴三一九条）、伝聞証拠も原則的に証拠能力を否定される（憲法三七条二項、刑訴三二〇条以下）。適法に法廷に持ち出されて証拠調の行なわれた証拠については、裁判官がそこから心証をとるかどうか、また、どのような心証をとるかは、裁判官の自由にまかされる。これを自由心証主義という。民事訴訟については、「裁判所は、判決をするに当たり、口頭弁論の全趣旨及び証拠調べの結果をしん酌して、自由な心証により、事実についての主張を真実と認めるべきか否かを判断する」と規定され（民訴二四七条）、刑事訴訟については「証拠の証明力は、裁判官の自由な判断に委ねる」と規定されている（刑訴三一八条）。両者はほぼ同趣旨だが、民事訴訟について「口頭弁論の全趣旨」が考慮されうるのに対して、刑事訴訟についてそれがみとめられていないのは、やはり、刑事訴訟における事実認定がとくに厳格でなければならないからである。事実を認定するために必要とされる裁判官の心証の程度についても、民事と刑事とでちがいがある。民事ではどちらの証拠が重いかというふうに証明力の強弱を比較して「証拠の優越（preponderance of evidence）」によってきめるが、刑事で有罪の判決をするためには、公訴事実の存否について「合理的な疑いをこえる（beyond a reasonable doubt）」ところの確信を得たことを要する。ところで、民事・刑事それぞれについて、裁判官が右の程度の心証を得たときはその事実を認定することになるが、黒白どちらとも断定できない灰色程度の心証しか得られなかったときは、どうなるか。刑事では、「疑わしいときは被告人の利益に（In dubio pro reo.）」というのが大原則であり、これを「無罪の推定（presumption of innocence）」ともいう。[10] 無罪の推定は世界人権宣言（Universal Declaration of Human Rights ; Déclaration Universelle des Droits de l'Homme）にもうたわれている（その一一条一項）。検察側で黒であることを立証しないかぎり、白のばあいはむろんのこと灰色のばあいも被告人は無罪になるのだから、専門用語では、検察側に挙証責任があるという。これに対して、民事では、事実の存否についてはっきりした心証が得られないときに、原告・被告のどちらに有利に解決するべきかは、いちがいにいえない。それは事柄によってちがうべきはずであり、したがって、民事訴訟では挙証責任はそれぞれの要証事実の性質に応じてもっと複雑な形で原告と被告とに分配されているのである。なお、民事訴訟では裁判所において当事者が自白した事実は証明しないでよい（民訴一七九条、なお、一五九条）といったような当事者処分主義から来る刑事訴訟とのちがいがあることも、つけ加えておこう。

ところで、すこし古い民刑訴訟法の書物をひもとくと、よく判決三段論法（Urteilssyllogismus）ということが出て来る。たとえば、大前提＝他人の財物を窃取した者は一〇年以下の懲役に処せられる（法規範＝刑法二三五条）。小前提＝被告人甲は乙の時計を窃取した（事実）。結論＝ゆえに被告人甲は一〇年以下（の範囲内においてたとえば一年）の懲役に処せられる（判決の結論）。これが判決三段論法といわれるものである。刑訴三三五条に「有罪の言渡をするには、罪となるべき事実、証拠の標目及び法令の適用を示さなければならない」と規定され、また、民訴二五三条に判決書の記載事項として「主文」、「事実」、「理由」が挙げられているのは、いずれも、抽象的には、こうした判決三段論法を前提としているといってよいであろう。要するに、法規範を当の事案における具体的事実にあてはめて判決の結論を出すわけである。これは、出来上がった判決の内容に関するかぎり、まさしく、あてはまる。判決の理由がかような三段論法を満足させるものでなければ、「理由にくいちがいがある」ものとして、上訴による破棄を免れない（民訴三一二条二項六号、刑訴三七八条四号）。その意味で、たしかに、判決三段論法は判決の正しさを担保する働きをもっている。

しかし、実際の司法過程は、判決三段論法の形をとるわけではない。第一に、判決三段論法は、裁判官は「法律のことばを発音する口（la bouche qui prononce les paroles de la loi）」だというモンテスキューの考えに典型的に示されているような自動販売器的・機械的裁判観に立つものである。法も単に「発見」されるものではなく、事実認定も単に機械的なものでない以上、判決三段論法の考え方は、すでに前提を失っているといわなければならない。第二に、訴訟における「事件」とは何かというと、それは民訴でいえば請求の趣旨・原因（民訴一三三条二項二号）、刑訴でいえば公訴犯罪事実（刑訴二五六条）によってきまるのであって、はじめから事実的なものと法的なものとが結びついた概念である。したがって、実体形成における事実認定の面と法令適用の面とは別々のものではなくて、むしろ相即不離のものだといってよい。ただ、相即不離とはいっても、論理的には両者のあいだに区別があるのはもちろんであって、たとえば法令の存否やその解釈は原則として証明の対象にはならないし（しかし、外国法や慣習法・自治法規などについては鑑定・証言の必要なこともある）、判決の理由づけは――たとい結論がすでに出たあとの粉飾にすぎなかろうとも――三段論法の論理を満足させるものでなければならない。

（9）　刑事については、一九二三（大正一二）年に陪審法（同年法律五〇号）が制定され一九二八（昭和三）年から施行されたが、実績があがらず、費用および事務の負担を理由に、一九四三（昭和一八）年から施行が停止されたまま今日にいたっている（昭和一八年法律八八号）。形式的には施行の停止だが、実質的には再施行の見込みはないといってよい。将来、刑事について陪審制度を設ける可能性は裁判所法（三条三項）によって規定されている。――陪審法の実績があがらなかった原因は多いが、まず、この法律の内容の欠陥——旧憲法による制約を含めて——を忘れてはならない。とくに、陪審にかかる事件の種類がきわめて限定されていたこと（二条—七条）、裁判所は陪審の答申が気に入るまで何回でも陪審の更新ができたこと（九五条）、陪審の答申を採択した判決に対しては控訴の申立てが許されないこと（一〇一条）、などを挙げるべきであろう。これでは被告人側からいって不利益な面が多すぎた。しかも、二重名簿制（一七条・二三条）をはじめとして陪審構成の手続も煩瑣にすぎたので、これでは陪審法が動くはずもなかったのである。陪審がわが国民性に合わないことがしばしば指摘されるが、このことを強調しすぎてはならないとおもう。その後、新しく裁判員の制度が創設された（平成一六年法律六三号八条以下）。これがどのように動くかは、さしあたり未知数である。

(10)　この法格言じたいはフォイエルバッハの好敵手であったシュテューベル（Stübel）が一八一一年に作ったものといわれるが、この種の法格言は古今東西を問わず、見出される。中国にも、左伝（襄公二六年）に夏書にいわくとして、「その不辜（ふこ＝無実の者）を殺さんよりはむしろ不経（ふけい＝国法をあやまること）に失せん（与其殺不辜、寧失不経）」ということばがみえている。イギリスでは、「無実の一人が苦しむより、有罪の十人がのがれるほうがよい」といわれる。ここでは一対一〇であるが、その比率の考え方の変遷につき、Glanville Williams, *The Proof of Guilt*, 2nd ed., 1958, p. 154 et seq.

四　司法過程に働く諸因子——ことに人的因子について

裁判官でありリアリズム法学の代表者の一人として知られるアメリカのジェロウム・フランク（Jerome Frank, 1889-1957）は、その名著『裁かれる裁判所』(11)の中で、司法過程の分析を試みた。かれの所説は、社会学的・心理学的見地からするところの訴訟状態説だといえるであろう。かれは、権利は「勝った訴訟（a law-suit won）」であり義務は「負けた訴訟（a law-suit lost）」であると論じた。これは、わたくしがゴルトシュミットの「見込み」—「負担」の観念に代えて「利益な判決への見込み」—「不利益な判決への見込み」という観念で訴訟状態を論じていたのを、ちょうど逆の面から眺めたもので、まさしく同じことをいっているわけである。ところで、かれは、まず、R(法規)×F(事実)＝D(判決)という方式を俎上にのせた。「事実」は所与（data）ではない。それは裁判所によって「発見」されることをどこかで待っているのではなく、むしろ、証言などに対する裁判所の主観的反応によって「作られる」ものである。まさしく、それは実体形成である。法は訴訟における武器であって、その意味では実体法も訴訟法的であり、一定の客観的な法的規則というものがあるわけではない。法についてはルウェリン（Karl Nickerson Llewellyn, 1893-1962）らの法懐疑論（rule-skeptics）があり、事実についてはのちにアメリカ連邦最高裁判所判事になったダグラス（William O. Douglas）らの事実懐疑論（fact skeptics）があるが、事実の認定も法の解釈適用も客観的なものではありえず、裁判官の人に大きくかかっているのであって、裁判は、つまりは、裁判官の「全生活歴」だとされる。かようにして、フランクは、S(刺激 stimuli)×P(裁判官のパーソナリティ per-sonality)＝D(判決)という方式に一応到達する。法規をも「刺激」のひとつにすぎないものとしてとらえているところに、リアリストとしてのかれの面目がある。かれは、「刺激」の因子も「パーソナリティ」の因子もあまりに雑多なので、この方式は予測の目的にも批判の目的にも役に立たないとしたのであったが、その後における行動科学の発達は顕著であるから、司法過程を基本的にこの種の方式でとらえることは、決して無意味ではないであろう。司法過程に対する行動科学的アプローチは必要でもあり、おそらく、今後ますます成果を挙げるにちがいない。しかし、司法過程を行動科学によって完全に把握することができるかといえば、答えは「いな」であるとおもう。なぜなら、後述のとおり、司法過程には窮極的には決定論をこえる主体的なものが働くからである。フランク自身も、科学主義には反対するのであり、法は一連の計算器ではないというダグラス判事のことばを引き、また、法を単に社会工学的に考えるのは人間を非人間的存在として扱うことになることを、あきらかにみとめている。

しばらく、フランクの方式を借りて考察を進めよう。実体形成は裁判官の心証――ゆるやかな意味での――の形成として行なわれるものであるから、Sの働きかけるものとして裁判官のPを持ち出したのは正しい。しかし、Pは受動的に刺激を受けるだけではなく、能動的にSを制約することがある。たとえば、ある証拠を――証拠能力、関連性、時機などの観点から――法廷に持ち出すことを許すかどうかは、裁判官の判断にかかっており、それによってSの範囲が増減されうるわけである。

司法過程は訴訟という土俵の上で行なわれるものであるから、Sとして働く資料は訴訟内のものに限定されるはずであるが、事実上、訴訟外のものがSとして働くことはありうる。(12) ニュースペーパー・トライアルなどのことばもあるくらいである（ただ、職業裁判官は、法的に許される資料以外からは心証をとらないように訓練されている）。のみならず、間接には、訴訟外の因子が、種々の形で、Sとして働き、あるいはSの範囲を増減することはすくなくない。たとえば証人の記憶に影響をあたえる因子は前者であり、証拠の収集の難易の原因となる因子は後者である。

裁判官のPは人的因子であるが、逆に人的因子は裁判官のそれだけではない。何よりもまず、司法過程が当事者の攻撃防禦の形で行なわれるものである以上、当事者――訴訟代理人（民事）・弁護人（刑事）を含めて――の人的因子がきわめて重要な意味をもつのは、もちろんのことである。弁護士の有能・無能は訴訟の運命を決するといっても過言でない。当事者以外に証人などのパーソナリティも決して無視できない。たとえば、証人に対する尋問のしかたひとつにしても、そのパーソナリティのいかんによって、予想外の反応をおこし、おもわぬ証言を引き出す結果になる。

裁判官のパーソナリティは、かような種々さまざまなSに反応して、裁判官の内に事実認定の面での心証および法適用の面での見解を次第に形成して行く。(13) 裁判官のパーソナリティじたいもかれの素質・環境の所産であって、その中にその全生活歴――あるいはそれ以上のもの――を含んでいる。かようにして、判決が生まれる。

以上は、かりにフランクの方式を借用して考察したのであるが、司法過程は、すくなくとも、次の二点において、これだけでは尽くされないものをもっているのである。第一に、当の裁判官が裁判官としてその事件の裁判にあたることになった背景――たとえば裁判官としての任命の問題、職務配置の問題など――も、間接的ながらも司法過程に影響を及ぼす因子であるが、それはこの方式には現れない。司法権独立の原則のもとにおいては、間接的にせよ、このような因子の働く余地は決して大きくないが、三権の抑制均衡の見地から司法権に対しても抑制があることは前述のとおりであり、ことに最高裁判所のばあいには、それがかなり意味をもつものと考えられる。第二に、フランクの方式におけるパーソナリティはおそらく心理学的意味におけるそれであって、非決定論的な人格の主体性の面を含んだものではない。わたくしは、司法過程は、裁判官および当事者その他の訴訟関係人の人格の主体性の面を捨象して理解することはできないものと考える。[14] 司法過程は裁判官および訴訟関係人の活動によって進行するものであり、[15] その際、人間行動における自由と必然の問題について前述したところ（前出四一頁以下）がそのままあてはまる。ジェロウム・ホール[16]（Jerome Hall, 1901-92）が、司法過程を「進行するところの、活動としての法（on-going law-as-action）」として把握しようとしているのは、正しいといわなければならない。[17] そうして、裁判官の人格の主体的な面におけるもっとも内奥に位置づけられるものとして前述の「裁判官の良心」があるのである。[18]

（11）　Jerome Frank, *Courts on Trial*, 1949. 邦訳として、古賀正義訳『裁かれる裁判所』上・下（一九六〇―一年）。なお、近時、訴訟の決定因子を法的、社会的、経済的、心理的のそれぞれについて論じたドイツの少壮学者の業績として、Johann Josef Hagen, *Elemente einer allgemeinen Prozeßlehre*, 1972.

（12）　この関係で問題になるのがいわゆる「裁判批判」である。大まかにいえば、裁判に対する批判がその内容的な説得力によって裁判に影響をあたえることは許されてよい——むしろ積極的に望ましい——が、マスコミなどの力によって実力的な様相を帯びて来ると、司法権独立の見地からみて許されるべき限界があるといわなければならない。これは、司法部内における上部や同僚からの説得（たとえば前述の大津事件や一九七〇年におこった平賀問題を想起されたい）と同列には論じえないにせよ、重要な点で内的な連関を有する問題である。なお、ここには論じ尽くせないが、裁判批判は法の本質論とも結びつく根本問題を含んでいる。石井照久＝兼子一＝鈴木竹雄＝田中二郎＝団藤重光＝宮沢俊義＝我妻栄「裁判批判について」（座談会）（ジュリスト選書『裁判批判』一九五七年・所収）。

(13)　裁判官は法学者ではないが、法実践と法理論との共通性のゆえに、多かれ少なかれ、自己の法理論体系をもっている。各裁判官のかような体系はやはりそのパーソナリティを基礎としているのであり、具体的事案について当の裁判官が示す法見解も、意識的・無意識的に、かような体系と結びついたものであることが多い。このことは、判例の尊重を——当事者のために——より強く要請される下級裁判所の裁判官よりも、自己の見解——個人としてのそれではなく裁判官としてのそれでなければならないが——を、ばあいによっては少数意見としてでも表明することが求められる最高裁判所の裁判官について、いっそうよくあてはまるであろう。

(14)　団藤『実践の法理と法理の実践』（一九八六年）一四五—一七〇頁、同「刑事訴訟法における主体性の理論」ジュリスト九〇五号（一九八八・四・一）四四頁以下。

(15)　両当事者（民事では原告・被告、刑事では検察官・被告人）は、鋭く対立しながらみずからの立場を主張し、裁判所はより高次の公平な立場からその上に立って、両者の主張の中の正しい契機をみとめ、いわばそれらを止揚することにより、正しい裁判を下だすべきである。そこには、多かれ少なかれ、いわば弁証法的な発展がみられる。当事者の対立が鋭い点では民事において、判決における高次元での総合性がとくに要請される点では刑事において、このことは、よりよくあてはまるであろう。刑事については、Jürgen Meyer, *Dialektik im Strafprozeß*, 1965.

(16)　ジェロウム・ホールの著作の邦訳として、宮本安美訳『比較法と社会理論』（一九七五年）、大野真義訳『窃盗、法および社会』（一九七七年）（この日本語版は著者からわたくしに献呈されたので、わたくしは返礼として本書の旧版をホール教授に捧げた)。なお、後出三二八頁以下参照。

(17)　Jerome Hall, Methods of sociological research in comparative law, in: *Legal Thought in the U. S. A. under Contemporary Pressures. Reports from the U. S. A. for the VIII Congress of International Academy of Comparative Law*, 1970, p. 163 et seq. なお、J. Hall, *Foundations of Jurisprudence*, 1973, p. 149 et seq.（紹介、団藤「ジェロウム・ホール『法学の基礎』」同『実践の法理と法理の実践』一九八六年・五五頁以下)。

(18)　良心をも科学的に取り扱うことができるが、そのばあいはすでに対象化された良心である。

第四章　法の理念と実定法の効力の限界

第一節　法の理念

一　総説

法の理念とは、法概念に内在しながら法をして法たらしめるところのものであり、したがってまた、法の形成・実現の指標ともなるところのものである。[1] 法の動態についての考察は、当然に法の理念の問題に導く。なぜなら、法の形成・実現は、種々の因子によって必然的に制約されながらも、法の形成・実現にあたる人たち——国民をも含めて——の主体的な活動の面をもつものであって、一方では現実に根を下ろしながらも他方では理想を求めるものだからである。

現実の分析が法社会学の任務だとすれば、理念の追求は法哲学の使命である。ここで法理念論にあまり深入りすることは不可能でもあり不適当でもある。以下に述べるところは、先人たちの業績を参考にしながら、わたくし自身のいだいている所見の概略を述べるだけのことである。

（1）　Vgl. Helmut Coing, *Grundzüge der Rechtsphilosophie*, 1950, S. 93, 148.

二　正　義

法の理念としてまず挙げなければならないのは正義である。[2] 例えばヴィレーのように、ほとんど正義の見地だけから法を論じる学者もあるくらいである。(3) 正義については、すでに序論の章において、道徳・習俗と法とを区別する理念的要素として、ひととおりの考察をしておいたが（前出二六頁以下）、法の静態と動態とを遍歴したあと、ここで、もうすこし考察を深めておくのは無用のことではあるまい。

法的正義が古来「各人にかれのものを」という形で現されること、しかも「かれのもの（suum）」とは何かを実質的に「かれに属するべきもの」としてとらえるためには、配分的正義を根本に置いて考えなければならないことは、前述のとおりである。しかし、かように配分的正義だけをとって考えるにしても、そこで基準となるべき配分原理は決して一義的でないばかりか、むしろ、立場・価値体系のちがいによってまったくちがったものになって来る。たとえば、賃金・公共料金・租税等の金額、財産の相続、男女平等・夫婦同権の内容、等々、どれひとつとして、窮極的には根本的な立場・価値体系の問題に結びつかないものはないといってよい。だから、シニカルな見方をすれば、芥川竜之介のように、「正義も理窟をつけさえすれば、敵にも味方にも買われるものである」（『侏儒の言葉』）ということになろう。しかし、この問題はもっと真剣に考えなければならない。多元的社会における法形成について前述したことは、ここにそのままあてはまるのであり（前出一七七頁）、それぞれの立場から真に「正しい」と考えられることが主張されることによって、いわば間主体的・動的に正義の実現に接近するべきである。(4)

正義における矛盾は、右に述べたような基準の点においてだけでなく、実は正義そのものの要請の中にも見出されるのである。正義は恣意を排斥するものであって、その点から、正義は原則的には一般化的正義（generalisierende Gerechtigkeit）として現れるが、一般化的正義は個々の具体的な事態にあてはめるとしばしばかえって不正義な結果をもたらす。そこで、一般化的正義に対して、個別化的正義（individualisierende Gerechtigkeit）が出て来るのであり、この両原理は、ひとしく正義でありながらも、たがいに相剋するのである。(5)「衡平（equity; Billigkeit)」という観念があるが、これは「個別的事件の正義」(ラートブルッフ)であり、個別化的正義にほかならないといえよう。イギリス法において衡平法がいかにコモン・ローの硬直化を緩和する役割りを果したかは、前にみたとおりである(前出一六六頁)。かように、法の理念として一般化的正義と個別化的正義はともに重要であるが、前者は反面において冷酷をともない[6]、後者は反面において不公平や恣意を招来する。法は何よりもまず公平でなければならないから、一般化的正義をどこまでも原則としながら、ただ個別化的正義によってこれを補充するという形をとることになるのである。

正義ははかりと剣をもった女神で象徴されるように、いわゆる秋霜烈日のはげしさをもったものである[7]。「世界が滅びるとも正義は行なわれるべきだ」という法格言はその現れであるし、死刑を宣告されたが脱獄を肯じないで獄吏から渡された毒杯をあおって死んだというソクラテス(ca. 470–399 B. C.)の故事は受動態におけるその典型である[8]。第二次大戦後の窮乏時にすべてのヤミ物資から絶縁して餓死した山口良忠判事[9]の名が記憶されるのも、その廉直さが正義と結びつくからである[10]。これらはいずれも、正義の主要な側面であるところの一般化的正義に関する。

しかし、法は社会的規範であるから、聖人や英雄ではなく平均人・通常人を標準とするものである。一般化的正義は右にみたようにしばしば聖人・英雄の行為を要求するのであって、個別化的正義による修正をまって、はじめて法の理念となりうる。一般化的正義と個別化的正義とは矛盾緊張関係に立つのであって、後者による前者の修正ということじたい、動的な過程においてはじめて実現されうるといっても過言でないであろう。基本的にいえば一般的・抽象的な法規範の形成——ことに立法——にあたっては、一般化的正義に主眼点が置かれるが、それにしても将来おこるべき具体的事案への適用を予想してなるべく個別化的正義を害する結果が生じないようにあらかじめ配慮しなければならないのは当然である。法の実現、ことに司法の段階においては、裁判官は法を法として実現する任務をもつものであるから、やはり一般化的正義を尊重しなければならないのはもちろんであるが、しかし、法的紛争の解決は当事者に具体的に正義をあたえるものでなければならないから、個別化的正義にも充分の配慮をあたえなければならない。刑事事件でいえば、刑の量定にはこうした問題がつねに内在しているし、さらに進んで、超法規的な違法性阻却や責任阻却（ことに期待可能性理論[11]）の問題がおこるのは、主としてかような局面においてである。しかも、一般化的正義と個別化的正義との対決とそれの解決は、裁判という実定法的な制度の土俵の上で行なわれなければならないのであって、実定法と実定法をこえるものとの対決の問題となって現れる。たとえば、条理の法源性、自然法の実定法補充・修正機能、法の解釈原理といった諸問題は、こうした角度からも考察されなければならないのである。裁判は、このような意味においても、一種の弁証法的な過程だというべきである。

かように、一般化的正義と個別化的正義とは、基本的には、矛盾した原理の対決という形をとって現れるが、実定法的な取扱いとしては、できるだけ両者の妥協をはかることが必要であり、また、かなりの程度まで可能である。それは定型化（Typisierung）の方法によってである。[12]法が社会事象を規制するのには、定型化の方法はむしろ必然的だといわなければならない。裁判所が裁判をするには、当の事案について、一方では過去の先例との共通点を求め、他方では将来の類似の事案についての先例となるべきことを考慮して、裁判の内容をきめる。そこには「この種の事案」という考え方が働くのであり、それはすなわち定型化的思考方法にほかならない。立法も、ほとんど例外なしにといってよいくらい、なんらかの意味で定型化的方法を用いる。刑法でいえば、犯罪と刑罰をそれぞれ定型化して、構成要件―法定刑という形でこれを対応させる。[13]たとえば、万引き、すり、置き引き、忍びこみ窃盗、持凶器窃盗などといった種々の行為を「他人の財物を窃取した」というひとつの構成要件にまとめて、これに一〇年以下の懲役又は罰金五十万円以下という法定刑で臨んでいるのが、窃盗罪の規定である（刑法二三五条）。ここに列挙した各種の犯罪学的類型を別々の法的定型にするのはせますぎるし、窃盗・強盗を全部一括した盗罪にするのではひろすぎるというので、右のようにきめたのが現行刑法のたてまえである。実際にある窃盗の事案は無限のニュアンスをもっており、それにふさわしい刑罰も事案ごとに異なるはずであるが、個別的事案の特殊性を考慮しながらも、小異を捨て大同について、一般化的正義と個別化的正義の調和・結合をはかっているのである。これは刑法を例にとった説明であるが、同様のことは、各法領域のどのような部分についても、ほぼあてはまる。たとえば、実際世の中に行なわれる売買には無限の態様があるが、民法はこれを「売買」として一括して規制しており（民法五五五条以下）、別に、商法は商人間の売買について特則を設け（商法五二四条以下）、また、割賦販売については割賦販売法（昭和三六年法律一五九号）によるとか、一定の物資の売買については国家的統制（たとえば旧食糧管理法〔昭和一七年法律四〇号〕など。現在ではかなり柔軟な「主要食糧の需給及び価格の安定に関する法律」〔平成六年法律一一三号〕によって取って代わられている）に服させるとかの方法をとっている。これも、もちろん、定型化の方法である。個別的処分を法律の形式で行なうという、ドイツの学者のいわゆる「処分法（Maßnahmegesetz）」にしても、いかなる種類の処分についてかような形式をとるかという意味で、やはり定型化的方法の一種に属するといってよいであろう。

しかし、かような定型化的方法によって、前述の一般化的正義と個別化的正義の緊張関係が解消するわけでないのは、もちろんである。もし、定型化の範囲の広狭が不適当であったばあい、あるいは、定型化の際に「この種の事項」という共通の特徴を、想定される具体的事案の個別性の中から抽出するについて、その選択を誤ったばあいなどのように、定型化が不適切であったときは、その結果も正義に反するものになるであろうことは、いうまでもない。それればかりでなく、定型化が妥当に行なわれたばあいでさえも、それは一般化的正義と個別化的正義の中道をとったにすぎないのであって、あるときは他の事項に関する法的規制との関連において一般化的正義を満足させず、あるときは具体的事案との関係で個別化的正義を満足させえないことが、いくらもおこりうる。かようにして、法理念としての正義についての考察は、窮極的に、正義の多義性・内在的矛盾および法の形成・実現の過程におけるその動的・主体的な解決ということに、われわれを導くのである。いいかえれば、法理念としての正義は課題の問題にほかならず、したがって、それは――現代社会を前提とした――われわれの現代的課題でもあることを意味する。

（2） 弁護士法一条は、前述のように、「社会正義を実現すること」を弁護士の「使命」として規定しているが、正義が法の理念である以上、これは全法曹の使命だというべきである。

（3） Michel Villey, *Philosophie du droit*, 1975, pp. 49 et suiv.

（4） 自分の立場から真に正義または不正義と考えられることというのは、反対者の立場を十二分に考慮した上でこそはじめて可能である (cf. Chaim Perelman, Justice and Reasoning, in: *Law, Reason, and Justice*, ed. by Graham Hughes, 1969, p. 212)。なぜなら、正義はもともと社会的なものだからである。正義は主体的なものであると同時に、間主体的なものであり、ないしは主体をこえるものである。デル・ヴェッキョ (Giorgio Del Vecchio, 1878-1970) が正義の「間主体性 (intersubiettività)」・「超主体性 (transubiettività)」を強調するのは正しい (G. Del Vecchio, *La giustizia*, 4ª ed., 1951, pag. 81 e seg., pag. 159 e seg.)。カール・ポパーが真理の発見のために間主体性（前出五〇頁注（12））を論じているのは、ここにも援用されうるであろう。山田雄三『価値多元時代と経済学』一九九四年）がこのポパーの考えを援用して経済学のありかたを論じているのも、文脈こそ異なれ、わたくしの共鳴するところである。

（5） Helmut Coing, *Grundzüge der Rechtsphilosophie*, 1950, S. 116 ff.; Heinrich Henkel, *Einführung in die Rechtsphilosophie*, 1965, S. 320, 2. Aufl., 1977, S. 416.

(6) 聖トーマスのいったように、「あわれみのない正義は冷酷である (iustitia sine misericordia crudelitas est.)」。しかし、また、「正義のないあわれみは解体の母である (misericordia sine iustitia mater est dissolutionis.)」(zitiert nach Henkel, *op. cit.*, S. 323, 2. Aufl. S. 419)。シェークスピアは、『ヴェニスの商人』の中で、ポーシャに「正義は慈悲 (mercy) が味つけ (season) すること」が必要だといわせている (四幕一場一九七行)。それによって具体的正義が得られるわけである。

(7) 古代中国において、刑罰をつかさどる司法官が「秋官」とされたのも、そのゆえであったであろう (周礼、天官孔疏)。

(8) だから、デル・ヴェッキョのいったように、この法格言にさらに、「われ滅びるとも正義は行なわれるべきだ (Fiat justitia, peream ego.)」をつけ加えることができるでもあろう (Del Vecchio, *op. cit.*, pag. 162)。なお、後出二六五頁注 (2)。デル・ヴェッキョについては団藤『刑法紀行』(一九六七年) 三二頁。

(9) わたくしは山口判事の慰霊のために未亡人を通じて本書の初版 (『法学入門』) を霊前に献じたが、かれの実像にせまることはわたくしの本旨とするところではない。

(10) その反面において、正義を表面に標榜する裁判官が実際にはだらしないものであるときは、戯画の対象となる。ドーミエ (Honoré Daumier, 1808-70) やバーラッハ (Ernst Barach, 1870-1938) が裁判官を描いたカリカチュアは痛烈な皮肉に満ちている。文学においても同様である (たとえばクライスト Heinrich von Kleist, 1777-1811 の『こわされたかめ (*Der zerbrochene Krug*, 1806)』など)。ドーミエについては Radbruch, *Karikaturen der Justiz, Lithographien von Honoré Daumier*, 1957. バーラッハの作品はハンブルクのバーラッハ博物館に集められている。

(11) ドイツに「暴れ馬」事件 (一八九七年) というのがあった。その馬車馬は《Leinenfänger》というあだ名の示すとおり尻尾で手綱をからめつけて馭者の制御を邪魔する悪癖をもっていて、いつ事故をおこすかわからなかった。雇主も馭者もそれを知っていたが、雇主は馭者の懇願にもかかわらずその馬の使用を命じた。命令に服従しなければ馭者は職とパンを失う心配が充分にあった。やむなく命令にしたがっていたところ、はたして事故をおこして通行人を傷つけた、という事案であった。ライヒ裁判所はこの馭者を無罪にした。これをめぐって賛否両論が対立したが、やがて、この判決を理論的に基礎づけるべく現れたのが、期待可能性（Zumutbarkeit）の理論である。具体的な情況のもとにおいて、その行為をしたことがまったく無理もない――その行為をしないことが期待されえない――ばあいには、行為者に非難を帰することができず、責任（ここではドイツ語の《Schuld》の意味）が阻却されるというのである。わが国には佐伯千仭の業績（佐伯『刑法に於ける期待可能性の思想』全二巻・一九四七―九年）がある。下級審判例にはこの理論を採用したものが現れているが、最高裁判所の判例は、消極的である（最判〔三小〕昭和三三年一一月四日刑集一二巻一五号三四三九頁）。

(12)　Karl Engisch, *Die Idee der Konkretisierung im Recht und Rechtswissenschaft unserer Zeit*, 1953, S. 237 ff.; Henkel, *op. cit.*, S. 351 ff., 2. Aufl. S. 471 ff.

(13)　刑法学における定型説（Typentheorie）や構成要件理論（Tatbestandslehre）は、この考え方を基底としたものである。構成要件理論はドイツにおいてベーリング（Ernst Beling, 1866-1932）およびマックス・エルンスト・マイヤー（Max Ernst Mayer, 1875-1923）によって唱道され、わが国では小野清一郎（1891-1986）および滝川幸辰《ゆきとき》(1891-1962) がこれを紹介し、かつ発展させた。

三　法的安定性と合目的性

法理念として、正義・合目的性（Zweckmäßigkeit）・法的安定性（Rechtssicherheit ; sécurité juridique）の三者を挙げ、かつそれら相互の関係ことに矛盾関係を論じたのは、ラートブルッフである。[14] しばらく、かれの論理を追ってみよう。正義は、同じものを同じように、ちがったものをちがったように取り扱うことであるが、いかなる視点によって同じものまたはちがったものとみとめるか、また、その取扱いの態様をどうするか、については、正義は何も指示しない。この二つの問題に答えることができるのは法の目的だけであるから、合目的性が法理念の第二として登場する。ところで、法の目的ないし合目的性の問題は相対主義的にしか答えられない。しかし、法が共同生活の秩序である以上、法は、これらの点についての意見の対立をこえて、単一の秩序とならなければならず、そこで法理念の第三として法的安定性が立ち現れる。かようにして三つの理念が出揃うことになる。かれによれば三者はたがいに他を要求するが、同時に相互に矛盾するのであり、相互に鋭い矛盾に陥る可能性をもちながらも、法を全面的に共同に支配しているのである。ところで、かれは、ここで面白いことをいっている。それを要約すると、「自分は矛盾を指摘しただけで解くことはできなかったが、哲学は決断をするべきではなく決断の一歩手前でとまるべきだからだ。そしてもし世界が窮極において矛盾でなく、人生が決断でなかったならば、生存するとは何と無用なことであろう(15)」というのである。このことは、かれの『法学入門(16)』の中の次のことばによって、その趣旨がもっとはっきりする。「相対立する理想のいずれをえらぶかは学問的な普遍妥当性をもっては決しがたい。国家哲学上の見解が我々に要求するのは即物的な決定ではなく、実存的な決定（existentielle Entscheidung）である。ここにおいては、悟性はもはや沈黙し、人格の深みから内省によって湧き出てくる意志（der durch Selbstbesinnung aus der Tiefe der Persönlichkeit geschöpfte Wille）のみが選択をなしうる。」すなわち、上記のような矛盾は「人格的に実存的な決断（persönlich existentielle Entscheidung）」によって、いわば実践的・主体的に解決されるべきものというのであろう。それを哲学の任務をこえるものとするのは、まさにかれの新カント派的相対主義のしからしめるところである。ここまで来れば、実質的にみるかぎり、わたくしの立場とは紙一重だといってよいのではないかとおもう。

なお、ここで、法的安定性と合目的性とについて、わたくしなりのコメントをすこしばかりつけておく必要がある。

第一に、法的安定性が法理念とされるばあいに、その意味は正義のばあいと同一でない。正義は主として法の内容に関する法理念であるが、法的安定性は主として法の——秩序づけの——機能に関する法理念である[17]。合目的性については、これを法理念に加えることを拒否する見解がすくなくない。しかし、イェーリングもいったように、「法は人間のために存在する」のであり、人間の目的に役立つことを任務とする。正義がひろい意味で倫理的価値に結びつく法理念だとすれば、合目的性はいわば功利的価値に結びつく法理念である。法的安定性が法機能に関する法理念であるのに対して、合目的性は正義と並んで主として法内容に関する法理念である。法的安定性は法の形式的方面に関し、正義と合目的性は法の実体的方面に関する。したがって、法的安定性は法内容が正義や目的に合致するかどうかにかかわらず自己を主張しようとする傾向をもち、両者のあいだに相剋を生じる。また、正義と合目的性はいずれも法内容に関しながら、一方は広義において倫理的、他方は功利的なものであるところから、そこに不一致が生じうることは当然である。さらにまた、法的安定性と合目的性との緊張関係は、局面に応じて千差万別の様相を呈する。たとえば、ひとしく権威主義的法見解でも、ヒトラーのナチ党は法的安定性を軽視して民族共同体の目的を強調したし、ムッソリーニのファッシスタはむしろ法の権威を誇示するために合目的性よりも——権威主義的法の——法的安定性を押しつけようとした。また、市民法的原理は計算可能性（Berechenbarkeit）のために法的安定性を要求し、法の社会化の主張は市民法体系の法的安定性を弱体化して大衆の利益の目的を正面に押し出そうとした。

第二に、法的安定性というのは、かならずしも一義的ではない。法的に保障された社会秩序の安定性の意味に使われることがないわけではないが、普通は、法そのものの安定性（Sicherheit des Rechts selbst）すなわち法における安定性（sécurité en droit）の意味に用いる[18]。ここでもその意味である。しかし、法そのものが抽象的法規とこれが具体的に実現されたところの具体的法規とに分かれる以上、これらに対応して抽象的および具体的法的安定性の区別をみとめなければならない。たとえば、「他人の財物を窃取した者は、窃盗の罪とし、十年以下の懲役又は五十万円以下の罰金に処する」（刑法二三五条）というのは抽象的法規である。かような規定がつくられた以上は、朝令暮改を避けて、なるべくこの規定を永続させるということが、抽象的法的安定性を維持するゆえんである。また、裁判においてこの規定を適用するにあたって、その解釈を曲げることなく正しく適用・実現するということも、やはり、この抽象的法規の安定性を維持することである。さらにまた、この規定についての判例が固まることも、判例法という次元においての抽象的法的安定性に役立つのであり、その判例を容易に変更しないということも、おなじ意味で抽象的法的安定性に奉仕する。ところで、具体的な窃盗被告事件について有罪判決なり無罪判決なりが確定したとする。有罪判決はこの規定が具体化したところの具体的法規の本質をもつし、また、無罪判決は当の事件について被告人に対する刑罰権が存在しないことを確認するものであって、これまた、一種の具体的法規の本質をもつといってよい。このような具体的法規としての確定判決は、それじたい法的安定性を要求し、もはや変更されえなくなる。もし事実の誤認があるばあいには再審[19]（刑訴四三五条以下）の方法によって、また、法令の違反があれば非常上告（刑訴四五四条以下）の方法によって確定判決を変更することができるが、前者は被告人に利益のためにのみ許されるし、後者はいわば理論的効力をもつだけで被告人に不利益には働かない。被告人に不利益に確定判決を変更することは、憲法じたいによっても禁止されているのである（憲法三九条）。これが、わたくしのいわゆる具体的法的安定性である。もし法令違反のある判決が確定したときは、抽象的法的安定性と具体的法的安定性とのあいだに矛盾を生じるわけである。右の非常上告は、被告人に不利益を及ぼすことなしに法令の正しい解釈をあきらかにすることによってこの矛盾を解決しようとする制度で、フランス法の「法の利益のための上告」の系統をひくものである。民事については、再審は再審の訴えという形で行なわれ（民訴三三八条以下）、また、刑事の非常上告に相当するものは存在しない。

第三に、合目的性については、法形成の段階における法実現の段階におけるとで、そのもつ意味はかならずしも同一でない。法形成ことに立法の段階では合目的性はかなり純粋な形で要請されるのに対して、法実現ことに裁判における法の適用の段階では、考慮されるべきは法内在的な目的――当の法規の立法趣旨として解釈上みとめられる目的――であって、法をこえた目的ではない。合目的性の関係で立法・司法の性格を混同することは、ひいては司法権独立の基礎をも動揺させるおそれがあることを注意しておく必要がある。

第四に、法的安定性と合目的性とどちらが前面に出るかは、法領域――たとえば司法法と行政法――によってもちがうことは前にも述べたとおりであるし、おなじ法領域の中でも事項――たとえば訴訟法の中でも判決前の手続に関するものと判決そのもの――によってかならずしも一概に論じられない。

(14)　Radbruch, *Rechtsphilosophie*, 7. Aufl., 1970, S. 168 ff. ラートブルフ（田中耕太郎訳）『法哲学』二〇七頁以下。

(15)　ラートブルッフは、ここでアルトゥール・バウムガルテンの「矛盾の哲学（Philosophie der Widersprüche）」を指示する。ついでにいえば、バウムガルテンは、こうした立場を機縁として、やがてマルクシズムにおもむいたのであった（Polak, Der Weg Arthur Baumgartens zum Marxismus, in: *Festschrift Baumgarten*, 1960, S. 9 f.）。

(16)　Radbruch, *Einführung in die Rechtswissenschaft*, 12. Aufl. besorgt von K. Zweigert, 1969, S. 27, 38. ラートブルフ（碧海純一訳）『法学入門』二一頁、三四頁。

(17)　このことはゲルマンによって指摘されている。O. A. Germann, *Probleme und Methoden der Rechtsfindung*, 2. Aufl., 1967, S. 29.

(18)　ラートブルッフは、かような意味の法的安定性が制定法を要請するものと論じているが（*Einführung*, S. 39；碧海訳『法学入門』三六頁）、わたくしとしてはかならずしもこれに賛成できない（前出一六七頁、および一七一頁注（8）に引用のわたくしの独文の論文）。

（19）再審においてどこまで法的安定性を要求するかの問題がある。従来の実務は、これを強くみて、再審開始の要件を厳格にしすぎていた。それでは必要なばあいに、有罪を受けた者の救済にならない。最高裁がわたくしの在職中に出した「白鳥決定」（最決〔一小〕昭和五〇年五月二〇日刑集二九巻五号一七七頁）は、これを法律の許す最大限にゆるめたものであった。その結果、やがて四件の再審無罪が出た（団藤『死刑廃止論』六版・二〇〇〇年・一六一頁以下）。これは刑事司法の本質にかんがみて、本人の救済のため具体的法規としての判決の法的安定性よりも具体的妥当性を重視したものであった。これは単なる具体的妥当性というだけのものではなく、実は人間性の重視という意味で正義——具体的正義——の要請である。

第二節　実定法の効力の限界

一　総　説

ここでは実定法の効力の限界の問題を全面的・体系的に扱おうとするつもりはない。それは種々の方面から考察されなければならないが、たとえば次のような二、三の観点を挙げることができよう。

第一に、法の動態に関して前述した法を動かす力（前出一四六頁以下）は、裏をかえせば、実定法の効力を限界づける力でもある。したがって、生物学的・経済的・政治的因子の働く必然的法則の方向にさからってつくられた実定法は、早晩、その必然的法則によって破られる運命にある。手近かな例でいえば、民法は婚姻について届出主義をとっているが（民法七三九条）、世上に多い届出をしない事実上の夫婦関係——「内縁」の関係——をついに無視しきれず、判例・学説の発展によってこれを「法律上の婚姻に準ずる関係」（最判〔二小〕昭和三三年四月一一日民集一二巻五号七八九頁参照）として扱うまでになって来たし、各種の社会立法では正面から「届出をしなくとも事実上婚姻関係と同様の事情にある者」を「配偶者」に含まれるものとして規定するようになっている(2)（たとえば、健康保険法三条七項一号、雇用保険法三六条二項、国民年金法五条八項など）。

第二に、まったく事実上の原因によって法が機能しなくなることがある。たとえば第二次世界大戦末期の東京では戦災と警察の手不足とのため犯罪の検挙能率はいちじるしく低下し、殺人事件でさえみのがされるくらいであったから、(3)「防空壕荒らし」や「菜園荒らし」の類の比較的軽微な犯罪は横行した。このような事態のもとでは、法機能の麻痺の代償作用として、市民の手による自救行為的なリンチもしばしば行なわれた。

第三に、しかし、本章で法の理念の問題と並べて、実定法の効力の限界の問題を取り上げたのは、法の理念と実定法の効力の限界とのあいだには密接な関連があるからである。以下には、主として、この見地から考察を進めることにしたいとおもう。さきに挙げた二つの観点が法社会学的見地を主とするのに対して、これは多分に法哲学的な問題である。

（1）　法は「擬制（fiction；Fiktion)」によって一見、生物学的法則を無視した形の規定を作ることも可能である。たとえば、「胎児」を「既に生まれたものとみな」したり（民法七二一条・八八六条）、生きているかも知れない可能性のある者を、失踪宣告によって「死亡したるものと看做」すなど（民法三一条）。これは法規制の技術であって、生物学的法則性と無関係である。来栖三郎の擬制論（法協一一二巻一一号等）には、私は賛成できない。

（2）　我妻栄『親族法』（一九六一年）一九四頁以下。

（3）　小平事件では一九四五（昭和二〇）年五月から翌年八月にかけて被告人の一〇回におよぶ犯行によって多数の女

性が強姦殺人の被害者になったが、終戦前後の東京都内の混乱した状況のもとで、被害者の死体のいくつかは行政検視だけで処理されていた。あとから被告人の自白によって、本人の犯行によるものであることが判明した。

二　悪法および抵抗権の問題[4]

法の理念、ことに正義の考察は、「悪法も法である（Dura lex, sed lex. Gesetz ist Gesetz.）[5]」といえるかどうかの問題を通して、実定法の効力の限界の問題につながって来る。

合目的性を欠く法は予定された実施の成果を挙げえないから、やがて改廃の運命に遭うであろう。これに対して、正義に反する法――それは自然法を承認するかぎりは反自然法的な法ということになろう――は「悪法」である。ところが法的安定性は「悪法も法である」ことを要請する。しかし、主として法の形式的方面に関する法理念としての法的安定性は、はたして内容的方面の法理念であるところの正義よりも優位に置かれてよいであろうか。これは法における形式と内容との相剋であり、実定法と自然法との相剋である。自然法を否定する法実証主義の立場からは、「悪法も法である」ことを承認するほかないであろうが、実定法の奥にもっと根源的なものにもとづく法の存在をみとめるかぎり、「悪法も法である」という原則に対してはなんらかの制約をみとめざるをえない。これがまさしく抵抗権（Widerstandsrecht）の問題である。

抵抗権の問題はすでに中世にはじまり、下って一八世紀末になると、アメリカ独立宣言（一七七六年）には革命権（right to revolution）がうたわれ[6]、フランスの人権宣言（一七八九年）二条には「圧制への抵抗（résistance à l'oppression）」が宣言された。こうした思想は現代にもはっきりと生きているのであって、ナチの暴政の経験をもつドイツで各州憲法に現れ学界をにぎわしているのはもちろん、一九四六年四月のフランス憲法草案もこれを規定していたことで有名である[7]。

ジェニー（François Gény, 1861-1956）は、圧制への抵抗の合法的限界を検討するために抵抗に三つの段階があることをあきらかにした。第一は「純粋に受動的な抵抗（résistance purement passive）」で、かような消極的なものは当然に許されるはずであるが、もし官憲が強権力をもって介入しようとすると第二の「防衛的抵抗（résistance défensive）」を容易に誘発することになる。第三は「本来的に攻撃的な抵抗（résistance proprement agressive）」であって、これはよほど極端な圧制に対してでないかぎり許されない。これがジェニーの分類である。(8) また、われわれは、視角をかえて、暴力的抵抗と非暴力的抵抗とを区別することができる。インドの解放者マハトマ・ガンディ(9)（Mahatma Gandhi〔Mohandas Karamchand Gandhi〕, 1869-1948）とその思想的影響を受けた黒人解放運動の指導者キング牧師（Martin Luther King, Jr., 1929-68）は、二人とも凶弾に斃れたが、両者の運動は非暴力的抵抗に徹したものであった。アルトゥール・カウフマンがこの二人――さかのぼっては実にキリストその人――を引いて、非暴力的な、しかし強硬かつ執拗な抵抗の権利と義務とを説いているのは、深い感銘をあたえる。(10) これはジェニーの分類の第一段階や第二段階だけにとどまるものではないであろう。

かような抵抗権は自然法的なもの、すくなくとも自然法と実定法との限界線上に位するものと考えられる。したがって、実定法の範囲内で考えるかぎり、抵抗権の行使がたとえば刑法上の犯罪の成立を阻却する原由として取り扱われるべきかどうかは、一方では自然法の実定法修正機能をいかに解するか、他方では刑法上の違法性阻却、責任阻却の原由をいかに構成するかといった問題にかかっている。前述の確信犯人の問題（前出三九頁）は、法と道徳との問題であると同時に、こうした抵抗権の問題でもあることはいうまでもない。抵抗権が実定法の中に規定され実定法的に処理されうる形になったときは、その限度で抵抗権は本来の性格を失うものとみるべきだとおもう。しかし、単に憲法中に抵抗権の規定が設けられたというだけで、実定法的な処理が可能になったとはいえない。

（4）　日本法哲学会編『抵抗権』（法哲学年報・一九五九）（一九五九年）、和田英夫「緊急権と抵抗権」（『岩波講座現代法２　現代法と国家』一九六五年）、水波朗「ダバンの抵抗権論」（同『トマス主義の憲法学』一九八七年・四一七頁以下）、小林直樹『法・道徳・抵抗権』（一九八八年）。

（5）　牧野英一は自由法論の立場から「解釈は無限である」とし、そこから「法に悪法なし」という命題をみちびいて、悪法論議を否定する（たとえば、牧野『法理学』一巻・一九四九年・三三六頁以下）。これは、おそらく論者の学問的楽天主義に由来するとおもわれる。

（6）　アメリカ独立宣言には次のような一節がある。「連続せる暴虐と簒奪の事実が明らかに一貫した目的のもとに、人民を絶対的暴政（デスポティズム）のもとに圧倒せんとする企図を表示するにいたるとき、そのような政府を廃棄し、自らの将来の保安のために、新たなる保障の組織を創設することは、かれらの権利であり、また義務である」（高木八尺＝斎藤真訳）（高木八尺＝末延三次＝宮沢俊義編『人権宣言集』岩波文庫）。

（7）　樋口陽一『比較憲法』（全訂三版・一九九二年）二二一頁。

（8）　Gény, *Science et technique en droit privé positif*, IV, 1924, p. 124. ちなみに、ジャン・ボダン（Jean Bodin, 1529［30］-96）あたりでは、主権者に対する能動的抵抗権は絶対的に否定されていた（佐々木毅『主権・抵抗権・寛容――ジャン・ボダンの国家哲学――』一九七三年・一二四頁以下）。

（9）　ガンジー（蠟山芳郎訳）『ガンジー自伝』（中公文庫・一九八三年）、古瀬恒介『マハートマ・ガンディーの人格と思想』（一九七七年）、とくに一二五頁以下、長崎暢子『ガンディー――反近代の実験』（一九九六年）。

（10）　Arthur Kaufmann, *Rechtsphilosophie im Wandel*, 1972, S. 326 ff.; ders., *Vom Ungehorsam gegen die Obrigkeit. Aspekte des Widerstandsrechts von der antiken Tyrannis bis zum Unrechtsstaat unserer Zeit, vom leidenden Gehorsam bis zum zivilen Ungehorsam im modernen Rechtsstaat*, 1991; ders., Über die Tapferkeit des Herzens, in; *Die Weiße Rose und das Erbe des deutschen Widerstandes*, Beck'sche Reihe Bs R 497, 1993, S. 152 ff. なお、本書第九刷のはしがきの追記参照。かれは、かようにして、抵抗権を「すべての権利の中でもっとも根源的な権利

(Urrecht aller Rechte)」だと説くのである。わが憲法についていえば、基本的人権を「国民の不断の努力によって……保持しなければならない」ところの責務（憲法一二条）は、かような意味における抵抗の権利・義務をも——ある限度においてではあるが——含むものと解することができよう（野田良之にも同旨の主張があった）。なお、永尾孝雄「自然法と歴史の問題——アルトゥール・カウフマンの抵抗権論をめぐって——」（三島淑臣＝阿南成一＝栗城寿夫＝高見勝利編『法と国家の基盤に在るもの』一九八九年・二四三頁以下）。そこでは、カール・バルト（Karl Barth）の抵抗思想にまで触れている（二六六頁注59）。

三　緊急権の問題

革命とクー・デターが対置されるように、抵抗権と緊急権とが——前者は下からのもの後者は上からのものというように——対置して考えられることが多い。緊急事態において実定法をこえる——ばあいによってはこれを否定するような——特別の措置をとる為政者の権利の有無が緊急権の問題として論じられるのである。たとえばドイツでは緊急事態のためにヴァイマール憲法（四八条）に大統領の緊急命令権が規定されていたが、一九三三年に命令への広汎な授権をみとめる授権法（Ermächtigungsgesetz）——「国民と国の緊急（Not）を除くための法律」という標題をつけられた——が発せられるに及んで、ナチ権力へ、そうしてやがて破局への道が開かれた。わが旧憲法にも戒厳（一四条）、非常大権（三一条）、緊急勅令（九条）などの制度があったが、現行憲法はこれらをすべて否定している。(11)

われわれは、こうした緊急事態における緊急権を、はたして抵抗権とおなじような意味でみとめることができるであろうか。なるほど、「緊急は法をもたない（Necessitas non habet legem.）」という法格言が示すとおり、これは多分に自然法的なひびきをもっている。それは人間については、まさしくあてはまる。かりに刑法三七条のような緊急避難に関する規定が欠けていたと仮定しても、すくなくとも一定の限度における緊急避難行為は超法規的にみとめないわけには行かないであろう。それは人間性——人間の自衛本能といってもさしつかえない——から要請される。しかし、このばあいに「国家」を「人間」に代置することはできない。天災などのばあいに「人間」を緊急の危難から救うための非常措置ならば、それが国家の手によるものであろうと否とにかかわらず、「緊急は法をもたない」の原理で解決されうるであろうが、国家の存立という意味での緊急事態には、それはあてはまらない。そのかわり、この問題は、さらに次段に考察するところの、やや次元を異にする問題にわれわれを導く。

(11) ただ、法律によって緊急事態における一定限度の特別措置がみとめられている(警察法、自衛隊法、災害対策基本法、大規模地震対策特別措置法、等)。

四　「世界が滅びるとも正義は行なわれるべきだ」の問題

「世界が滅びるとも正義は行なわれるべきだ」(Fiat justitia, pereat mundus.)」という法格言は、法の規範的独自法則性、法的安定性を端的に表現している。カントが、公民的社会がすべての構成員の協賛によって解散したとしても、牢獄につながれた最後の殺人犯人はその前に処刑されるべきだとしたのは、かような見地から来る。こうした法の規範的独自法則性が司法権独立の理論的な支えになるものであることは、前述のとおりである。ところで問題は、こうした法的安定性の強調は、それが国家そのものの存立を失わせる結果になっても、なお、一貫されるべきものかどうかである。

アメリカの南北戦争がはじまったころのことである。重大時局に直面して、就任早々のリンカーン大統領——ほかならぬ自由への最大の奉仕者といわれたその人——はついに人身保護手続(habeas corpus)の停止にふみ切った。一八六一年五月のこと、逮捕の上要塞に拘禁された脱退派のMが巡回裁判所に人身保護を求めて来たので、連邦最高裁判所長官トーニー（Roger B. Taney, 在職 1836-64）は巡回裁判所の裁判長になって、将軍Cに対して人身保護令状を発し、Mを同道して法廷に出頭するように命じた。将軍は大統領からの訓令を受けているので出頭することができないと回答して来たので、トーニーは裁判所侮辱罪による逮捕を命じた。リンカーンは、さしあたりトーニーを無視したが、同年七月の教書においてトーニーに次のような有名な問いをもって答えている。(12)

「……ひとつの法律を除くすべての法律が執行されなくなってよいのか、また、そのひとつの法律が破られないために政府じたいが潰滅してよいのか（…are all the laws but one to go unexecuted, and the government itself go to pieces lest that one be violated?）。」

この一連の経過について、連邦最高裁判所判事であったジャクソンは、リンカーンがトーニーにしたがったとしても、また、反対に、トーニーがリンカーンの考え方を法の考え方として採用したとしても、われわれが自由をもちえていたであろうかどうかわからない、と書いている。(13) これは問題点を意識した上での、味わうべきことばである。

おなじ問題は、われわれも身近かにもったことがある。いうまでもなく、それは大津事件（前出二〇三頁注（8））である。児島の第二手記から問題の要点を抜き出してみよう。(14)

松方総理は、言辞を厲（はげ）まして、更に予の弁論を駁撃せんと試みたり。

法律の解釈は然らん。然れども、国家存在して始めて法律存在し、国家存在せずんば法律も生命なし。故に、国家ありての法律なり。法律は国家よりも重大なるの理由なし。国家一旦の大事に臨みては、区々の文字論に拘泥せずして、国家生存の維持を計るべし。

と。

論理は一応の首旨〔肯〕に値す。然れども、試（こころみ）に思え、津田三蔵の一行為は、果して国家の生存に関係すべきものなるか。又法律を曲解するの外に、国家を維持するの方策は他に存せざるか。而して、法律の威厳と正義との欠乏せし時は、之れ正に立憲国が其存在を失いしものなるを理解せざるや。

抽象的にいえば、次のようなことになる――「世界が滅びるとも、正義は行なわれるべきだ」というカント的な立場に対して、イェーリングは、「世界が繁栄するために、正義が生きるべきだ（Vivat justitia, ut floreat mundus.）」とし、もしそれが両立しないときは、「正義が滅びるとも、世界は生きるべきだ（Pereat justitia, vivat mundus.）」とした。これはかれの功利主義の立場を表明するものにほかならない。ところが、おなじくカント的な立場に対して、ヘーゲルは、つとに、「正義が行なわれる（fiat justitia.）」ということから「世界が滅びる（pereat mundus.）」という結果を生じるはずはないと論じていた。けだし、国家法は国家と一体をなし[15]、国家の存立を離れてはありえない。その意味において、さかのぼって、「国家が滅びても国家法を維持しなければならないか」という問題提起じたいが、実は成り立たないことになるはずである[16]。だから、松方が「国家ありての法律なり」といったのに対して児島が「論理は一応の首肯に値す」と書いているわけである。しかし、はたして国家が滅亡するかどうかは容易に判断のできるものではない。現に松方内閣は幻影におびえていたのであって、児島は「狼狽は、あらゆる滑稽を演ずるものなり」とまで嘲笑していたのであった。したがって、事後的・客観的な考察においては、児島が是で松方が非であったことは、あまりにも明白である。しかし、この種の事態は、事件の渦中においてこそ問題としての重要性をもつ。その意味で、ここでも、その解決は多分に主体的・動的なものでなければならないはずである。わたくしが、ジャクソンのことばを味わうべきものといった趣旨もそこにある。

わたくしは、本編の冒頭に法を説きおこすのについて、法における主体性からはじめた。そうして、ここに法についての一応の考察を終わるにあたって、また、法における主体性をもって結ぶことになったわけである。

(12)　Walter F. Murphy and C. Herman Pritchett, *Courts, Judges, and Politics: An Introduction to the Judicial Process*, 1961, p. 548 et seq.

(13)　Robert H. Jackson, *The Supreme Court in the American System of Government*, 1955, p. 76.

(14)　児島惟謙（家永三郎編注）『大津事件日誌』（一九七一年）一三頁によって引用。

(15)　国家と法、あるいは国家秩序と法秩序の同一性（Identität）・単一性（Einheit）を主張したのは、ケルゼンである（Hans Kelsen, *Der soziologische und der juristische Staatsbegriff*, 1922, S. 86; ders., *Allgemeine Staatslehre*, 1925, S. 16）。――ただし、わたくしが本文で述べたところは、国家が法をこえるものであることを否定する趣旨ではない。この点につき、たとえば、尾高朝雄『国家構造論』（一九三六年）二二二頁、五二七頁、南原繁『政治哲学序説』（一九七三年）三四二―三四三頁参照。

(16)　宮沢俊義「大津事件の法哲学的意味」（同『憲法と裁判』一九六七年・所収）二三五頁、団藤『刑事訴訟法綱要』（一九四三年）一一三頁以下（同『新刑事訴訟法綱要』七訂版・一九六七年・四六頁以下）。この私見は上記宮沢論文に引用されて賛成を得た（上掲二三五頁注七）。なお、ここに引いたカントのことばは、カント（恒藤恭＝船田享二訳）『法律哲学』（一九三三年）二六一頁。イェーリングのことばは、R. v. Jhering, *Der Zweck im Recht*, Bd. 1, 3. Aufl., 1893, S. 422 ff. ヘーゲルの見解は、Hegel, *Grudlinien der Philosophie des Rechts*, § 130（ヘーゲル〔速水敬二＝岡田隆平訳〕『法の哲学』一九三一年・二一三頁）。

第二編　法　学

第一章　序　論

第一節　法と法学

一　法と法学との関係

法学とは何か。これは法学そのものの最初の問題であると同時に、最後まで残るであろうところの課題であるが、さしあたり、一応の定義をあたえれば、法学とは法――法的現象、法的活動をも含めて(1)――を対象とする学であるといってよいであろう。法が第一編で考察したようなものであることから、法学の任務・性格や法学にどのような分野がみとめられるべきかが導かれる。法とは何ぞやが法学によって論定されるべきことであると同時に、法学がどのようなものであるべきかは法という対象によって制約される。どちらの面から出発するかということは、それじたい、また、法学の問題であり、最後は論者の立場にかかっている。わたくしは、事柄じたい――たといそれが素朴的にとらえられたものであるにせよ――をしてなるべく多くのことを語らしめ、その中に見出される要請に応じて法学のあり方を考えるべきだという基本的な立場から、まず、第一編に法を考察したのであった。

われわれは、まず、第一編で考察した法の静態をふりかえってみよう。法秩序は本来、矛盾のない統一的な体系として考えられるのであり、それじたい、ひとつの学問的体系ともいうべきものをなしている。個々の部分をとってみても、その構造は論理的である。法はそれじたいにひとつの論理――法の論理（Rechtslogik）(2)――をもっている。法論理は法の論理であると同時に法理論の論理でもある。かようにして、静態における法はそれじたい一個の法理論ともいってよいほどのものであり、その限度において法と法学とは一体性をなす面をもっているのである。だから、法学は法を対象とする学であると同時に、その対象たる法にもっと密着したものでもあるといわなければならない。

もちろん、こうした法秩序の論理的整合は多分に理念的なものであって、実際には法秩序は多くの矛盾を内蔵している。わたくしが最初に法の静態を叙述したのは、法の動態を考察するためのいわば予備的作業にすぎなかった。だから、そこでは、できるだけ法の動態を度外視して叙述しようと努めはしたものの、すこしでも立ち入った考察を試みるときはすぐに法の動態の問題に行きあたったことを、読者は記憶しておられるであろう。法はすくなくともその現象面においてはつねに動いているのであり、大まかにいって法の形成（消極面においては崩壊）、実現の過程に外ならない。しかも、法の形成・実現については法の担い手の主体的活動が大きな役割りを演じている。法学は、こうした法の形成・実現に寄与することをもっとも重要な任務のひとつとするのであり、法の形成・実現の過程の一翼をになっているといってよい。その限度においては、法学はそれじたい法の動態の中に組み入れられたものと考えられる。(3)さきに静態について考察したところの、法と法学との一体性は、実は、法学が法形成・法実現に寄与した結果にほかならないといってよい。だから、法と法学との結びつきは、より根源的には、法の静態においてよりも動態においてみとめられるのである。

法学は法を対象とする学であるという前述の一応の定義は、誤っているわけではなく、後述の理論法学については、そのままあてはまるが、右のようにみて来ると、それだけでは不充分なことがわかる。法学には、もうひとつの面、すなわち、法の中に飛びこんで行ってそこで実践的な役目を果たすという面があるのである。かようにして、われわれは、理論法学と並んで実践法学(4)(praktische Rechtswissenschaft)という概念に到達する。いな、実際には、法学は、まず実践法学として発達したのであり、理論法学はむしろ方法論的反省の結果としてのあたらしい発展であるといってよい。

(1)　さらにいえば、法学は法学じたいをも対象とするというべきであろう。学問そのものをも学問の対象とすることができるし、また、必要でもある。「法学」を対象とする学問は、それじたい、やはり、法学である。――ラートブルッフによれば、有名なリストの刑法ゼミナールのあとで論評のゆうべがもたれるようになり、カントロヴィッツがこれを「法学学〔法学論〕(Rechtswissenschaftslehre)のつどい」と命名したそうである(Radbruch, *Der innere Weg*, 1961, S. 71)。これはどこまで真剣に考えられたものであるか、わたくしは詳らかにしない。マックス・ヴェーバーには「科学学〔科学論〕(Wissenschaftslehre)」の論考があるが(Max Weber, *Gesammelte Aufsätze zur Wissenschaftslehre*, 1922)、「科学」の「方法論」だけでなく、もっとひろい意味で、かつ、もっと包括的な学問領域として、学問学――したがって法学学――が成り立つものと考える。――後出二五四頁以下の叙述は、わたくしなりの「法学学」の一端である。

(2)　「法の論理」と銘打った書物(例えば、Ulrich Klug, *Juristische Logik*, 3. Aufl., 1961)には、カルナップ(Rudolf Carnap, 1891-1970)流の論理実証主義、分析哲学ないしセマンティックス(意味論)の系統の学者が多いようであるが、もちろん、それに限ったことはない(例えば、新トミストないしはそれに近い立場からのものとして、Ilmar Tammelo, *Rechtslogik und materiale Gerechtigkeit*, 1971; Chaïm Perelman, *Logique juridique, Nouvelle rhétorique*, 2me éd., 1979〔ペレルマン(江口三角訳)『法律家の論理』一九八六年〕)。いずれにせよ、いま、ここでわたくしが法の論理というのは、ゆるやかな意味であって、法に関する広い意味での論理的思考作用、法的推論のすべてを含む趣旨である。この意味では、特定の参考文献を挙げることは不可能であるが、さしあたりわたくしにとって興味深い平易な書物として、例えば、中村治朗『裁判の客観性をめぐって』（一九七〇年）、田中成明『法的思考とはどのようなものか』（一九八九年）、同『法の考え方と用い方』（一九九〇年）など。

（3）　碧海純一が法解釈学を「みずから実定法の形成・運用に参与する実践的な応用科学」（傍点著者）とするのは（碧海『法哲学概論』全訂第一版・一九七三年・二二三頁）、この趣旨を含むものとみてよいであろうか。碧海は、その後、「法解釈学は自覚的にしかも直接に実践に奉仕する活動である」（傍点原著者）としている（前掲・全訂第二版・一九八九年・一六五頁）。

（4）　実践法学は卑近な意味での実用法学と解されることもあり、「パンの学問（Brotwissenschaft）」（シラー）といった皮肉なあだ名を奉られることもある。しかし、また、たとえば、ポルタリスが「われわれの社会の状態に於いては、法学というものが、才能を伸し、自尊心を満足せしめ、競争心を呼起し得るような一個の学問を形造っているということは、きわめて幸いなことである。だからして一階級全体の人間が、この学問に自己を捧げているのである。そしてこの階級は、法律の研究に身を委ね、自分ではどう処置してよいか、又どう防禦してよいか判らない市民達に顧問と弁護人とを提供し、司法官養成所ともなっているのである」といっているのは（ポルタリス〔野田良之訳〕『民法典序論』一九四七年・一五頁）、かならずしも諷刺的意味をもつものではないようである。

二　実践法学——解釈法学の重要性と限界

前段において到達した実践法学には、法形成に役立つものと法実現に役立つものとの二つの領域がある。前者すなわち立法学（Gesetzgebungswissenschaft; science of legislation）は、ベンタムやフィランジェーリ（Gaetano Filangieri, 1752-88）以来、主として英米法系の学者によって推進されて来たが、現在なお未発達の状態にあり、これからの開拓を待っている。(5) ちなみに、立法学は立法過程の社会学的研究の面では、実践科学というよりは理論科学である。これに対して、後者の領域の中心をなすのは解釈法学（法解釈学）——ドグマ（教説）的法学（dogmatische Rechtswissenschaft ; Rechtsdogmatik）――であって、一昔前までは法学とか法律学とかいえば解釈法学を指すものと考えられたくらいで[6]、法学におけるもっとも重要な部分として実定法学者の精力のほとんど全部がこれに注ぎこまれたのであった。もちろん、われわれの実際上の法生活が現行法のもとにおける法実現の形で行なわれているのであるから、法の実現ごとに法の適用に奉仕する解釈法学が法学の中心とされることに何の不思議もないのである。しかし、法の実現は法の適用につきるものでなく、司法過程においてこれにまさるともおとらぬ重要性をもつものとして事実の認定――刑事でいえばさらに刑の量定――があり、また、法の適用そのものも論理的な法解釈をはるかにこえるものであることは、前述のとおりである。かようにして、法実現に役立つ実践法学という見地だけからみても、解釈法学は過去に占めていた王座からは引きおろされざるをえなくなった。解釈法学は自己の任務とその限界を自覚し、法学の他の領域や補助科学の領域との協力を忘れないようにしなければならない。しかし、また、法にはその規範的独自法則性が要請されるべきことも前述のとおりであり、解釈法学が自己の本来の任務とその限界を自覚しているかぎり、その重要性はいささかも減じるものではない。現在においても解釈法学は法学のもっとも重要な部分を占めるものというべきである。

法学が法文の概念的な解釈にうき身をやつしていたとき、これに痛棒を加えたのがベルリンの検事キルヒマン（Julius Hermann von Kirchmann, 1802–84）であった。かれは一八四七年に行なった有名な講演、「法学の科学としての無価値について（Über die Wertlosigkeit der Jurisprudenz als Wissenschaft）」の中で「立法者の三つの訂正のことばによって全図書館が反故になる」といって、法学――ここでは実定法についての解釈法学が念頭に置かれている――の無価値を論じたのであった。実定法の恣意性・可変性を理由として、これを対象とする法学の学問的性質を否定しようとしたのである。これは法学界に衝撃をあたえた。そうして、法学はやがて、一方では法哲学の方向に、他方では法社会学の方向にむかって、こうしたはかない運命からの脱出の道を求めた。これは決して誤った道ではなかった。解釈法学そのものが一方では法哲学、他方では法社会学と結びつくことによって、はじめてその任務を果たしうるものであり、また、それによって対象のもつ恣意性、可変性をこえる何ものかを同時に把握することができるであろう。しかし、それだけではない。いまここにわれわれがもっている実定法はそれじたい、いまのわれわれにとってもっとも重要なものであり、動態における法のぬきさしならない一こまであることを忘れてはならない。それは歴史の流れの一こま、一こまが絶対的な意義をもつのと同じ意味で、ひとつの絶対性をもっている。将来、実定法がどのように変わろうとも、現在のわれわれの法生活は、現在の実定法によって規整される。かような視点からすれば、解釈法学は、それじたいとして、動かすことのできない実践的価値を有するのであり、法改正によって早晩役に立たなくなるとしても、そのことはこの意味における価値を左右するものではない。「ここがロドゥス島、ここで踊れ（hic Rhodus, hic salta.）」（アイソポス〔イソップ〕）である。

(5)　ベンタムのものとして、Bentham, *The Theory of Legislation, An Introduction to the Principles of Morals and Legislation* (The Works of J. B. by Bowring, 1843). フィランジェーリ——かれはベッカリーアとともに「イル・カッフェ」の同人であった——のものとして、Filangieri, *La scienza della legislazione*, 6 tomi, 1777-（これについては1835版のDonato Tommasiの解説が詳しい）。わが国の文献としては、穂積陳重『法典論』（一八九〇年）が古典的である。そのほかに、末弘厳太郎「立法に関する多少の考察」法学協会雑誌六四巻一号（一九四六年）、松尾敬一「立法学の必要性と可能性」神戸法学会雑誌六巻一＝二号（一九五六年）、小林直樹「立法過程の問題点」法律時報三〇巻七号（一九五八年）、小野清一郎「立法過程の理論」（同『刑法と法哲学』一九七一年・所収）、田口精一＝池田政章「現代立法過程の理論と問題点」（芦部信喜編『岩波講座現代法3　現代の立法』一九六五年・所収）。なお、前出一七二頁第一注（1）に掲出の文献。——立法学と銘打っていなくても、実質的にこれにあたるものは、従来も各領域において断片的ながら推進されて来た。たとえば、一九世紀末葉以来リストを中心として展開され現在もますます発展しつつあるところの世界的な刑法改正運動は、実証的研究を基礎として理論的に組織化されたものであって、まさに立法学の重要な構成部分をなすものといわなければならない。立法の方法論についても、刑事の関係ではとくにベーリングの業績が知られている（Ernst Beling, *Methodik der Gesetzgebung, insbesondere der Strafgesetzgebung*, 1922)。わたくしがハイニッツ祝賀論文集に寄稿した前掲論文（前出一七一頁注（８））も、なかばはこれを扱ったものである。しかし、立法過程を中心として、立法というものを総合的に学問的研究の対象とするのは、アメリカにおいて一九三〇年代にはじまったことであった。

（６）ラートブルッフも、「実定法秩序の客観的意味に関する科学」であるところの「体系的、ドグマ的法学」を「狭義の法学」または「本来的法学（eigentliche Rechtswissenschaft)」と呼んでいる（Radbruch, *Rechtsphilosophie*, 7. Aufl., 1970, S. 209)。これにつき、Heinrich Henkel, *Einführung in die Rechtsphilosophie*, 1964, S. 1 Anm. 1, 2. Aufl., 1977, S. 1 Anm. 1.

三　実践法学と理論法学

解釈法学を主とする実践法学が、法を学問的対象としながらも、法の中に入りこんで法実践そのものに参与することを任務とするものであるのに対して、理論法学はもっと純粋に法を対象として取り扱う学問である。理論法学は法社会学などを主とする法の経験科学と、法哲学とに大別される。こうした法学の諸領域については、第三章で詳論することにしよう。

しかし、解釈法学の実践性と理論法学の理論性とは強調されすぎてはならない。解釈法学は実践的任務をもつものであるが、いやしくも学である以上、厳密な意味での「科学」といえるかどうかはしばらく別論として、それじたい精緻な理論体系をもつものであり、単純な実践活動とははっきりと区別されなければならない。ただその理論体系が単なる認識的なものでなく、根底において主体的・実践的性格をもつものである点で、理論法学と区別されるのである。[7]

他方、理論法学の中で経験科学としての法学は、経験的事実の認識を追求するものであるが、その成果が実践法学――解釈法学や立法学――に寄与することはいうまでもなく、むしろ、かような寄与を重要な任務のひとつにしているといっても過言ではないであろう。法哲学は、法理念をあきらかにすることによって法実践を指導する任務をさえ有するのであり、その限度では、法哲学は理論法学の領域から実践法学の領域にまでまたがっているといった方が、正確であろう。しかし、理論法学の領域内における法哲学もまた解釈法学や立法学の支えとなることによって、やはりこれらに役立つのである。かようにして、理論法学も、また、実践的な意義を有するといわなければならない。ただ、理論法学そのものの方法論としては、理論的認識の範囲を守るべきであって、そこに実践法学との区別があるのである。

（7）　この問題につき、団藤『実践の法理と法理の実践』（一九八六年）。

第二節　法学説の形成と機能

一　法学説の形成――個人的から社会的へ――社会的要請と法学説

法学説――それが法全体に関するものであろうと個々の法的問題に関するものであろうと――は、多くのばあい、まず、一人または数人の学者によって提唱される。それは、いわば、その学者の作品である。ラートブルッフの自伝[1]をひもとく人は、いかにかれの家系や素質や生い立ちがかれの法学説に強い影響を及ぼしているかを看取するであろう。おなじ著者によるフォイエルバッハ伝[2]についても同じことがいえる。およそ人間の行動には素質・環境によって大きく制約される面と本人がこれを主体的に操縦する面とがあるものと考えられ（前出四四頁以下参照）、このことは法学説の形成のような高度に精神的なものについてもあてはまるであろう。(3) ヤスパース（Karl Jaspers, 1883–1969）が精神医学から哲学に移った最初の業績は『世界観の心理学』(4) であった。法学説はしばしば世界観的立場によって指導されるが、かような世界観的立場をも含めて、法学説をその創始者や支持者たちの心理学的・性格学的(5) なものと結びつけて解明することは、ある程度まで可能なはずである（それと同時に、最後には、客体化されえない学者の主体的なはたらきの面をも否定することはできない）。

一学者の提唱した学説は、一方では、それじたいの論理的な説得力によって、他方では、それにもまして、社会的要請に合致することによって、有力化し、個人的学説から社会的学説ともいうべきものに発展する。解釈法学的な学説については判例による採用、また、立法論的な学説については立法による採用ということも、そこに介在する。社会的要請と学説との関係は二重である。一方では学者は、多くのばあい、意識的・無意識的に社会的要請を感得して――しばしばこれに呼応することを意図して――学説を樹立する。こうした社会的要請はその時々の「精神的状況」として学説形成の一種の環境的因子としてはたらくのである。他方では、提唱された学説が――主張者の主観的な意図のいかんにかかわらず――結果的に社会的要請に合致するかどうかによって、その学説が社会に受容されるかどうかがきまる。たとえば、おなじ啓蒙思想にもとづくすぐれた刑法学説であっても、主観主義・特別予防主義を主張したグロルマン（Karl Ludwig Wilhelm von Grolmann, 1775–1829）は客観主義・一般予防主義を主張したフォイエルバッハの敵ではなかった。これが理論の優劣によるものでなく当時の社会的地盤のしからしめるところであったことは、滝川幸辰の指摘するとおりである。(6)

社会の要請には真実のものと見かけだけのものとがあり、学者は両者の区別を鋭くかぎ分ける能力をもっていなければならない。たとえば、第二次世界大戦の戦前から戦時へかけて、国家総動員的な要請は学問の方面にも向けられた。これがはたして真の社会的要請といえるかどうかは、あとから考えれば自明のようであっても、当時としては簡単な問題ではなかった。すぐれた学者——法学者だけでなく——の中にも、戦争協力的な態度をとる人がすくなくなかった。その人たちの学説は、当時としてははばをきかせた。しかし、他のすぐれた学者は、最後まで抵抗の姿勢を示すか、それが不可能なときは沈黙を守った。沈黙の一種として、イデオロギー的に無色な理論だけを展開する学者もすくなくなかった。当時、ケルゼン一派の純粋法学がわが国で多くの追随者を見出したのは、こうした見地からも理解されなければならないであろう。わたくしが純理論的な訴訟法学に専念したのも、それじたいに学問的意義をみとめたからでもあるが、また、このような姿勢の現れであった。真の社会的要請が何であるかを見抜いてこれに応じるということは、実は、至難のことだといわなければならない。このことは第一編において法を動かす力——それは法学を動かす力でもあるはずである——として生物学的・経済的・政治的の三層を挙げたことと対応させて考える必要がある。表層であるところの政治的な力はもっとも直接的にわれわれにせまって来るが同時にもっとも動揺しやすいものであって、われわれはこれに幻惑されることなく、もっと深層に着眼して社会的要請を看取しなければならない。海面の一時的な風波と力強い海面下の大きな潮流とはかならずしも一致するものではないはずである。

多元的社会における社会的要請は、必然的に、多かれ少なかれ多元的である。個々の学者が社会的要請に応じるとはいっても、それは多分に主体的な選択の問題であり、法哲学的な世界観、価値観に関連して来る。それは実践法学についてはその性質上当然であるが、理論法学も前述のように実践的意義をもつものである以上、その限度において、これについても同様のことがあてはまるのである。このことは個人的学説についていえるばかりではない。

学説が社会性をもつにいたる過程においても、種々の社会的要請のもとになっている利益の担い手が、それぞれの立場から、学説の支持者、あるいは拒否者となる。学説の対立は、したがって、学者個人のレベルでも考えられると同時に、こうした社会的レベルにおいていっそう重要な意味をもって来るわけである。

社会的要請が何であるかを社会科学的に追求しようとする立場として代表的なものは、いうまでもなくマルクス主義の立場であり、マルクス主義的見地から把握された社会発展の法則および当の社会の現在の発展段階の分析から、法や法学に対する社会的要請が割り出されることになる。(7) 社会主義国の内部においてはもちろんのこと、(8) 資本主義国においても、この立場からは、同様の方法論が用いられることになる。(9)(10) こうした社会科学的なアプローチにおいて唯物的弁証法が教条的に基礎とされるところに問題があるが、旧ソ連でも一九六〇年代あたりからは教条的な面がやや背後に退いて法社会学的なアプローチが次第に前面に出て来た感があったようにおもわれる。いずれにせよ、法学ないし法学説に対する社会的要請そのものの科学的分析は、それじたい法学の問題である。

法は――したがって、また、法学ないし法学説も――社会に追随するだけでなく、ばあいによってこれを指導する必要のあることがある。それは、唯物論的な立場からすれば右に述べたような社会発展の法則や現発展段階の分析だけから割り出されることになるであろうが、わたくしのような立場からすれば、あわせて、法哲学的な法理念の検討がそこに役割を演じるべきことになる。かような立場の対立の問題については、法哲学の章で立ち入ることにしよう。

（1）　Radbruch, *Der innere Weg*, 1961. ラートブルフ（山田晟訳）『心の旅路』（一九六二年）。

（2）　Paul Johann Anselm Feuerbach, *Ein Juristenleben erzählt von Radbruch*, 2. Aufl., hrsg. von E. Wolf, 1957. 菊池栄一＝宮沢浩一訳『一法律家の生涯』（一九六三年）。

（3） わたくしがこれを自分自身にあてはめて自省してみたものとして、団藤「心の旅路」「この一筋につながる」（同『この一筋につながる』一九八六年・所収）、および同『わが心の旅路』（一九八六年、四刷〔追補〕一九九三年）。こうした自分の人格形成は、わたくしの学説にも最高裁判所在職中の裁判にも根深く反映しているはずである。

（4） Jaspers, *Psychologie der Weltanschauungen*, 1919, 6. Aufl., 1971.

（5） シュテルンベルクがキルヒマン（前出二五一頁）について試みた性格学的研究（T. Sternberg, *J. H. von Kirchmann und seine Kritik der Rechtswissenschaft*, 12. Aufl., von Zweigert, S. 263. ラートブルフ〔碧海純一訳〕『法学入門』一九六一年・二九八頁）。

（6） 滝川幸辰『刑法講話』（一九五一年）九九頁以下。

（7） もっとも、この立場においても、法の発展が経済的土台の発展に自動的にしたがうものとされるのではなく、両者は形態と内容という相互関係に立ちながら、社会の発展全体の合法則性に対して、国家的＝法的形態の相対的独立性が承認される（ソ連邦科学アカデミー国家・法研究所〔藤田勇監訳〕『マルクス＝レーニン主義国家・法の一般理論・基本的制度概念・上』一九七三年・一一四―五頁）。

（8） それは文化統制・言論統制につながる危険をもっている。たとえば、旧ソ連では、学者の著書についても、テーマの内容や重要度によって、頁数や発行部数が制限されていた（団藤『刑法紀行』一九六七年・五二八頁）。わが国でも、第二次大戦中、例えば、私自身の著書『刑事訴訟法綱要』（昭和一八年）に、紙の配給の制限のため、三〇〇〇部しか印刷できなかった。その結果、古本までが著者自身の驚くほどの高値で取引されていた。

（9） たとえば、高柳信一＝藤田勇編『資本主義法の形成と展開』全三巻（一九七二―三年）参照。

（10） マルクス主義は、凋落をいわれるようになった後も、法批判学派（école critique du droit）によって、穏健な形のもとではあるが、活発に代表され続けており、そのマニフェストは〈*Pour une critique du droit, du juridique au politique*, Paris, 1978〉のタイトルのもとに現れているそうである（カルボニエ〔北村一郎訳〕「フランスにおける法社会学」法学協会雑誌一〇六巻四号〔一九八九年〕五二〇頁）。

二　法学説の機能――その社会的相対性

右に述べたこととの関連で、ここに触れておかなければならないのは、法学説の社会的機能ないし役割りについてである。それじたいだけを取り上げてみれば同じ法学説であっても、それの置かれた場によって、まったくちがった機能を営むことがある。たとえば、概念法学が市民法的任務を果たし終わってむしろ反動的意味をもちはじめたとき、自由法論はまさしく進歩的機能をいとなんだし、現在においても自由法論の意義は決して減少していない。しかし、日本が太平洋戦争に突入する準備期に入って、司法の運用がファッショの大浪にゆられはじめたとき、自由法論はそのゆれを増幅するのに役立つだけであった。日華事変の前年一九三六（昭和一一）年に時の大審院長池田寅二郎と札幌控訴院長（のち司法次官）三宅正太郎が、司法の運営に関して自由法論の危険を警告したのは、その本旨はここにあったものとわたくしは当時理解したのであった。[11] さらに、もっと巨視的な見地から例を求めると、国家法人説を挙げることができよう。小林直樹が指摘したように、[12] イェリネックの国家法人説はドイツでは主として君権擁護という保守的な機能を果たしたのに対して、日本における美濃部達吉によるその祖述は「臣民の権利」を保護し拡充するという進歩的な役割りを演じたのであった。もっとはっきりした例は、刑法における近代派の社会防衛の理論である。防衛される「社会」が体制のちがいによって別のものである以上、このことはほとんど自明といってもよい。フェリ草案として知られる一九二一年のイタリア刑法予備草案は、革命後間もないころの旧ソヴィエトの刑法――一九二二年および一九二六年の旧ソヴィエト・ロシア共和国刑法――に重要な影響を及ぼしたが、それはいわば技術的な面においてであって、社会的意味はまったくちがうものであったわけである。[13] こういった例は、いくらも追加することができるであろう。

法学説の形成が社会的な場において行なわれるのと同様に、法学説の機能も社会的な場において社会的条件と相関的に発揮される。それは個々の法学説についても、また、法思想についてもあてはまる。法学説史や法思想史は、[14]したがって、学説や思想の内容それじたいの理論的ないし理念的な発展ということもさることながら、むしろ社会の歴史的発展との関連において把握されなければならない。法学説や法思想の横の比較――ひろい意味でこれも比較法学に属するであろう――についても、まったく同様である。外国の法学説や法思想を参考にすることは種々の意味できわめて重要であるが、その際には、こういった用意を怠ってはならないのである。

(11)　池田寅二郎・法曹会雑誌一四巻七号（一九三六年）、三宅正太郎「司法の行政化をなげく」法律時報八巻一〇号（一九三六年）。牧野英一はこれに対してすぐに反批判を加えたが（牧野「国憲国法の尊厳と自由法」警察研究七巻八号、「司法の行政化と行政の司法化」警察研究七巻一二号〔一九三六年〕、なお、牧野『法理学』二巻・上〔一九五一年〕二九九頁以下）、わたくしの目には時局に対する認識のちがいとして映じた。これは、ことに、刑事事件についていちじるしかった。厳格な解釈によって罪刑法定主義を守ることが、ことに当時において重要であったことはいうまでもない。――ついでにいえば、三宅は裁判官として令名があり、その著『裁判の書』（一九四二年）は今日においても読むに耐えるものである。

(12)　小林直樹「日本におけるドイツ公法学の影響」山田還暦記念『概観ドイツ法』（一九七一年）二九頁。

(13)　団藤『刑法綱要・総論』（一九五七年）二四頁、三版（一九七九年）三一頁。詳細につき、宮内裕「ソ同盟刑法と新派理論」刑法雑誌三巻一号（一九五二年）、大木雅夫「フェリとソヴェト刑法」比較法研究一四号（一九五七年、同『資本主義法と社会主義法』一九九二年に収録）。ちなみに、一九六〇年の旧ソヴィエト・ロシア共和国刑法（他の旧ソ連各共和国も同様）は、近代派的な考え方からはずっと離れて来ていたのであった。

(14)　小野清一郎『法律思想史概説』（一九二九年、増訂新版・一九六一年）がこの分野での開拓者的地位を占める。そのほか重要なものとして、船田享二『法律思想史』（一九四三年、新版・一九五六年）、高柳賢三『米英の法律思潮』（一九四八年）、尾高朝雄『法思想史序説』（一九五〇年）、田中耕太郎『法律学概論』（新版・一九五三年）第二編、加藤新平『法思想史』（一九六七年、新版・一九七三年）、天野和夫『法思想史入門』（一九七二年）、デル・ヴェキオ（和田小次郎訳）『法哲学原理』（一九四一年）の法哲学の歴史の部分など。恒藤武二『法思想史』（現代法学全集三巻・一九七七年）、大木雅夫『日本人の法観念――西洋的法観念との比較』（一九八三年）、千葉正士『要説・世界の法思想』（一九八六年）。――法思想史の意義につき、小野・前掲（とくに旧版の序言および新版のはしがき）、尾高・前掲参照。「思想史」一般につき、丸山真男「思想史の考え方について――類型・範囲・対象」武田清子編『思想史の方法と対象』（一九六一年）（丸山眞男集九巻〔一九九六年〕四五頁以下所収）参照。

第二章　法学の諸傾向とその系譜

第一節　はじめに

前章において法学とはどういうものであるかを序論的に考察したが、現代における法学は内容においても方法論においても複雑多岐をきわめており、しかも、瞬時もやむことなく目ざましい発展を続けている。これを詳論することは、もはやこの小著の任務とするところではない。しかし、これを理解するため——そうして進んでは自分でもその発展に参加するため——の準備として、現在までに現れた法学の諸傾向をひととおりあとづけておく必要があるとおもう。前章の終わりに強調したように、こうした考察には社会的・歴史的背景との関連づけが本来ならば不可欠であるが、いまここにそうした背景に立ち入る余裕はない。なお、過去から現在までの無数ともいえる法学の諸傾向は縦横にからみ合いながら発展して来たものだが、この点も、ここでは簡明を旨として、主として縦の関係をたどることにする。「系譜」という標題をつけたのはその趣旨である。実際には横の関係もきわめて重要であって、たとえば、ある時代をとってその時代的背景のもとに法学のあり方がどうであったかを考えるばあいには、横の関係をみなければ理解ができないのである。だから、読者は、本章の各節を読まれたあと、さらに、各節の横の連絡をも考えてみていただきたいのである。いずれにせよ、本章は学説史とか思想史とかいったものではなく、一応の——しかもわたくしなりの立場からみた——手引きにすぎないことを、あらかじめおことわりしておく次第である。

第二節　法学のはじまりとローマ法学

一　法学のはじまり

法学というものがいつから始まったか。それは法学の概念のたて方によっても考えがちがって来る。民衆のあいだにおける法思想、ことに法以外の社会規範との未分化の状態における法を前提とした法思想までをも含めて考察するとなれば、原始的民族にまでさかのぼることになろう。しかし、このような民衆のあいだの法思想は、まだ法学ではない。ギリシャ哲学あたりになると、すでにしばしば触れたように、ことに正義論を中心として法哲学がかなり体系的に論じられるようになり、これは現代法学にまで強い影響を残しているが、それはむしろ哲学の見地を主としたものであった。だから法哲学史としてはギリシャを含めなければならないのは当然であるが、たとえば、古代アテナイのドラコン（Drakon）やソロンの立法の背後にもギリシャ法学というまとまったものがあったかどうかわからないし、すくなくとも現在に伝わっているわけではないから、本章からは省いてよいであろう。中国の法家の思想にしても、法思想としては重要だが法学ではない。[1]

（1）　田中耕太郎『法家の法実証主義』（一九四七年）。なお、老子の法思想につき、林文雄「老子法律思想的研究」国立台湾大学法学論叢四巻二期（一九七五年）。老子については、Lao-tzŭ The Way and Its Virtue, Translated and Annotated by Toshihiko Izutsu〔井筒俊彦〕2001. 井筒俊彦（1914-1993）は、規模の大きなイスラームの研究者であった。

二　ローマ法学とその残したもの

法学の名に値するものは、ローマにはじまるといって、大過はないであろう。ゲルマンでは素人裁判が行なわれていて専門の法律家がいなかったために法学は形成されなかったのに対して、ローマでは、すでに共和政時代にも法学者の活躍がさかんであり、帝政期になるとポンポニウス（Pomponius）、ガーイウス（Gaius, ?–180）、パピニアーヌス(2)（Papinianus, ca. 140–212）、ウルピアーヌス（Ulpianus, 170–228）らの法学者が輩出して、帝政二世紀半は法学隆盛時代といわれるくらいであった。「法学（iuris prudentia ; iurisprudentia）」の観念も、ローマに由来する。船田享二によれば、ここで《prudentia》というのは、「聡明」の徳であり、単なる知識ではなく実行のための知識である。(3)原田慶吉(4)（1903–50）によれば、法学者は理論家というよりも実際家であった。かれらの関心事は学問的体系化ではなく、具体的事例に即してこれに妥当な解決をあたえるというカズイスティックな法学であり、(5)したがってそれは社会事情を洞察して経験的にこれへの適合をはかるものであって、つねに流動して沈滞がなかった。(6)われわれはここに実践法学のひとつの典型を見出すのである。かれらは概念や定義を極力避けようとし、また、硬直化のおそれのある成文化による規定をもなるべく最小限度におさえようとした。

ついでにいえば、イギリスはローマ法を「継受」することはしなかったが、その実際的精神を受けつぎ、他面、不文法・慣習法的なゲルマン法がイギリスに流入したこともあって、このようなローマ法学の実際的な長所は現在の英米法に大きく生かされているといってよいであろう。これに反し、ローマ法そのものは、北イタリアのボローニャ（Bologna）大学を中心とする注釈学派（Glossatores）、後期注釈学派（Commentatores ; Postglossatores）による研究を媒介として、ヨーロッパ大陸諸国に伝播され、ことにドイツへはいわゆる「継受（Rezeption）」の形で全面的規模で導入されドイツ普通法（gemeines Recht）になったが、(7)ここでは普通法学（やがてはパンデクテン法学）

を生み出して、その概念的・抽象的傾向は、ローマ法の実際的な精神からは大きく遠ざかって行ったのである。このことは、ドイツにおけるローマ法の継受が民衆の要望によったものでなく支配階級の利益のために行なわれたものであることとも関係がある。[8]やがてイタリアの人文主義（ヒューマニズム）思想の影響でかような傾向に対して反撥がおこり、文芸復興的精神から古典ローマ法の研究が行なわれるようになったが、[9]それがそのまま新しい時代に役立つはずはない。一面では、おなじ復古思想はゲルマン固有法の強調ともなって現れたが、他面、ローマ法の研究にも、あらたな生命が吹きこまれなければならない。時代ははるかに下って一九世紀の後半のことになるが、ギールケ（Otto Friedrich von Gierke, 1841-1921）をはじめとするゲルマニステンがロマニステンに対抗してゲルマン法の研究を推進し、[10]またイェーリングが大著『ローマ法の精神』[11]において「ローマ法によってローマ法の上に（durch das römische Recht über das römische Recht hinaus）」ということを強調したのは、こうした背景をもっているわけである。

（2）　パピニアーヌスの節操は後世にまで伝えられている。カラカラ帝が弟ゲータを殺しパピニアーヌスにゲータの罪状の起草を命じたとき、パピニアーヌスはこれを峻拒して皇帝から死を賜わったのであった（穂積陳重『法窓夜話』一九一六年・一頁以下、岩波文庫版・一九八〇年・二一頁以下）。ローマ法は実利的であったが、ローマの法学者の精神的な面をこの故事によって知ることができる。デル・ヴェッキョのいった《Fiat justitia, pereat ego.》はここにもあてはまる（前出二三一頁注（8））。

（3）　船田享二『法律思想史』（一九五六年）一二六頁。なお、同「法律学という名称の起源について」法律学研究二四巻五号、原田慶吉『ローマ法の原理』（一九五〇年）一〇一頁以下。

（4）　原田は、ローマ法だけでなく古代法を広く手がけて、世界の学界から注目されていたが、戦後占領下の混乱期に不慮の事故が下になって亡くなったのは惜しんでもあまりあることであった。なお、原田については団藤『我が心の旅路』（一九八六年）九六頁。

（5）　たとえば、アクティオ（訴権）について前述したところ（前出一〇七頁、一二八頁）を、この関連で想起されたい。

（6）　原田慶吉『ローマ法』上巻（一九四九年）一九頁以下。

（7）　ドイツに継受されたローマ法は、ひいては、日本民法にも大きな影響をあたえた。原田慶吉（石井良助編）『日本民法典の史的素描』（一九五四年）は、その精密なあとづけである。

（8）　「ドイツ国民の神聖ローマ帝国」の性格を考えあわされたい。この思想の代表者と目される――『神曲（*Divina Comedia*）』で有名な――ダンテ・アリギエーリ（Dante Alighieri, 1265–1321）は、一三一二年ころに書かれた『君主制について（*De Monarchia*）』の中で、ローマ教会の介在をぬきにした世界秩序を構想し、ドイツ皇帝を神によって選ばれた世界統治者と考えようとした（W. Friedmann, *Legal Theory*, 5th ed., 1967, p. 111）。

（9）　逆にいえば、もし注釈学派や後期注釈学派の人たちがヒューマニストであったならば、ローマ法の継受という現象もおこらなかったのではないかという見方も出て来るわけである（Guido Kisch, *Studien zur humanistischen Jurisprudenz*, 1972, S. 22 f.）。なお、船田享二『法律思想史』（一九五六年）一九八頁以下参照。

（10）　代表作として、Gierke, *Das deutsche Genossenschaftsrecht*, 4 Bde., 1868–1913.――ローマ法・ゲルマン法の対立の問題は、日本においても重要性をもった。平野義太郎『民法に於けるローマ思想とゲルマン思想』（一九二四年）。ゲルマン法につき、村上淳一『ゲルマン法史における自由と誠実』（一九八〇年）。

（11）　Jhering, *Geist des römischen Rechts*, 4 Bde., 1852–92.

第三節　自然法論――中世から現代まで（1）

（1）　水波朗＝稲垣良典＝ホセ・ヨンパルト編『自然法――反省と展望』（一九八七年）、阿南成一＝水波朗＝稲垣良典編『自然法の復権』(一九八九年)、阿南成一『現代自然法の課題』(一九九一年)、三島淑臣＝阿南成一＝栗城寿夫＝高見勝利編『法と国家の基礎に在るもの』(一九八九年)、ヨハネス・メスナー(水波朗＝栗城寿夫＝野尻武敏訳)『自然法』(一九九五年)。なお、後出二六九頁注(4)掲出文献。

一 スコラ学派

ローマ法において「人法(ius)」と「神法(fas)」とが分離され(2)、したがって、ローマ法学において宗教的要素がほとんどみられないのに対して、もっとも顕著な対照を示すのが聖トマス(St. Thomas Aquinas, 1225-74)を代表者とするところのヨーロッパ中世のスコラ学派である。聖トマスはアリストテレスの考えをカトリック神学と結びつけて発展させたのであって、かれにおいては、「永久法(lex aeterna)」、「自然法(lex naturalis)」、「人定法(lex humana)」は相互に結びついたものである。人定法は自然法の適用であるべきであり、自然法は人間の自然の理性の光による永久法——世界を支配する神の意志の発現——への参加である。こうした自然法の思想が現代的意義をもつものであることは第一編において述べたとおりであり、新トマス主義は現在でも大きな勢力をもっている。ただ、中世では、ローマ教皇の絶大な権威と権力のもとに、すべての学問は——したがって法学も——「神学の下女(ancilla teologiae)」としての地位を強要された。もちろん、こうした立場がたとえば刑法学の関係で責任論の深化に貢献したというような功績はあるが、独自性を否定された法学には、学問としての致命的な限界があった。のみならず、たとえば、聖トマスが人定法が神法(lex divina)によって補充されなければならないものとした結果、のちになると、聖書そのもの、ことにモーセの律法が実定的な神法として法源性をみとめられるようになり、やがては残虐な恣意的裁判——極端なものとしては「魔女裁判(Hexenprozesse)(3)」——を生むもとにさえなった。スコラ的法学はアンシアン・レジームの支柱となったのであり、やがてこれに反撥して、フランス革命の準備段階として合理的自然法思想さらに啓蒙思想がおこって来るわけである。これは一八世紀から一九世紀を経て現代にいたる法思想のいわば原点ともなるべきものであるから、次節に「合理主義的自然法論と啓蒙思想」として、独立に取り扱うことにしたいとおもう。そうして、一九世紀は大まかにいって実証主義の時代であったのであり、ベルクボーム（Karl Bergbohm, 1849-1927）らによって自然法思想は徹底的に排撃されようとした。そのあとを受けて、一九世紀末から自然法論の再生がみられ、また、第二次大戦後になると、自然法論はさらにあらたな任務と装いをもって活躍をはじめるのである。

（2）　原田慶吉『ローマ法の原理』（一九五〇年）五九頁以下。

（3）　不破武夫「魔女裁判」（同『刑の量定に関する実証的研究』一九三九年・所収）、森島恒雄『魔女狩り』（岩波新書・一九七〇年）。

二　自然法の再生[4]——（その一）新トマス主義を中心として

一九世紀は大まかにいって実証主義の時代であったが、一九世紀の末葉から今世紀のはじめにかけてスコラ学派の系統をひく自然法論が復活して来る（シャルモン Charmont のいわゆる「自然法の再生 renaissance du droit naturel」）。これが新トマス主義（néo-thomisme）あるいは新スコラ的自然法学説（neo-scholastic natural law theories）と呼ばれるものである。たとえばカートライン（Viktor Cathrein, 1845-1931）は神の啓示から自然法を導き、自然法を実定法の基礎であるとして反自然法的な実定法の無効を主張した。ルナールがオーリューの制度理論をカトリック的自然法と結びつけたことは前述のとおりである（前出八四頁）。マリタン（Jacques Maritain, 1882-1973）はベルグソン（Henri Bergson, 1859-1941）の影響を受けながらトマス主義の現代化、ことに人権の基礎づけに努力しており、国際的な活動でも知られている。[5] ル・フュール（Louis Le Fur）は宇宙の調和を強調し、国際法の基礎づけに貢献した。田中耕太郎もカトリック的自然法の立場から世界法理論を推進し、国際司法裁判所判事として活躍した。注目に値するのはナチの暴政の経験があたらしく悪法論議のきっかけをつくり、自然法思想の再生を刺激したことである。アルトゥール・カウフマンの抵抗権に関する見解については前述したが（前出二四〇頁）、戦時から戦後にかけての世代を代表する自然法論者には、こうした傾向が顕著にみとめられる。

トマス主義とは距離を保ちながらも自然法思想の色彩の強い学者としてはデル・ヴェッキョやジェニーがいる。また、キリスト教的見地からの自然法論者の中には、例外的ではあるが、エミール・ブルンナー（Emil Brunner）やエドゥアルト・シュプランガー（Eduard Spranger）のようなプロテスタント的立場の学者もいないわけではない。反面において、新トマス主義者の中にも、ダバン（Jean Dabin, 1889-1971）のように自然法をみとめない立場をとる者もいる。[6]

（4）野田良之「現代自然法」法哲学講座・五巻（下）（一九五八年）、水波朗『トマス主義の法哲学』（一九八七年）、同『トマス主義の憲法学』（一九八七年）。なお、前出二六四頁注（1）掲出文献。

（5）ジャック・マリタン（久保正幡＝稲垣良典訳）『人間と国家』（一九六二年）。ベルグソンとマリタンとの接触については、マリタン夫人の著書における叙述が興味深い。ライサ・マリタン（水波純子訳）『あるカトリック女性思想家の回想録（大いなる友情）』（二〇〇〇年）一二三頁以下。

（6）ダバンは道徳的および政治的自然法の存在はみとめるが法律的自然法の存在を否定する（ジャン・ダバン〔水波朗訳〕『法の一般理論』一九六一年・三五〇頁以下）。――リペール（Georges Ripert, 1880-1958）もカトリック的倫理を強調するが自然法論は採らない（Roubier, *Théorie générale du droit*, 2e éd., 1951, p. 184）。

三　自然法の再生――（その二）歴史的自然法論

右に述べたジェニーと並んで、フランスにおける自然法的見解の学者として注目に値するのはサレーユことにかれの説いた「進化的自然法（droit naturel évolutif）」[7]は、シュタムラーの「可変的内容の自然法」を論評しながら発展させたものであるが、後者のマールブルク派的な見解とはちがって、社会の歴史的進化の中に自然法の客観的実現を看取しようとするものである。

第二次大戦後になると、自然法を歴史性において考察しようとする学説が顕著になって来る。とくにミッタイス[8]（Heinrich Mitteis, 1889-1952）とコーイング（Helmut Coing）とを挙げなければならない。前段に第二次大戦経験者としてのアルトゥール・カウフマンらの自然法論の抵抗精神に触れたが、ここでも、ことにナチの弾圧を受けたミッタイスの自然法論は権力の恣意的支配に対する抵抗の精神に充ちている。ミッタイスが「自然法の再生」をいうとき、それはスコラ的なロメンの「自然法の永遠の復帰」の声とは、ちがった響きをわれわれに伝える。ミッタイスにおいてもコーイングにおいても、現代自然法論の中核が人権にあることがみとめられる。ミッタイスはいうまでもなく法史学者であり、自然法を文化法（Kulturrecht）とみて、法史学——むろん比較法史学を含めて——の見地から自然法が実定法に及ぼす影響をつきとめようとする。かれによれば、自然法と実定法との不断の対決を叙述することが法史学のもっとも重要な課題のひとつであり、連続と変化の弁証法、持続する実体と前へ推進する諸力の不断の運動を追求しようとする。かれにおいては導きの星としての絶対的正義を想定するが、これは当然に神につながるものではなく、グローティウス以降にみられる自然法の人間化を是認するのである。

かようにして、現代自然法論においては、スコラ的自然法論と次項に詳論する合理主義的自然法論とはもはや本質的対立とは考えられなくなって来つつあり[9]、また、自然法の歴史性をみとめることによって自然法の時間・空間をこえた普遍妥当性も否定される方向にある。要は、実定法を実定法としてみるだけでなく、その奥にもっと根源的なものをみとめ、これに実定法を補充・修正する機能をみとめるかどうかが、自然法論者か否かの岐れ目だといっても、過言ではあるまい。

(7) Saleilles, Ecole historique et droit naturel d'après quelques ouvrages récents, *Revue trimestrielle de droit civil*, tome 1er, 1902, p. 108.

(8) Heinrich Mitteis, *Über das Naturrecht*, 1948 (H・ミッタイス〔林毅訳〕『自然法論』一九七一年); ders., *Deutsche Rechtsgeschichte, ein Studienbuch*, 2. Aufl., 1952 (ハインリッヒ・ミッタイス〔世良晃志郎訳〕『ドイツ法制史概説』一九五四年――訳者あとがき参照)。

(9) カトリック神父で法哲学者のヨンパルトが、自然法論的立場をとることは神の存在を前提とするものではないことを承認し、さらには共産主義的自然法論の可能性さえをも示唆しているのは、興味が深い(ホセ・ヨンパルト『自然法論の研究――法の歴史性をめぐって――』一九七二年。なお、José Llompart, *Die Geschichtlichkeit in der Begründung des Rechts im Deutschland der Gegenwart*, 1968)。ヨンパルトは強い人権論者であり(ヨンパルト『人間の尊厳と国家の権力』一九九〇年、ほか多数)、死刑廃止論者としても知られている。

第四節　合理主義的自然法論と啓蒙思想

一　合理主義的自然法論(1)と社会契約の思想

中世が神によって特徴づけられるとすれば、近世は人間の理性によって特徴づけられる。自然法も、近世になると神から切り離されて人間の理性によって基礎づけられるようになる。その最初に登場するのがオランダの学者グローティウス(Hugo Grotius〔Hugo de Groot〕, 1583-1645)である。かれは『戦争と平和の法について(*De Jure Belli ac Pacis*, 1623-25)』を書いて国際法を手がかりとしながら理性による自然法の基礎づけを企てた。聖トマスがアリストテレスから多くを受けついだように、グローティウスもまた――まったくちがった意味で――アリストテレスの思想を援用した。それは人間の社交的本性という点であり、正しい理性はかような社交的本性（appetitus societatis）と一致するべきものと考え、自然法はまさに正しい理性の命令だと考えるのである。これはデル・ヴェッキョの指摘するように、(2)当時の国際情勢下における実際的考慮がもとになっているとみるべきであろう。教会と皇帝とが個々の国家に対する支配力をもっていた時代はすでに過ぎ去って、独立した諸国家間の法的規制のためには国際法のあらたな基礎づけが要請されていたのである。田中耕太郎がそのグローティウス論において、グローティウスが法を神から切り離したとみる通説を強く批判し、また、かれを「国際法の父」とみることにも反対しているのは、(3)むろん理由がないわけではない。現に、国際法学の創始者の栄誉は、かれよりも一世紀も前に国際法学を組織したスペインの神学者ビトリア（Francisco de Vitoria, 1480/86-1546）が受けるべきであろうし、(4)また、敬虔なキリスト教徒でかつ温厚な性格の持主であったグローティウスがその著書の行文の端々に宗教的情操を示すのは性格学的にいっても自然のことであろうからである。しかし、グローティウスの客観的な学説史的評価としては、かれ自身の主観がどうあろうとも、自然法のあらたな合理主義的基礎づけの点にその功績があったものとみなければならない。その点こそが、まさに、社会的要請に合致するものであったからである。(5)

グローティウスと対比されるのがホッブズ(6)（Thomas Hobbes, 1588-1679）で、前者が性善説であるのに対して後者は性悪説である。かれは「人は人にとって狼である（homo homini lupus）」、「すべての者のすべての者に対する戦い（bellum omnium contra omnes）」という周知のことばで現されるような自然状態を想定し、そこから、人々を保護し平和を維持するための手段としての強力な――旧約聖書（ヨブ記三・八、四一・一、詩篇七四・一四、一〇四・二六等）に出て来る海獣レヴァイアサンに比せられるような――国家を基礎づけた（*Leviathan*, 1651）。(7)かれがみずから味わったイングランドにおける内戦のにがい体験がこうした思想にかれを導いたのだといわれる。かようにして、かれは強力な国家の必要を説いた点では絶対主義を基礎づけたことになるが、同時にかれの理論には別の面があることを忘れてはならない。グローティウスにおいては「契約は守られるべきだ」という点から社会契約の理論は支配者に対する人民の絶対的服従義務の説明に向けられたが、ホッブズは、自然法の力点を客観的秩序の面から人間性にもとづく主観的要求の面に移動させ、のちの天賦人権説の準備をする役目を果たした。さらにまた、かれにおける国家はどこまでも手段的なものであって、かれの社会契約説において臣民の主権者に対する服従義務がみとめられるのは、主権者がかれらを保護しうる権力をもっているかぎりにおいてのみとされるのであって、その意味でかれの主権概念は功利主義的である。ホッブズの思想にはかようにして相互に矛盾する絶対主義、個人主義、功利主義の要素が雑居していて、後世におけるそれぞれの流れにつながっている。グローティウスの自然法理論は国際法の基礎づけに貢献したが、ホッブズのそれは国内法においていっそう大きな意義をもった。グローティウスにおいて不徹底であった法における中世的残滓の一掃がホッブズにおいては徹底された。

ロック（John Locke, 1632-1704）は、知識論においては、かれの『人間悟性論』（一六九〇年）にみられるとおり、プラトー、デカルト、スコラ学派を否定して知識の起源を感覚的経験に求めたのであって、イギリス経験主義哲学の代表者とされるが、政治論としてははっきりと自然法論者であった。かれは実定法をこえ実定法によって動かされないものとしての自然法をみとめ、その限度では中世的な自然法の観念を復活させたともいわれるが、かれが自然法や社会契約の思想をみとめたのは、ホッブズに絶対主義の要素がみられるのとは反対に、人権擁護のためであった。かれにおける自然状態は平和と善意に満ちたものとして想定され、それはいわば失われた楽園であり、所有権その他の権利は社会契約以前のものと考えられる。社会契約には結合の契約（pactum unionis）と服従の契約

(pactum subjectionis) との二段階があるものとされ、多数決原理がみとめられる。そこではすでに議会制民主主義が準備されているわけで、のちにフランス革命とアメリカ革命に強い影響を及ぼすのである。この二つの革命にもっと直接的な影響をあたえたのは、時代が下って、ロックの死後八年たってから生まれたルソー[8] (Jean-Jacques Rousseau, 1712-78) であった。かれの『社会契約論 (*Du contrat social*, 1762)』は、明治初年における服部徳の『民約論』(一八七七〔明治一〇〕年) や中江兆民の『民約訳解』(一八八二〔明治一五〕年) などの訳によってわが国でも早くから読まれ自由民権運動に貢献したことは周知のとおりであるが、かれの理論はかならずしも一貫したものではなく、ことに「国民全員の意志 (volonté de tous)」と区別された「一般意志 (volonté générale)」を説きながらこれを理論的につきつめることをしていないため、団体意志の強調はのちのフィヒテやヘーゲルの国家主義につながる契機をもっていたのである。ルソーの学説が社会的役割りを果したのはその理論的整合性によってではなく、革命期の人たちに訴える情緒的な力をもっていたからだといわれる[9]。

以上に述べたような合理主義的自然法論は次段に述べるように啓蒙思想を通じて近代憲法の骨格をなし、ことに自然権的人権の土台として、現代的意味をもっている。前節にも述べたように、現代の自然法論では合理主義的自然法論は多くの変容を受けながらも、おなじく修正された形のスコラ的自然法の思想とも次第に合流する方向にあるように見受けられる。そうして、現代的自然法論の中核をなす人権理論には合理主義的自然法論者――ホッブズも例外ではない――の考え方が脈打っているのである。

(1) 和田小次郎訳『近代自然法学の発展』(一九五一年)。
(2) デル・ヴェキオ (和田小次郎訳)『法哲学原理』(一九四一年) 八八頁。
(3) 田中耕太郎『グローチウス論』(同『法律哲学論集』一巻・一九四二年・所収)。

（４）　ビトリアについての伊藤不二男の研究は貴重である。伊藤不二男『ビトリアの国際法理論』（一九六五年）。なお、同『スアレスの国際法理論』（一九五七年）。ビトリア（スペイン語ではｖはｂと発音される）は、スペインのサラマンカ大学の神学教授であった。スペイン軍の中南米への暴虐な侵略に心痛したかれは、カトリックの立場から戦争の規範を示した。これが戦時国際法の起源となったわけである。サラマンカ大学には今でもかれの自筆のラテン語の著書が秘蔵されていて、わたくしも一見する機会を与えられたことがある。

（５）　ダントレーヴでさえ、これを認めているといってよいとおもう（Ａ・Ｐ・ダントレーヴ〔久保正幡訳〕『自然法』一九六二年・七七頁参照）。

（６）　水波朗『ホッブズにおける法と国家』（一九八七年）。

（７）　ホッブズ（水田洋訳）『リヴィアサン』（岩波文庫・四冊・一九五四年・六四年・八二年・八五年）。

（８）　ルソー（桑原武夫＝前川貞二郎ほか訳）『社会契約論』（岩波文庫・一九五四年）。ルソーについては、上記の訳者のひとり河野健二による解説が簡明である。本格的には、福田歓一『ルソー』（一九八六年）。

（９）　ルソーは死刑をも社会契約によって基礎づけたが、かれの『エミール』――今野一雄訳『エミール』（岩波文庫・三冊・一九六二―四年）――は教育学者ペスタロッチを通じて死刑廃止論の強い推進力となった。団藤『死刑廃止論』（六版・二〇〇〇年）二六六頁、二七七頁参照。

二　啓蒙思想

ルソーのことまで前段で書いてしまったが、かれはすでに啓蒙思想の段階に入っているのであって、むしろ啓蒙思想のもっとも重要な代表者の一人である。イギリスのロックの思想は海峡をこえてヨーロッパ大陸の思想家たち――ルソーもしかり――に著大な影響を及ぼした。ことにモンテスキューやヴォルテール（Voltaire [François-Marie Arouet], 1694-1778）はイギリスにわたって、イギリスの思想をじかに感得し、またイギリスの政治制度から多くのものを学びとってその成果をヨーロッパ大陸にもたらした。

モンテスキューは自然法思想を正面から否定したわけではないが、『法の精神』（前出二〇一頁）にみられるように、諸民族の法がいかに風土や習俗のような環境的因子によって影響されるかを古今東西にわたる厖大な資料——かならずしも正確なものでなかったことは日本に関する記述だけからもわかるが——にもとづいて追求したのであり、比較法学・社会学的法学の幕はかれによって切って落とされた感がある。それはまた、こうした資料に支えられた大規模な立法学でもあった。三権分立の思想がここで的確な形をとり、それが近代的民主主義法制の基本になったことはいうまでもない。フランスではアンシアン・レジーム以来、裁判官は国民の不信の対象であったため、モンテスキューの司法権の理論もまたかような裁判官像が前提とされる。裁判官は「法律のことばを発音する口」だとされるのはそれを意味する。第一編で司法過程を考察する際に述べた判決三段論法的・機械的裁判観（前出二一五頁）は、こうした背景をもつのであり、それはそれなりに大きな歴史的意味を有したのである。

ヴォルテールはモンテスキューよりもやや早くイギリスに亡命して、ロックの思想の洗礼を受け、さらにニュートンの自然科学的思考に影響されて形而上学的な独断論を否定する寛容（tolérance）の精神を強調し、教会を中心とするアンシアン・レジームに対する強い抵抗の姿勢をとった。ヴォルテールは、「フランスでは、刑事法典は市民の破滅のために向けられているようにみえる。イギリスでは市民を救うためなのだ」といって、イギリスの刑事法制のフランスへの導入を論じている。モンテスキューが陪審制の採用を主張したことも有名である。

かように、啓蒙思想家たちの法ないし法学への寄与は、グローティウス以来の——シュタムラーのいわゆる——「理性法（Vernunftsrecht）」的な考え方を市民法的な思想として結実させるとともに、これにもとづく雄大な立法論をもってアメリカ革命・フランス革命を思想的・法制的に成就させたことにある。法哲学的には、自然法思想・社会契約論は次第に弱くなって来ているとはいうものの、かれらの自然権的な人権思想はやはりそこに淵源しているのであり、こうした自然法思想——わけてもルソーのそれ——はアメリカおよびフランスの人権宣言を通じて現代にまで脈々と生きているのである。啓蒙思想は、かようにして、現代法・現代法学においても、原点としての意味を失ってはいないというべきであろう。のみならず、啓蒙思想は、かならずしも理論体系として整序されたものでないだけに、その中には、種々さまざまな傾向が胚胎しており、たとえば、一方では機械的裁判観は概念法学に発展する契機をもっていると同時に、他方では経験主義、功利主義の諸傾向もすでに明確に看取されるのである。

第五節　ドイツ観念論

一　理性を出発点とする二つの方向

近世の原点としての人間の理性は、いうまでもなく決して一義的なものではなく、そのとらえ方において、当初からすくなくとも二つの大きな方向が分かれていた。その一は理性そのものの哲学的反省という方向であり、その二は理性による効用の合理的追求、快楽と苦痛の合理的打算という経験的・功利的合理性の追求である。前者は、まずドイツ観念論哲学となって現れ、後者は功利主義の立場となって成果を挙げた。両者は方法論的に相容れないものではあるが、法が社会的効用を離れては考えられないものである以上、すくなくとも法学・法思想に関するかぎり、この二つの方向は複雑にからみ合って来る（たとえばアンゼルム・フォイエルバッハはカントから大きな影響を受けながらも功利主義的理論を展開したのであった）。しかし、ここではそれを念頭に置きながらも、まず、カントにはじまるドイツ観念論哲学を中心にして考察を進めることにしよう。

二　カント

存在というものを窮極までつきつめることを企て、それによって近世哲学の父ともいわれる人に、すでに古くデカルト（René Descartes, 1596–1650）がある。かれは、「わたくしは思惟する。ゆえにわたくしは在る（Cogito, ergo sum.）」という有名なことばによって思惟するものとしての主体的な自我を見出した。疑うことも思惟することにほかならないから、自分が疑うことはまさしく自分が存在することの証明にほかならない。カントが自己の立場を現すのに用いた「コペルニクス的転回」は、デカルトにおいてすでに用意されていたといってよいかも知れない。しかし、カントは人間の理性を批判的・先験的につきつめることによって認識論における「コペルニクス的転回」をなしとげた。対象がはじめから存在していてそれを認識するというのではなく、厳密な意味において認識することによってはじめて認識対象が可能となると考えるのであり、そのために人間の認識能力の本性と限界とを厳密につきとめようとしたのが、かれの『純粋理性批判』である。かようにして、かれは数学、自然科学、形而上学の権利根拠をあきらかにした。こうした認識能力すなわち理論理性に対置されるのが意志を規定するところの実践理性である。かれの法哲学は晩年の労作であって思索力の衰えがみえるといわれるが、それにもかかわらず後世にあたえた思想的および理論的影響は著大である。かれの法哲学は道徳形而上学の一部をなしている。かれによれば、自由が道徳法則の存在根拠（ratio essendi）であり、道徳法則は自由の認識根拠（ratio cognoscendi）である。意志の主観的原理である格率が、つねに同時に、普遍的法則の立法の原理として妥当しうるように行為することが、純粋実践理性の根本法則とされる。かように、道徳法則は直接に意志を規定する。法則への尊敬から義務が動機となって法則に一致するように行為するとき、はじめてそれは道徳的であり、単に法則に一致するように行為するときは、合法的であるにすぎない。前述（一〇頁）のとおり、かれにおいては道徳性と合法性とは明確に区別される。法においては、各人の恣意が他の各人の恣意と、普遍的法則にしたがって両立することのできるものであることが要請される。しかも、かれにおいては、人格は単に手段として扱われてはならず、自己目的でなければならない。したがって、刑法においては、一般予防・特別予防のような相対主義は否定され、「目には目を歯には歯を」というタリオの法（ius talionis）によるべきものとされる。

こうした法と道徳との峻別、各人の恣意の肯定と限界づけ、人格の絶対性、罪刑の均衡といった諸原理は、すべて市民法原理にほかならない。市民階級の勃興を地盤とする啓蒙思想は、カントにおいて最高の哲学的表現を獲得したのであり、カント哲学がその完成した理論体系と社会的要請への合致によって、絶大の勢力をもったのは当然である。のみならず、カント哲学は、やがて種々の形の新カント派として現代においてもきわめて重要な意義をもち続けているし、また、カント派以外の哲学傾向に対しても多くの刺激をあたえているのである。新カント派の諸傾向については後述する。

三　フィヒテからヘーゲルへ

カントによって確立されたドイツ観念論哲学は、やがてフィヒテ（Johann Gottlieb Fichte, 1762–1814）を経てヘーゲル（Georg Wilhelm Friedrich Hegel, 1770–1831）の哲学となって発展する。フィヒテはカントから出発したが、カントにおいて前提されていた物じたいの考え方にあきたらず、客体をも主体の内にとりこむことを企て、それを自我の実践性に求めた。かようにして、かれにおいては道徳的自由はカントにおけるよりもいっそう主体的に把握されることになるのであって、かれは、『知識学』（一七九四年）中で、自らの立場を「実践的観念論」と呼んでいる（哲学者辻村公一の教示による）。この点からも看取されるように、かれは自由への感激をもっており、ナポレオンに打ちひしがれたドイツ国民の自覚を促した講演『ドイツ国民に告ぐ』（一八〇八年）はその情熱のほとばしりである。しかし、この講演のころには、かれの初期における自由主義的国家観はすでに放棄されていて、経済的、福祉的任務をもった国家が構想されていたのであり、思想的にはやがてヘーゲルにつながることになるのである。

ヘーゲルにおいても理性が追求されるが、カントにおけるのとちがって、それは人格の内部から解放され、主観的精神から客観的精神へ、そうしてさらに絶対的精神への弁証法的発展において把握される。弁証法的思考方法こそがかれの哲学の根本をなす。客観的精神そのものも抽象的法から道徳、さらに人倫への弁証法的発展を示し、人倫もまた、家族から市民社会、さらに国家への弁証法的発展を示す。かようにして、トマジウス、カントの思想系列において分離された法と道徳とはふたたび総合され、カントにおいてもみとめられていた社会契約説は捨てられ、法および国家に積極的な基礎づけがあたえられるのである。

かようなヘーゲルの思想は、当時おこって来ていた民族国家的要求に呼応するものであり、そうした社会的地盤に立つものであった。ヘーゲルにおいても理性が追求されるが、かれの『法哲学綱要（*Grundlinien der Philosophie des Rechts*, 1821）』の序文中の有名な句「理性的なものは現実的であり、そうして現実的なものは理性的である」に端的にみとめられるように、かれの立場は実質的にいえばもはや合理主義ではなく非合理主義であり、その点で、かれとほぼ時代を同じくするサヴィニーの歴史法学派と共通点をもっている。[(1)] 両者の民族主義はおなじ地盤に立つものと考えることができるであろう。そうして、そのような社会的要請のあるかぎりにおいて、ヘーゲル哲学は法学――とくに国家主義的な――に対しても強い影響を及ぼさないではいなかった。ヘーゲルの歴史哲学については、なお、のちに一言するであろう（後出二九〇頁）。

(1)　しかし、形式的には、ヘーゲルもまた理性を基本とする合理主義者である。われわれは、ラートブルッフがまさしくヘーゲルのこの句を引用して、理性は民族精神に対立するものとして、ヘーゲルと歴史法学派との対立を論じていることを注目しなければならない。ラートブルッフによれば，ヘーゲルはサヴィニーの法典化反対論を「一国民あるいは一職業（法律家）に加えられえた最大の侮辱」とこきおろし，これに対して，ヘーゲルの反対派はヘーゲル理論を「敵意ある力」（シュタール），「くだらない哲学」（プフタ）とくさしたそうである（Radbruch, *Rechtsphilosophie*, 7. Aufl. besorgt von E. Wolf, 1970, S. 110）。

四　新カント派——（その一）西南ドイツ学派

ヘーゲルやドイツ歴史法学派のロマン主義的・形而上学的傾向と自然法思想に反撥して，後述のように，法実証主義，経験主義，唯物論がおこって来るのであるが，一九世紀の終わり近くになるとふたたび「カントに帰れ」の声があがった。それが新カント派で，大別して二つの学派にわかれる。

第一は西南ドイツ学派（südwestdeutsche Richtung des Neukantianismus）で，ヴィンデルバント（Wilhelm Windelband, 1848–1915），リッケルト（Heinrich Rickert, 1863–1936）らを代表者とする。ヴィンデルバントの価値哲学は，リッケルト，ラスクの文化哲学によってさらに発展させられ，法哲学ひいては法学一般に著大な影響を及ぼした。(2) 西南ドイツ学派に属する法哲学者としてとくに挙げなければならないのは，ラートブルッフとラスク（Emil Lask, 1875–1915）である。ラスクはリッケルト門下で，ひとり法哲学だけでなく新カント派全体の代表者の一人と目されたが，第一次世界大戦で戦死した。かれは新カント派の中で最初に法哲学を手がけ，法科学（Rechtswissenschaft）が法に関する経験的現実（empirische Wirklichkeit）を対象とするのに対して，法哲学は法に関する超経験的な価値（überempirische Werte）を扱うものとし，実定法学の方法論の確立に寄与した。こうしたヴィンデルバントからラスクにいたる価値哲学をもとにして，雄大かつ華麗ともいうべき法哲学の体系を樹立したのがラートブルッフである。かれも結局，批判哲学のわく内にとどまり相対主義をとったが，コーイングの評語によればそれは

「体系的相対主義（systematischer Relativismus)」であり、各種の価値体系がそれぞれに整序された形で示されながら、結局、そのどれをとるかはもはや学問的に決せられるべきことではなく、各自の立場によるものとされるのである。それは民主主義の哲学的表現だといってもよいであろうし、また、その寛容の精神は社会民主党の司法大臣にもなったかれの「最高の人間的成熟の表現」（エリック・ヴォルフ）ともみられよう。もっとも、ナチの悪法はかれに相対主義への懐疑を強めたようであり、晩年には自然法思想への転向、すくなくとも傾斜がみられる。いずれにせよ、豊穣かつ寛容なかれの法哲学は、立場のいかんにかかわらず、人に何ものかをあたえるものをもっており、世界の、したがってまたわが国の法哲学界にあたえた影響の大きさの点でかれの右に出る者はないとおもわれる。(3)ちなみに、ラートブルッフ門下のアルトゥール・カウフマン（Arthur Kaufmann, 1923-2001）は、価値哲学に自然法論・存在論の傾向を加味して、ラートブルッフの相対主義を超克することに努力している。

西南ドイツ学派とくにリッケルトの影響を受けた者として、マックス・ヴェーバー（Max Weber, 1864-1920）の名を逸することはできない。かれは、科学論（Wissenschaftslehre）の一環として社会科学的認識の客観性を論じ、とくに社会科学の方法論として「没価値性（価値からの自由）(Wertfreiheit)」を論じ、また、社会科学的認識の方法として「理念型（Idealtypus)」の考え方を提唱した。(4)これがその後の社会科学——むろん法社会学を含めて——の発達に寄与したところはきわめて大きい。かれはビスマルク時代から第一次世界大戦、ドイツ共和国の成立といった激動期に直面して、はげしい政治的意欲と宗教的自制心をもちながら、科学の名において政治や宗教の立場が主張されることを極力排撃して、「職業としての科学」の客観的中立性を強調した。(5)かれは法学者として出発したのであり、その遺著『法社会学』(6)は一般法学としての価値も高い。かれは、法秩序の概念と意味とについて法的なものと社会学的なものとを区別し、したがって法的ないし法ドグマ的考察方法と社会学的考察方法とを区別する。

前者においては、法規のもつべき正しい規範的意味を追求して論理的に矛盾のない体系としての法秩序を考えなければならないのに対し、後者においては「法秩序」は「現実の人間的行動の事実的決定根拠の複合体（Komplex von faktischen Bestimmungsgründen realen menschlichen Handelns）」を意味することになり、それを追求する方法論も法ドグマ的なそれとはまったくちがったものになる。

（2）ヴィンデルバントとリッケルトにおける「文化科学（Kulturwissenschaften）」は——ラートブルッフのことばでいえば——「価値関係的（wertbeziehend）」であり、それは自然科学が「価値盲目的（wertblind）」、論理学、倫理学、美学が「価値判断的（bewertend）」、宗教的行動が「価値超越的（wertüberwiegend）」であるのと対比される（Radbruch, *Rechtsphilosophie*, 7. Aufl. besorgt von E. Wolf, 1970, S. 91 ff.）。

（3）わが国では邦訳として、山田晟＝久保正幡＝野田良之＝碧海純一の編集にかかるラートブルフ著作集・全一一巻（一九六〇—七年）が刊行されている。ラートブルッフの人と業績については、かれの高弟、アルトゥール・カウフマンによる伝記がとくに有益である。Arthur Kaufmann, *Gustav Radbruch. Rechtsdenker, Philosoph, Sozialdemokrat*, 1987.

（4）マックス・ウェーバー（富永祐治＝立野保男訳）『社会科学方法論』（岩波文庫・一九五二年）。

（5）マックス・ウェーバー（尾高邦雄訳）『職業としての学問』（岩波文庫・一九三六年）。

（6）Max Weber, *Rechtssoziologie*, aus dem Manuskript hrsg. von Johannes Wickelmann, 2. überarbeitete Aufl., 1967. マックス・ウェーバー（世良晃志《てるし》郎《ろう》訳）『法社会学（経済と社会・第二部第一章・第七章）』（一九七四年）。訳者の世良（1917-89）は西洋法制史が専門であったが、規模の大きい学者で、この訳書の随所に挿入された多彩な訳注も価値の高いものだとおもう。

五　新カント派——（その二）マールブルク学派

新カント派の第二は、コーエン（Hermann Cohen, 1842-1918）やナトルプ（Paul Natorp, 1854-1924）を代表者と

するマールブルク学派（Merburger neukantische Schule）である。先験的な論理構成を主とするので、西南ドイツ学派に較べてはるかに形式主義的である。法哲学者としてはシュタムラー（Rudolf Stammler, 1856-1938）、ザロモン（Max Salomon）、エムゲ（C. A. Emge）らが挙げられる。中でも重要なのはシュタムラーであって、認識の形式（Form）と質料（Stoff）とを区別し、前者の普遍妥当性を主張する。前にも言及した経済的唯物論に対する批判としての経済に対する法優位の主張や「内容の変化する自然法（Naturrecht mit wechselndem Inhalt）」の主張も（前出八八頁注（4））、そこに由来する。かれは、法の理念たる社会理想をも形式主義的にとらえ、「自由に意欲する人びとの協同体（Gemeinschaft frei wollender Menschen）」だとした。これは意志の格率がつねに同時に普遍的法則の立法の原理として妥当するようにすることが純粋実践理性の根本法則だとする前述のカントの見解を想起させるものであり、これを法哲学の領域にもっと純粋な形で徹底したものと考えることができよう。

後述の純粋法学もマールブルク学派と近い機縁を有し、その形式主義の点においても多くの共通点を有する。したがって、ケルゼン主義に対する評価として後述するところは、シュタムラーの学説にも、実質的にほぼあてはまるといってよいとおもう。

六　新ヘーゲル派

観念論哲学の復活はまずカント派においてみられたが、やがて、これに対抗して一九世紀末から新ヘーゲル派がおこって来た。ラッソン（Adolf Lasson, 1832-1917）、ベロルツハイマー（Fritz Berolzheimer, 1869-1920）、コーラーらがその代表者であるが、コーラーについて後述するように（後出二九一頁）、どちらかといえば経験主義的、人類学的、比較民族学的色彩が強い。しかし第一次大戦後になると、より哲学的色彩の強い人たち――ことに一度は新カント派に属していた人たち――が新ヘーゲル派に参加して活気を呈するようになった。ミュンヒ（Fritz Münch,

1879-1920)、ビンダー (Julius Binder, 1870-1939)、シェンフェルト (Walther Schönfeld, 1888-1958)、ラレンツ (Karl Rud. Alfred Larenz, 1903-?) らが主な名である。(7) ラレンツはもとビンダー門下であったが (客観的観念論 objektiver Idealismus)、ナチが政権をとった一九三三年にキール大学教授に就任し、(8) ダーム (Georg Dahm)、シャッフシュタイン (Friedrich Schaffstein) らとともにキール学派 (Kieler Richtung) を形成し、カルル・シュミット (Carl Schmitt, 1888-1985) のいわゆる「具体的秩序思考 (konkretes Ordnungsdenken)」を主張して、民族主義の鼓吹によってナチ的法思想の形成に大きく寄与した。戦後においては、ナチ的傾向の排撃とともに新ヘーゲル派もほとんど影をひそめるにいたっている。

(7) 新カント派と新ヘーゲル派の「文化」の概念を追求するとともに、この両派から強い影響を受けたのは、小野清一郎である (小野『法理学と「文化」の概念』一九二八年)。

(8) Karl Larenz, *Methodenlehre der Rechtswissenschaft*, 3, Aufl., 1975. これにはナチ的色彩はとくに認められない。第二次大戦後はミュンヘン大学に移って、債権法の研究に打ち込んでいたようである。

第六節　功利主義およびプラグマティズム

一　はじめに

前述のように近代的法思想の原点ともいうべき人間の理性の追求のしかたに大別して二つの方向があった。その一は、理性の哲学的反省であって、ドイツ観念論哲学にその典型を見出だす。その二は、快楽と苦痛の軽重や効用の打算的判断を合理的に行なうことのできる能力としての理性の追求であって、これがすなわち功利主義の立場にほかならない。

二　功利主義——とくにベンタムとJ・S・ミル

イギリス功利主義の創設者として挙げられるのはベンタム（ベンサムとも発音）（Jeremy Bentham, 1748-1832）である。かれはヒューム（David Hume, 1711-76）から「効用（utility）」の観念を受けつぎ、快楽ないし効用の分配について「最大多数の最大幸福」の原理を掲げる。(1) かれはこれをプリーストリー（Joseph Priestley, 1733-1804）の一七六八年の著書から示唆されたといわれているが、もしそうだとすれば、すくなくともベッカリーアの『犯罪と刑罰』（一七六四年）に「最大多数に分配された最大幸福」を説いている方が古いのではないか。もっとも、わたくしはいまそれを考証する余裕も興味もない。いずれにせよ、この思想は啓蒙主義の特徴のひとつであった。しかし、ベンタムの功績は、こうした功利主義の基礎づけの点よりも、理論的にはこれにもとづく立法学の樹立、法全体の体系的整序の点にあり、また、実際に諸国の立法に直接間接に寄与したことにある。イタリアのフィランジェーリ（前出二五二頁注（5））も、これと同列に置かれるべき学者だとおもうが、夭折したためもあって実際の活動はとうていベンタムに及ばなかった。ベンタムやフィランジェーリの立法学は、モンテスキューを偉大な先駆者にもつが、モンテスキューにおいては厖大な資料の分析に対する学問的興味が先立っていて法社会学、比較法学の先駆者としての役割りを余計に果たしたのに対して、ベンタムやフィランジェーリにおいては将来の立法計画への意欲が強くみられ、そのための準備としてあらゆる法域の理論的体系化や功利主義的見地からする各法域の理想の追求が正面に立ち現れる。ただ、ベンタムは、実際の立法においても、抽象的合理性の偏重に陥り、具体的な人間や民族的・歴史的差異を軽視した弊を免れなかった。その点では、諸民族の法の精神を追求したモンテスキューにかえって長所を見出すことができる。またベンタムは「最大多数の最大幸福」の基準についても、当然のことながら、多くの弱点をもっていた。J・S・ミル（John Stuart Mill, 1806–73）になると、効用の数量の問題については心理学的な観念連合の原理が持ち出され、また、正義感を媒介として正義と効用との統合が企てられる。個人的利益と社会的利益との二元論が超克され、個人的利益から一般の利益に重点が移された点において（私有財産制の限界をもみとめる）、市民法的原理から社会法的原理への移行がみとめられる。

こうした功利主義的法思想は、ドイツではやがてイェーリングという巨峰を見出し、また、かれを通じて――あるいは通じないで――現代の種々の法思想につながって来る。

（1）フリードマンによれば、ベンタムは功利主義的個人主義者ではあるが、最大幸福の原理から、譲渡しえない自然権の考え方に対して強い反対の態度をとった。フランスの一七八九年の人権宣言二条（自然権の保全が目的）から一七九三年の山嶽党憲法における権利宣言一条（共同の幸福が目的）への重点の移行には、ベンタムの影響があったということである（Wolfgang Friedmann, *Legal Theory*, 5th ed., 1967, p. 313 et seq.）。

三　イェーリング

イェーリングには、かれ自身の中に初期から晩年にいたるまで発展があり、終始、学界にあらゆる種類の刺激をあたえ通したのであって、一九世紀の法学界の花形役者であった。したがって、かれを単純に功利主義者として性格づけるのには問題があるかも知れないが、全体としてみてかれの学説の基本性格はここにあったとみてよいであろう。

かれはサヴィニーの歴史法学派から出発したが、後述するようなその訓詁学的なローマ法研究の態度や法を単に没目的的に生成するにすぎないものとみるロマン主義的見解にあきたらず、『ローマ法の精神』の大著によってローマ法の発展の中から社会的合理性を看取することを企てた。「ローマ法によってローマ法の上に」というかれのことばは、これを端的に表明する標語であって、これはやがて、名著『法における目的』においてかれの目的法学となって結実する。かれの学説の影響は海をこえて英米に及び、また、世紀をへだてて今日に及んでいる。(2) 自由法運動、利益法学（Interessenjurisprudenz）(3)、法社会学、プラグマティズムなど、直接・間接にかれの学説の流れを汲んでいるのである。

（2）たとえば、参照、*Jherings Erbe, Göttinger Symposium zur 150. Wiederkehr des Geburtstags von Rudolf von Jhering*, hrsg. von F. Wieacker und Ch. Wollschläger, 1970.

（3）利益法学はテュービンゲン大学を中心として形成され（Tübinger Richtung）、ヘック（Philipp von Heck, 1858-1943）やリューメリン（Max von Rümelin, 1861-1931）を代表者とする。小林直樹「利益法学――現代法思想の一断面の分析」法哲学講座・四巻（一九五七年）。

四　プラグマティズム(4)

プラグマティズムは厳密な意味での功利主義とは無関係であるが、実際的に社会的功利を目標とするものであるから、ゆるやかな意味で功利主義の関連でこれを考察することも許されるであろう。

功利主義はヨーロッパで生まれたが、プラグマティズムはアメリカにおこった。心理学者ウィリアム・ジェイムズ（William James, 1842-1910）が創唱し、哲学者・教育学者デューイ（John Dewey, 1859-1952）によって大成された。プラグマティズムは実験的であり実践的であり、また実用的である。ジェイムズは実験心理学で知られているが、デューイも主知主義的な哲学の伝統に反対して、知識の対象たる真理を目的ではなく手段価値と考え（道具主義 instrumentalism）、科学と技術の結合をはかる。そうした基本的立場から、かれは法についても、法規範を作用と結果によってテストし、それに応じて法規範に修正を加えるという考え方をとる。しかし、かれにおいては、そうした実験的方法は一種の行動的ヒューマニズムの現れにほかならず、人間の事実はすべて他の自然とつながったものとして倫理学が物理学や生理学に結びつけられると同時に歴史学・社会学・法学・政治学とも結びつけられるのである。

プラグマティズム法学を発展させた者としては、ホームズ(5)（Oliver Wendell Holmes, 1841-1935）およびかれに連なるカードウゾ、ブランダイス(6)（Louis Dembitz Brandeis, 1856-1941）といった連邦最高裁判所判事、学者としてはとくにパウンド（Roscoe Pound, 1870-1964）を挙げなければならない。ホームズは「偉大な少数意見者（great dissenter）」として知られ、かれのプラグマティックと解される見解は判例集や講演集の中に散見する。たとえば、かれは法を「予言体系（systematized prediction）」とする。かれはプラグマティズムの理論家であるとともにより多くその実践者であった。パウンドはとくに「社会工学（social engineering）」ということを主張し(7)、法を社会制御の手段とした。かれによれば、法は「社会的欲求（social wants）」を「最小の犠牲（the least sacrifice）」をもって満足させるべき社会的制度であり、「つねにますます効率的な社会制御」が目標とされるのである。

サイバネティック法学、あるいは法サイバネティックス（Rechtskybernetik(8)）も、法における制御の問題であって、プラグマティズムと一環をなすものとして今後、展開されるべきものであろう。

（4）　高柳賢三『米英の法律思潮』（一九四八年）、鵜飼信成『現代アメリカ法学』（一九五四年）、早川武夫「プラグマティズム、ネオ＝リアリズム」法哲学講座・五巻（下）（一九五八年）。

（5）　ホームズについては、C・D・ボーエン（鵜飼信成ほか訳）『判事ホームズ物語』（上・下）（一九七七年）、M・D・ハウ編（鵜飼信成訳）『ホームズ―ラスキ往復書簡集』（岩波現代選書・一九八一年）。かれの生涯はアメリカで映画化されたこともあり（《Magnificent Yankee》という題であったかとおもう）、一九五〇―五一年ころ滞米中に観た記憶がある。かれの肖像は一五セントの郵便切手にもなった。かれの著書として，Oliver Wendell Holmes, Jr., *The Common Law*, 1881 (23rd printing, 1949).

(6) カードウゾについては前出一九二頁，後出三一八頁注（15）参照。ブランダイスについては，フランクファーターとの文通をもとにして両者の活動を叙述した次のものが面白い。Bruce Allen Murphy, *Brandeis/Frankfurter Connection*, 1982.

(7) パウンドは「社会工学」を説いたが，物の考え方は決して「工学」的ではなく，人柄としては，むしろ哲人といった印象をあたえる学者であった。あるとき，かれは「自分は原稿を書くときは，ほかのアメリカの学者のようにタイプライターは使わず，かならずペンで書く。そうでないと，考え方までが機械的になってしまい，こまかい神経がすみずみまで行き届かない」と，わたくしに語ったことがある。

(8) たとえば，*Rechtstheorie*, hrsg. von Arthur Kaufmann, 1971, S. 132 Anm. 11.——サイバネティックスがアメリカの数学者ウィーナー (Norbert Wiener, 1894-1964) によって創始されたものであることはいうまでもない。

第七節　歴史法学派から史的唯物論まで

一　はじめに

ここでは歴史法学派から進化論を経て史的唯物論までをまとめて扱おうとおもう。むろん，これらは性格も系統もまったくちがうものであって，このような扱いをすることは問題である。しかし，これらはいずれも，法を社会の歴史的発展との関連においてとらえるものである点に共通点がないわけではない。したがって，まず，ロマンティーク思想の表現としての歴史法学派からはじまって，社会の発展に科学の光をあてようとした進化論，さらに社会の発展に関する真の社会科学を標榜する史的唯物論を考察することは、全然理由がないわけではないと考えるのである。なお、法を歴史性において考察する立場のひとつとして、前述の歴史的自然法論（前出二六九頁）をここに考えあわせることも参考になるであろうし、また、ことに、この一連の関係で見落とすことができないのはヘーゲルの歴史哲学である。ヘーゲルの歴史哲学における歴史の弁証法的発展の把握の仕方はいちじるしく形而上学的であるが、新ヘーゲル派のコーラー（Joseph Kohler, 1849-1919）の法の普遍史（allgemeine Rechtsgeschichte）[1]になると、ヘーゲル的、歴史哲学的要素が弱くなるとともに、実証的な比較民族学的な要素が強くなり、その面での寄与が高く評価される。コーラーから影響を受けた小野清一郎は、前述のとおりすぐれた法思想史を書いているが（前出二六〇頁注（14））、これは法に関する時代精神の発展を「超経験的理解」ないし「根本的な経験」によって探るものであって、ヘーゲル的＝仏教的ともいうべき歴史哲学がその根底になっているといってよいであろう。

（1）　ヨゼフ・コーレル（小野清一郎訳）『法の一般的な歴史』（一九五三年）。

二　ドイツ歴史法学派

イギリスのバーク（Edmund Burke, 1729-97）は『フランス革命の反省』（一七九〇年）において伝統・習慣を無視した立法を批判した。この批判はフランス革命期の立法をすこしでも研究した者は――すくなくとも部分的に――容易に共鳴を感じるであろう。ここにはすでに歴史法学派のおこって来る曙光がみとめられる。しかし、歴史法学派（historische Schule）の真の創設者かつ代表者は、サヴィニー（Friedrich Karl von Savigny, 1779-1861）であった。この学派の形成は一九世紀初頭のドイツにおける法典論争を機縁とするものであった。フィヒテの『ドイツ国民に告ぐ』の六年後、圧制者ナポレオンはついに敗退してエルバ島に流謫された。一八一四年のことである。解放されたドイツは民族統一運動の機運に際会して統一民法典制定の議がおこったのであるが、ローマ法学者であり自然法学者であったティボー（Anton Friedrich Justus Thibaut, 1772-1840）は『法典必要論（*Über die Notwendigkeit eines allgemeinen bürgerlichen Gesetzbuches für Deutschland*, 1814）』を発表してこれを促進しようとした。これを論駁したのがサヴィニーの有名な『立法と法学に対するわれわれの時代の任務について（*Vom Beruf unserer Zeit für Gesetzgebung und Rechtswissenschaft*, 1814）』であり、これが歴史法学派の綱領ともなったのである。(2) サヴィニーは、法を言語と対比し、民族に固有な性格をもつところの民族共同の確信であって、偶然的・人為的に作られるものでないことを強調する。法は言語と同じように民族とともに成長し民族とともに自己を形成し民族が特質を失うときは死滅する。それは単純に立法者の恣意によって作られるものではなく、そうでなければ法はまったく偶然的に変化するものとなり、法学も偶然的でつねに変化する内容のものとなるであろう。かれも法典編纂をまったく否定するのではないが、この点について、かれはベイコン（Francis Bacon, 1561-1626）の所説を援用して、法典編纂はよほど緊急の必要のあるばあいにかぎられ、もしこれを行なうばあいは従来から存在していた法をとくに重視するべきことを主張する。そうして、ローマ法をろくろく理解もしていない現在のドイツの法律家には立法事業の能力はないというのである。

法の根拠を民衆の法的確信という社会心理的要素に求めた点は、歴史法学派の大きな功績であった（前出二六頁）。この点は、イギリスの歴史法学派の代表者の一人ヴィノグラドフによっても強く主張されていることは、前述のとおりである（前出二八頁）。ことに、立法が恣意的なものでなく、生物学的・経済的・政治的因子により、また、事物の本性や人間性によって制約されるものであることは前述のとおりであるが、法を民族の中に根をおろしたものとして理解しようとする歴史学派の立場は、多分にこれと共通の考え方をもっている。下からの民衆の力によるのでなく上からの国家権力によって恣意的な立法をするという考えに挑戦している点でも、共鳴に値するものをもっている。しかし、民族精神の強調は偏狭な民族主義と結びつきやすく、神秘的・空想的・牧歌的ともいうべき民族精神（Volksgeist）による法の把握は、ロマンティーク思想そのものにほかならない。それはロマンティークの時代であったからこそ、歴史法学派は一世を風靡するくらいの勢力をもちえたのであったが、また、ここに限界があった。(3)

ドイツの歴史法学派にはロマニステンとゲルマニステンの対立がある。サヴィニーやプフタ（Georg Friedrich Puchta, 1798-1846）はロマニステンであって、かれらのローマ法の過度な尊重も批判の対象となった。ことにローマ法の法源についての煩瑣な探求は、かれらの本来の主張とはうらはらに、法ないし法学を民衆の生活から遊離させる以外の何ものでもなく、やがて後年の概念法学の端を開いた。ロマニステンに対してゲルマン法ないしドイツ固有法の研究を推進したのがゲルマニステンであり、かれらは歴史法学派から分裂して行った。この代表者はベーゼラー（Georg Beseler, 1809-88）とギールケである。ギールケの団体法論は社会学的であると同時に多分に形而上学的であるが、ロマニステンの市民法的思想を社会法的見地に転回する役目を果したといってよいであろう。実際にこれは当時のプロイセンにおける経済的自由主義の犠牲となっていた手工業者・農民を救済するために貢献したのである。(4)

（2） *Thibaut und Savigny. Ihre programmatischen Schriften*, mit einer Einführung von Hans Hattenhauer, 1973.

（3） サヴィニーには初期の作品 *Das Recht des Besitzes*, 1803 のほか、*System des heutigen römischen Rechts*, 8 Bde., 1840-49 その他の大著があり、私法体系樹立者として知られている。これは本文に述べた歴史法学派のロマン主義的傾向をぬきんでる功績であると同時に、他面、のちの注釈法学、概念法学への道を開いたものでもある。——なお、サヴィニーにおける「官僚法学」の面（かれはプロイセンの立法担当大臣にもなった）と「市民法学」の面との関係を問題として取り上げ、これを当時のプロイセン官僚の市民的＝経済的自由主義政策推進者としての性格を指摘することによって説明したものとして、村上淳一「プロイセンの都市自治とサヴィニー」（同『ドイツの近代法学』一九六四年・所収）。

（4）　たとえば、ギールケの学説がいかに協同組合運動において――しかも初期におけるそれだけでなく独占資本主義段階におけるそれにおいても――役割りを果たしたかにつき、村上淳一「ドイツの協同組合運動とギールケ」（同『ドイツの近代法学』一九六四年・所収）。

三　イギリス歴史法学派

イギリス歴史法学派（English historical school）は、ドイツ歴史法学派から影響を受けながらも、独自の存在をもっている。

『古代法』（一八六一年）の名著で知られるメイン（Henry James Sumner Maine, 1822–88）は、サヴィニーから――さらにイェーリングやダーウィンからも――影響を受けて、比較法的研究にもとづいて、法の歴史的進化を論じたのであった。メインにおいては、民族精神の観念は否定され、非現実的なロマンティシズムはすでに姿を消している。ギールケの学説はメイトランド（Frederic William Maitland, 1850–1906）によってイギリスにも紹介された。メインについでオクスフォードの教授になったポロック（Frederick Pollock, 1845–1937）は、サヴィニー、メイン、イェーリングおよびホームズに負うところの多いのをみとめ、後述の分析法学には左袒しないながらもホッブズからは多くを学んだことをみとめている。もっともポロックははっきりと歴史法学派に属するとはいえない。メイン、ポロックの後継者ヴィノグラドフ（Paul Gavrilovich Vinogradoff, 1854–1925）においては、歴史法学派の考え方の中に自然法思想も織りこまれていることは、かれの名著『法における常識』[5]のしめくくりをなす最後の章が自然法にあてられていることからも容易に看取される。かようにして、イギリス歴史法学派は、ドイツのそれに対して、はばのひろさをもっており、また、偏狭な民族主義からはほど遠いのである（ヴィノグラドフはロシアからオクスフォード大学に迎えられた人である）。

（5）　ヴィノグラドフ（末延三次＝伊藤正己訳）『法における常識』（改訂版・一九六三年）。

四　進化論

進化論は科学主義であって、サヴィニーらのロマンティークの思想とはむしろ対蹠的に位置づけられる思想であるから、その意味では、これを歴史学派の関連で論じるのは決して当を得たものではない。しかし、右にも考察したようにイギリス歴史学派は進化論とも結びつくものであるし、進化論的な歴史観・社会観はイェーリングにもつながるのであって、ここに進化論をみておくことは、許されないことではないとおもう。

ダーウィン（Charles Robert Darwin, 1809-82）およびスペンサー（Herbert Spencer, 1820-1903）の進化論は、自然科学だけでなく社会科学したがって法学にも大きな影響を及ぼした。影響のしかたの第一は、自然科学を通じてである。たとえばロンブローゾの犯罪人類学はダーウィニズムの端的な適用であるが、それは主として形而上学に立脚した伝統的な刑法学に根本的な反省を要求するものであった。第二は、自然科学的進化論の社会科学への類推適用であって、社会の発展そのものを進化論的にみようとするのである。たとえば穂積陳重（1855-1926）の『法律進化論』は自然淘汰の思想を法系にもあてはめ、すぐれた法系が適者として生存することによって法が進化するという基本構想によるものであった。進化論は個々の社会現象にも適用される。たとえば、リストの刑法学——ことにその刑事政策——の根底には、社会科学的な適者生存の見解が横わっており、これはリストおよび穂積の影響を受けた牧野英一の教育刑理論にも顕著である。犯罪者は社会的生存競争の敗者であり、社会復帰をさせるためには生存競争に耐えるだけの労働能力を行刑における刑務作業によってあたえてやる必要があるという考え方がこれである。もちろん、資本主義的経済法則が強く支配している現代社会を進化論によって説明することは無理であって、進化論はそのものとしては、もはや、社会科学したがって法学における意義を失ったものといってよい。しかし、「進化」の観念はやがてイェーリングの目的思想につながることによってさらに展開が約束されるのであり（右に引いたリスト―牧野の思想は実はこの意味で理解される）、また、実証的・科学的研究の推進は、ひろく法の実証的研究の諸傾向――特殊的には法人類学――の発達を刺激した点に重要な功績をもったのであった。

五　史的唯物論

史的唯物論（historical materialism; historischer Materialismus; matérialisme historique）はいうまでもなくマルクス（Karl Heinrich Marx, 1818-83）とエンゲルス（Friedrich Engels, 1820-95）によって創唱された唯物論的な歴史理論である。ヘーゲルの観念的弁証法における「精神」に「物質」を置きかえることによって、ヘーゲルの理論を逆転させて唯物弁証法の方法論をとり、法、国家、宗教、道徳などの文化現象はすべて土台（Unterbau）であるところの経済的な生産関係の上に立つ上部構造（Überbau）にすぎないものとし、土台であるところの経済運動の因果関係を科学的に解明することによって社会主義を空想から科学にまで高めるものとする。

旧ソヴィエート連邦においては、史的唯物論はマルクス－レーニン主義として展開され、ソ連におけるあらゆる理論的・実践的活動――むろん法学を含めて――の基礎に置かれていた(6)。マルクス－レーニン主義法学において経済的土台の考えが基礎になっていることはいうまでもないが、法学が単純に経済学に隷属するわけではない。経済学にとっても法学――国家・法の科学――にとっても、密接な相互関係が必要であり、それぞれの領域における結論を相互に考慮することが必要とされる。国家と法は上部構造の中でも経済的土台にもっとも密着しているだけに、その必要はとくに大きい。国家と法は経済的諸要求にこたえて発生しながらも、それじたいは一定の生産関係の必然的機能条件としてあらわれるものだからである。国家と法の発展は経済的土台の発展に自動的にしたがうものではなく、国家的＝法的形態の発展は相対的独立性をもつ。この相対的独立性は、社会関係の国家的＝法的形態とその社会的＝経済的内容との相互関係の客観的弁証法によって規定されている。これは形態と内容の問題であり、主導的な役割りは後者に属するが、形態も内容に作用を及ぼすものと考えられるのである。法学は国家も法もそれにしたがって発展するところの共通の合法則性において国家と法を研究する。したがって、法意識の形成、法創造、法の内容、人びとの意識および実践的行為に対する法の作用についての社会＝心理学的研究も法学の任務である。法学は、政治的・法的意識、法的諸関係、国家的＝法的上部構造全体とその特殊な発展の合法則性を対象とする。それは現実の認識と説明だけでなく、実践に向けられたものであり、未来の発展を予測する任務をもつ。ソヴィエト法文化をさらに発展させることは依然として現実の問題であり、将来、社会の舞台から国家も法も消え失せるときまで続くであろうとされていたのである。

（6）以下の叙述は、主として、ソ連邦科学アカデミー国家・法研究所（藤田勇監訳）『マルクス＝レーニン主義国家・法の一般理論・基本的制度概念・上』（一九七三年）による。なお、藤田勇『ソビエト法理論史研究一九一七—一九三八——ロシア革命とマルクス主義法学方法論』（一九六八年）参照。

第八節　法実証主義

一　ドイツ普通法学とフランス注釈学派

ローマ法の継受がドイツに普通法をもたらしたことは前述したが（前出二六四頁）、ドイツの学説はこれを理論的に体系化して普通法学を作り出し、ことに一九世紀後半になるといわゆるパンデクテン法学[1]として理論体系の精緻を誇ることになった。エールリッヒはこれを「概念数学」と称したくらいである。その代表者としてはヴィントシャイト（Bernhard Windscheid, 1817-92）を挙げるべきであろう。

こうしたドイツ普通法学ないしパンデクテン法学をすぐに法実証主義とみることについては問題がないわけではない。なぜならば、普通法学の樹立に貢献したのはグローティウスの系統をひく自然法学者プーフェンドルフ（Samuel Freiherr von Pufendorf, 1632-94）やライプニッツ[2]（Gottfried Wilhelm Leibniz, 1646-1716）門下のクリスティアン・ヴォルフ（Johann Christian Wolff, 1679-1754）らのような学者たちであったからである。しかし、歴史法学派のサヴィニーによって自然法論が排斥されたのちも、こうした幾何学的方法は依然として踏襲され、あるいは――ローマ法源についての訓詁学的方法によって――さらに拍車をかけられた。サヴィニーの後継者プフタになると、サヴィニーにおける民族精神も捨てられ、自然法、民族精神その他の要素はすべて法以外の要素として法学から排斥される。前述のヴィントシャイトは、まさしくこのような方法論を一貫し、立法の際に考慮されるような倫理的・政治・経済的要素をいっさい法理論から排除するのである。かようにして、ドイツ普通法学は、歴史法学派以後になるとはっきりと法実証主義になるのである[3]。

ドイツの普通法学ないしパンデクテン法学に対応するとおもわれるのが、フランスの「注釈学派（Ecole de l'exégèse ; Ecole exégêtique）」である。(4) これはフランス民法典（ナポレオン法典）の公布された一八〇四年から一九世紀の終わりまで続いたもので、ことにその中間の約五〇年間が最盛期であった。この学派は重要な法典の注釈を書くことに全力を注いだのであり、成文法ことに法律を絶対視し条文の厳格な解釈を旨とした。かれらが慣習法を法源とみとめることに消極的であったのは、フランス革命前の慣習が混乱をきわめていてこれを法源とすることが法的安定性を害するからであった。

注釈学派の最終期に属するビュフノワール（Claude Bufnoir, 1832-98）は、体系も作らず著書もほとんど残さなかったかわりに、パリ大学における講義は人をひきつけるものであったらしく、門下からはサレーユをはじめとする俊秀を輩出し、また、ジェニーを傾倒させた。かようにして、ビュフノワールは注釈学派の最終期を飾る学者としてよりも、自由法論の先駆者としての栄誉をになうべき学者であった。(5)

（1）「パンデクテン（ラテン語では Pandectae）」はもともと東ローマ帝国のユースティニアーヌス帝（Iustinianus, 483-565）の学説彙纂（学説集）（Digesta）――ウルピアーヌス、パウルス、パピニアーヌスその他主として古典時代の法学者の著書を抜粋集成して五三三年に勅令をもって公布・施行したもの――を指すものであった。このディゲスタは、「ローマ法大全（Corpus Iuris Civilis）」の一部を成す（原田慶吉『ローマ法』上巻・一九四九年・二九頁以下）。――ドイツのパンデクテン法学がローマ法の精神にいちじるしく遠ざかるものであることは前述のとおりである（前出二六四頁）。

（2）永井博『ライプニッツ』（一九五八年）。

（3）もっともヴィーアッカー（Wieacker）は、これを「法学実証主義（der wissenschaftliche Positivismus）」と称し法実証主義から区別している（山田晟「ドイツ普通法理論」法哲学講座・三巻・一九五六年・一八七頁による）。

（4）　野田良之「註釈学派と自由法」法哲学講座・三巻（一九五六年）。

（5）　牧野英一『民法の基本問題』第一編（一九二四年）二八〇頁以下。――わたくしは、在学中、末弘厳太郎の労働法を聴講したが、教授が自分をビュフノワールに比し、自分はわざと体系を作らないことにしているが、そのかわり門下から型にはまらない多数の逸材の出ることを期待している、といわれたのを印象深く記憶している。

二　一般法学

一九世紀末葉におこって来た「一般法学（allgemeine Rechtslehre）」の一派がある。そのプログラムをつくったのは、自然法を徹底的に排撃したことで有名なベルクボーム（Karl Bergbohm, 1849-1927）であり[6]、ラートブルッフはこの一派の代表者としてビーアリング（Ernst Rudolf Bierling, 1841-1919）、アドルフ・メルケル（Adolf Merkel, 1836-96）、ビンディング（Karl Binding, 1841-1920）を挙げている[7]。かれらは自然法、価値哲学その他の形而上学的哲学を排斥して、哲学の代用物として「一般法学」を持ち出したのであって[8]、実証主義にはちがいないが、かれらの全部が「法」実証主義とはいえない[9]。積極的に法実証主義を標榜しているのはビンディングで、かれは方法論においては哲学に学ぶべきものがあるが、内容的に哲学に結びつくときは理想法と実定法との二元主義に陥るものとし、実定法の論理的分析によって「規範理論（Normentheorie）」を樹立した[10]。

（6）　このような意味での実証主義の先駆としては、詭弁（Sophistik）、唯名論（Nominalismus）、主意主義（Voluntarismus）、主観主義（Subjektivismus）が挙げられる（Arthur Kaufmann u. Winfried Hassemer, *Grundprobleme der zeitgenössischen Rechtsphilosophie und Rechtstheorie*, 1971, S. 11）。

（7）　Radbruch, *Rechtsphilosophie*, 7. Aufl. besorgt von E. Wolf, 1970, S. 113 f. ベルクボームの一般法学のプログラムとして、Bergbohm, *Jurisprudenz und Rechtsphilosophie*, 1892 が挙げられる。なお、田中耕太郎『法律哲学概論』第一分冊（一九三四年）八六頁以下。

（８）　フランスにおける「一般法学（théorie générale du droit）」は、法哲学の代用品という意味をもつものではない。たとえば、ルービエの同名の著書（前出一六頁注（６））には、「法学説の歴史と社会的価値の哲学」という副題がついているくらいである。
（９）　たとえば、メルケルは、*Elemente der allgemeinen Rechtslehre*, 1889（*Gesammelte Abhandlungen*, 1899, S. 577 ff.）を書いているが、自然法を否定し、また、ケストリン（C. Reinh. Köstlin）やベルナー（Albert Friedrich Berner）のようなヘーゲル主義を排撃しただけで、進化論やケトレー、コントの社会学の影響を受けている。
（10）　団藤『刑法綱要・総論』（三版・一九九〇年）二四頁以下参照。ビンディングのかような見解は、やがて、M・E・マイヤー（Max Ernst Mayer, 1875–1923）の手による西南ドイツ学派の洗礼で法実証主義を脱皮し、後者の「文化規範（Kulturnormen）」の理論に発展する。

三　分析法学と純粋法学

厳密な方法論的反省のもとに法実証主義の見地から法学体系を建設したものとして、とくに分析法学と純粋法学を挙げなければならない。両者はまったく系統を異にするし、唱道された時期も社会的背景もちがうのにもかかわらず、多くの点で符節を合するところがあり、また、現代的意義の点でも共通のものをもっているのである。

分析法学（analytical jurisprudence）の創始者はイギリスのオースティン（John Austin, 1790–1859）である。かれはベンタム門下であるとともに、ドイツに留学してサヴィニーやティボーと交友がありローマ法ないしドイツ普通法学に親しんだのであって、ベンタムの功利主義的ではあるがいちじるしく論理的な法学体系とヨーロッパ大陸流の法学とが、かれの分析法学樹立の背景をなしている。

分析法学の位置づけのために、高柳賢三[11]にしたがってイギリス法学の歴史をもうすこしさかのぼって大観すると、近世におけるイギリスの法思想の主潮は、歴史主義と合理主義との対立だとみることができるようである。クック

（コウクとも発音）（Edward Coke, 1552-1634）に対するホッブズの批判、ブラックストン（William Blackstone, 1723-80）に対するベンタムの抗争はそれであり、この対立の実践的意味は伝統的な判例法に重きを置くか、制定法ないし法典法に重きを置くかにあった。そうして、メインとオースティンとの対立、すなわちイギリス歴史法学派と分析法学派との対立も、こうした伝統的な論争の延長線上において理解されるのである。

オースティンは自然法を排斥する法実証主義の立場から法の基礎づけを主権者の命令に求めたのであり（命令説）、かように主権者の権力を基礎とする点においてホッブズの伝統を引く。かれによれば、本来の法（law proper）は、「命令（commands）」であり、命令でないもの――たとえば国際法――は法と呼ばれていても本来の法ではない。本来の法の中には実定法のほかに「神の法（the divine laws, or the laws of God）」――実質的には自然法――が含まれる。本来の法は、「命令（command）」、「制裁（sanction）」、「義務（duty）」によって説明されるが、その中で「単純かつ厳密に法と呼ばれる法（law, simply and strictly so called）」が「実定法（positive law, or law existing by position）」であって、これが法理学の対象となるべきものとされる。かようにして、かれは実定法の論理的分析に全力を挙げるのである。かれのロンドン大学における講義ははなはだ人気がなかった由であるが、聴講者の中にはJ・S・ミルやロミリーがいた。かれの学説は、のちになって学界の注目をひき、現代の法実証主義にも大きな影響を残すにいたったのである。

オースティンの分析法学が経済学者アダム・スミス（Adam Smith, 1723-90）との関係において考察されることがあるように、時代がやや下るが、オースティンと見解を共通にしたフランスのロガン（Ernst Roguin）がローザンヌにおいて純粋経済学の創設者レオン・ワルラス（Léon Walras, 1834-1910）と同僚であったことは偶然ではあるまい。ロガンはのちに純粋法学（science juridique pure）を説いたが、オースティンの法実証主義のいっそう洗練された形がケルゼンの純粋法学であることを物語る。[12] 前述のとおり、ケルゼンの純粋法学は系統をまったく異にするが、論理的な法実証主義の点で一致するのである。

オースティン学派としてはホランド（Thomas Erskine Holland, 1835-1926）をはじめとしてテリー（Henry Taylor Terry, 1864-1936）その他がいるが、ことにテリーは——オースティンとは距離があるが——東京大学教師として来日していたため日本の学界に影響をあたえた。さらにオースティンの分析法学の伝統は、現在ではとくにハート（Herbert Lionel Adolphus Hart, 1907-）に受けつがれ、[13] ハートを通じて井上茂をはじめとするわが国の学者にも影響を及ぼしている。[14] 現代分析法哲学は、一方では——屈折しながらも[15]——オースティンからハートにつながっていると同時に、他方では現代分析哲学の法学への適用でもある。現代分析法哲学については第一〇節において後述することにしよう。

純粋法学[16]（reine Rechtslehre ; pure theory of law）はケルゼンの創唱にかかる。ケルゼンは、マールブルク派新カント哲学のコーエンおよび現象学のエドムント・フッサールの影響を受けて、一方では法学へのイデオロギーや政策の混入を排斥するとともに（政治的純粋性→没価値的理論 wertfreie Theorie）、他方では存在と当為とを峻別する見地から社会学的方法を拒否することによって（方法の純粋性→規範的方法 normative Methode）、実定法規範の純粋な体系的把握を企てた。前述の法階層説（前出一二二頁）もその体系の一部をなすわけである。かれを中心としてヴィーンに純粋法学の同調者が集まり、ヴィーン学派（Wiener Schule der Rechtstheorie）が形成されるにいたった。ヴィーン学派は、法階層説の創唱者として知られるメルクル（Adolf Julius Merkl, 1890-1970?）、国際法優位説でネオ・トミスムの傾向をもつフェアドロス（Alfred Verdroß, 1890-1980）、現象学派のフェリックス・カウフマン（Felix Kaufmann）やシュライヤー（Fritz Schreier）など、かなり多彩の傾向をもつ顔触れを擁している。[17] ケルゼンはナチの当時にアメリカに亡命して、先年他界するまで精力的な活動を続け、アメリカ法学にも重要な影響をあたえた。それはイギリスのオースティン以来の分析法学の素地があったこともあるが（ケルゼンは自説が分析法学の模倣でないことの釈明をしなければならないくらいであった）、それにもましてアメリカのリアリズム法学に恰好の形式的容器を提供するものであったからだといってよい[18]。

（11）高柳賢三『米英の法律思潮』（一九四八年）二一九頁以下。なお、八木鎮男「分析法学」法哲学講座・四巻（一九五七年）。

（12）参照、Julius Stone, *The Province and Function of Law*, 1950, p. 77; *Legal System and Lawyers' Reasonings*, 1964, p. 63-136.

（13）ハートの学説の簡明な解説として、田中成明『現代法理論』（一九八四年）七一頁以下。ハートの著作の邦訳として、H・L・A・ハート（矢崎光圀訳）『法の概念』（一九七六年）、同（矢崎光圀ほか訳）『法学、哲学論集』（一九九〇年）、同（小林公＝森村進訳）『権利、功利・自由』（一九八七年）（部分的に上掲と重複）。なお、ベンタム→オースティン→ホランド→グレイ（John Gray）→ハートの系列に関するひとつの考察としてM. El Shakankiri, Analyse du langage et droit chez quelques juristes anglo-américains de Bentham à Hart, *Archives de philosophie du droit*, tome 15, 1970, p. 113 et suiv.

（14）井上茂『法規範の分析』（一九六七年）、同『法哲学研究』第一巻（一九七一年）。

（15）矢崎光圀『法哲学と法社会学』（一九七三年）七三頁参照。

（16）文献については前出一二三頁注（1）参照。ケルゼンについては、鵜飼信成＝長尾竜一編『ハンス・ケルゼン』（一九七四年）が有益である。かれは、第一次世界大戦後、オーストリアの社会民主党内閣の首相カール・レンナーの委嘱によって共和国連邦憲法を起草したことでも有名である。これは世界で最初に憲法裁判所を創設したものであり、しかもかれはみずからその裁判官を兼ねたのであった。長尾のいうとおり、かれは「政治家ではなかったが政治的存在であった」（前掲、鵜飼信成＝長尾竜一編『ハンス・ケルゼン』二一七頁）。なお、Felix Ermacora, Österreichs Bundesverfassung und Hans Kelsen, in: *Kelsen-Festschr. zum 90. Geburtstag*, 1971, S. 22 ff.

（17）ヴィーン学派に属するわが国の学者としては、とくに尾高朝雄（1899-1956）を挙げなければならない。尾高は現象学を学び純粋法学にも同情を示したが、先験的なものにあきたらず、経験的・社会学的傾向をもった。尾高の名は外国では独文の著書 *Grundlegung der Lehre vom sozialen Verband*, Wien, 1932 で知られる。なお稲垣良典「経験主義と形而上学との間——尾高朝雄教授の法思想についての一考察」法思想の諸相(2)・法哲学年報一九七〇（一九七一年）参照。

（18）たとえば、ケルゼン門下のヘレン・シルヴィング（Helen Silving）が刑法学において精神分析の立場を採用するのは（Silving, *Constituent Elements of Crime*, 1967, p. 33 et seq.）、一面において、アインシュタインの物理学、フロイトの心理学およびケルゼンの法学が宇宙を「非実体化（desubstantialize）」したという共通点がある以外に（Silving, *Essays on Mental Incapacity and Criminal Conduct*, 1967, p. 51）、ケルゼン学説が純粋に形式的であるために、これにどのような内容を盛りこむかは法以外の見地から自由になされるからである。これはフェリックス・カウフマンの抽象的な——要請を根拠とする——罪責理論にもあてはまる（Silving, *Essays on Mental Incapacity*, p. 71 et seq.）。

四　法実証主義についての総括

以上に法実証主義の三つの系統を考察したが、これについて総括的に多少のコメントをつけて置く必要を感じる。第一は、ドイツ普通法学とフランス注釈学派の果たした社会的任務についてである。これら——とくに前者——はイェーリングによって「概念法学（Begriffsjurisprudenz）」という揶揄的なあだ名をあたえられたものであるが、かような傾向が当時学界を風靡したのについてはそれだけの理由があったはずである。それは、一口でいえば、ヨーロッパ大陸における初期資本主義の発達に呼応して、法的安定性、打算可能性を要請する市民法的原理に合致したからである。裁判官の不信を前提とする成文の法律の拘束力の強調――「裁判官は法律のことばを発音する口」(モンテスキュー)――という啓蒙思想以来の考え方もその根底にあったであろうし、ことにドイツのばあいは、官僚国家の力による自由主義経済の発展という国家自由主義的見地から、国家の制定した成文の法律によって市民の自由を守るという意味をも有したといえるかも知れない。しかし、やがて市民法から社会法へという社会的要請がおこって来ると、その限度において概念法学の任務は終わる。それ以後は、概念法学はややもすると反動的意味をもつことになり、一方では国家の法律だけに権威をみとめるという権威主義（民間の慣習法の軽視）と、社会の実情を無視した、「世間知らず（weltfremd）」な解釈論によって、その実、労働者や農民の犠牲におけるブルジョワジーの擁護といった機能をもつようになって来る。ここに、まさしく自由法運動のおこって来た必然性があったわけである。

第二に、普通法学・注釈学派は分析法学・純粋法学に影響をあたえている。オースティンがドイツで普通法学に接触したことは上述のとおりであるし、純粋法学も、もともとは一九世紀の法実証主義、たとえばゲルバー（Karl Friedrich Wilhelm von Gerber, 1823-91)、ラーバント（Paul Laband, 1838-1918)、イェリネックらの公法学におけるドグマ的方法から影響を受けたといわれる(19)。

第三に、法実証主義と次に述べる自由法論との関係は、一面においては、はっきりと対立的である。法実証主義の中でとくに概念法学の対立者として現れて来たのが自由法論であった。これによって、市民法から社会法への道が開かれるとともに、法実証主義から法学における社会実証主義――つまり社会学的法学ないし法社会学――への転回が行なわれることになったわけである。

第四に、しかし、他面において、法実証主義と、自由法論の目標のひとつであるところの法社会学との関係は、むしろ協力的である。これは方法論を意識した純粋法学において、もっとも顕著である。[20] 純粋法学における政治的および方法的純粋性は一面において政治やイデオロギーから法学を逃避させることでもあったが、他面では自由法論の目指す社会学的方法を法の名においてでなく法という形式的容器の中に法以外の名において遠慮なく取り入れることを可能にする意味をもっていたともいえるのであり、プラグマティックでないことを標榜しながらもっともプラグマティックな機能を果たす任務がひそかにあたえられていた。わが国で戦前から戦時中にかけて純粋法学が学者をひきつけたのは多分に前者の意味においてであったし、戦後においてケルゼン主義がアメリカで――正直のところわれわれの当初の悲観的予想を裏切って――多くの支持者を獲得したのは、前にも一言したように（前出三〇三頁参照）、主として後者の意味においてであるといってよいであろう。それはちょうどマックス・ヴェーバーの社会科学の没価値性の主張や後述の分析哲学が法社会学（広義）に関して演じている役割りと同種のものである。

第五に、法実証主義と法の社会的実証主義との差異は、右のような視点をしばらく別としても、それほど本質的なものではない。形而上学の否定の点では、両者はまったく一致するのであって、ある意味では氷炭相容れないようでありながら、別の意味では比較的容易に相互移行の関係に立つ。このことは、形而上学的哲学を否定する一般法学の中に法実証主義と社会実証主義の双方がみられることからも容易に看取されうるであろう。

第六に、そのことは、反面からいえば、およそ実証主義の傾向すべてに対して、自然法の再生、反実証主義的な哲学の復活がみられることの原因ないし理由でもあるわけであり、たとえば現代法における人間性の問題だとか自然法の現代的意義――悪法論議など――をもあわせて考えなければ、法実証主義に対する評価を誤まることになる。

要するに、法実証主義に対する評価は、論者の立場によって異なるのは当然であるが、一定の立場に立って考えるとしても、決して一義的ではありえないのである。[21]

(19)　Robert Walter, in: *Festschrift für Hans Kelsen zum 90. Geburtstag*, 1971, S. 2.

(20)　純粋法学と自由法論とは方法論において相容れないから、両者のあいだに強い対立があるのは、もちろんである。しかし、純粋法学が、反面において、実は社会学的なもの、ないしはプラグマティックなものを発展させる任務をもっていたことを考えれば、自由法論の代表者牧野英一が純粋法学の代表者横田喜三郎を「法律的消極主義」として攻撃したのは（牧野『刑法研究』五巻・一九三五年）、すくなくとも部分的に誤解にもとづいていたというべきであろう。

(21)　矢崎光圀『法実証主義・現代におけるその意味と機能』（一九六三年）参照。

第九節　自由法論と法社会学

一　自由法論

前節のまとめで考察したように、概念法学への警鐘は、一九世紀の終わりに近く、まず、イェーリングによって打ち鳴らされた。それは『法学における冗談とまじめ（*Scherz und Ernst in der Jurisprudenz*, 1885）』においてであった。オフナー（Julius Ofner）もこれと前後して「自由法学（freie Jurisprudenz）」の思想を主張した。法学を概念的なものから解放するべきだという自由法論（Freirechtslehre）ないし自由法運動（Freirechtsbewegung）はすでにこのころにはっきりと準備されていたわけだが、これが正面からはじめて主張されたのは、今世紀に入ってからエールリッヒ（Eugen Ehrlich, 1862–1922）の『自由な法発見と自由な法学（*Freirechtsfindung und freie Rechtswissenschaft*, 1903）』およびカントロヴィッツ（Hermann Kantorowicz, 1877–1940）の――グネウス・フラヴィウス（Gnaeus Flavius）の仮名で書かれた――『法学のための戦い（*Der Kampf um die Rechtswissenschaft*, 1906）』においてであり、フックス（Ernst Fuchs, 1859–1929）が「法的文化闘争（juristischer Kulturkampf）」を標榜してこれに続いた。[1] フランスでは、これに先立ってサレーユ、ジェニーの「科学学派（Ecole scientifique）」が成立していた。[2] ことに、この学派の基礎を築いたものとされるジェニーの『私法解釈方法論（*Méthode d'interprétation et sources en droit privé positif*, 1899）』では「科学的自由探求（libre recherche scientifique）」の語が用いられているのであって、わが国における自由法論の代表者かつ強力な推進者であった牧野英一は、これをとくに援用するのである。[3]

ところで、概念からの解放という自由法運動の主張は、それじたいとしては消極的なものであって、積極的な規準を示すものではない。それでは、裁判も裁判官の主観的・感情的なものになってしまうのであり、「感情法学（Gefühlsjurisprudenz）」あるいは人情主義（humanitarisme）の影響を受けた無政府主義的な「印象主義（impressionisme）」（ジェニー）といった批判を免れない。[4] したがって、形式論理的な概念構成から解放された法学に、あらたな規準を提供しなければ、いわゆる画竜点睛を欠くことになってしまう。しかも、フランスの「科学学派」はまさしく「科学」という規準を抽象的ながらも指示していたのであり（ジェニーでは同時に自然法的色彩をも帯びる）、その点では、はじめからドイツに先んじていたというべきである。ドイツでもやがて利益法学の一派が形成され、創設者ヘックをはじめとして、ミュラー＝エルツバッハ（Rudolf Müller-Erzbach, 1874–1959）らが、法学の進むべきより実質的な方向を示すのである。

しかし、ここで、さらに、次の問題に行きあたる。第一は、「科学的自由探求」の「科学的」とは何かである。ここに広義の法社会学が登場することになる。第二は、利益法学における利益較量の規準は何かである。これは、単なる実証的科学によってはあたえられないのであり、窮極的には、法哲学による法理念ないし法価値の探求の問題に帰着せざるをえない。第三は、「科学」と「利益」がすべてであるかという問題である。これはむろん一義的に答えることはできない。自然法の再生の問題を含め、法哲学の新しい課題は、ここに光りをあてることにあるであろう。法哲学的な法理念論・法価値論は右の利益法学における利益の規準の問題をはるかにこえて、重要性をもつのである。そこで、次段以降に——右の第一の問題に対応して——法社会学とその新しい発展としてのリアリズムを眺め、さらに、次の節で——主として右の第二・第三の問題に対応して——現代の法哲学の諸傾向を概観することにしよう。

（1）エールリッヒの『自由な法発見（Ehrlich, *Freie Rechtsfindung*, 1903）』はカントロヴィッツの書物に先立つ。なお、Stampe, *Freirechtsbewegung*, 1911.

（2）ちなみに、時代は下るが後述のニオ・リアリズムを、クック（Walter Wheeler Cook）は「法への科学的アプローチ」と呼んでいる（高柳賢三『米英の法律思潮』一九四八年・七八頁、八六頁）。これは、法解釈論における科学的方法ではなく、法そのものの科学的把握を意味するのであって、フランス科学学派とは、趣を異にする。

（3）牧野英一『科学的自由探求と進化的解釈（民法の基本問題・外編第四）』（一九三七年）、同『法理学』二巻・下（一九五二年）三七頁、四二頁以下。

（4）野田良之「註釈学派と自由法」法哲学講座・三巻（一九五六年）二三九頁注四。

二　法社会学

論理的概念構成から解放された解釈法学は、それにかわる規準となるべきものを求めざるをえない。これを社会学的なものに求めるのが、社会学的解釈法学である。「社会学的法学（sociological jurisprudence; soziologische Rechtswissenschaft）」というのは、本来的には、かような社会学的解釈法学を指すべきであろう。(5) しかし「社会学的法学」の語は、しばしば——エールリッヒ自身によっても——法学の一分野としての法社会学の意味に用いられる。法社会学は文字どおり法および法に関する諸現象を対象とする応用社会学であって、その任務は、解釈法学への奉仕に局限されるものではなく、それをこえてはるかに広汎な範囲に及ぶ。要するに、法社会学は法学の一分野でもあると同時に、社会学の一分野でもあり、両者の競合する広大な領域である。しかも、ここで社会学というのは、ひろく社会現象に関する経験科学としての社会科学・人文科学を指すのであって、狭義の社会学のほかに、心理学、精神医学、生物学、民族学、人類学、経済学、政治学、行動科学、等々をすべて含む。したがって、法社会学の系譜は、これらのすべての面から試みられなければならないが、(6)本章では、主として法学の系譜という面からだけ取り上げることにする。

すでにいままでに考察して来たとおり、法に関する社会学的ともいうべき実証的研究は、すでに啓蒙時代におけるモンテスキューをはじめとして、一九世紀における歴史法学派、進化論者、イェーリングをはじめとする一般法学の若干の人たち、コーラーのような新ヘーゲル派の一部、パウンド(7)をはじめとするプラグマティスト、等々によって推し進められて来た。そのほか、フランスにおいては、前述のサレーユ、ジェニーのほか、デュギー（Léon Duguit, 1856-1928）、オーリュー、リペールらを挙げなければならないであろう。デュギーは社会学者デュルケム（Emile Durkheim, 1858-1917）の系統をひき、とくに公法に社会学的見地を持ちこんだ。オーリューはもと司法官でもあった社会学者・犯罪学者タルド（Jean Gabriel Tarde, 1843-1904）と親しかったようであり、その法社会学的研究の結晶の重要なものはかれの制度理論である（前出八四頁）。前二者が公法学者であったのに対し、リペールは民商法学者であり、資本主義と法との関係を追求したことで知られている。

しかし、法社会学（sociology of law ; Soziologie des Rechts, Rechtssoziologie ; sociologie du droit, sociologie juridique）の学問的基礎をきずいた重要な業績としてとくに挙げられなければならないのはエールリッヒの『法社会学の基礎理論（*Grundlegung der Soziologie des Rechts*, 1913）』であろう。(8)前述のとおり、かれは自由法論の代表者であるが、かれによれば、自由法論にもとづく法の適用は、立法と本質的に異ならないところの「社会の指導(Leitung der Gesellschaft)」にほかならず、したがって社会的事実についての科学的認識が当然に要請される。その意味で法社会学は自由法論の必然的な要請である。しかし、かれにおいては、法の適用において前提とされるような国家法は興味の中心ではなく、むしろ、国家法以外の「生きた法」、つまり社会的集団における「人間行動を事実的に支配する法的な当為規則」が着眼される。それは、もはや、国家法のように公権力による強制ということを標識として法的性格を定めることはできない。したがって、かれにおいては、強制は法の要素とはみとめられず、これに代わるものとして、規範の違反に対する反動として「憤慨(Empörung)」という集団的感情が伴うことを持ち出すのである。かようにして、かれにおいては、法は裁判規範としてではなく行為規範としてとらえられる。

ドイツの法社会学者としては、法学者として出発しながら社会科学全般について偉大な貢献をしたマックス・ヴェーバーを忘れることができないのは、もちろんである。ヴェーバーの学説の全体像については前述したから繰返さないが(前出二八二頁)、かれの法社会学もそのような確固たる全体の構想の中にしっかりと組み込まれている。したがって、かれの法社会学においては、社会的実態調査などの手法ではなくて、経済的・社会的な大きな見地、したがって歴史的・民族的・時代的な考察からするところの、法の形態や性格、法と経済の関係、法と習俗の関係、権利の設定、法の形態性格、法思考の諸類型の由来、近代法の性格などの追求が特徴的であって、その考察は絢爛たる豪華さをもって、われわれに迫ってくる。たとえば、ローマ法とゲルマン法の対比、英米とヨーロッパ大陸とにおける法や法実務および法学のありかたの対比、さては諸民族――インド、中国、イスラーム、ペルシャ、ユダヤなど――の法の考察などにいたるまで、すべてしかりである。しかも、その全体を貫くのは、前述のような厳密な方法論なのである。かれが強く指摘したのは近代法の形式的合理性であるが、その問題性をも意識して追究しよ

うとしたものとみるべきことは、世良晃志郎の指摘するとおりであろう。(9)

近年における法社会学の発達はとくにアメリカにおいていちじるしいようであり、しかも、ヨーロッパ大陸から流入した学者の手によるものがすくなくない。(10) ここでは、例示的に、フランスから流入したギュルヴィッチ(Georges Gurvitch, 1894-1965) とロシアからヨーロッパ各国を遍歴したのちアメリカに移ったティマーシェフ (Nicholas S. Timasheff, 1886-1970) とを挙げよう。リアリズムの関係では、もっと重要なものがあるが、それは次段にゆずることにする。ギュルヴィッチの法社会学は全体が概念的ともいえるくらいに体系的に整序されている点と、法社会学と法哲学との相互依存性が強調されている点に、いちじるしい特徴がみられる。かれの英文の『法の社会学 (*Sociology of Law*, with a Preface by Roscoe Pound, 1947)』は、とくにその感が深い。かれによれば、法社会学の第一は体系的法社会学 (systematic sociology of law) としての「法の微視的社会学 (microsociology of law)」であって、ここでは社会性の諸形式と法の種類との対応関係、および法の層（深さのレベル）が考察される。第二は「法の差分社会学 (differential sociology of law)」で、これは巨視的なものに移る類型学である。ここで、かれは、社会学は予言や評価はしないとことわりながらも、多元主義的民主主義への傾向が法的文化のために望ましいものだとする。第三は「法の発生的社会学 (genetic sociology of law)」であり、最後に結語として、かれは法社会学が人間精神 (human spirit) の社会学であり、それは哲学と相互依存関係に立つことを論じるのである。

ティマーシェフも英文で『法社会学入門 (*An Introduction to the Sociology of Law*, 1939)(11)』を書いているが、これも、ヨーロッパ大陸系統の体系的な法社会学である。かれは、法を「行動の倫理＝命令的調整 (ethico-imperative coördination)」としてとらえる。かれは法の領域が倫理＝命令的調整の領域と一致するという仮説を立て、試行錯誤によってその一致を証明するという方法をとる。かようにしてかれにおいては、法は倫理と権力との結合であり、したがって、かれの著書は第一編で「社会学と法」を扱ったのち、第二編で「倫理」、第三編で「権力」、第四編で「法」を論じるといった体系をとる。かれは法社会学を個性記述的でなく法則記述的（nomographic）な科学として考えている。倫理と権力との結合というかれの法概念や法則記述的な法社会学の体系は、リアリズムとはもちろん、アメリカ法社会学の一般的な傾向ともちがった特徴を示す。かれが十月革命にも身を投じたロシア出身のアメリカ社会学者で社会・文化・パーソナリティを三位一体としてとらえるソローキン[12]（Pitrim Alexandrovich Sorokin, 1889–1967）やヨーロッパ大陸の学界との交流に力を注いだジェロウム・ホール（Jerome Hall, 1901–92）のようなアメリカにおいてもやや異色な法社会学者と交友関係が深かったことも、うなずかれるとおもう。

ジェロウム・ホールは、『窃盗、法と社会（*Theft, Law and Society*, 1935, 2nd ed., 1952）』[13]によって法社会学者としての地位を確保した。かれは一五世紀の一事件を――いわばひとつのソシオ・リーガルなマイクロコズムとして――取り上げてその政治的・経済的背景をさぐるとともに、その分析の結果と、特徴的な一八世紀イギリスの財産罪法制の形成過程の分析とを結びつけて、経済的・社会的要素の法への影響を追求する。その上で、かれは自動車窃盗のような今日的問題にとり組み、そこにおける法や裁判所などの機能を考察する。そこには微視的なものと巨視的なものの結合がみられるとともに、著者は考察者としての立場と問題解決への参加者という二重の地位をもつことになる。ホールはさらに『民主主義における生きた法（*Living Law of Democratic Society*, 1949）』の中で「文化的事実」としての法を論じているのが注目される。かれは法社会学者であるとともに法哲学者であり、法社会学においてもリアリズムを排斥するのである。

（5）　パウンドのばあいは、これに近い意味に用いられている。たとえば、Pound, The Need of a Sociological Jurisprudence, in: *Roscoe Pound and Criminal Justice*, edited by Sheldon Glueck, 1965, p. 87 et seq.――ちなみに、「社

会法学（soziale Rechtswissenschaft）」と呼ばれるものがあるが、これは「法の社会化」ないし「社会法」（前出六七頁以下、九五頁以下）を推進する法学傾向を指す。ただし、このことばも「法社会学」と混用されることがないわけではない。

（6）　川島武宜編集『法社会学講座1法社会学の形成』（一九七二年）、六本佳平『法社会学』（一九八六年）、千葉正士『法社会学』（一九八八年）など、いずれも当然のことながら、これを全面的に取り上げている。なお、ジャン・カルボニエ（北村一郎訳）「フランスにおける法社会学――発展と現状」法学協会雑誌一〇六巻四号（一九八九年）参照。――刑法の補助科学としての刑事学だけにかぎっていえば、ケトレー（前出四二頁参照）の犯罪社会学をはじめとして、ロンブローゾの先駆者たるラヴァーテル（Lavater, 1741-1801）、ガル（Gall, 1758-1828）、犯罪精神病学におけるピネル（Pinel, 1745-1826）など、いずれも一八世紀にさかのぼる。

（7）　パウンドについては前出二八九頁。六本はパウンドとエールリッヒおよびヴェーバーとについて興味のある比較を示している（六本佳平『法社会学』一九八六年・五二頁以下、八一頁以下）。

（8）　エールリッヒ（川島武宜訳）『法社会学の基礎理論』第一分冊（一九五二年）。磯村哲「エールリッヒ法社会学の体系的構造」（同『社会法学の展開と構造』一九七五年・所収）。

（9）　ヴェーバー（世良晃志郎訳）『法社会学』（一九七四年）「訳者あとがき」五三九頁。前出二八三頁注（6）参照。

（10）　この関係で、さらに、ルーマン（Niklas Luhman, 1927-1998）を挙げておこう。かれはドイツ人で西独で法律学を学んだのち、アメリカのパースンズ（Talcott Parsons, 1902-79）のもとで社会学を学んで帰国したが（パースンズにはデュルケムやヴェーバーの影響がある）、独自のシステム理論にもとづく――あまりにも機能主義的とおもわれる――法社会学を樹立している。N・ルーマン（村上淳一＝六本佳平訳）『法社会学』（一九七七年）、ニクラス・ルーマン（馬場靖雄＝上村隆広訳）『目的概念とシステム合理性』（一九九〇年）。ちなみに、六本は、ルーマンのもとで研究に従事した由であるが（同書あとがき）、むろん追随するわけではなく、たとえば「法システム」の定義についても見解を異にしている（六本佳平『法社会学』一九八六年・一二七頁注34）。なお、村上淳一「議論と自己修正――ルーマン／ハーバーマース論争をめぐって――」（海老原明夫編『法の近代とポストモダン』一九九三年・所収）。

（11）ティマーシェフ（川島武宜＝早川武夫＝石村善助訳）『法社会学』（一九六二年）。――なお、ティマーシェフ（高橋正己訳）『プロベイション百年史』（一九七〇年）。

（12）ソローキンについては、P・A・ソローキン＝W・A・ランデル（高橋正己訳）『権力とモラル』（一九六三年）参照。

（13）J・ホール（大野真義訳）『窃盗、法および社会』（一九七七年）。ジェロウム・ホールはこの日本語版をわたくしに献呈され、わたくしはその返礼として、本書の初版にあたる『法学入門』をかれに献呈した。

三　リアリズム(14)

法社会学の中でもっともアメリカ的な特色が強く、かつ、現在では世界各国にも強烈な影響を与えつつあるのは、リアリズム（realism）――正確には法的リアリズム（legal realism）またはニオ・リアリズム（neo-realism）と呼ばれる(15)――であろう。

前述のプラグマティズム（前出二八八頁）とリアリズムは方法論的には異なるものであるが、(16)プラグマティズムの目的――法による社会制御とか裁判の予見など――にもっともよく合致するのはリアリズムであり、また、リアリズムの成果がもっとも実益を発揮するのはプラグマティックな見地においてであるために、両者は実際上、限界をつけにくいくらい密接な関係にある。実質的にいえば、プラグマティズムからリアリズムに発展したとさえいえるであろう。たとえばホームズは、プラグマティストとして知られるとともに、しばしばリアリズムの創始者の一人、すくなくとも先駆者として援用されるのである。

リアリズムの代表として、とくにジェロウム・フランク（Jerome Frank, 1889-1957）とルウェリン（Karl Nickerson Llewellyn, 1893-1962）を挙げよう。フランクが『法と現代的な考え（*Law and the Modern Mind*）』を発表しルウェリンが『リアリスティック法学――次のステップ（*A Realistic Jurisprudence――The Next Step*）』を書いて学界にセンセイションをまきおこしたのは、一九三〇年であった。ここにアメリカのリアリズムが始まったといってよい。フランクの著書のタイトル・ページにホームズの「一般的な命題は具体的なケイスを決定しない」という句を掲げ、「完全に大人の法律家、オリヴァー・ウェンデル・ホームズ判事」という章で全体を結んでいることからも察知されるとおり、ホームズの影響はとくに強く、また、初版の序文に精神医学者として有名なバーナード・グリュック（Bernard Glueck）に負うことを告白しているように、精神医学からの影響がみられ、かつ、かれの多年にわたる弁護士、裁判官としての経歴が物語るとおり、実際の訴訟においておこることこそがかれの関心事であった。この書物に「法的リアリズム」の章が置かれているが、そこでかれは判決があるまではその事件についての法は存在しないのであり、それまでは利用できる法といえば弁護士の意見だけなのだと書いている。これが、やがて、一九四九年に発表した『裁かれる裁判所（*Courts on Trial*）』にまで発展し、リアリストとしてのかれの名声は確定した。これについては本書第一編の「司法過程」のところで書いたことを参照されたい（前出二一九頁以下）。そこでは、法は司法過程の一因子にすぎないものと考えられており、裁判への予測が関心の中心となっているのである。

同様のことは、ルウェリンについてもあてはまる。ルウェリンは前記のほか一九三〇年のはじめにパウンドとの論争の形でリアリズムについて論じているが、晩年に書いた『コモン・ローの伝統（*The Common Law Tradition*, 1960）』の大著が代表作であって、控訴審における裁判過程――ことに心理的過程――の細心かつ勇敢な分析によって、裁判についての一般的統計的な予見可能性ではなく、実際に弁護士が依頼を受けた具体的事件についての裁判の結果の予見可能性を提示しようとしているのである。ホームズが法を「予言体系」だとしたことは前述したが、フランクは、ルウェリンを「ホームズの門弟の中で、いちばん有能、明敏で、かついちばん勉強家だ」と評したそうである。(17)

リアリズム法学は、行動科学(18)（behavioral sciences）の発達によって、将来、さらに巨歩を進めるであろう。将来、それは、司法過程の問題をこえ、また、プラグマティズムの要請をこえて、科学としての法社会学に貢献するところがきわめて大きいであろうとおもわれる。それと同時に、一方では、人間行動をすべて行動科学で割り切れるものと考えることは方法論的に不可能で、リアリズム法学にはどこかに限界があるはずであり、他方では、法哲学的な指導理念を忘れて行動科学を盲目的に暴走させることはできない。

以上は、アメリカのリアリズムについて述べたのであるが、別に、北欧にはヘーゲルストレーム（Hägerström）(19)、オリヴェクローナ（Karl Olivecrona）、ルントステット（Lundstedt）、カストベルィ（Castberg）、ロス（Alf Ross）らを中心とするスカンディナヴィアのリアリズムがある。これはアメリカのリアリズムよりは、もっと哲学的懐疑主義の傾向が強く、かつ、意味論ないし言語分析といっそう強く結びついているように見受けられる。(20)

(14)　高柳賢三「法律学におけるニオ・リアリズム」牧野教授還暦祝賀法理論集（一九三八年）（同『米英の法律思潮』一九四八年・所収）、鵜飼信成『現代アメリカの法学』（一九五四年）、同「プラグマティズム、リアリズム法学」川島武宜編集・法社会学講座1（一九七二年）、早川武夫「プラグマティズム、ネオ＝リアリズム」法哲学講座・五巻・下（一九五八年）。

(15)　はじめてニオ・リアリズムの名称を使ったのはカードウゾ（一九三二年）ではないかとおもう（*Selected Writings of B. N. Cardozo*, ed. by M. E. Hall, 1947, p. 10）。「法的リアリズム」は、本文に述べたとおり、フランクが用いている。実在論（realism）はきわめて多義的で、中世における唯名論（nominalism）に対する実存論から始まって、現代においてもニコライ・ハルトマン（Nicolai Hartmann, 1882-1950）の批判的存在論からマリタンの新トマス主義的実在論にいたるまで、すべてなんらかの意味で実在論と呼ばれる。これに対して、ここでいうリアリズムはアメリカを中心として一九三〇年代におこった法学の顕著な一傾向を指すのであって、一般哲学におけるリアリズムと区別して法的リアリズムあるいはニオ・リアリズムと呼ばれるのである。しかし、法学において単にリアリズムというときは、普通は、かようなアメリカのニオ・リアリズムを指す。

(16)　パウンドとニオ・リアリズムとの相剋につき、高柳・前掲七頁、三〇一頁以下、早川・前掲二〇―二一頁。

(17)　たまたまわたくしの出席した一九五〇年のシカゴにおけるアメリカ・ロー・スクール協会（Association of American Law Schools）の創立五十周年大会で、ルウェリンが議長をつとめたが、その精力的な風貌と強烈な迫力のある司会ぶりは、今でもわたくしに鮮やかな印象として残っている。わたくしは、このような人物でこそ、アメリカ・リアリズムの推進者たる資格があるのだと感じたことであった。

(18)　行動科学についての手取り早い文献としては、B・ベレルソン＝G・A・スタイナー（南博／社会行動研究所訳）『行動科学事典』（一九六六年）。フランスでは、行動科学にあたるものは「人間科学（*les sciences de l'homme*）」として研究されており、旧ソ連でもこれに相当するものがあった由である。法の行動科学に関する文献として、木下冨雄＝棚瀬孝雄編『法の行動科学』（一九九一年）。――なお、行動科学に関する私見については、前出四七頁注（1）。やや詳しくは、セントルイスの世界法・社会哲学会議（一九七五年）（IVR主催）におけるわたくしの基調報告、S. Dando, The Scientific Manipulation of Behavior and the Legal Protection of Freedom, in: G. Dorcey (ed.), *Equality and Freedom*, 1977, pp. 727-744.

(19)　ヘーゲルストレームについては、佐藤節子「『権利』ということばの機能について」（川島武宜編集『経験法学の研究』一九六六年・所収）。

(20)　たとえば、Karl Olivecrona, Legal Language and Reality, in: *Essays in Jurisprudence in Honor of Roscoe*

Pound, 1962. なお，参照，John D. Finch, *Introduction to Legal Theory*, 1970, p. 118 et seq.

第一〇節　現代法学の諸傾向

一　概観

大きな標題をかかげたが，この節で現代法学の諸傾向についての鳥瞰図を作ろうというわけではなく，むしろ前節までに考察して来たことを総括しながら，なお，多少の補足をしようというだけのことである。それにしても，この仕事はなかなかむずかしい。

本章は法学の縦の系譜を示すことに重点を置いたのであって，各節の最後の方の叙述はたいてい現代の学説状況を示しているのであり，それをここで振りかえってみれば現代法学の諸傾向の縮図に近いものが得られるはずである。たとえば，第三節と第四節とについていえば，新トマス主義や歴史的自然法論は，まさしく今日の問題であるし，基本的人権の問題の中にはそれらの自然法思想のほかに合理主義的自然法思想も生きている。抵抗権・革命権といった，ある意味ではもっとも尖端的な問題もこうした思想を離れては議論されえない。

第五節の関係でいえば，新カント派は現在でもきわめて有力であるのみならず，新カント派を標榜しない学説の中にも新カント派の影響――価値論・方法論など――は驚くべく浸透している。社会学におけるマックス・ヴェーバーの影響ははかり知れないが，その主張する社会科学の没価値性は新カント派的思考の追求の結果生まれたものといってよいであろう。新ヘーゲル派についての叙述は散在しているが，これまた決してナチ思想や偏狭な民族主義と運命を共にしてしまったわけではない。新ヘーゲル派の経験科学的な側面だけでなく，弁証法そのものも現在に生きているというべきである。

第六節についていえば、ベンタムさえ再生がいわれているのであり、イェーリングとなるとその現代法における意義はきわめて大きい。プラグマティズムにいたっては、リアリズムとともに、わが国の――ことに第二次大戦後アメリカ法学の強い影響を受けた――現代法学の寵児ともいうべき地位を占めている。

第七節についても、歴史法学派は種々の形で現在に生きているし、進化論もそれじたいは社会科学の関係では超克されたにせよ、法学における自然科学的方法の開拓者としての地位をもつのである。法学における自然科学的方法は――その全面的な採用にはわたくし自身はとうてい賛成することができないが――将来における開発を待っているのであって、そこには有望な広大な領域が待っている。ことに行動科学の発展に期待するべきところがきわめて大きいことは、リアリズムの関係で前節に述べたとおりである。史的唯物論にいたっては、旧ソ連の崩壊や中華人民共和国の実質的変貌などに伴って大きく挫折した観があるものの、それはかならずしも理論に内在する原因だけによるものとはかぎらない。マルクシズムがもともとヒューマニズムから出発したものであることは忘れてはならないし、現在の資本主義体制の中に種々の問題性のあることはもちろんであって、これをどのような方向にもって行くべきかについて、今後も史的唯物論ないしマルクシズムの任務はけっして消滅したわけではなく、法学の領域においても、むしろ重要性をましたくらいである。(2)

第八節についても、とくに分析法学と純粋法学のもつ現代的意義はそこに述べておいたとおりである。この関係では、リアリズムの考察をすませた今では、さらに、分析哲学の問題に立ち入っておく必要がある。これを次段に述べる。カント以来のドイツ観念論哲学にみられた先験的方法は、さらに形を変えて現象学となって現れ、それは、また、単なる先験的なものをこえて、存在論さらには実存主義に及ぶ。そこに現れる主体性の問題は多元的社会の問題や民主主義の問題にもつながる面をもっていると同時に、相対主義の実践的超克をも可能ならしめるものとおもう。こうした問題を第三段に述べることにしよう。

（1）　過去における自然科学および数学の法学への影響を考察したものとして、Dietz v. Stephanitz, *Exakte Wissenschaft und Recht. Der Einfluß von Naturwissenschaft und Mathematik auf Rechtsdenken und Rechtswissenschaft in zweieinhalb Jahrtausenden. Ein historischer Grundriß*, 1970.

（2）　戦後日本におけるマルクス主義法学の文献を編集したものとして、藤田勇編『マルクス主義法学』（一九七三年）。

二　分析哲学——現代分析法哲学

分析哲学（analytical philosophy）はとくに第二次大戦後英米において主流的地位を占めるにいたった哲学の一派で、法学においては、とくにリアリズムをはじめとする経験法学に奉仕するために近年急激に勢力を得て来た。わが国での代表としてはハートの直系ともいうべき井上茂（前出三〇三頁）と「現代合理経験主義」を標榜する碧海純一とを代表者として挙げることができよう。(3)

分析哲学はライル（Gilbert Ryle, 1900–1976）らを代表者とする日常言語学派（オクスフォード学派）(4)とカルナップ（Rudolf Carnap, 1891–1970）らを代表者とする人工言語学派とに分かれる。前者はムーア（George Edward Moore, 1873–1958）、後期のヴィットゲンシュタイン(5)（Ludwig Johann Wittgenstein, 1889–1951）の影響のもとに主としてイギリスで発達し、後者はラッセル、前期のヴィットゲンシュタイン、物理学者でもあったマッハ（Ernst Mach, 1838–1916）の影響のもとに主としてアメリカで発展した。前者は日常言語の意味の分析を手段とするのに対し、後者は人工言語をつくってこれによって問題を解明しようとする。

かように分析哲学は、もともと言語分析を中心とするものであるので、これを応用した法学はしばしば言語学的法学（linguistic jurisprudence）と呼ばれる。ジェロウム・ホールはこの学派の批判において、まず、唯名論的法学（nominalist jurisprudence）としてのグランヴィル・ウィリアムズ（Glanville Llewelyn Williams, 1911-）をスカンディナヴィアのリアリズム（前出三一八頁）とともに俎上にのせ、さらに言語分析（linguistic analysis）の立場にあるJ・L・オースティン（John Langshaw Austin, 1911-60）やボーデンハイマー（Edgar Bodenheimer, 1908-）を批判し、ハートと自分との論争に及んでいる。(6) ここはその批判の場所ではない。ただ、一連の系列をこうした形で読者に示したまでである。

言語分析は意味論（semantics）に結びつき、したがって、これと競合しながら、記号論理学とも結びつく。カルナップの「言語の論理的シンタックス（logische Syntax der Sprache ; logical syntax of language）」を中心とする人工言語学派にはこの傾向が強い。オグデンとリチャーズの「意味の意味（C. K. Ogden and I. A. Richards, *The Meaning of Meaning*, 1923）」はこの方面を開拓したものとして知られている。意味論は英米だけでなく、ドイツ――たとえばクルーク（Ulrich Klug, 1913-）――や北欧――たとえばリアリストのオリヴェクローナ――その他にも、それぞれの特徴をもちながらひろく行なわれている。(7)

（3）　碧海純一『新版法哲学概論』全訂第一版（一九七三年）一五頁、なお、全訂第二版（一九八九年）三七四頁参照。――碧海はかつては「論理経験主義（logical empiricism）」（イェルゲンセン Jörgensen）に日常言語学派の見地をも加味してややゆとりをもたせた程度の「分析経験主義」をもっとも妥当なものと考えていたが（碧海『法哲学概論』一九五九年・九頁、なお、四頁、三〇頁注2）、現在では、さらに、包容力を増して、ラッセル（Bertrand A. W. Russel, 1872-1970）、ポッパー（Karl Raimund Popper, 1902-94）、トーピッチュ（Ernst Topitch, 1919-）、アルバート（Hans Albert, 1921-）らの立場をも含むようになったようである。なお、碧海「法の運用における客観性と主体性――団藤重光著『法学入門』をめぐって」（同『法哲学論集』一九八一年・所収）参照。

（4） オクスフォード学派を中心とする考察として、井上茂「現代分析法理学――その哲学的基礎」（同『法哲学研究』一巻・一九七一年・所収）。

（5） K・ヴフタール＝A・ヒュブナー（寺中平治訳）『ウィトゲンシュタイン入門』（一九八一年）、滝浦静雄『ウィトゲンシュタイン』（二〇世紀思想家文庫）（一九八三年）、ウィトゲンシュタイン全集（全一〇巻・一九七五年以降）。ヴィットゲンシュタインは、実証主義者とはいえない。かれは「語られうるものをまったく整合的に語る」ことによって、「同時に語られえないものを《示す》のである」。かれは道徳的なものや宗教的なものについて語らないが、「語られえないものは必然的に存在しない」という見解は誤りとするのである（上掲、寺中訳・一二頁以下）。

（6） Jerome Hall, *Foundations of Jurisprudence*, 1973, p. 78 et seq.

（7） クルークのものとして、Ulrich Klug, *Juristische Logik*, 2. Aufl., 1958. オリヴェクローナのものにつき、前出三一九頁注（20）掲出の論文。――なお、オーストラリアのタメロ（Ilmar Tammelo, 1917-82）の名をここに逸することはできないであろう。イルマー・タンメロ（平良＝吉野一訳）『法論理の原理と方法』（一九七一年）。エストニア生まれで諸国で勉強したタメロは、しかし、包容力の大きい学者のようにおもわれる（Tammelo, *Rechtslogik und materiale Gerechtigkeit*, 1971 など参照）。その後、オーストリアのザルツブルクの教授になっていたが、一九八二年に他界した。

三　現象学、存在論、実存主義

エドムント・フッサール（Edmund Husserl, 1859-1938）の現象学は法哲学にも影響を及ぼしている。先験的な論理学を骨子とする点でマールブルク派新カント主義と共通点を有するため、おなじくマールブルク学派と脈絡のつながっているケルゼンとは近い関係にあり、純粋法学を中心とするヴィーン学派には現象学派からも参加者を出している（フリッツ・シュライアー、フェリックス・カウフマン等）。尾高朝雄は先験的論理主義ではないが、現象学と純粋法学の双方に深い関心を寄せ、デル・ヴェッキョは尾高をヴィーン学派に関連して位置づけている。[8]

現象学は純粋な本質観照（Wesensschau）をもって事物の本質を把握しようとするものであって[9]、そのために現象学的還元――形相的還元（eidetische Reduktion）と先験的還元（transzendentale Reduktion）――の方法が用いられる。こうした現象学をはじめて法哲学に持ちこんだのはライナッハ（Adolf Reinach, 1883-1917）で『法の現象学のために――民法の先験的基礎（*Zur Phänomenologie des Rechts. Die apriorischen Grundlagen des bürgerlichen Rechts*, 1913）』を書き、やや後にエドムントの子ゲルハルト・フッサール（Gerhart Husserl, 1893-1973）が『確定力と法の実効性（*Rechtskraft und Rechtsgeltung*, Bd. 1, 1925）』を書いた。[10] ライナッハはたとえば約束によって約束の拘束力と相手の請求権が基礎づけられるといったようなことを先験的な法則性として樹立しようと企てた。これがもし立法をも拘束するような意味での先験的に本質的なものだというのならば、その当否は別としてひとつの見識であろうが、立法者は先験的法則に拘束されないとかれは解するのであって、それでは何のための議論かわからなくなる。[11] ゲルハルト・フッサールの確定力理論には、わたくしなども、訴訟法理論の上で負うところがすくなくないが、それは現象学的還元といった操作の点においてではない。要するに、エドムント・フッサールの現象学はかれの提唱した当時の形が次第にくずれて来るとともに、支持者の層もひろがり[12]、同時にまた、存在論や実存主義への道に通じて来ることにもなったのである。

存在論（Ontologie）は多義的であって、その中には自然法的存在論をはじめとして種々の系統のものがある。[13] むろんフッサールの現象学そのものの中にも先験的な現象学的存在論が含まれており、「事物じたいへ（zu den Sachen selbst）」という要請から、やがては、おなじく現象学のマックス・シェーラーの実質的価値論理の考えやハイデガー（Martin Heidegger, 1889-1976）の実存哲学的存在論（existenziale Ontologie）にまでつながって来るし、さらにはサルトル[14]（Jean-Paul Sartre, 1905-88）の実存主義にまでいたるのである。ニコライ・ハルトマンもマールブルク派新カント主義から出発しながらフッサールの影響を受けたが、観念論的な見地にあきたらず、独自の実在論的な存在論の立場を樹立した。かようにみて来ると、先述のライナッハのようなフッサールの直接の影響の強いア・プリオリな法理論から始まって、ヴェルツェル（Hans Welzel, 1904-77）のようなとくにハルトマンの影響の強い法理論——ことに目的的行為理論（finale Handlungslehre）——にいたるまで、あるいはまた、マイホーファー[15]（Werner Maihofer）の『法と存在——法存在論への序論（*Recht und Sein. Prolegomena zu einer Rechtsontologie*, 1954）』のようにひろくハイデガー、ヤスパース、サルトルらの影響を受けた法理論にいたるまで、あるいはさらに、シェーラーやハルトマンの影響を受けながら独自の理論を展開しているフェヒナー（Erich Fechner）の法哲学（前出一四七頁以下）にいたるまで、現象学から直接・間接に影響を受けた存在論ないし実存主義の見解は、とくにヨーロッパ大陸を中心として、現在、抜くべからざる勢力をもっており、しかも、それには相当の理由があるとおもわざるをえないのである。マルセルについては後に触れる。なお、やや特殊の地位を占める者にゲオルグ・コーン（Georg Cohn）の実存主義法学がある。かれによれば、すべての現実的な法はその瞬間に結びつけられるものであり、法規や法原則の分析からではなく具体的事案の判断から導かれるべきものだというのである[16]。

（8）デル・ヴェキオ（和田小次郎訳）『法哲学原理』（一九四一年）二三〇頁。原著者名はデル・ヴェッキオが正しい。なお、前出三〇五頁注（17）参照。

（9）かような直観的な点においてカント派の認識論とはっきりと袂を別つことになる。ラートブルッフやその門下のアルトゥール・カウフマンが現象学を否定するのは、この理由による（Arthur Kaufmann, *Rechtsphilosophie im*

Wandel, 1972, S. 98)。

(10)　かれがその後に書いた「法における客観性」その他の論文（G. Husserl, *Recht und Zeit*, 1955 に収録）は興味の深いものがある。

(11)　Heinrich Henkel, *Einführung in die Rechtsphilosophie*, 1964, S. 283 ; 2. Aufl., 1977, S. 303 ff.

(12)　たとえば、*Phänomenologie, Rechtsphilosophie, Jurisprudenz : Festschrift für Gerhart Husserl zum 75. Geburtstag*, 1969 への寄稿者中、Hans Reiner, Alwin Diemer, Edgar Bodenheimer, Th. Würtenberger の諸稿参照。なお、ゴワヤール＝ファーブルの新しい業績（Simone Goyard-Fabre, *Essai de critique phénoménologique du droit*, 1972）は方法において現象学の本来の趣旨に近く、しかも、結論的にも興味のあるものを示している点で、注目される。

(13)　たとえば、*Die ontologische Begründung des Rechts*, hrsg. von Arthur Kaufmann, 1965 に採録されている執筆者の顔触れの多彩さをみられたい。

(14)　とくに、Jean-Paul Sartre, *L'existentialisme est un humanisme*, 1954. サルトルの実存主義も法学と決して無縁ではない。たとえば、団藤「刑法における自由意思の問題」『尾高追悼・自由の法理』（一九六三年）二二三頁注二参照。なお、Arthur Kaufmann, *Recht und Sittlichkeit*, 1964, S. 22 f.

(15)　マイホーファーからの私信（七三・三・二二）では、かれは当時ドイツ連邦共和国のブラント内閣の無任所大臣をつとめていたそうである。こういうことを書いておくことも、なんらかの参考になるとおもう。

(16)　コーンのかような主張は、具体的な人および具体的な物の「実在（Existenz）」ないし「現存在（Dasein）」の重視から来るようであるが、行きすぎた主観主義になるおそれがある（おそらく、常設国際仲裁裁判所判事としての経験・職責が基礎となっているのであろう）。フリードマンは、コーンの実存主義法学を評して、その流行的な名称にもかかわらず、実は単なる自由法論の新版にほかならないことを指摘している（W. Friedmann, *Legal Theory*, 5th ed., 1967, p. 344）。コーン自身も、「概念法学」の廃止が自著の目的であることをみとめている。

四　統合的法学

統合的法学（integrative jurisprudence）というのは、ジェロウム・ホールによって提唱されている。[17] かれはギリシャ以来の法哲学をひろく渉猟し、アメリカおよびスカンディナヴィアのリアリズムにも関心を寄せるが、存在と当為との峻別を不当とし、理論と実践、法社会学と法哲学との協力ないし統合を企てる。かれは、法を「アクション（行動）」としてとらえ、「アクションとしての法（law-as-action）」こそが法であるとするのである。ここで「アクション」というのは「ビヘイヴィア（behavior）」の意味における行動とは異なる。後者がすべての動物に特徴的な運動であるのに対し、前者は人間主体によるものであって、何をなすべきかあるいはなさざるべきかの選択を伴うところの動機づけられた目的的な行動を意味する。したがってそれは、また、単なる「過程（process）」とも異なる。わたくしは第一編において立法過程・司法過程がいずれも法の担い手による主体的要素を含むことを強調したが、この私見は、ホールのいわゆる「アクションとしての法」とほぼ符節を合するようにおもわれる。パウンドは「はたらいている法（law-in-action）」という考えをもち出したが、ホールの「アクションとしての法」は、これをさらに主体的な方面にむかって転回・発展させたものといえよう。「アクションとしての法」を考えることは伝統的な法学における「ルールとしての法（law-as-rules）」という静的な考え方を動的なものに展開したものであり、この点でもわたくしと志向を同じくする。

かような「アクションとしての法」は、イデー化的（ideational）、事実的（factual）、評価的（valuational）な面をもっているが、これらの諸相は別々の見地から研究された特徴の総和ではなくして、アクションそのものは本質的に一体性をもったものである。そこから、かれのいわゆる「アクションとしての法」のダイナミックスないし動態理論が要請されることになる。ホールによれば、命令説などの主観主義的法実証主義のように「まずルール、次にアクション」あるいは「まずルール、次にコンダクト」という考え方は法の動態理論を妨げる。しかもケルゼン流の動態理論（前出一二二頁参照）では不充分である。真に動態的なのは観念（concept）ではなくてアクションである。

判例集・法令集に印刷されているのはいわば「過去の法（past law）」であり、その後の社会的・政治的変化をもあわせて考慮することにより「現在の法と考えられるところのもの」、裁判所の判決の予測、「蓋然的な法（probable law）」、「潜在的な法（potential law）」、「潜在的な、アクションとしての法（potential law-as-action）」がみとめられる。これらも、また、法の諸相であり、これらをも統合的に考察するのでなければならない。ルールは一般的であり、アクションは特殊的である。だから法の妥当性の問題についても、「ルールの妥当性（validity）」よりも、「アクションの正確性ないし有用性」の方が端的な表現である。したがって、純粋のルールを対応のビヘイヴィアから切り離してその効率を法の条件として取り扱うかわりに、「アクションとしての法」とその正確性・有用性を取り扱おうとするのである。

かように「進行するアクション」を考えるばあいには、もはや、存在と当為、事実と価値の峻別は、まちがいのもとになる。「進行するアクション」は決定論的なものではない。それは事実的な面をもつと同時に選択をも現す。それは将来のあるべきものへ向かっての目的的活動であり、価値的なものを含む。

ホールは、スカンディナヴィア派リアリストであるコペンハーゲンのロス(18)（Alf Ross）が一元論的（monistic）な法哲学を主張しているのを援用して、その要請にこたえるべきものとして自己の「アクションとしての法」を提案するのである。そのためには、学際的（interdisciplinary）な研究が不可欠であり、また共通テーマの設定が必要であること、さらにまた、演繹的、帰納的、類推的、弁証法的等あらゆる論理的方法が用いられるべきこと、あるばあいにはデシジョン・メイキングのための実際的な推理やアクションのロジックも用いられるべきことを説くのである。

(17) 以下の叙述は主として、Jerome Hall, *Foundations of Jurisprudence*, 1973 による。なお、前出二二三頁注(16)参照。

(18) Alf Ross, *Towards a Realistic Jurisprudence*, 1946.

五　むすびにかえて

本章は法学の諸傾向の系統づけを主眼とするのであって、結論といったものはない。法学のあらゆる傾向は——その中にはわたくしの立場からは採用できないものもすくなくないが——それぞれの任務をもって現れた——あるいはその任務を果たし終えて消滅した——ものであり、そのことを理解することがこの際は重要なのである。その任務の範囲・性質は主として社会的・歴史的背景との関連において考察されるべきものであるが、同時に、法学の領域との関連においても考察されるべきである。たとえば、解釈法学、法社会学、法哲学といった領域のちがいによって、あるいは解釈法学の中でも憲法学、民法学、刑法学、労働法学といった領域のちがいによって、以上に考察して来た法学の諸傾向の妥当のしかたが一律ではないはずである。第三章は、そのようなことを念頭に置きながら、書かれるであろう。

第三章　法学の諸分野とその任務

第一節　法学の諸分野

一　法哲学と法科学――解釈法学の位置づけ――付・法政策学

この編の第一章序論で述べたように、法学は実践法学と理論法学の両面にわたって非常にひろい領域を占め、その中にいろいろな分野を含んでいるが、われわれは、まず法哲学と、狭義の法科学とを区別しよう。法科学を狭義においてとくに経験科学としてとらえるばあいに、法の経験科学すなわち経験法学[1]がここでその位置を占めることになる。法社会学[2]（前出三一〇頁以下）がその主要な内容をなす。法哲学の面でも、法の経験科学に呼応して、これを組織することを考えなければならないわけで、経験哲学、分析哲学にもとづくところの法哲学はかような任務をもっているわけである。このような経験法学が組織され、これが推進されることは、きわめて有用なことだといわなければならないが、それと同時に、かような単なる経験科学としての法学はまさしく脱価値的（価値自由的）なものであって、そこからは価値判断というものは出て来ない。経験科学としての法学の範囲内でいえることは、経験的にみて一定の所与があるということ、またそれにもとづくところの一定の法則性――もし法則性というものがあるとするならば――があるということだけである。経験法学は、いわば科学者の冷たい目で法を考察するものであり、法を対象化して、その意味において客観的に見るものにすぎないともいえる。

ところが、前にも述べたとおり、法学は、法が実践的にどのようなものであるべきかということを導き出しうるものでなければならない。その意味では、単なる経験法学に満足することのできない面があるのであって、そのようなばあいに、かような実践法学を基礎づけ、さらにこれを指導するものとして、経験哲学でないところの法哲学が要請されて来る。かようにして法哲学は形而上学にもその領域を延ばすことになる。超経験的な法哲学は、ことにスコラ的あるいは新トマス主義的自然法論のように宗教と結びつくばあいもむろんあるが、またたとえば実存主義の立場からするところの法哲学、あるいは先験的な批判哲学をもととするところの法哲学、等々、種々の傾向のものが考えられるわけで、このようなものを頂点として組織されるところの法学は、前述の経験法学とはまた違った任務をもったものとして立ち現れるのであり、これまた法学の世界において、その市民権を主張することができるものというべきである。

ちょうど人間存在について必然的な素質・環境による被制約性の面と自由な主体性の面があるのと同様に、社会全体としても、社会的法則性による被制約性の面と、社会そのものが一種の主体性をもってみずからを発展させて行く面とがあるというべきであって、こうしたことと対応して、法学の広汎な領域を考えるばあいにも——比喩的ないい方をすることを許されれば——その底辺のほうにおいていわば必然的な被制約性の面を認め、その頂点のほうにおいて主体的な自由の面を認めなければならないとおもう。経験法学はその底辺に近いものを考え、法哲学ことに経験哲学以外の法哲学は、その頂点に近いほうにその領域を占めるわけである。

そうしてこの二つの領域はたがいに提携し合って行く必要がある。単なる必然の面だけの追求は法学を盲目ならしめ、その頂点に位するところの法哲学による指導性の発揮によって、これを盲目でないものにすることができる。同時に、また逆に、その頂点にあるところの自由とか主体性の面だけで、あるいは形而上学的に、あるいは先験的なものからの演繹によって法学を構成することになると、いわばその内容は空虚なものになる。このばあいには、単に内容が空虚であるというだけではなくて、経験的な基礎を欠くことによって、法学を常識から離れ社会から遊離したものにする傾向も出て来る。法というものは何よりもまず実用的でなければならない。法の歴史を振り返ってみると、まず実際的な才能を誇ったローマ人の手によって法が重要な発達をし、また同じく実際的なアングロ・サクソン系の民族によって、常識的かつ実用的な法体系が展開され、また同じく実際的な頭をもった中国民族によって、すくなくともある時期には世界に誇るべき法体系（ことに唐の律令）がつくり上げられたことを考え合わせてみるとき、経験的なものを抜きにした法学というものが、いかに法学として無価値なものになるであろうかは推測にかたくないとおもう。

法における経験的なものが法学のもっとも重要な素材であり、これに対する学問的加工も、まず経験法学的な方法によって十分の検討を必要とするが、それだけで法学の任務が終わるわけではないのであって、法学というものが現在から将来に向かっての理想を追求する主体的な機能を果たすためには、これに指導理念を与えるところの法哲学が必要とされるわけである。なおこのばあいに法哲学というのは学問として体系づけられたものだけではなくて、法哲学として組織される以前の法思想をもあわせて考えるべきであろう。

要するに、法哲学の面と法科学の面、とくに法哲学における頂点の部分と、法科学における底辺の部分（法社会学を中心とするところの経験法学の部分）――この二つは、繰り返していえば、互いに提携し合って行く必要があるのであって、法哲学のない法学は盲目であり、経験法学のない法学は空虚であるというべきである。あるいはまた逆に、経験による抑制のない天馬空を行くような法哲学は危険であってこれこそ盲目であり、経験だけでそれをどう使ってよいかわからない経験法学は空虚だといってもよいであろう。わたくしのいいたいのは、両者ともに必要であり、かつ、両者の協力こそが望ましいということである。

ここで、解釈法学の位置づけについて、多少の考察を加えておこう。いままでも繰り返して述べたように、解釈法学は法学のもっとも重要な部分をなすものとして考えられ、単に法学といえば解釈法学をさすことがあるといってもよいくらいであるが、それは、単に法の解釈内容を発見するというようなものではなく、もっと実践的に、法を創造して行く役割りをもっている。これは、司法過程が同時に立法過程でもあること（司法的立法）に対応する。しかし、実は、それだけではない。実定法学者は、法の解釈にあたって、法の不備や不適当な点に気づくことがしばしばであり、その議論はいわゆる解釈論（de lege lata）以外に立法論（de lege ferenda）にわたることがよくある。これは抽象的な立法論よりも、実定法上の具体的な問題に直結しているだけに、価値の高いものであることが多い。しかも、この種の立法論は、きわめてしばしば解釈論と紙一重であり、解釈論の中に包摂されることさえもすくなくないのである。かようにして、解釈法学は単なる司法学・裁判学から立法学にまでまたがっている。解釈法学という名称はここでは適当でなくなって来るが、実践法学として解釈法学は立法学と競合する領域をもつといってもよいであろう。

解釈法学は、一方においては法規範がもつべき規範的意味内実が何であるかを追求するわけであるから、法理念の面において法哲学による指導を受ける必要があると同時に、他方において、適切な社会制御に役立つべきものとして法規範の内容を追求するわけであるから、社会的事実ないし法現実の面において、法社会学をはじめとするところの経験法学の重要な助けなしには、その任務を果たすことができない。

かような意味において、解釈法学を中核とするところの狭義の法学は、いわば広義の法学のピラミッドにおける頂点から底辺に至るところの縦の領域を占めるものというべきであろう。その広い意味の法学の三角形の頂点から一定の幅をもった領域を底辺にむかって描くならば，それがこの解釈法学を中核とする狭義の法学の占める領域を意味することになる。

ここで，法政策のことに言及しておこう。立法論についてはもちろんのこと，解釈論についても，しばしば政策的な考慮が必要である。立法論と解釈論との限界はほとんどないといってよい。こうした見地から法政策学（Rechtspolitik；Rechtspolitologie）ということが論じられる。それは前述の立法過程に関するかぎり，その実体面をカバーするものであるが，それをはるかに超えて広汎な領域にわたる。それは，立法のことを考えてみるだけでも，大は憲法の改正論から，小は個々の法令の制定・改廃をはじめ——法を国家法に限定しないかぎり——私的な会社の定款や学校の規則の作成などにいたるまで，問題のニュアンスは無限であるし，法の運用の場面ともなると問題の大部分は政策的なものである。解釈論についていえば，裁判の場面にも学説の場面にも，純粋の理論を超えて政策論が顔を出す。裁判では公害訴訟のような「政策志向型訴訟」（平井）でとくにいちじるしいが，[3]けっしてそれに限定されない。学説の場面では，法領域による差異があり，刑法学などは，罪刑法定主義が支配するはずの領域であるにもかかわらず，近代派と古典派の対立に典型的にみられるように，解釈論の細部にいたるまで，政策に由来する学説の対立がもっとも顕著にあらわれる領域である。人権の問題が焦点となる憲法や刑事法の分野でも，純理論よりは政策論のほうがしばしば決定的な役割りを演じる。政策には指導理念の定立と同時に，実施結果の予見や実施可能性の限界の見定めが必要である。かようにして，法政策の問題は大小・軽重さまざまで，場面も態様も無限であり，その全体を視野に入れた学問的組織化はきわめて困難である。平井宜雄の『法政策学』[4]は，これに挑戦した業績として注目に値するといってよい。

（1）　経験法学につき，川島武宜『科学としての法律学，法律学方法論』（一九五八年），同編『経験法学の研究』（一

九六六年)、ジョージ(B. J. George, Jr.)＝平野龍一＝田宮裕編『経験法学入門』(一九六六年)、碧海純一『新版法哲学概論』全訂第一版(一九七三年)二二八頁以下、なお、全訂第二版(一九八九年)一八六頁以下。

(2) 法社会学については、川島武宜編『法社会学講座』全一〇巻(一九七二—三年)、六本佳平『法社会学』(一九八六年)。

(3) たとえば、わたくしが最高裁判所に在職中に経験した大阪空港事件(最判〔大法廷〕昭和五六年一二月一六日民集三五巻一〇号一三六九頁)では、純粋の理論的見地からは数種類の解釈論が可能であって、そうした複数の可能性の中のどれを選択するかは、結局、世界観的な立場ないし政策的な見解にまでまたがる裁判官各自の考えによる以外にないものであった。わたくしは、新しい社会事象に対処するべきこの種の事件のありかたから考えて、多数意見とは根本的に異なる反対意見を書かざるをえなかった。団藤『実践の法理と法理の実践』(一九八六年)二八七頁参照。

(4) 平井宜雄『法政策学』(一九八七年、二版・一九九五年)。なお、Axel Görlitz u. Rüdiger Voigt, *Rechtspolitologie. Eine Einführung*, 1985.

二　法史学と比較法学(5)

前段では、法哲学と法科学という大きな二つの分野を考えた上で、実践法学ないし解釈法学がその両分野を縦断して貫いているものであるということを述べたわけであるが、さらに問題となるのがここにあげた法史学および比較法学である。

法史学(6)は法の歴史に関する学問であり、そういう意味においてこれは一面では歴史学の一分野であるとともに、法の史学という意味において法学の一分野でもあるわけである。法学の一分野としての法史学を考えるばあいに、過去に現れた法を確認し、これを系統づけ、現代のわれわれの法が過去においてになっているものを突きとめることを目的とするわけである。それはそれじたい独立の学問分野であるが、解釈法学や立法学などに寄与することにもなる。

同時にまた、それは法社会学とも共通のものをもっている。普通に法社会学というばあいは、現代の社会における法現象を社会学的に扱うわけであるが、過去において法が社会現象としてどのように発展して来たかということを突きとめる意味において、法史学は同時に法社会学とも連らなるものがあり（たとえばヴェーバーの法社会学）、また法史学の方法として法社会学的な方法も、その重要な一面をなすものだということができるであろう。

法が実定法として現れるばあいに、近代では主として制定法の形をとる以上、法史学においても過去における制定法がどのようなものであったかということは、法史学にとって重要な意味をもつものであり、したがってそのような法源そのものを正確に確認すること――史料批判ないし法源批判を含めて――がまず法史学にとっての大きな課題になる。(7) あるいは制定法が発現する前における慣習法的な法現象を対象とするばあいには、どのような慣習法が存在したかということを各種の資料によって追求することになろう。あるいはさらに時代がさかのぼれば、法史学は考古学、人類学などとも深いつながりをもって来る。このような一連の考え方は徹底的に実証的なものであり、経験科学的なものである。法史学が普通経験科学として規定されるのは、そのような意味においてであろうとおもう。

しかし、それらの法源が社会的にどのようなものとして機能していたかといういわば生きた法の歴史を追求するためには、法現象が文化現象であり、その意味においてもともと精神科学の対象ともいえる分野を含むものである以上、法がどのようなものであったかということを突きとめるために、単なる経験科学的なものだけで十分であるかどうかは、問題の余地があろう。たとえば、ある時代にある民族がどのような法をもっていたかということを追求するためには、その時代のものとして現代に残されている歴史的な資料をどのように理解するかということにかかって来る。資料が多かれ少なかれ断片的なものである以上、それから完全な形を復元するためには、その時代、その民族がどのような文化形態をもったものであったかということが、大きな手がかりになるはずである。そういったばあいには、文化科学で必要とされる諒解的方法も必要になって来るであろう。それは単なる経験科学の範囲を越える意味をもつものと考えられる。

さらに進んで法の形成そのものが、歴史法学派のいうように単に歴史的に自然発生的に生成するものというだけでなく、より主体的な形成作用をそこに看取することになるとすれば、過去のある社会における法制度を認識するためには、その時代の立場に立ってその法形成の過程をいわば追思考することも必要になって来よう。そのような意味では、それはすでに主体的な方法をさえも必要とするということになるかもしれない。(8) あるいはさらに、新しい自然法論者の中にあらわれているとおり、法史学を通じて自然法を確認する、あるいは自然法がいかなる形で歴史的に発現するかを法史学において認識しようとするといった方法が試みられている。かようなばあいにおいては、法史学はもはや単なる経験科学を越えるものになることは明らかであろう（前出二六九―二七〇頁参照）。

そのような意味において、法史学はその主要な部分を経験法科学の領域に持ちながら、その触手を上部の法哲学、ことにその形而上学的な面にまで伸ばしているということもいえるであろう。

法史学は解釈法学にも寄与する。法が単なる社会的制御の技術だと考えるばあいには、法史学はせいぜい過去においてどのような法技術がどのような効果をもったかの例証を与えるといった意味で寄与するにすぎないであろうが、法を生命をもったものとして現代の法の背後に法の歴史を考えるときは、どこまで連続性あるいは断絶性を認めるかにもよることであるが、積極的あるいは消極的な意味において、法の歴史は現在あるところの法に重要な意味づけをしているものといわなければならない。したがって法の解釈にあたって、たとえば、ある規定あるいはある法制度がどのような歴史的な背景をもって成立したものであるかということを突きつめることは、解釈法学にとっても重要な示唆を与えるものというべきである。

次に比較法学[9][10]（前出六一頁以下参照）についてみると、ちょうど法史学が時間的なひろがりにおいてもっているところと類似したような特徴を、ここでは空間的なひろがりにおいてもっているということができる。種々の国家、種々の民族、種々の社会にどのような法制度が行なわれているかを確認し、それぞれの特徴がどういうところに由来するものであるかを突きとめ、そこから法とは何ぞやという問題を考えて行こうとするのが、比較法学的なアプローチである。したがって、他の国、他の民族等における法がどのような原因・理由によってそのような特徴をもっているかということを突きとめることが、当の国の当の法律について、それとの比較においてその本質を明らかにするのに役立つことになる。ここでも比較法学はそれじたい独立した学問領域であるが、同時に解釈法学にも大きな寄与をするわけである。

法史学が経験科学的なものを骨子とすると同じく、比較法学もまた経験科学的なものを骨子としている。どこの国、どこの民族、どこの社会にどのような法律が行なわれているかということを事実として突きとめることが、何よりもまず先決である。外国法の継受については、継受が行なわれたことの社会的・政治的な原因・理由、継受の仕方、継受された法の吸収・摂取の程度・態様等々を検討することも、比較法学の重要な課題に数えられる。[11]しかし法史学について述べたと同じく、法現象が社会現象・文化現象である以上は、その法事実じたいが自然科学的事実とは違って、その確認をするについてはやはり諒解的方法を必要とするばあいがしばしばあるものとおもわれる。また自然法の追求のために比較法学が役立つばあいもありうる。自然法が超国家的・超民族的なものである以上、比較法学によって自然法理論に大きな寄与ができることは当然であって、そのような意味では自然法論と比較法学ともたがいに結びつく面をもっている。田中耕太郎が世界法的見地から比較法学に大きな寄与をしているのも、かような点から理解される。[12] それと同時に、体制を異にする国――ことに資本主義体制の国と社会主義体制の国――のあいだにおける比較法的研究は、もっと複雑な関係で格別の学問的価値がある。[13] このばあいにも世界法的見地からみてひとしく人間性の発現としての共通のものを見出すことができるとともに、共通のものについてもいわゆる形態と内容の問題あるいは技術の借用の問題としての角度からの検討を要するし、また、両体制の法制的特徴について史的唯物論の見地からの分析がなされることもいうまでもない。[14] また、かつてのソ連、東欧諸国、中華人民共和国といったおなじ社会主義国の法制の比較法的研究も、民族性、歴史性、[15] 社会主義の発展段階等の見地から興味のあるテーマである。比較法学のばあいも、それぞれの法の担い手の問題を離れて考察することはできないから、ここでもまた主体的な方法を抜きにすることはできないといえよう。[16] そのような意味で、比較法学もまた、法哲学・法科学の両面にまたがった学問領域であり、比較法学が解釈法学に役立つのも、こうした両面においてであるということができるとおもう。

法史学的研究・比較法学的研究あるいは両者の結合した比較法史学的研究は、古代ことに原始時代にさかのぼり、また、異なる法系にわたるときは、隣接諸科学との協力が格別に重要になって来るとともに、その研究成果は「法」の概念・本質の解明にも役立つところが大きい。[17] たとえば、インド哲学者中村元によるインド法（仏教法）の研究は、こうした意味で、法学にとっても貴重な貢献というべきである。[18] なお、現代における未開民族の法あるいは発展途上国の法に関する社会学的（ことに法人類学的・民族誌的）な研究も、多かれ少なかれこれと共通の意義をもつことは、いうまでもない。[19]

（5）　大木雅夫『比較法講義』（一九九六年）。

(6) 法史学の方法論につき、とくに、世良晃志郎「法史学」(『岩波講座現代法15　現代法学の方法』一九六六年)。

(7) 仁井田陞(1904-66)の『唐令拾遺』(一九三三年)のような散逸した法典の復元や、原田慶吉(1903-50)による楔形文字法――シュメール法典、ハンムラビ法典、アッシリア法書、ヒッタイト法、新バビロニア法典草案――の翻訳およびこれについての研究(原田『楔形文字法の研究』一九四九年)は、いずれも世界に誇るべき業績であろう。久保正幡による『リブアリア法典』(一九四〇年)、『サリカ法典』(一九四九年)の邦訳も貴重であるし、石井良助やこれを受けついだ服藤《ハラフジ》弘司の日本法制史における厖大な史料の収集校訂の事業も重要である。そうして、これらの諸家の師として、わが国の法制史研究に厳格な実証的学風を確立した中田薫(1877-1967)の名を忘れることはできない。――ちなみに、仁井田陞の中国法制史に関する業績としては、『中国法制史研究・刑法』(一九五九年)、『中国法制史研究・土地法・取引法』(一九六〇年)、『中国法制史研究・法と慣習・法と道徳』(一九六四年)をはじめ、厖大な著書がある。なお、滋賀秀三『中国家族法の原理』(一九六七年)、同『清代中国の法と裁判』(一九八四年)。

(8) 「歴史学」ないしは「歴史的生起」についてのハイデッガーの深い省察は、史学における主体性の問題について、重要な示唆を与えるとおもう。ハイデッガー(斎藤義一＝ヴォルフガンク・シュラーダー訳『人間的自由の本質について』全集三一巻〔一九八七年〕一四九―一五一頁。史学における主体性の問題につき、私見とニュアンスの違いはあるものの、家永三郎『激動七十年の歴史を生きて』(一九八七年)二四頁、九〇頁、一八五頁、二〇一頁参照。学説史につき、荘子邦雄『近代刑法思想史研究』(一九九四年)一六八頁。

(9) わが国の研究状況につき、野田良之「日本における比較法の発展と現状」法学協会雑誌八九巻一〇号、九〇巻一号(一九七二―三年)。比較法についてのわが国での標準的な体系書として、大木雅夫『比較法講義』(一九九二年)。

(10) K・ツヴァイゲルト＝H・ケッツ(大木雅夫訳)『比較法概論・原論』(上・下)(一九七四年)は私法の領域を対象にしているが、比較法学全体についての重要な文献であり、社会主義法、イスラーム法、ヒンドゥー法等を含む世界の諸法圏についての叙述も有益である。

(11) たとえば、石井紫郎の次の論文参照。Ishii Shiro, The Reception of the Occidental Systems by the Japanese

Legal System, in : *La Réception des Systèmes juridiques : Implantation et Destin*, sous la direction de M. Doucet et J. Vanderlinden, 1994, pp. 239–256.

(12)　「比較法は世界法に依りて可能であり、世界法は又比較法に依りて実証せらるる」（田中耕太郎『世界法の理論』三巻・一九三四年・六五一頁）。

(13)　大木雅夫『資本主義法と社会主義法』（一九九二年）、同「ソヴェト法とブルジョア法の比較可能性について」立教法学一〇号（一九六八年）、同『異文化の法律家』（一九九二年）。なお、藤田勇『ソビエト法理論史研究』（一九六八年）、渓内謙『スターリン政治体制の成立』第一部（一九七一年）、第二部（一九七二年）、第三部（一九八〇年）、第四部（一九八六年）は、比較法的見地からも有益である。

(14)　これら全体をカバーする数すくない研究として、木田純一『社会主義法概論』（一九七一年）、福島正夫編『社会主義国家の裁判制度』（一九六五年）。中国につき、国際法律家連絡協会（長野国助＝仁井田陞ほか）『中国の法と社会』（一九六〇年）、飯田忠雄「中華人民共和国の政治と法律の指導原理としての毛沢東思想」神戸学院法学三巻一号（一九七二年）。

(15)　ちなみに、戦前のものだが、中国法制を民族的・歴史的背景のもとに考察したすぐれた研究として、Jean Escarra, *Le Droit Chinois*, 1936（エスカラ〔谷口知平訳〕『支那法』一九四三年）。

(16)　大木雅夫『日本人の法観念——西洋的法観念との比較』（一九八三年）は、比較法の方法論の原点を模索するものだが、その根底には、わたくしが本文で指摘したような視点が置かれているとおもう。同旨の意図をもった実証的な労作として、次の注に掲げる千葉正士のものがある。

(17)　それは、おのずから、民族・種族の独自性（むろん民族主義ではない）を認める多元的法理論にみちびく。この方面での特記に値する業績として、千葉正士のものを挙げなければならない。千葉正士『現代法人類学』（一九六九年）、同『法文化のフロンティア』（一九九一年）。『法人類学の地平（千葉正士教授古稀記念）』（一九九二年）。Masaji Chiba, *Legal Pluralism : Toward a General Theory through Japanese Legal Culture*, 1989. その基礎となったものとして、M. Chiba, Ed., *Asian Indegenous Law In Interaction with Received Law*, 1986.――なお、この関連で、団藤「法のダイナミックス」法学五二巻一号（一九八八年）、とくに一六〇頁以下参照。

（18）　Hajime Nakamura, The Indian and Buddhist Concept of Law, in : *Religious Pluralism and World Community*, ed. by Edward J. Jurji, 1969, p. 131 et seq.――なお、田辺繁子のマヌ法典の翻訳およびこれに関する一連の研究をも忘れてはならない。田辺繁子訳『マヌの法典』（辻直四郎解説）（岩波文庫・一九五三年）。

（19）　とくに、千葉正士の前記の諸業績参照。なお、国際的学会として、International Union of Anthropological and Ethnological Sciences. その機関誌のひとつとして、*Journal of Legal Pluralism and Unofficial Law.*

第二節　解釈法学(1)

（1）　碧海純一＝加藤一郎＝平野龍一「現代法解釈学の方法」（碧海純一編『岩波講座現代法15　現代法学の方法』一九六六年・所収）、田中成明『法的思考とはどのようなものか』（一九八九年）。なお、中村治朗（1914-93）の次の論著は、法一般、とくに法解釈についての滋味のある省察である。中村治朗『裁判の客観性をめぐって』（一九七〇年）、同『裁判の世界を生きて』（一九八九年）。中村は民事で裁判官の経歴が長く、最後は最高裁判所判事であった。

第一　はじめに

解釈法学――法解釈学といっても同じことである――は、本編第一章で述べたとおり実践法学である。比喩的にいえばそれは水泳のようなもので、初学者はまず水中に入ってトレイニングをしなければならないのであって、たたみの上の水練はまちがいのもとである。その意味で、解釈法学は、いきなり憲法、民法、刑法、訴訟法といった実定法にぶつかって、そこで直接に解釈というものを体得するにこしたことはないのである。英米の学者のいわゆるリーガル・マインド (legal mind) を養うことによって、とくに方法論的反省がなくても立派に法の解釈の仕方を身につけることができる。アメリカのロー・スクールで――ことに名門中の名門であるハーヴァード・ロー・スクールではじめられたことであるが――ケース・メソッドによって学生の訓練が行なわれるのは、そのためであるといってよい。日本はコモン・ローの国ではないから、アメリカとまったく同じに考えることはできないが、法解釈の本質はちがうわけではないから、たとえば英米法学者である田中英夫 (1927-1992) の編著にかかる『実定法学入門』(一九六五年) がケース・メソッドを入門書に試みているのは、充分に首肯されるのである。ジェロウム・フランクはアメリカのロー・スクールの教育では学生は最高裁判所の判例ばかり読まされるから事実から遠ざかり本当の解釈の方法を身につけることができないといって警告したことがあるが、アメリカでもこのごろのケース・ブックはいちじるしく改善されて来たし、田中の上掲書も下級審の判例をも引照しているのでこの要請をみたしている。

要するに、解釈法学は、「大人の学問」であり、あるひとつの解釈をとることが四方八方に響くことを見抜いた上でイギリス人のいわゆる「よくバランスのとれた」考え方をしなければならないのである。自然科学の分野ではある程度以上の年配になると研究のプロジェクトは提供しえても第一線の研究者ではありえなくなるということがいわれるし、社会科学の分野にもやや似たことがいえるであろうが、法の解釈となると経験の蓄積による円熟した頭脳が要求されるのである。有名なホームズ判事が大人の法律家といわれるのは (前出三一六頁)、かれの理論体系は背後にかくされて、事件の処理にあたってはすべてを見抜く洞察力と将来の法の発展をも判決の中に潜在させる炯眼をそなえているからであろう。

しかし、以上のことを心得た上で、法の解釈について方法論を自覚し反省することは、きわめて重要である。

第二　法の解釈

一　解釈の対象たる各種の法規範

法の解釈というと、一応は、法規範の規範的な意味内容を突きとめることであるといってよいであろう。このばあいの法規範というのはいろいろなものを含むわけで、たとえば条約、憲法、法律あるいは法律以外の命令の規定の解釈、あるいは制定法以外に慣習法の解釈といったこともある。またそれらを具体化した具体的法規範についての解釈ということもありうるわけで、たとえば裁判の解釈、私法上の法律行為、行政行為、訴訟行為などの解釈といったこともある。ここで裁判の解釈ということを述べたが、これは個々の裁判の意思表示的内容を確定するという意味における訴訟行為の解釈としての性質をもつばあいもある。しかし、裁判の解釈は、また、判例法の解釈としてある裁判の先例的意味をたしかめるために行なわれることもある。問題となるのはとくにこうした判例法の解釈であって、判例法が何であるかの解釈は、制定法の規定の解釈とちがったむずかしさをもつ。すなわち、一方では、判例法を構成するとみられる個々の裁判について各事案との関連で判旨を理解してその先例的意味をたしかめる操作が必要であると同時に、他方では一連の裁判の中で判例としての流れやウェイトをみなければならない（前出一八九頁以下参照）。

このように、法の解釈というといろいろなものをその中にもっているが、とくに重要なのは制定法の規定の解釈であるから、以下、主としてこれに焦点をあわせて考察を進めたいとおもう。

二　制定法の解釈――（その一）論理的解釈

制定法の規定の解釈については、まず規定の文章が大きな手がかりになることはいうまでもない。したがって、その規定を構成するところのことばをどのように理解するかということが、法の解釈の第一着手になるといってもよいであろう。制定法の規定のよりどころになるのはいうまでもなくその規定で用いられていることばであるから、国民がその規定をどう受け取るかもそのことばをたよりにするわけで、したがって法の解釈をするについてそのことばからかけ離れた解釈をするということは、しばしば国民の法の規定に対する信頼を裏切ることにもなる。

しかし同時に、そのような法の規定の文理だけによって解釈をするという、いわゆる文理解釈（grammatische Auslegung）だけで、その規定の法規範としての意味内容が突きとめられるかというと、そうではない。もしそうだとするならば、法の解釈は結局国語学者の仕事の領域になるであろうが、法の解釈はそういうものでないことは明らかである。第一、法律に独特の、普通の国語と一致しない用語の約束もある（前出一八四頁注（10）参照）。あるばあいには規定のことばよりも広い内容のものとしてこれを解釈するとか（拡張解釈 ausdehnende od. extensive Auslegung）、あるいはその文理よりも狭い内容のものとして解釈する（縮小解釈 einschränkende od. restriktive Auslegung）といったことがあるが、これは何もとくに拡張解釈、縮小解釈というものがあるというよりも、それが当の規定の本来もつべき意味そのものであるというふうに考えなければならない。

また、あるばあいにはその規定の文章によって直接にカバーされていない事柄について、法がどういう趣旨にこれを解決しようとしているかということを考えなければならないことがおこって来る。そのようなばあいに、あるときは規定は欠けているけれどもその問題に関連のある規定を持ち出して、それの類推によってそれと同趣旨の解決をそのばあいにも与えようとすることがある。いわゆる類推解釈（Analogieschluß；argumentum a simile）がそれである。同時にまた、あるばあいについて規定が置かれていないということは、規定の置かれているばあいと対比してこれを消極的に解決する趣旨であると考えて（argumentum e silentio)、規定のあるばあいと反対の解決を与えようとすることがある。これがいわゆる反対解釈（Umkehrschluß；argumentum e contrario）である。さらにまた、ある事項について規定があるのに他の事項について規定がないばあいに、後者についてはあまりにも当然のこととして規定が置かれなかったにすぎないものとして、いっそう強い理由によって前者の規定の趣旨を後者のばあいにも及ぼして同じように解釈しようとするいわゆる勿論解釈（argumentum a fortериori）もある。(1)

（1）それ以外にも、「大は小を兼ねる」式の議論（argumentum a maiore ad minus)、逆に「小は大を兼ねる」式の議論（argumentum a minore ad maius)、「反対の解釈をとると馬鹿げた結果になるからこの解釈の方が正しい」という議論（argumentum ad absurdum）などがある。たとえば、クルークは、こうした各種の論理形式を意味論の見地から取り扱っている。Ulrich Klug, *Juristische Logik*, 2. Aufl., 1958. なお、カイム・ペレルマン（江口三角訳）『法律家の論理——新しいレトリック』（一九八六年)。

三　制定法の解釈——（その二）利益の較量

このように、文理解釈、拡張解釈、縮小解釈、類推解釈、反対解釈、勿論解釈といったようないろいろなばあいを考えることができるが、これはいずれも規定の文理をもととしたばあいに、結論としてこのようなことがありうるというだけのことであって、これらのばあいにどの範疇の解釈が正しい解釈であるかということは、もっと実質的な考慮によるものであることはいうまでもない。

実質的考慮としてまず考えられるのは、利益法学（前出二八七頁）のいうような利益の較量である。裁判の場でいえば、当の法的紛争の裏づけになっている当事者双方の利益をはじめとして、それが第三者や社会一般の利益に及ぼす影響、さらには先例とすることによって将来の同種の事案について予想される利益・不利益（前出一三七頁以下参照）といった各種の利益が較量されなければならない。ここに挙げたのは裁判にあたって考慮されるべき利益の中で比較的典型的なものであって、実際には、これ以外にも考慮されるべき利益はいくらもありうる。学説の場では、特定の具体的事件を念頭に置くわけではないので、較量されるべき利益も定型化された形で考えることになるが、そのかわり、具体的事案に即しての裁判の場における利益較量とちがった面でのむずかしさも出て来る。たとえば、金銭債権ひとつを考えても、売掛代金か貸金か賃金か等々で、背景となっている利益状態はまったくちがったものでありうるし、売掛代金にしても具体的事情を類型化すれば、いろいろのものがありうるであろう。かようにして、利益較量には、多数の具体的事案の分析による類型化、社会的実態調査など種々の手段を利用する必要がある。しかし、利益較量は、同種のものについてさえ決して簡単ではない。まして、利益の中には、異種類のものがきわめて多い。ごく大まかにいっても、公益と私益、公益の中でも国家的利益と社会的利益、私益の中でも財産的利益と人身的利益と精神的利益、これらに通じて、有形的利益と無形的利益、現在の利益と将来の利益、等々無数のものがあり、しかもそれらが複合的な形で現れることが多い。理論的にとくに問題になるのは、こうした利益を較量する規準をどこに求めるかである。たとえば、「公共の利益」ひとつをとってみても、経済的生産性と社会福祉のどちらに重点を置くかで判断の規準がちがって来るであろう。あるばあいには、憲法の規定や当の法律に掲げられている目的規定などによって、利益較量の規準がある程度まで割り出されることもあるが、多くのばあいは、窮極的には価値論の問題につながり法哲学的な立場を離れては解決されえないのである。

のみならず、ヘックのいうように「利益」をいくら広義にとるとしても、利益較量は法解釈原理のひとつの行き方にすぎず、民事財産法などには比較的よくあてはまることであろうが、これだけですむものではない。利益法学はイェーリングの目的法学の系統をひくものであるが、法における目的は、単にイェーリング流の功利主義的見地からだけ理解されるべきものではないであろう。しかも、法律の目的は、当の法律に内在するとみとめられる目的でなければならない。法の規範的独自法則性の否認はやがては司法権の独立さえをも危うくするおそれがあるといっても、わたくしは誇張ではないとおもうのである。かようにして、われわれは、法の解釈にあたっては、法の奥にあるものを探らなければならないことになる。

四　制定法の解釈——（その三）その基準としての法の奥にあるもの

法の規定の奥にあるものとしてまず考えられるのは、法律を作った立案者の意思である。たとえばその法律がある省によって立案されたとすると、その省の立案担当者がどのような趣旨でその規定を作ったかということがまず問題になる。続いてそれが国会にかけられたばあいに、国会の審議の過程においてそれがどのような趣旨において是認されたか、あるいは修正を受けたかということが問題になる。そのような意味で立案資料、あるいは国会の各種の議事録の類が法の規定の趣旨を考える上に、しばしば重要な参考資料になる。

しかし、法はかような法を立案した者の意思から独立したより客観的な存在である。法がいったん制定されたばあいに、立案当初には予想されなかった事態をその法律によって解決しなければならない羽目になることがしばしばおこって来るし、またはじめ予想したような事案であっても、それをはじめ予想したような趣旨に解決することが妥当でないことが判明して来るようなこともありうる。法が生きた社会に適用され、生きた社会を規制する任務をもっているものである以上、いったん立案者の手から離れて、客観的な法規範として存在するに至った以上は、その社会とともに生きるべき運命を与えられ、いわば独立の生命力をもってみずからを発展させて行くべきことになるのである。立法当時の、いわゆる立法事実が立法後に変動して来ることは、いくらもあることである。そのよ

うな点から、立案者の主観的な意図が何であったかということは、単なる参考資料以上の意味をもつものではない。(2)
そこで、しばしば立法者の合理的な意思あるいは合理的な立法趣旨が法の解釈原理になるものといわれるわけである。そうして、それがある程度にはっきりと確認されうるときは、いわゆる目的論的解釈が行なわれることになる。目的論的解釈については、のちにもうすこし立ち入って考察する機会があるであろう（後出三六六頁）。しかし、法にはそれに内在するところの合理的立法趣旨があるとはいっても、それは解釈者の単なる恣意によって、法を本来の目的以外に濫用してはならないことに主眼があるのである（法哲学的にはこの点については議論を重ねなければならないから、それは省略する）。したがって、立法者の合理的意思だとか合理的立法趣旨だとかいったものがはじめから客観的に存在していて、それを発見することが法の解釈の基準になると考えるべきではなく、法がその適用されるべき社会との相対的な関係においてみずからを展開して行くものと考えなければならない。第一編の法の動態のところで詳論したとおり、このばあいに法が発展するのは、法の担い手の主体的な活動によるわけである。そして法の解釈ということは、まさしくかような法の創造的活動であり、法の解釈は法の発見ではなく、法の創造であるといわれるゆえんである。

そしてその担い手がたとえば裁判官であるばあいには、裁判の場面において公定的な解釈が行なわれるわけである。そのばあいには、裁判官が主体的に法の適用の場面において法を創造して行くということになる。これに対して、その場面が具体的な事件における裁判の場を離れて、法学者が理論の場面においてこれを扱うばあい、これがいわば狭義における法の解釈の問題であり、それの体系化されたもの、あるいはその解釈の統一的原理を見出そうとする学問が解釈法学ないし法解釈学である。裁判の場における法の解釈と学説の場における法の解釈とのあいだに本質的な違いはないが、裁判のばあいには、司法過程そのものの中に組みこまれた公定的解釈であるということを別として、具体的事件における個別的な解決を主眼とする点で、より一般的な見地から考察するところの学説による法の解釈とは異なるニュアンスをもつ。

しかし裁判のばあいでも、単なる個々の事件の解決をこえて、それが先例として将来起こるべき同種の事件にも適用されることが前提とされるという意味においては、同時に一般的考察をも必要とするとともに、学説による法の解釈においても、単に一般的・抽象的な理論を立てるだけではなく、それが個々の具体的な事案に当てはめられるばあいに具体的に妥当な結論を得られるであろうことを見越している必要がある。したがって、学説による法の解釈のばあいにも個別的見地をまったく無視するものではないのである。

ただ、裁判のばあいにはそれじたい一つの国の司法制度を前提とする活動である以上、学問的なものと決して無縁ではなく学問的な裏づけをつねに必要とするものではあるが、しかし純粋の学説とは違う面をもつわけで、その意味において解釈法学における狭義の法解釈は学説によるそれであると考えなければならない。そのような意味で、以下に述べるところも主として学説による法の解釈についてである。

ここで、前にも述べた「法の欠如」の問題（前出一六九頁）にもう一度触れておく必要があろう。論理的にいうと法の規定がないということは、その点について法の規範がないということを意味するわけではなく、法の規定がある部分との対比において、どのようにしてそこに法規範を見出すかという問題である。「法の欠如」は法規範の不存在ではなく、そこにも当然に何らかの法規範が存在するのであって、ただその存在するところの法規範が何であるかが、一定の論理的操作をまってはじめて発見されるにすぎない。このばあいにももちろんいわゆる法の発見とされるものが、実は法の創造という本質をもつものであるという原理は当てはまる。それは「法の欠如」のばあいにはじめて起こる現象ではなく、法の規定があるばあいにおいてもその解釈が法の創造という意味をもつのと同じく、「法の欠如」のばあいにいかなる法規範がそこに存在するかを見出すことも、実は法の創造という本質をもつというだけのことである。

ところで、かように直接に法の規定が存在しない部分についての法規範が何かを確定することは、先ほど挙げた拡張解釈、類推解釈、反対解釈、勿論解釈といった論理的操作の形をとるわけであるが、前述のとおりその実体は法のより本質的なものから導かれなくてはならない。したがって、たとえばスイス民法の規定、あるいは日本の明治八年太政官布告一〇三号裁判事務心得にあるように、条理をもとにしてこれを解釈するという形でその解決が導かれることもある（前出五八頁、一六九頁）。自然法論者であれば、このばあい、とくに自然法の機能を認めることになる。いずれにせよ「法の欠如」のばあいに、これをいかにして埋めるかということは法解釈の一般原理の単なる一つの適用にすぎないというべきである。

いま、「法の欠如」のばあいを例に引いて、条理や自然法といった法の奥にあるものを、法解釈の基礎として論じたが、これを条理や自然法といったものだけに求めるべきかどうかは、法哲学的な立場に依存するところが大きい。たとえば、ある論者は、法の歴史的・民族的・文化的な背景にある要素を援用するであろう。ヘーゲル的、ロマン主義的、民族主義的、等々の立場からは、そういう主張が出て来るにちがいない。また、他の論者は、目的合理的、政策的なものを強調するであろう。功利主義的、プラグマティズム的、リアリズム的、等々の立場からは、そうなるにちがいない。さらに、また、他の論者は、現在の社会の発展段階と社会的合法則性による将来の展望とから、現時点における解釈原理を導き出そうとするであろう。史的唯物論の立場からは、そうならざるをえないとおもわれる。このように、法の解釈の窮極にあるものは法哲学、世界観、イデオロギーの問題である。(3)もちろん、その手前には第一編で法の理念として論じた正義、法的安定性、合目的性といった問題があるし、さらにその手前には、民法、刑法、労働法、税法、特許法といった法領域の性格の問題もある。これらはいずれも、法解釈における論理操作の実体面として重要性をもつが、窮極的には、法哲学的な立場の問題に帰着する。解釈法学が頂点においては法哲学につながると前述したのは、この趣旨にほかならない。このことは、やがて、次に述べる法解釈の客観性と主体性の問題にわれわれを導くのである。(4)

(2)(4)　だから、われわれは、ラートブルッフとともに、「法律解釈は、かつて考えられたことの追思考ではなく(中略)、再現的要素と生産的要素との、理論的要素と実践的要素との、認識的要素と創作的要素との、学問的要素と超学問的要素との不可分にまざり合ったものである」ということができる(碧海純一訳「解釈の種類」ラートブルフ著作集5・一九六二年・一〇二頁)。ただし最後の「超学問的」というのは、ラートブルッフの批判哲学的な相対主義から来る。

(3)　こうした種類の論争として、例えば広中―星野論争を挙げよう。広中俊雄「近代市民法における人間――社会関係における『人的要素』と近代市民法」(同『民法論集』一九七一年・二七四頁以下、なお、三八五頁以下)、星野英一「民法解釈論序説」「補論」(同『民法論集』一巻・一九七〇年・とくに三九頁以下、五三頁以下)。

第三　法解釈の客観性と主体性

一　法解釈の客観性の有無――法解釈の主体性――解釈法学の可能性

前述の法的安定性という法理念から、法解釈がなるべく客観的なものであることが要請される。このことは法規範が個人を超えるところの社会的な規範であるということからも裏づけられる。しかし、はたして法解釈は完全に客観的なものでありうるかどうか。法解釈はいくら客観的であろうとつとめても、解釈者によって解釈が分かれて来るのは当然である。そこで、法解釈が客観性をもちうるものかどうか、またはたして客観性をもつべきものかどうかということが問題になって来る。このことは、いままで繰り返し述べたところの法解釈が法の発見であるか法の創造であるかという問題とも関連するし、また法というものがはたして一つの調和的・静的な秩序をなすものであるか、あるいはそれじたいがたえず矛盾をもちながら発展する動的なもの、わけてもその担い手によって主体的に発展させられるべきものであるか、ということと密接な関連がある。

さきにも述べたように、法の解釈については法の規定をもとにしてこれに種々の加工を施すわけであるが、その加工のよりどころとなるべききめてがあるわけではない。自然法の立場をとるとすれば、その際に自然法という客観的なよりどころがあるが、このばあいにおいても自然法の内容としてどの程度に超民族的・超時代的な実体を盛り込むかということとも関連して、その基準をつねに画一的な客観性をもったものと考えることは困難であろう。ましてて自然法の立場をとらない論者においては、なおさらそのばあいの客観性を担保するものを見出だすことが困難になって来る。

ある一つの規定を解釈するについて、論者甲はある見解をとり、論者乙は他の見解をとる。かようにして無数の見解の対立を生じ、そのばあいにどの立場が絶対的に正しいものであるということを判断するきめてがない以上、それは各論者の単なる主観的な意見にすぎないという見解も出て来るわけである。そのばあいに、それが単なる偶然的な見解の相違であるのか、偶然的でないとするならば、何がその選択をさせることになるのか。さきにも一言したように、たとえば法を社会的コントロールの手段と見る立場からすれば、その社会的コントロールにもっとも適当な見解がもっとも正しいということになるであろうし、また法に倫理的な色彩を強く認める立場からすれば、倫理的要請にもっとも適する見解が選択されるべきことになろうし、また社会の改革を目ざす立場からすれば、改革にもっとも適する見解が選択され、また保守的見地をとる立場からすれば、そのためにもっとも都合のよい見解が選択されるべきことになるであろう。かようにして法の解釈は結局はそれぞれの論者の立場の問題に帰着する。

そこで、ある解釈をとるばあいには、その解釈を主張するためにある立場が予想され、したがってその立場をとることについての政治的な責任を負うべきが当然だ、という見解が現れて来る。たとえば来栖三郎の見解がそれである。(1) かような見解において、もしその政治的責任において決断されるべきある結論の選択が法学の範囲を越えるものであるとするならば、法学の範囲内における法解釈学というものはありえないということになる。

しかし、かようなばあいにどのような立場をとるべきかということは、価値判断の基準に関する面において窮極的には法哲学の問題であると同時に、その解釈がどのような社会的機能をいとなむものであるかを判断する面において法社会学などと結びつく。かような両面の支えによって、無数にある法解釈の可能性の中から一つの解釈の立場をとることは、前節に述べたような種々の領域をその中に含むところの法学全体として見るばあいには、まさしく、法学の任務の範囲内に属するものというべきである。前節において解釈法学が法学の全領域のピラミッド型において、その頂点から底辺に至る縦断的な領域を占めるものといったのは、まさに、このことと関連があるのであり、かような立場をとるかぎりは解釈法学はやはり一つの学問として成立するものといわなければならない。これを狭義の「科学」――物事を対象化してみるところの――といえないことはもちろんであるが、そのことをわきまえてさえいれば、これを学問ということに、なんの妨げもない。

(1)　来栖三郎「法の解釈と法律学」私法一一号(一九五四年)、同「法の解釈適用と法の遵守」法学協会雑誌六八巻五号・七号(一九五四年)、同「法律学」(末川還暦祝賀『民事法の諸問題』一九五三年・所収)、同「法の解釈における制定法の意義――その一・法と法源」法学協会雑誌七三巻二号(一九五九年)。なお、前出二三八頁注(1)参照。

二　主体性から客観性へ[2]

このように窮極的には自己の世界観的立場を支えとして一つの解釈論的見解を主張するということは、主観的というよりもむしろ主体的というのにふさわしい[3]。

法解釈においては、主観性というよりもむしろ主体性が認められるべきである。法解釈における要請として、前述のように客観性というものがあると同時に、他面において法解釈の主体性というものがなければならない。客観性と主体性とはたしかに矛盾する面をもっている。少なくとも法秩序というものを固定的なものとして考え、あるいは法の発展のある段階を現在という横断面においてとらえ、法解釈をその横断面に属するものとみるような立場、いいかえれば法秩序の発展性を括弧の中に入れたような考え方からみるかぎりにおいて、法解釈の客観性と法解釈の主体性とは相容れないものといわなければならないであろう。しかし、すでに第一編でも種々の角度から論じたとおり、法秩序というものが一面においては客観性を有するべきであると同時に、他面においてその担い手によって主体的に発展させられるべきものであるという理解に立つときは、そこからこの一見矛盾するところの二つの原理が統合されて来なければならないはずである。法解釈について種々さまざまな解釈が主体的に持ち出され、それが判例に反映し——判例法の形成における個々の裁判じたいがかような法解釈の一場面であることは前述のとおりである——このような判例の形成において、これらの見解の一つのもの、あるいはいくつかのものが、そのままの形においてであろうと修正された形においてであろうと、あるいは複合的な形においてであろうと、採用される。かようにして法そのものが、客観的にさらに形成されて行くのである。

ここで、わたくしは前述のカール・ポッパーの間主体性の議論をもう一度想起したいとおもう。かれによれば、科学的客観性は科学者たちの「友好的＝敵対的な協力」の意味における「間主体性」によって達成されるというのであり、[4] しかもかれは文化の創造のためには自由意志——「自由意志」の用語は避けるが——の承認を必要とすることをみとめるのである。[5] それはわたくしの意味における「間主体性」に完全に合致する。わたくしはかれの主張するこうした考え方は、法解釈や裁判の問題にもそのまま援用されうるものといってよいとおもう。

実は個々の学説における主体的な主張そのものでさえも、決して単純に主観的なものではない。ひとは、いくら主観的であろうとしても、素質・環境のもとに客観的なものによる制約を免れず、その意味で誰の意見にも多かれ少なかれ客観的要素がある。戦前・戦時において国粋主義的思想の鼓吹者であった同一人が今や臆面もなく左翼的言動をしている例は、無数にある。これは主体性の弱い例であるが、客観的な時代的影響がいかに強いかということの例証にはなるであろう。これは、よい例ではないが、こうした例からもわかるように、個人レベルの学説においても、一方では個人のパーソナリティの影響が強いと同時に、環境的因子としての時代、社会情勢の影響も強い。したがって、主体的・主観的とみえる学説にも、実は、多分に社会的客観性の要素がはいっているのである。カードウゾは、「われわれはいくら客観的にものをみようとしても自分じしんの目でしかみることができない」といったが、また、反面において、われわれはいくら主観的にものをみようとおもっても、円い月を三角にみることは特殊の芸術的天才にめぐまれた画家以外には不可能だということをも指摘しなければならない。[6]

話をもとの筋へもどすと、かように、もともと客観的要素をも内蔵している個々の解釈論的見解が、司法過程に組みこまれるとき、より本来的な意味で客観性を帯びるものになって行くのである。判例の中にも無数の矛盾・対立がみられるが、それは社会的要請の部分的反映であることが多く、やがて、判例がひとつのまとまった潮流になって行くとき、それは社会的基盤にもとづく客観性を獲得することになる。その際、国民もまた法の担い手として司法過程に間接的ながらも働きかけるものであることは司法過程の項で考察したとおりであり、それが判例の——

すなわち法解釈の――社会的客観性の担保になっているといってよい。実践法学は、かようにして広義の司法過程の中に組みこまれたものであり、だからこそ「実践」法学の名に値するのであることは前述のとおりである。主体的―主観的ともいうべき法解釈が社会的な客観性を獲得するのは、こうした論理的および実際的なプロセスを経てである。

このばあいに、はじめからある解釈内容が客観的に存在していて解釈者がそれを発見するものと見るべきではなくて、上に述べて来たような法解釈の主体性を通じて法解釈が客観化されて行くということになるべきであろう。これを個々の解釈者の心理について考えるときには、その解釈者は自分の見解を客観的に妥当なものとして主張することにおいて一種の客観的な要素をもつとともに、それがあくまでもその解釈者の個人の意見であるという意味において――たとい本人が強い自然法論者であろうとも――つねにかならず主観的な要素をもっている。したがって、かような個々の解釈者のレベルにおいて、すでに法の解釈はいわば客観的＝主観的、あるいは客観的＝主体的ともいうべき構造をもっているわけである。かような個々の法解釈の見解における主体的＝客観的構造が、司法制度という機構を通じ、判例という形式において、より社会的な意味における客観性＝主体性を獲得するということになるのである。

かようにして、法解釈の中には、個々の解釈者の解釈というレベルにおいても、あるいは司法作用における解釈というレベルにおいても、主観性あるいは主体性の要素が含まれるのであって、かような主体性にもとづく個々の見解の内容としては、くりかえし述べるとおり、種々さまざまのものがありうるわけである。あるものは法実証主義の立場、あるものは自然法の立場、あるものは革新的な立場、あるものは保守的な立場といったように、種々の見解がそこに働いて来なければならない。このことは民主主義国家における司法制度あるいは広く法制度のあり方として当然のことであって、かような立場を単純に法における相対主義として貶し、その価値を低く見ることは許されないことである。むしろかようなものを通してこそ、正しい意味における法の客観性が獲得されるものといわなければならない。

良心の問題もかような点に関連して来る。裁判官の良心の問題については、すでに第一編の司法過程の関係で述べたところであるが、学説における法解釈としては、個々の学者の良心の問題がかような法解釈における主体性のいわば中核をなすものといってもよいであろう。裁判官の良心は、客観的法の実現という要請との関係で基本的人権として保障される個人の良心を中核としながらも多少の変容を受けるのに対して（前出二〇四―二〇五頁）、法学者が法解釈をするばあいの学者的良心は、より純粋に本来の個人的良心に近いものといわなければならない。しかしこのばあいにおいても、法じたいが個人を越えるものであり、本来客観的なもの（前述のような意味においてではあるが）である以上、自己の解釈論が法としての客観的妥当性をもちうるものとの信念のもとにその主張をするのであるから、法解釈における良心は、良心とはいっても純然たる個人の良心とは多少のニュアンスをもつことになるであろう。そのような意味においては裁判官的良心と法学者的良心との間には本質的な違いはないものともいってよい。かような意味においても、法解釈は単なる主観的なものではなくして、いわば主観的＝客観的ともいうべきものである。

学者的良心は真理を追求し真理を語るところの良心である（「真理というものは存在しない」という信念をもつ学者は、「真理というものはない」という「真理」を追求し、そのような「真理」を語ることになるので、例外ではない）。だから、法に客観的な意味が内在するものでないと信じる学者は、その信念にもとづく解釈論を展開するのが良心的である。しかし、法に客観的意味の内在をみとめない学説も、法技術的になんらかの――このばあいには法に外在的な——客観的な解釈論的内容を主張することになるから、やはりその主張は客観的＝主体的という構造をもつことになる。

裁判官的良心と法学者的良心とのちがいについて、なお、一言を加えると、第一に、裁判官的良心は、国家的機構としての司法部の一員として司法過程に活動するところの良心であり、裁判官としての職責を果たすという立場から良心の声をきくのである。ところが法学者の良心にはこうした制約は全然存在しない。国家や法を否定することも、法学者としての立場とすこしも矛盾するものではない。第二に、法学者は自己の正しいと信じる見解を学界に説得するために、はげしい論争の際などには、多少とも過度の強調をすることもあるが、それはむしろ学者的良心の現れとみられることがすくなくない。このばあいは、本人は、その主張がただちに判例にそのまま採用されることを念頭に置いているとはかぎらないのであって、その意味では、主張の主体性——主観性がより正面に立ち現れ、客観性は背後にひそむことになる。——こうした微妙な点を追求して行けば、裁判官的良心（正しい裁判をするという良心）と法学者的良心（正しい法学説を立てるという良心）とのちがいは、ほかにも多くを追加しうるであろう。したがって、また、法学者が裁判官になったばあい、あるいは裁判官が法学者になったばあいに、同一人であろうとも、見解に相違が出て来る可能性があるのは当然であって、そのことは本人の良心の弱さを物語るものでなく、むしろ良心の強さと鋭さを示すものにほかならない[7]。

くどいようだが、くりかえしていえば、法解釈に客観性を付与するのは法の社会性である。すでに述べたように、無数の可能な解釈の中からある解釈がとくに浮かび上がって来るばあいに、その背後に社会的背景が看取されるべきことは当然であるが、そのことを越えて、解釈者が個々の解釈の中に意図的に社会的要請を盛り込むという意味において、法解釈の客観性の基礎が与えられるという面もあることを忘れてはならない。

ただこのばあいに留意しなければならないのは、社会的要請そのものをどのように受けとめるかということじたいが、どのような世界観的立場をとるかということと深くかかわりをもっているという点である。同じ一つの社会的事態に直面しても、たとえば、甲論者はその要請を保守的見地から受けとめ、乙論者はこれを革新的見地から受けとめることがありうるわけであって、そのばあいには同じ社会的事態を前提としながら、そこから出て来るべき社会的要請を全然別の趣旨において感じ取ることになり、したがってそれに基づくところの法解釈は正反対のものになることがありうるのである。したがって、このような意味における客観性は決して絶対的なものではなく、それじたいが窮極的にはさらに主体的なものにかかっており、したがってさきに述べたような主体的な法解釈を通じての法解釈の客観化というプロセスを経由する必要があるわけである。

要するに、わたくしは、法解釈の客観性は、解釈法学の実践法学的性格の見地から、司法過程において主体的・実践的に、したがってまた、動的に確保されるべきであり、また確保されることが可能であると考えるものであり(8)、法哲学的にいえば、そのような意味で相対主義とその超克とをみとめるべきものと考えるのである。

（2）団藤「裁判における主体性と客観性」（同『実践の法理と法理の実践』一九八六年・一四三頁以下）。

（3）「主観性」というときは心理学的であり、「主体性」というときは哲学的（とくに実存主義的）である。外国語では、両者の区別は困難なようで、たとえば英語では、どちらも《subjectivity》になるかもしれないが、「主体性」の意味を強調するときは《self-hood》を用いることがある（Kiyoko Takeda Chō, The Christian Encounter with the Traditional Ethos of Japan——A Study of Nitobe Inazo's Ideas——, in: *Asian Cultural Studies*, 5〔ICU. Publications III-A〕, 1966, p. 132. 武田清子「キリスト教受容の方法とその課題——新渡戸稲造の思想をめぐって」同編『思想史の方法と対象』一九六一年・三〇一頁）。ただし、精神分析的な《ego-identity》が主体性と訳されることもある（E・H・エリクソン〔岩瀬庸理訳〕『主体性』一九六九年）。これは、わたくしの立場における主体性とは距離があるが、精神分析の系統でも、フランクルやソンディになると、私見に近い「主体性」がみとめられていることは、前述のとおりである（前出四五頁）。

（4）　K. R. Popper, *The Open Society and Its Enemies*, Vol. 2, 5th (Revised) Ed., 1966, p. 217.

（5）　K. R. Popper, Indeterminism is not enough, in: *The Open Universe. An Argument for Indeterminism.* Paperback Edition, 1988, p. 113 et seq. ただ、かれは「無用な用語の問題」や「道徳とか応報の観念といった脇道にそれること」を回避するために「意志」ということばを避けるのである（p. 113）。かれはもともと批判的合理主義の立場であるが、このあたりになると、わたくしなどとの距離はほとんどなくなるように思われる。わたくしにとっては心強いかぎりである。かれとの交友がかれの晩年にきわめて親密になったのも理由がないわけではない（かれの絶筆になったのは、わたくしに宛てた自筆の信書であったそうである）。ちなみに、わが国でかれと多年にわたって格別に親交が深かったのは碧海純一であった。

（6）　竹内栖鳳（1864-1942）を頭に置いて、こう書いた（村松梢風『本朝画人伝』中公文庫版・巻七・一九七七年・二六二頁）。

（7）　わたくしは、本書の旧版『法学入門』にこのように書いた後、たまたま最高裁判所判事に就任することになったので、この所説は世の中から格別の注目を浴びたが、裁判官在職中の経験からいって、わたくしは所信を強めこそすれ、修正の必要は毛頭みとめなかった（団藤「学者的良心と裁判官的良心」同『実践の法理と法理の実践』一九八六年、とくに三九頁以下）。ちなみに、共謀共同正犯の理論については、わたくしが従来教科書に書いていた見解を裁判にあたって修正したが、あれはすでに東京大学での講義の最後あたりでは行為支配の理論によってあの線まで行っていたのであって（団藤・前掲『実践の法理と法理の実践』四三頁）、学説そのものを修正したのであった（団藤『刑法綱要・総論』三版・一九九〇年・四〇一頁注三一参照）。したがって、それはここに述べたこととは別個のことである。なお、Arthur Kaufmann, *Das Gewissen und das Problem der Rechtsgeltung*, 1990.

（8）　碧海純一は、法解釈学における客観性の問題と正面から取り組んでいる法哲学者の一人であって、分析哲学の見地——碧海のことばで正確にいえば「現代合理経験主義」の立場——から解明を試みている。碧海も、わたくしと結論においてはやや近い点があり、「法解釈学が経験的所与としての法の認識をもって能事おわれりとする理論科学ではなく、このような認識に立脚しつつもさらにみずから実定法の形成・運用に参与する実践的な応用科学である」とするのであるが（碧海純一『新版法哲学概論』全訂第一版・一九七三年・二二三頁）、「客観性」ということについては、これをエドムント・フッサールによって用いられた「間主観性（Intersubjektivität）」という意味にとり、「『客観性』を『間主観性』と言いかえることによって、認識論的に過大な要求（クレイム）を避けることができると私は考える」（上掲二二四頁注6）という見解をとっている。わたくしは、碧海の分析哲学的立場を、とくに経験法学のささえとして高く評価するとともに、解釈法学の領域においては、容易に是認することができない。私見は、《Intersubjektivität》をむしろ「間主体性」と理解することによって、より実践的主体的立場から考えようとするのである。そこに現代分析法学とわたくしの立場との根本的なちがいがある。この問題については、その後、碧海からの批判があり（碧海純一「法の運用における客観性と主体性──団藤重光著『法学入門』をめぐって」同『法哲学論集』一九八一年・所収）、これに対しては、団藤『実践の法理と法理の実践』（一九八六年）一八〇─一八一頁に簡単ながらお答えをしておいた。ちなみに碧海も自由意志を肯定するのである（前掲書三三九頁）。なお、矢崎光圀『法哲学』（一九七五年）一一七頁参照。

第四　理論体系としての解釈法学

一　解釈法学の理論体系──機能的アプローチの問題をも含めて

個々の規定の解釈は、他の規定から独立してなされるものではなく、他のもろもろの規定と総合して、その解釈内容がきめられなければならない。それは一つの法律問題についていくつかの規定が適用されるばあいはもちろんだが、その問題について一つの規定だけが適用されるばあいについても同様である。一つの規定の解釈はこれと関連する一連の規定の解釈との総合的な理解の上に成り立つ。また一つの制度についての理解は、それと関連する他のいくつかの制度との関連において成り立つ。またいくつかの制度を包括するところの一つの領域についての理解は、さらに他のいくつかの領域との総合的な理解の上に成り立つ。かようにして、窮極的には解釈法学は法の全体を一つのまとまった理論体系として樹立することを予想するわけである。これは第一編に法の静態として法秩序の構造を考察したが（前出八三頁以下）、あたかもそれと呼応するものである。法秩序の構造は解釈法学の構造を規定し、逆に、解釈法学の構造は法そのものの構造に反映する。

国内法についていえば、憲法、民法、刑法、訴訟法といった各種の領域の理論体系は、たがいにあいまって、かようにして膨大なピラミッド型の理論体系を築き上げているのであり、逆にその頂点から底辺にむかって下りて来る方向でいえば、ピラミッド全体の分肢として、各種の法領域についての憲法学、民法学、刑法学、訴訟法学等をもつことになり、またそれぞれの領域の中における総合的な理解を前提として、その中の一つの制度、あるいはさらにその下にある一つの規定についての理解が可能になって来る。もし新しい規定や制度が創設されるときは、それは関連の規定や制度の解釈にも波及し、事柄によって他の法領域にも影響しかねない。かようにして、解釈法学は単なる個々の法規の解釈を越えて、全法体系についての理解を内容とするところの理論体系を形づくるものとして構想される。

かように解釈法学が堅固で整然とした理論体系をもつことは、それが判例に――ばあいによっては立法にも――反映することとあいまって、恣意的解釈を封じる機能をもつ。それは、とくに市民法的な法的安定性に奉仕することが大きいから、民事法の領域においても初期資本主義の時代にいわゆる概念法学がその役割りを果したのであった。刑法の領域では、現在においても――おそらく将来においても永く――人権保障機能を果たすために、解釈法学の理論体系が重要な任務をもつのである。現在、他の法領域に比較して、とくに刑法学に理論的体系化――ことに構成要件理論・定型説を中核とするところのそれ――が顕著なのは、まさしくそのためである。わたくしは、刑法学の理論体系化は罪刑法定主義を補充する役割りを果たすものと信じている。したがって、逆にいえば、無自覚的な理論体系のための理論体系、理論構成のための理論構成にうき身をやつすことは、刑法学の領域においても健全な方向ではないと考える。ただ念のためにいえば、刑法は人間そのものを扱う領域であり、理論構成における微動でさえも、その波及するところは大きいのであって、一見して理論構成のための理論構成とみえるようなことも、その実、重大な意味をもっていることがあることをも忘れてはならない。

さらにまた、解釈法学は、前述のとおり、一面では法哲学、他面では法社会学に連らなる領域で、精密な解釈法学の構成は、法哲学・法社会学へも寄与することがすくなくないはずである。わたくしがさきに実践法学の理論性の軽視を警めたのは(前出二五三頁)、こうした意味をも含蓄している。刑法学以外の領域についても、解釈法学の理論体系を決して過小評価してはならないとおもう。

かようにいうことは、解釈法学における機能的なアプローチの価値を低くみることを意味しない。法、したがって解釈法学は、何よりも社会に役立つものでなければならず、法のファンクショニングの考察を離れて健全な解釈法学は成り立たない。むしろ、法への機能的アプローチがあらたな理論体系となって結実するのでなければならない。その意味で近年のわが国における――主としてアメリカ法学の影響による――傾向は全体として健全なものと考えられる。ただ、若干の点を指摘すれば、第一に、社会制御一辺倒の考え方は、法の機械化、人間疎外の傾向を伴いがちである。第二に、機能的アプローチの偏重は便宜主義を招くおそれがある。これは、ことに人権保障の要請の強い刑法学の領域において警戒を要する点である。機能的アプローチを推進する論者がたまたま同時に人権尊重論者であるかぎりは弊害はすくないが、機能的アプローチという方法論そのものにはこうした点についての歯止めはないのである。要するに機能的アプローチということは、体系的な解釈法学の代用物ではなくして、体系的な解釈法学をいっそう合目的的なものにするための技術的手段にほかならない。機能的アプローチは、法解釈学の全体的な原理として考えるのには不適当であって、より総合的な見地からするところの法解釈の原理の一場面としてその権利を主張することができるにとどまると同時に、またその範囲内においてはきわめて重要な一つの考え方だといわなければならない。そうした自覚をもたない機能的アプローチ論は、無自覚な理論構成のための理論構成に対するのと同じ警告に値するであろう。

二　法領域による解釈原理の相対性——目的論的解釈と概念の相対性

解釈法学の各領域については、他の領域との総合的な見地のもとに、基本的には異なるところはないながらも、それぞれの法域の性質の差からある程度のニュアンスが出て来る。たとえば、憲法は、最高法規として、国内法全体の上にあって国内法体系の大綱を規定しているのであるから、その各条項についての解釈は、その基本精神がどこにあるかの探求に重点が置かれなければならない。このばあいにも文理解釈をおろそかにしてよいという理由はすこしもないが、商法、訴訟法、税法といった技術的な規定の解釈のばあいとはおのずから趣を異にするものがあるはずであり、憲法の解釈において文字論に拘泥して基本的原理を見誤ることがあれば、それは本末顚倒もはなはだしいといわなければならない。しかし、憲法においても、規定の字句は慎重に選択されているのであって、それのもつ重みを忘れることは、基本原理を見誤る危険をもつことをも肝に銘じておく必要があるのはもちろんである。また、たとえば、刑法についていえば、罪刑法定主義という大原則の結果として、行為者に不利益となる方向にむかっては、類推解釈の禁止といった厳格な解釈原理が要請されることは、前にも述べたとおりである。

法解釈原理のニュアンスは、以上のような点にあるだけではない。ある法域と他の法域とで法規制の目的がちがう以上、そのちがいが法解釈の仕方にも反映するのは当然である。それは、同じ法域の中でも個々の法律によってもちがうことがあり、また、同じ法律の中でも個々の規定によってちがうことがある。かようなそれぞれの法規範の目的を考慮してその目的にそうように解釈することを「目的論的解釈（teleologische Auslegung）」といい、そのためにはシュヴィンゲ（Erich Schwinge, 1903-?）のいわゆる「目的論的概念構成（teleologische Begriffsbildung）」も必要になって来る。ミュラー＝エルツバッハやエンギッシュ（Karl Engisch, 1899-?）のいわゆる「法的概念の相対性（Relativität der Rechtsbegriffe）」も法の面におけるその反映にほかならない。刑法、民法、労働法における違法性の相対性（ことに可罰的違法性）（前出一六二頁注（26）参照）などは、そのいちじるしいものである。そのほか、たとえば、民法の「占有」概念と刑法のそれとはちがうし、私見によれば刑法の「占有」概念じたいにも相対性がある。この種のものはほとんど無数であって枚挙にいとまがない[1]。

かように法領域その他の視点からの相対性をみとめなければならないとともに、法秩序全体の統一性の見地から他の法領域と矛盾を生じることがないように解釈する必要のあることをも忘れてはならない。この点は、すでに前述したとおりである（前出八五頁）。

（1）　近時、劉基天とシルヴィングによって、概念の「相対性」と「多義性」との混同についての警告が発せられていることをも見逃がしてはならないであろう（Paul K. Ryu u. Helen Silving, Was bedeutet die sogenannte „Relativität der Rechtsbegriffe“?, *Archiv für Rechts- und Sozialphilosophie*, Bd. 59, 1973, S. 57 ff.）。

三　ふたたび解釈法学の理論体系について——動的体系としての解釈法学

右に述べたのは、いわば理論的要請としての解釈法学の体系化およびそこから導かれる種々の帰結についてである。しかし実際には、かような総合的な理論体系の樹立は、単に想定あるいは要請されたものにすぎないのであって、このことは法解釈に当たる一人一人の法学者の能力の限界ということから来るだけではなく、より本質的に考えれば、しばしば述べたとおり、法秩序が固定的・静的なものではなくして、発展的・動的なものであることに由来する。法秩序はその中に絶えず矛盾が胚胎して来ることによってみずからを発展させて行くのであり、その発展の契機はいわば法秩序の担い手によるところの主体的な法解釈が主たる要因となっているものと考えられる。かような動的な法秩序のもとにおいては、全体が静かな調和をたたえた、内部に矛盾を含んでいないところの概念の殿堂としての一つの理論体系を形成するということは、考えられないことである。

しかしながら、かような見地においても、法秩序が動的でこそあれやはり一つの法秩序でなければならないということの当然の反映として、解釈法学の体系にもいわば動的ともいうべき全体としての理論体系が想定されなければならないのであって、問題となる個々のばあいを孤立的に他の問題から絶縁して処理してよいと考えることは正当でない。近時いわゆる「体系的思考方法（Systemdenken）」を排斥して、「問題的思考方法（Problemdenken）」を主張する立場があるが、(2) それはもはや一つの独立した領域としての解釈法学を放棄することとなり、法解釈に単なる技術的な意味――社会制御のための技術としての――を認めるにすぎない立場となるであろう。

念のために追加して言えば、体系的思考・問題的思考ということを演繹的思考・帰納的思考あるいは抽象的思考・具体的思考と混同してならないのは、もちろんである。体系的思考とは、個々の問題についてもつねに全体の体系――ばあいによってはその修正――を念頭に置きながら思考することであって、全体の体系から演繹して結論を導くことに限らない。個々の問題を掘り下げることによって考察を深めることが、やがて全体の理論体系を反省しこれを発展させる原動力となることは、もちろんである。わたくしが排斥するのは、個々の問題を全体から切り離して断片的にそれだけを解決すれば事足りるという考え方である。具体的な個々の問題を掘り下げることは、体系的思考にとっても――その体系の正しさの検証のため、あるいはその深化・発展・修正のために――きわめて大切である。このようにして体系的思考をたえずフィードバックして行くことこそ、わたくしのいわゆる動的理論体系の中核をなすのである。その意味で問題的思考方法は体系的思考方法と対立するものではなく、前者はむしろ後者の中に同化吸収されるべきものといわなければならない。

（2）　これはとくに民事法の領域でいい出され（フィーヴェック、ヴィーアッカー）、刑法にも持ちこまれた（Thomas Würtenberger, *Die geistige Situation der deutschen Strafrechtswissenschaft*, 1957, S. 10)。日本の刑法学界では平野竜一がこの種の考え方を代表している。

第五　解釈法学と法社会学・法哲学

一　はじめに

法社会学および法哲学は法学の重要な部門であるが、これらについては前章の「法学の諸傾向とその系譜」において略述したところからその概要を読み取っていただくこととして、ここでは、解釈法学との関連という見地だけから、この二つの部門のことを簡単につけ加えるにとどめたいとおもう。

二　解釈法学と法社会学(1)

解釈法学が前述のように、広義の法学のピラミッドの頂点から底辺にいたるまでを縦に貫く領域だとすると、解釈法学はその底辺のあたりで、ひろく法社会学によって支えられ、また、浸透されている。

このことをまず方法論的にみると、二つの考え方がある。第一は、新カント派流の方法の純粋性から、「存在」と「当為」を峻別する考えであって、「存在」から「当為」は導かれないから、規範の学としての解釈法学から法社会学を完全にシャットアウトする行き方である。これは、法から生命を奪うようなものである。しかし、「存在」から「当為」は導かれないとしても、「当為」である法規範を純粋にとらえてひとつの形式的な容器にし、その容器の中に「存在」たる社会学的なものをまったく自由にとりこむこともできる。純粋法学や現代分析法学はこうした方向にある。第二は、方法論をやかましくいわないで、実定法の解釈・運用について、規範的・論理的の面から と社会的・事実的な面からとを問わず、同じ対象についての多角的アプローチをみとめる行き方である。これは法哲学的には大問題であって、軽々に断定することはできないが、実際問題としては、新しい領域の開拓にあたっては、方法純粋性が促進的に働くときはこれを強調するのがよく、阻害的に働くときはしばらく方法論をあとまわしにするほうがよい（これは方法論を回避する趣旨ではなく、実際上の研究の順序についていっているだけである）。

法「社会学」というのは、前にも一言したとおり、狭義の社会学以外に種々のものを含むきわめて広汎な、しかも新しい領域である。心理学、精神医学（精神分析を含めて）、生物学、性格学、人類学（文化人類学にかぎらない）、経済学、あるいはさらに裁判科学（forensic sciences）（法医学、裁判化学、供述心理学など）等までをも含めてもよい。(2) 対象も、法規範の機能、法学説の機能、種々の法現象、等々、およそ法に直接・間接にかかわりのある事実で、とくに排除しなければならないものはない。そこで、解釈法学と法社会学との関係は、複雑多岐にわたるのであり、いまそれを全面的に概観するということは不可能である。以下に述べるところは、比較的重要とおもわれるものを、例示的かつ無秩序に挙げてみるにすぎない。

法社会学は社会科学（実は自然科学の分野をもかなり取りこんでいる）一般についていえるように、ヴィンデルバントのいわゆる法則定立的（nomothetisch）な方法が基本とされるが、おなじくかれのいわゆる個性記述的（idiographisch）な方法も軽視されてはならないとおもう。わが国でも従来しばしば行なわれて来た慣行調査の類は、法則定立的見地からのものにかぎらず、むしろ個性記述的なものが多かったとみてよく、それはそれなりに、法学――解釈法学を含めて――への寄与はきわめて大きかったとおもわれる。前述のとおり、「慣習」はそれじたいとして現行法上意味をもつことが多く（前出一八六頁)、したがって、慣行調査は解釈法学上、この点で直接に貢献することになる。のみならず、本来の「慣習法」をみとめるためには、民衆のあいだの法意識――サヴィニーのことばでいえば法的確信――の確認が必要である（同頁)。この点からいって、戒能通孝が「我々の所謂法律社会学の内容は、社会の内的秩序たる法的規範意識――之を広義に於ける慣習法と呼んでもよい――の探求を目標とする一の学問であると主張したい」といっているのは[3]、現在の法社会学の主流からははずれている感があるが、充分に理由のあることとおもう。それが解釈法学への寄与になることはもちろんである。

個性記述的、法則定立的とはいっても、程度問題である。法則性（regularities）といってもつまりはかなりのマージンをもった蓋然性、傾向の域を出るものでないことは、ギュルヴィッチもいうとおりである[4]。ところで、解釈法学にとって、きわめて重要なことは、ある解釈をとることが実際上どのように機能したかをたしかめることによって、その解釈を維持するなり修正を加えなければならないことである。このようなフィード・バック（feed-back）を行なうのは、まさしく法社会学の力によることであり、その際、法則性が強くみとめられればみとめられるほど有効なフィード・バックを行なうことができるであろう。これはプラグマティズム、リアリズムの立場を採用するときは、正面から取り上げられることであるが、そうでなくても、解釈論には多かれ少なかれ、目的論的ないし機能的見地がはいって来るのであって（罪刑法定主義下における犯罪構成要件の規定の定型説的な解釈のばあいについてさえもしかりである)、フィード・バックの必要はつねに存在する。行きすぎた政策的解釈を慎しむべきことは前述のとおりであるが、それとこれとを混同してはならない。わたくしがしばしば警告するのは、解釈法学が

《ancilla sociologiae》（社会学の奴婢）ともいうべきものに堕することが、法の規範的独自法則性を失わせ、ひいては司法権独立、法の倫理的性格等の点に悪影響を及ぼすことがないようにしなければならないという点にあるだけである。法は独自法則性をもちながらも社会的制御の任務をもつものであることを忘れてはならない。

フィード・バックはおよそ法の解釈についてすべて必要であるが、それがとくに必要なのは法が裁量権をみとめているばあい——刑事関係でいえば裁判官による量刑、検察官による起訴猶予、地方更生保護委員会による仮釈放等々——についてである。これは解釈法学と直接に関係がないようだが、これらはいずれも「量刑不当」による上訴理由、検察審査会による審査、中央更生保護審査会による審査に服するので、その運用のいかんはやはり解釈法学の対象となる性質のものである。

フィード・バックと並んで重要なのは予測（プレディクション prediction）の問題である。(5) 右に挙げた刑事関係の例については、それらの処分の成果についてのプレディクションが重要であり、それは解釈法学への寄与になる（ただ、社会学における法則性が蓋然性の域を出るものでないことを忘れて、刑の量定などを行なうと、それは、まさしく人間疎外の結果を招来するであろう）。

ところが、予測は、解釈法学への寄与というよりも、解釈法学との協力という関係でいっそう大きな重要性を有する。リアリズム法学によって強調されているとおり、それはとくに司法過程についてであり、司法社会学(sociologie de la justice)の重要な任務のひとつは、どのような判決が出されるだろうかという予測を可能にすることで、訴訟の当事者——弁護士を含めて——にとってそれは重大な関心事であり、ばあいによっては、予測の結果として無用な訴訟を回避することができ予防法学にも役立つことになる。

司法過程の関係では、広義の法社会学が、解釈法学と協力する場面はきわめて大きい。第一編の司法過程の項で論じたように、実体形成のうち法の適用は法解釈学でこなすことができるが、事実の認定は、証拠法に関するかぎりはやはり法解釈学の領域であるとはいえ、法廷に顕出された証拠からどのようにして事実を認定するかは、裁判科学にまつところがきわめて大きい。

そのほか、こまかい問題を挙げればきりがないが、[6] それらはいっさい省略することにして、最後につけ加えなければならないのは、法社会学（広義）の影響が解釈法学の末端にまでもっとも浸透しているのは、おそらく刑法学の領域においてであろうということである。刑法学における学派の争いについては前述したが（前出一三七―一三八頁）、これは世界観的立場の相違もさることながら、犯罪と刑罰とに関する実証科学的認識の問題と深くかかっており、その対立がひいては解釈論の隅々にまで及んだのであって、現在でも形を変えながら歴然と残っている。

（1）　渡辺洋三『法社会学と法解釈学』（一九五九年）、川島武宜「法社会学と法律学」（同編『法社会学講座3　法社会学の基礎1』一九七二年・九頁以下）。川島武宜（1909-92）のわが国の法社会学に占める地位は巨大であり、法社会学についての論著は尨大であって著作集全一一巻中最初の四巻（一九八二年）を占めている。

（2）　法心理学については植松正・西村克彦、法精神病学・法生物学・法性格学については三宅鉱一・内村祐之・吉益脩夫、法人類学については千葉正士（『現代・法人類学』一九六九年、なお前出三四二頁注（16）所掲の文献）、裁判科学については古畑種基（ただし《forensic sciences》を「法科学」と訳しているのは穏当でない）を挙げておこう。法人類学については、千葉・前掲のほか、わたくしは、個々の人間の構造分析を企てているランペの法人類学に興味をもっている（Ernst Joachim Lampe, *Rechtsanthropologie. Eine Strukturanalyse des Menschen im Recht*, 1. Bd., 1970）。これは解釈法学にも影響をあたえるとおもう。法の行動科学については、木下冨雄＝棚瀬孝雄編『法の行動科学』（一九九一年）。

（3）　戒能通孝『法律社会学の諸問題』（一九四三年）（「序に代へて」四頁）。戒能の入会の研究（戒能『入会の研究』

一九四三年）や小繋事件の調査など、こうした志向から出ているものといってよいであろう。

（4）G. Gurvitch, *Sociology of Law*, 1947, p. 227.

（5）実験的な方法はフィードバックや予測の手段として役立つことが大きいであろう。実験法学につき、Frederick K. Beutel, *Some Potentialities of Experimental Jurisprudence as a New Branch of Social Science*, 1957. レーヴィンジャー（Lee Loevinger）のいわゆるジュリメトリックス（jurimetrics）につき、バーデ編（早川武夫＝碧海純一編訳）『ジュリメトリックス』（一九六九年）。

（6）たとえば、解釈法学の領域でも、情報処理の問題が今後ますます重要になって来る。コンピューターの利用といった技術的方式も考えなければならない。判例・学説のCD・ROM化は、わが国でもようやく実用化の段階に入った。法学者や法実務家の精力が判例・学説の検索に向けられていた状況から、いまや次第に脱却しつつあるのは、喜ばしいことである。しかし、それと同時に、記号化の困難もさることながら、電算化による人間的なきめこまかい含意の脱失といった危険のあることを、十分に警戒する必要がある（たとえば、わたくし自身の経験からいっても、個々の問題についての見解を全体の文脈から切り離して断片的に引用されることには、しばしば当惑を感じるのである）。なお、情報処理の問題につき、やや古い文献だが、東京大学理学部・情報科学研究施設編『思考過程と情報科学』（一九七二年）。

三　解釈法学と法哲学

解釈法学と法哲学との関係については、第一編においても随所に触れたし、また、本章第一節にもかなりまとめて取り扱ったのであった。要するに、法学全体のピラミッドの頂点から底辺にまでいたる解釈法学は、その頂点において法哲学と重なり合いながら、法哲学から理念を示され、また理念的な基礎づけをあたえられているのである。下手な比喩をつくってみれば、解釈法学は緑なす大樹にたとえられるであろう。それは法社会学の大地に根を下ろし、そこから物質的な養分を吸収しなければ枯れてしまう。それと同時に、そびえ立つ梢に太陽からの熱と紫外線とにたとえられる理念がふりそそがれることによってますます繁茂するのである。法ないし法学――解釈法学を含めて――は、物質的な面と精神的な面と双方をもつことによって、健全に生育するものとおもう。しかも、それは、歴史法学派のいうように、単に自然に生成するといったものではない。それは、法ないし法学の担い手であるわれわれの主体的な働きによって、形成して行くべき性質のものである。その意味で木の比喩はどこまでも単なる比喩にすぎない。

ところで主体性とは何か。それは最後まで客体化されないところのものであり、思惟する者、行為する者である。個人は主体性をもつ。階級やグループも主体性をもちうるが、それは階級やグループに所属する個人が主体性をもっていればこそである。階級やグループの主体性のもつ社会的重要性は大きいが、根源にさかのぼれば、個人の主体性に到達せざるをえない。主体性をもった個人が一定の社会的条件のもとに団結するとき、個人をこえる主体性が発揮されるが、はじめから個人の主体性がなければ、階級やグループの主体性もありえないのではないか。その意味で、わたくしは、思惟する者、行為する者としての個人にもっとも根源的なものをみとめざるをえない。

いうまでもなく、個人は人類の一員にすぎず、この意味で全体が先か個人が先かは、永遠に議論されるであろう。前述のとおり、ラートブルッフは個人主義（Individualismus）、超個人主義（Überindividualismus）、超人格主義（Transpersonalismus）の三者を並べているが、私見によれば、文化価値に対応させられている超人格主義もつまるところは文化価値を個人主義的見地から評価するか超個人主義的見地から評価するかに帰着するのであって、他の二者と対等に並立するところの第三のカテゴリーとして立てるべきかどうかは疑問だとおもう。ところで、個人主義と超個人主義の優劣は、抽象的にきまることではなくて現実的な社会的要請によることだとおもうが、社会的要請が何であるかは、くりかえし述べたとおり、主体的・動的に把握される以外にない。そうだとすれば、主体性の根源であるところの個人の主体性が、個人主義・超個人主義の対立を解決するための前提である。つまり、個人主義の見地から個人の主体性を強調するというよりは、もうひとつ高い次元の問題として、個人の主体性が強調されなければならないのである。主体的意味における人間の《ratio》こそが《ultima ratio》でなければならない。

かような根源的な――あるいは形而上学的な――問題を離れて考えてみても、すくなくとも現行憲法下における現代法の問題としては、法の社会化を促進するについても、何よりもまず個人の人権を考えるべきであることは、これまた、すでに述べたとおりである。これは解釈法学としても、最高法規としての憲法のもとにおける最高の原理だといわなければならないであろう。

かようにして、解釈法学――ことに現代法における――の窮極にあるものとは、個人の人間的価値――人格の尊厳（dignity ; Würde）――である。法は社会規範であり、法学はひろい意味における社会科学であるが（解釈法学の社会科学性はここでは別論である）、わたくしは、右に述べて来たような意味で、法学の人文科学としての性格を忘れることはできないとおもうし、法哲学としても人間の主体性をみとめる実存主義的なものが窮極になければならないと考える。このことは、現代分析哲学その他の意義を否定する趣旨ではなく、それらは、解釈法学にとってもきわめて重要な法社会学の基礎づけにも役立つものであるから、これを高く評価しなければならない。しかし、それは――おそらく論者の気持に反して――多分に手段的なものであり、これを絶対視することは許されない。むしろ、人格の尊厳といったことが単にノミナルなものでなく現実に保障されるための手段として法社会学的知見に負うべきところは至大であり、経験哲学もそれを支えるものとして、人道主義的・精神的なはたらきをもつものである。このことは、たとえば、論理経験主義にきわめて近い立場に立つとおもわれるラッセル(7)（Bertrand A. W. Russel, 1872-1970）の人道主義的格調の高い政治活動をみるだけでも容易に理解されるところである。しかし、こうした立場は、哲学そのものとしては、人間の主体性をみとめるものではない。現在までのところ、実存主義——サルトル的にせよ、ヤスパース、ハイデガー的にせよ、マルセル的にせよ[8]、その他にせよ——にもとづいた法哲学の領域における重要な業績は現れていないようにおもわれるが（前出三二五頁以下参照）、わたくしは、この方面に、大きな期待を寄せている一人である。

（7）　碧海純一『ラッセル』（一九六〇年）。

（8）　Gabriel Marcel（1889-1973）のものとして、マルセル『人間の尊厳』（西谷啓治＝小島威彦＝渡辺一夫監修・マルセル著作集・8・一九六六年）。

四　法のダイナミックス——全編の結びを兼ねて

天の方へむかっては実存主義的哲学の方向を目指し、地の方向へむかっては行動科学的なものを含む法社会学を支えとすることによって、解釈法学を含む法学全体が正しい発展をするのではないか（これは、むろん、わたくし一個の考えであって、決して法学の主流ではない）。これはファウストのように、「二つの魂が、ああ、自分の胸に住んでいる」という嘆きとは全く別のことである。両者は両極に分裂したものではなく、たがいに手を取り合って行かなければならないはずではないのであろうか。ただ、現在のところ、両者のあいだにはなんらかの架橋をつくり、両者を提携させるだけの理論も思想もはなはだ不充分であり、それじたい、今後の課題だといわなければならない。

各人の主体的主張をそれぞれにみとめることは、ラートブルッフ流の相対主義に似ているが、そうではない。各人の主体的主張がオーケストラのように調和するであろうという見方も、現実をみない理想主義的楽観論である。各人の主体的主張は、徹底的に矛盾し対立することが——ことに階級に結びつくときは——いくらもありうる。その解決は、最終的には静的でなく動的であり、調和的でなく闘争的であり[9]、そうした意味を含めて主体的である[10]

(ただ、闘争的とはいっても、法のわくの中では、暴力が許されるのは正当防衛その他の特殊例外的なばあいに限定される)。それによって、実現されるべきものが次々に——つねに新たな問題をはらみながら——実現されて行くであろう。それは完成・終結を知らない永遠の過程である。しかも、その過程のそれぞれの段階は、それじたいとして——法のダイナミックスの一環として——絶対的である。重要なのはこうした動的な過程——課題がこのようにして次々に解決されさらにまた次の課題を生むところの過程——そのものである。われわれは各自が法の担い手として、それぞれの立場において、よりよい法——よりよく社会的要請にこたえうる法——の実現をめざして行かなければならない。そのばあい、何が社会的要請かということじたい、所与ではなくて、つねに課題として把握されなければならない。人類の営みが永遠であるように、法のダイナミックスも永遠に続くべきわれわれの主体的な営みであり、その主体的な営みの過程こそが重要なのである。

わたくしは「われわれのものとしての法」ということから本書を説き起こした。その本旨はここにあったわけである。読者に改めてそれをもう一度たしかめていただく意味で、ここに〈da capo !〉としておきたいとおもう。

(9)　この関係で問題を提起したのは、マルクーゼ一派である。Robert Paul Wolff = Barrington Moore = Herbert Marcuse, *Critique of Pure Tolerance*, 1965. 独訳として、*Kritik der reinen Toleranz*, 1966. 邦訳として、大沢真一郎訳『純粋寛容批判』(一九六九年)。

(10)　わたくしは、ここに述べたことを、とくに司法過程について——自分の裁判官としての体験をふまえて——間主体性の問題として追求してみた(団藤『実践の法理と法理の実践』一九八六年)。これはひとり司法過程にかぎったことではなく、法全体にあてはまることだと、わたくしは考えている。そのわたくしなりの青写真の一つとして、団藤「法のダイナミックス」法学五二巻一号(一九八八年)。

科学としての法学ということが現代法学の流行語のひとつであり、これは大切なことである。しかし、また、思想としての法学もこれにおとらず重要なことである。単なるロゴスをこえる何ものかがあるのではないか。言語学的法学（linguistic jurisprudence）も重要だが、実存主義的法学――もしありうるとすれば――も、窮極的な重要性をもつ。「ロゴス（ことば[1]）（ヨハネ福音書一・一）」か、「意味（Sinn）」か「力（Kraft）」か「業《わざ》（行為）（Tat）」か。わたくしはゲーテの「ファウスト」の書斎の場面におけるファウストの独白を想い出す。それは法学のあり方の一つの相を示しているようにさえおもわれるのである。[2]

書かれた文句は――「始めに言葉ありき！」
此処で俺はもう躓く！　誰の助を借りて先へ進まう！
俺は言葉をそんなに高く値踏みすることはとても出来ん、
なんとか別に訳せずばなるまい、
俺が霊の正しい光照を受けてゐるのなら。
書かれた文句は――「始めに意味ありき」。
第一句によく心を用ゐるがよい、
お前の筆が辷り過ぎんやうに！

Geschrieben steht: „Im Anfang war das WORT!"
Hier stock' ich schon! Wer hilft mir weiter fort?
Ich kann das Wort so hoch unmöglich schätzen,
Ich muß es anders übersetzen,
Wenn ich vom Geiste recht erleuchtet bin.
Geschrieben steht: Im Anfang war der SINN.
Bedenke wohl die erste Zeile,
Daß deine Feder sich nicht übereile!

あらゆるものを成し、造るものが意味であらうか？
かう書かるべきだった——「始めに力ありき！」
いや、これを書き下してゐるうちに、
もう、これでは足りんと警告するものがある。
やあ霊の助けだ！　不意に途が開けて
俺は安んじてかう書く——「始めに業ありき！」

（阿部次郎訳）

Ist es der Sinn, der alles wirkt und schafft?
Es sollte stehn: Im Anfang war die KRAFT!
Doch, auch indem ich dieses niederschreibe,
Schon warnt mich was, daß ich dabei nicht bleibe.
Mir hilft der Geist! auf einmal seh' ich Rat
Und schreibe getrost: Im Anfang war die TAT!

（1）この問題には門脇佳吉『道の形而上学』（一九九一年）一五二頁以下が必読だが、今は立ち入らない。

（2）この点について、問題意識は私とちがうが、クロイツァーとフランクルの次の問答は面白い（V・E・フランクル〔聞き手、F・クロイツァー〕〔山田邦男＝松田美佳訳〕『宿命を超えて、自己を超えて』〔一九九七年〕一二九—一三〇頁）。原著は、Viktor E. Frankl/Franz Kreuzer, *Im Anfang war der Sinn*, 1986.

クロイツァー　ファウストは、「はじめにことばありき」という聖書の一文を「はじめに意味ありき」という文に変えてみてから「はじめに行為ありき」という文にゆきついたわけですが、わざわざそんなことをする必要はなかったのですね。だって、「はじめにことばありき」と「はじめに行為ありき」とはおなじことなのですから。

フランクル　「はじめに意味ありき、そして見よ、意味は行為であった」と言えるでしょうね。ことばによってではなく、行為によって、しかも責任ある行為によって、私たちは人生に答えるのです。

事 項 索 引

さ　行

た　行

な　行

ま　行

や　行

欧文索引

人 名 索 引

あ 行

か 行

さ 行

た 行

ま 行

や　行

ら　行

わ　行

条文索引

判 例 索 引

大判明治 32 年 3 月 25 日民録 5 輯 3 巻 37 頁 ……………………………………20
大判大正 4 年 10 月 19 日民録 21 輯 1661 頁 ……………………………………20
最判昭和 26 年 12 月 21 日刑集 5 巻 13 号 2607 頁 ……………………………172
最大判昭和 27 年 10 月 8 日民集 6 巻 9 号 783 頁 ……………………………208, 210
最判昭和 30 年 10 月 7 日民集 9 巻 11 号 1616 頁 ……………………………17
最判昭和 33 年 4 月 11 日民集 12 巻 5 号 789 頁 ……………………………238
最判昭和 33 年 11 月 4 日刑集 12 巻 5 号 3439 頁 ……………………………232
最大判昭和 34 年 12 月 16 日刑集 13 巻 13 号 3225 頁 …………………………204
最大判昭和 35 年 6 月 8 日民集 14 巻 7 号 1206 頁 ……………………………204
最大判昭和 37 年 11 月 28 日刑集 16 巻 11 号 1577 頁 …………………………174
最大判昭和 41 年 10 月 26 日刑集 20 巻 8 号 901 頁 ……………………………163
最大判昭和 42 年 5 月 24 日民集 21 巻 5 号 1043 頁 ……………………………129
最判昭和 44 年 2 月 27 日民集 23 巻 2 号 511 頁 ……………………………133
最大判昭和 44 年 4 月 2 日刑集 23 巻 5 号 305 頁 ……………………………163
最大判昭和 44 年 4 月 2 日刑集 23 巻 5 号 685 頁 ……………………………163
最大判昭和 44 年 6 月 25 日刑集 23 巻 7 号 975 頁 ……………………………171
最大判昭和 48 年 4 月 25 日刑集 27 巻 4 号 547 頁 ……………………………160, 163
最大判昭和 49 年 10 月 23 日民集 28 巻 7 号 1473 頁 …………………………174
最決昭和 50 年 5 月 20 日刑集 29 巻 5 号 177 頁 ……………………………237
最判昭和 50 年 11 月 20 日判例時報 797 号 153 頁 ……………………………35
最大判昭和 51 年 4 月 14 日民集 30 巻 3 号 223 頁 ……………………………162, 171
最大判昭和 52 年 5 月 4 日刑集 31 巻 3 号 182 頁 ……………………………163
最大判昭和 56 年 12 月 16 日民集 35 巻 10 号 1369 頁 …………………………95, 336
最決昭和 57 年 7 月 16 日刑集 36 巻 6 号 695 頁 ……………………………171
最大判昭和 58 年 4 月 27 日民集 37 巻 3 号 345 頁 ……………………………162, 172
最大判昭和 58 年 11 月 7 日民集 37 巻 9 号 1243 頁 ……………………………162, 172
最大判昭和 60 年 7 月 17 日民集 39 巻 5 号 1100 頁 ……………………………162, 174
最大判昭和 62 年 9 月 2 日民集 41 巻 6 号 1423 頁 ……………………………20

団 藤 重 光（だんどう・しげみつ）

1913年-2012年，1935東京大学法学部卒業。1937～1947東大法学部助教授，1947～1974東大法学部教授，1974慶応義塾大学法学部教授，1962～1974日本刑法学会理事長，1974～1983最高裁判所判事。

日本学士院会員（1981～2012），文化功労者，文化勲章受章，名誉法学博士（ミシガン大学），国際刑法学会（A. I. D. P.）・国際社会防衛学会（S. I. D. S.）各名誉理事，アメリカ学芸・科学アカデミー外国人名誉会員。

主著「刑法綱要総論（初版1957，改訂版1979，3版1990）（The Criminal Law of Japan : The General Part, translated by B. J. George, Jr., Fred Rothman & Co., 1997）」「刑法綱要各論（初版1964，改訂版1985，3版1990）」「刑事訴訟法綱要（1943）」「新刑事訴訟法綱要（初版1948，7訂版1967）（Japanese Criminal Procedure, translated by B. J. George, Jr., Fred Rothman & Co., 1965）」「訴訟状態と訴訟行為（1949）」「刑法と刑事訴訟法との交錯（1950）」「刑法の近代的展開（初版1948，増訂版1952）」「条解刑事訴訟法（上）（1950）」「刑法紀行（1967）」「法学入門（初版1973，増補1986）（本書の前身）」「実践の法理と法理の実践（1986）」「この一筋につながる（1986）（改装版2006）」「わが心の旅路（1986，増補1993，再追補1997）」「死刑廃止論（初版1991，改訂版1992，3版1993，4版1995，5版1997，6版2000）（韓国語訳・台湾語訳あり）」

法学の基礎〔第2版〕

1996年2月29日　初　版第1刷発行
2007年5月10日　第2版第1刷発行
2024年7月20日　第2版第9刷発行

著　者　団　藤　重　光
発行者　江　草　貞　治
発行所　株式会社　有　斐　閣
東京都千代田区神田神保町2-17
郵便番号101-0051
https://www.yuhikaku.co.jp/

印　刷　株式会社　精　興　社
製　本　牧製本印刷株式会社

★定価はケースに表示してあります。
ISBN978-4-641-12519-3